强国之路

全面建设社会主义现代化国家

王立胜 等◎著

长江出版传媒
湖北教育出版社

序言 <<

党的二十大擘画了以中国式现代化全面推进中华民族伟大复兴的壮阔蓝图，发出了为全面建设社会主义现代化国家而团结奋斗的伟大号召。方向明确、任务清晰、举措有力，表明了中国共产党带领中国人民不断探索强国之路的决心与信心，也说明了中国共产党所引领的强国之路已迈出了关键的一步，走在了把蓝图变为现实的奋斗征途中。

对强国之路的不懈探索，贯穿了整个中国近代史、现代史、当代史。众所周知，鸦片战争之后，中国陷入内忧外患的黑暗境地，中国人民经历了战乱频仍、山河破碎、民不聊生的深重苦难。为了民族复兴、国家富强，无数仁人志士不屈不挠、前仆后继，进行了可歌可泣的尝试和斗争，太平天国运动、戊戌变法、义和团运动、辛亥革命等各种救国运动接连而起，各种救国方案轮番出台，但由于种种原因，最终都以失败而告终。

十月革命一声炮响，给中国送来了马克思列宁主义。中国人民和中华民族迎来了伟大觉醒，应运而生的中国共产党拿起马克思列宁主义的伟大武器，团结带领全国各族人民，历经四个阶段，在实践上不断创新，在理论上不断突破，成功推进和拓展了中国式现代化，找到了适合中国发展的强国之路。

新民主主义革命时期，我们党团结带领全国人民历经北伐战争、土地革命战争、抗日战争和解放战争，以武装的革命反对武装的反革命，推翻了帝国主义、封建主义、官僚资本主义三座大山，建立了人民当家作主的中华人民共和国，实现了民族独立、人民解放。新民主主义革命的胜利，彻底结束了旧中国半殖民地半封建社会的历史，彻底结束了旧中国一盘散沙的局面，彻底废除了列强强加给中国的不平等条约和帝国主义在中国的一切特权，为强国之路建设创造了根本社会条件。

社会主义革命和建设时期，我们消灭了在中国延续几千年的封建剥削和压迫制度，确立了社会主义基本制度，推进了社会主义建设，挫败了帝国主义、霸权主义的颠覆破坏和武装挑衅，实现了中华民族有史以来最为广泛而深刻的社会变革，实现了一穷二白、人口众多的东方大国大步迈进社会主义社会的伟大飞跃，为强国之路建设奠定了根本政治前提和制度基础。

改革开放和社会主义现代化建设新时期，我们确立了党在社会主义初级阶段的基本路线，坚定不移推进改革开放，战胜了来自各方面的风险挑战，开创、坚持、捍卫、发展了中国特色社会主义，实现了从高度集中的计划经济体制到充满活力的社会主义市场经济体制、从封闭半封闭到全方位开放的历史性转变，实现了从生产力相对落后的状况到经济总量跃居世界第二的历史性突破，实现了人民生活从温饱不足到总体小康、奔向全面小康的历史性跨越，为强国之路建设提供了充满新的活力的体制保证和快速发展的物质条件。

党的十八大以来，中国特色社会主义进入新时代，以习近平同志为核心的党中央统筹推进“五位一体”总体布局、协调推进“四个全面”战略布局，坚持和完善中国特色社会主义制度、推进国家治理体系和治理能力现代化，坚持依规治党、形成比较完善的党内法规体系，战胜了一系列重大风险挑战，实现了第一个百年奋斗目标，明确了实现第二个百年奋斗目标的战略安排，党和国家事业取得了历史性成就、发生了历史性变革，为强国之路建设提供了更为完善的制度保证、更为坚实的物质基础、更为主动的精神力量。

可以说，中国共产党领导中华民族和中国人民踏上的强国之路有着中国式的内在生成逻辑和发展脉络。强国之路本质上就是中华民族伟大复兴之路，而实现中华民族伟大复兴的具体方式是中国式现代化。

早在1949年3月，毛泽东在党的七届二中全会上便提出“使中国稳步地由农业国转变为工业国，把中国建设成一个伟大的社会主义国家”的目标。新中国成立后，毛泽东指出：要经过几个五年计划，改变我国的落后面貌，将我国建设成为一个高度工业化的国家。在新中国这样一个一穷二白的落后国家建设现代化，必须找到一条适合自己的发展道路。面对西方封锁，中国采取“一边倒”的外交政策，同时也选择了苏联的现代化发展模式。在苏联的帮助下，中国顺利完成了第一个五年计划，现代化建设取得初步成效。随着现代化建设实践的深入，毛泽东凭借敏锐的问题意识，先见性地指出苏联模式的严重弊端，提出要“以苏为鉴”，走自己的路。毛泽东认识到，我们的现代化道路不同于西方国家，我们追求的是社会主义的、涵盖全体中国人民共同富裕的现代化道路，要让“所有农民都要富裕，并且富裕的程度要大大地超过现在的富裕农民”。

1956年9月，毛泽东在党的八大的开幕词中指出，我们“要把一个落后的农业的中国改变成为一个先进的工业化的中国”，这种现代化道路既是在发展方式上由传统农业向现代工业的转变，也是在发展目标上由少数人富裕向多数人共同富裕的转变。1959年底，毛泽东进一步完善了社会主义现代化建设的设想：“建设社会主义，原来要求是工业现代化，农业现代化，科学文化现代化，现在要加上国防现代化。”后来，周恩来在1964年三届全国人大一次会议上明确提出了实现“四个现代化”的历史性任务，指出要把我国建设成为一个具有现代农业、现代工业、现代国防和现代科学技术的社会主义强国，赶上和超过世界先进水平。

在实现“四个现代化”的问题上，周恩来提出“两步走”战略安排：第一步，建立一个独立的比较完整的工业体系和国民经济体系；第二步，全面实现农业、工业、国防和科学技术的现代化，使我国经济走在世界的前列。这一时期，通过“走自己的路”，初步建立了社会主义工业体系和国民经济体系，对中国式现代化道路进行了一系列原创性、自主性的探索，为以后成功开辟中国式现代化奠定了坚实基础。

改革开放之初，邓小平以巨大的理论勇气和卓越的政治智慧，提出“中国式的现代化，必须从中国的特点出发”，领导中国人民成功走出一条符合中国国情、不同于西方国家主导的传统现代化模式的中国特色社会主义道路。1979年3月，在中央政治局会议上，邓小平正式提出“中国式的现代化”概念。1980年1月16日，在中共中央召集的干部会议上，邓小平强调要“一天也不耽搁，专心致志、聚精会神地搞四个现代化建设”。1987年党的十三大提出了“三步走”战略来实现中国到21世纪中叶达到中等发达国家水平的目标。党的十四大、十五大、十六大、十七大等历次代表大会都紧紧围绕建设社会主义现代化强国目标逐步推进中国式现代化。

党的十八大以来，以习近平同志为核心的党中央进一步细化了党对社会主义现代化建设的战略安排。党的十八大明确了建设中国特色社会主义的总任务是实现社会主义现代化和中华民族伟大复兴。党的十九大对第一个百年奋斗目标实现后的三十年再次进行战略谋划，提出“两个十五年”战略规划，并根据中国发展实际，将中国基本实现社会主义现代化的目标提前至2035年，而将21世纪中叶时中国的发展目标确定为“建成富强民主文明和谐美丽的社会主义现代化强国”。

习近平总书记在党的十九届五中全会上阐明了中国式现代化的五方面特征：“我国现代化是人口规模巨大的现代化，是全体人民共同富裕的现代化，是物质文明和精神文明相协调的现代化，是人与自然和谐共生的现代化，是走和平发展道路的现代化。”党的二十大报告继续深化对中国式现代化的基本特征、本质要求、战略安排、重要原则等认识，进一步明确了党的中心任务、战略目标和实现路径，进而引领我国社会主义现代化建设迈出更为坚实的步伐。

党的二十大报告指出："从现在起，中国共产党的中心任务就是团结带领全国各族人民全面建成社会主义现代化强国、实现第二个百年奋斗目标，以中国式现代化全面推进中华民族伟大复兴。"并提出了"两步走"的战略安排："从二〇二〇年到二〇三五年基本实现社会主义现代化；从二〇三五年到本世纪中叶把我国建成富强民主文明和谐美丽的社会主义现代化强国。"

从中国共产党70多年的执政历程可以看到，强国之路建设时间跨度以十数年、数十年甚至上百年为单位。在长远战略目标和具体战略规划的指引下，中国共产党领导的强国之路呈现出一个接续激昂的奋斗历程。

因此，要使中国在强国之路上行稳致远，全面建成社会主义现代化强国，不但要弄明白强国之路的历史逻辑，知道中国共产党领导的强国之路因何而生、为何而来，还要弄明白强国之路的总体战略，知道中国共产党领导的强国之路身在何处、去往何方；同时，还要弄明白中国共产党领导的强国之路的具体内涵，何事可为、何时可成，还要弄明白中国共产党领导的强国之路的战略措施，以何保障、为何可成。为了回答上述问题，同时为给强国之路研究提供启发，我们出版了这本《强国之路：全面建设社会主义现代化国家》，力图给广大读者以系统、全面、详细的回答，立体呈现中国式现代化强国之路的具体内容。

是为序。

王立胜

2023年7月

目 录 ‹‹

第三篇　强国之路的具体战略

第一篇

强国之路的历史逻辑

党的二十大报告指出："从现在起，中国共产党的中心任务就是团结带领全国各族人民全面建成社会主义现代化强国、实现第二个百年奋斗目标，以中国式现代化全面推进中华民族伟大复兴。"[①]党的二十大对全面建成社会主义现代化强国进行了总的战略安排，强调要分两步走："从二〇二〇年到二〇三五年基本实现社会主义现代化；从二〇三五年到本世纪中叶把我国建成富强民主文明和谐美丽的社会主义现代化强国。"[②]党的二十大报告把全面建成社会主义现代化强国与全面推进中华民族伟大复兴并列论述，这表明社会主义现代化强国与中华民族伟大复兴本质上是有机统一的。全面推进中华民族伟大复兴内在要求全面建成社会主义现代化强国，而全面建成社会主义现代化强国必然会全面推进中华民族伟大复兴。因此，强国之路本质上就是中华民族伟大复兴之路。新时代新征程，我们需要深入认识和把握党的中心任务。为此，一个重要思想前提就是我们需要深刻理解和认识社会主义现代化强国的历史生成逻辑。只有搞清楚了社会主义现代化强国的来龙去脉、理论根源、实践基础、主体力量等因素，我们才可以更好地推进全面建成社会主义现代化强国的伟大历史任务。

---

① 习近平：《高举中国特色社会主义伟大旗帜 为全面建设社会主义现代化国家而团结奋斗——在中国共产党第二十次全国代表大会上的报告》，人民出版社2022年版，第21页。

② 习近平：《高举中国特色社会主义伟大旗帜 为全面建设社会主义现代化国家而团结奋斗——在中国共产党第二十次全国代表大会上的报告》，人民出版社2022年版，第24页。

第一章　强国之路的历史形成

恩格斯说："历史从哪里开始，思想进程也应当从哪里开始，而思想进程的进一步发展不过是历史过程在抽象的、理论上前后一贯的形式上的反映。"[①]为此，中国共产党的社会主义现代化强国思想的生成，本质上是一个自然历史发展的过程，是历史与逻辑的辩证统一，是对中国共产党带领中国人民艰辛探索强国之路实践历史发展的理论概括和总结。因此，深入认识和把握中国共产党的社会主义现代化强国思想，需要深入把握强国之路的历史形成过程。这一历史形成过程，以中国共产党诞生为界分为前后两大历史阶段，其中中国共产党成立之后的历史阶段又可以分为站起来、富起来、强起来三个部分。

第一节　中国共产党成立之前中国人民对强国之路艰辛而曲折的探索

中华民族有着5000多年源远流长的文明历史，为人类文明进步作出了不可磨灭的贡献。但是，自鸦片战争以后，中国逐步沦为半殖民地半封建社会，国家蒙辱、人民蒙难、文明蒙尘，自此实现民族独立、人民解放和国家富强、人民幸福就成了中国人民矢志不渝的奋斗目标，实现中华民族伟大复兴成为近代以来中华民族最伟大的梦想。在中国共产党成立之前，无数仁人志士前仆后继，各种救国方案轮番出台，最后都以失败告终。可是，这一时期中国人民艰辛而曲折地探索强国之路的实践，为我们提供了宝贵的经验教训和有益启示。

一、空想式强国之路的探索

这主要是指太平天国农民起义的强国之路。太平天国运动爆发的

---

① 《马克思恩格斯选集》第二卷，人民出版社2012年版，第14页。

原因，一方面是西方资本主义列强的入侵导致中国传统农业和产业大量破产，广大农民受到了国外资本和国内封建权贵的双重剥削和压榨，其生产生活陷入危机和困境；另一方面则是清朝统治者的腐朽和腐败。太平天国颁布的《天朝田亩制度》深刻反映了农民阶级对理想社会的追求和实现强国之梦的探索。但是由于农民阶级自身的历史局限性，太平天国运动所提出的强国主张必然是一种空想，失败是其必然结果。

二、器物式强国之路的探索

这主要是指洋务运动的强国之路。洋务派是地主阶级中的先进代表，主张通过学习、引进和仿造西方发达国家的技术和装备，创办企业，兴办西式教育等洋务，以此复兴民族，实现国家强大。洋务运动坚持“中体西用”理念，即在封建统治制度不变的情况下，借用西方的坚船利炮来维护清朝封建统治。因此，这是一种器物式强国之路的探索。梁启超在《五十年中国进化概论》中指出，我们主要是向西方学习，但是在学习过程中“知不足”有三个发展时期：第一时期，是从器物上感觉不足；第二时期，是从制度上感觉不足；第三时期，便是从文化根本上感觉不足。梁启超所论述的“知不足”的第一时期，实际上就是指洋务派从器物上来学习西方国家，从而实现强国之道。洋务派在19世纪60年代到90年代兴办了很多近代企业，如福州船政局、天津机器制造局、湖北枪炮厂、轮船招商局、开平矿务局等；建立了新式海陆军，如福建水师、南洋水师、北洋水师等，用洋枪装备的淮军、湘军等；创办了新式学堂，如京师同文馆、北洋工艺学堂、福州船政学堂等；派遣了留学生出国学习，如赴美幼童和赴欧留学生达200多人。洋务运动给中国人民带来了新的生产方式、社会风气以及价值观念，但是，洋务运动是在不变革封建统治的政治制度和经济基础的前提下进行的，其走向失败是历史必然。中国在甲午战争中的失败，标志着洋务运动的彻底失败，标志着封建地主阶级的“自强”“求富”的自身救赎之路的探索走向失败。

三、制度式强国之路的探索

器物式强国之路的探索失败后，中国人民进一步认识到西方国家强大的根本原因在于其优良的制度，西方国家的资本主义政治制度是优越于封建制度的，为此，必须效法英美等国建立资本主义制度。这种制度式强国之路的探索有两种思路：一是维新派的君主立宪制思路，二是辛亥革命的资产阶级共和国思路。

从维新派的君主立宪制思路来看，维新派主张“扫除更张，再立堂构”[①]即建立君主立宪制度。梁启超认为：“变法之本在育人才，人才之兴在开学校，学校之立在变科举，而一切要其大成，在变官制。”[②]康有为认为：“宜变法律，官制为先。”[③]“故制度局之设，尤为变法之原也。”[④]维新派认为洋务运动是“小变”，而不是“大变”，洋务运动的变法是“积习难忘，仍是补漏缝缺之谋，非再立堂构之规，风雨既至，终必倾坠”。[⑤]因此，维新派认为，强国只有实行君主立宪制度，别无他途。虽然，维新派在政治、经济、军事、文化教育等方面实行了一系列变法，但由于各种主客观原因，变法仅仅进行103天就夭折了，史称“百日维新”。维新派走向失败的根本原因：一是以慈禧太后为首的强大的保守势力的极力反对；二是维新派自身的局限性，如脱离人民群众、没有军事权力、幻想依靠帝国主义等外部势力

---

① 康有为在《上清帝第四书》中向清朝统治者提出了“扫除更张，再立堂构”的变法方案，详见《戊戌变法史料》第二册，第179页；又见梁启超：《梁启超全集1》，北京出版社1999年版，第237页。

② 《时务报》第三册（光绪二十二年七月二十一日）。又见《康南海自编年谱》，《戊戌变法资料》第三册，第19、21页。转引自胡绳：《胡绳全书》第六卷，人民出版社1998年版，第513页。

③ 《康南海自编年谱》，《戊戌变法资料》第四册，第140页。又见梁启超：《康有为传》，团结出版社2004年版，第133页。

④ 《康南海自编年谱》，《戊戌变法资料》第二册，第200页。又见梁启超：《戊戌又见变记》，万卷出版公司2015年版，第17页。

⑤ 《康南海自编年谱》，《戊戌变法资料》第二册，第178页。（据时务报馆印本校正）又见梁启超：《梁启超全集1》，北京出版社1999年版，第236页。

以及不敢根本颠覆封建统治基础；等等。但是，维新派强国之路的探索也起到了开启民智的思想启蒙作用。

从辛亥革命的资产阶级共和国思路来看，孙中山等资产阶级革命派主张推翻封建帝制，建立“三民主义”的资产阶级共和国。孙中山在《中国问题的真解决》一文中指出：“要想解决这个紧急的问题，消除妨害世界和平的根源，必须以一个新的、开明的、进步的政府来代替旧政府，这样一来，中国不但会自力更生，而且也就能解除其他国家维护中国的独立与完整的麻烦。在中国人民中有许多极有教养的能干人物，他们能够担当起组织新政府的任务；把过时的满清君主政体改变为‘中华民国’的计划，经慎重考虑之后，早就制订出来了。”[①]为此，孙中山在檀香山组建了中国第一个革命团体——兴中会，立誓“驱除鞑虏，恢复中国，创立合众政府”。

1905年8月20日，孙中山与黄兴、宋教仁等人以兴中会和华兴会为基础成立了中国同盟会，孙中山为总理，并且确立了革命纲领。同盟会的政治纲领是“驱除鞑虏，恢复中华，创立民国，平均地权”，后来孙中山在《民报》发刊词中概括为民族主义、民权主义、民生主义，即“三民主义”。“三民主义”实质上初步拟订了一个资产阶级共和国的方案，对推动革命的发展产生了重大而积极的影响。孙中山领导的同盟会不仅确立了革命纲领，而且从事了实际革命活动。各地的革命运动风起云涌，革命民主风气风靡全国，最终1911年辛亥革命爆发，终结了在中国延续了2000多年的封建帝制，建立了中华民国，成立了中华民国临时政府，颁布了《中华民国临时约法》。辛亥革命是中国近代历史上最重大的历史事件之一，虽然辛亥革命的果实最终被袁世凯窃取，导致封建军阀专制统治的形成，但辛亥革命“在比较更完全的意义上开始了”，“实行反对帝国主义和封建势力”，是“为了建立一个独立的民主主义的社会而斗争”的革命。[②]辛亥革命的

---

① 《孙中山选集》，人民出版社1981年版，第68页。
② 《毛泽东选集》第二卷，人民出版社1991年版，第666—667页。

失败，根本原因在于资产阶级的软弱性，脱离了广大人民群众，幻想得到帝国主义的支持等。但是，资产阶级革命派的强国之路探索却打开了中国人民思想解放的闸门，民主共和观点引领时代之潮流，这些都为中华民族富强之路的探索走向更高的历史发展阶段提供了重要条件。我们可以看到，维新派的君主立宪制思路和革命派的资产阶级共和国思路，本质上都是制度式强国之路，但是，二者都以失败而告终。

四、文化式强国之路的探索

随着器物式和制度式强国之路的失败，中国的先进分子"从文化根本上感觉不足"，因此，要实现民族复兴和国家强大，只有彻底改变中国封建的旧文化，以西方的科学民主文化来代替封建文化。自此，中国的先进分子开始探索文化式强国之路。这里的主要运动就是五四新文化运动。

梁启超曾说："我国民积年所希望所梦想，今殆已一空而无复余。……二十年来朝野上下所昌言之新学新政，其结果乃至为全社会所厌倦所疾恶。言练兵耶，而盗贼日益滋，秩序日益扰。言理财耶，而帑藏日益空，破产日益迫。言教育耶，而驯至全国人不复识字。言实业耶，而驯至全国人不复得食。其他百端，则皆若是。"[①]因此，针对中国强国探索的结局，一些有识之士开始认识到中国要强盛，只有彻底变革封建文化这一根源。没有真正的科学民主新文化，就不可能有真正的民主共和。陈独秀说："欲建设西洋式之新国家，组织西洋式之新社会，以求适今世之生存，则根本问题，不可不首先输入西洋式社会国家之基础，所谓平等人权之新信仰，对于与此新社会新国家新信仰不可相容之孔教，不可不有彻底之觉悟，猛勇之决心；否则不

① 梁启超：《〈大中华〉发刊词》，《饮冰室文集》之三十三，第80页。又见梁启超：《梁启超全集5》，北京出版社1999年版，第2823页。

塞不流，不止不行！”[①]为此，中国需要用科学民主来“救治中国政治上道德上学术上思想上一切的黑暗”[②]。五四新文化运动的旗帜就是陈独秀等所主编的《新青年》杂志。

五四运动和新文化运动本质上就是要探索以什么样的思想来救中国和实现强国。但是，封建文化被否定了，“三民主义”也失去了吸引力，各种西方文化如美国实用主义、社会改良主义、无政府主义、马克思主义等思潮在中国舞台上纷纷登场。最终，马克思主义成为中国先进分子救国救民和兴国强国的指导思想。从总体意义上来看，五四新文化运动本质上是中国先进分子从文化层面来探索强国之路的艰辛实践，虽然遭遇了各种挫折和困境，但最终在历史发展的必然性和中国人民的主体选择下，使我们走向了社会主义道路的强国之路。

总之，从历史上看，中国共产党成立之前的中国人民强国之路的艰辛探索，总体上都失败了。但是，这些探索却给后继者提供了宝贵经验教训和有益启示，也在一定程度上为中国共产党带领中国人民开辟新的强国之路积累了一定的社会基础和历史条件。

第二节　中国共产党成立之后中国人民对强国之路艰辛而富有成就的探索

一、谁来引领救亡运动

当各种强国方案都失败后，中国迫切需要新的思想和新的组织来凝聚革命力量，引领救亡运动。十月革命一声炮响，给中国送来了马克思列宁主义。1921年中国共产党诞生了，“这是开天辟地的大事变，

① 陈独秀：《宪法与孔教》，《新青年》第二卷第三号。又见《陈独秀文集》第一卷，人民出版社2013年版，第183页。

② 陈独秀：《〈新青年〉罪案之答辩书》，《新青年》第六卷第一号。又见《陈独秀文集》第一卷，人民出版社2013年版，第362页。

深刻改变了近代以后中华民族发展的方向和进程，深刻改变了中国人民和中华民族的前途和命运，深刻改变了世界发展的趋势和格局”①。“中国共产党一经诞生，就把为中国人民谋幸福、为中华民族谋复兴确立为自己的初心使命。一百年来，中国共产党团结带领中国人民进行的一切奋斗、一切牺牲、一切创造，归结起来就是一个主题：实现中华民族伟大复兴。”②中国共产党自成立以来，就始终以为中国人民谋幸福和为中华民族谋复兴作为初心使命。经历了无数的艰难险阻，中华民族迎来了从站起来、富起来到强起来的伟大飞跃，中华民族伟大复兴进入了不可逆转的历史进程。

二、“站起来”的艰辛探索和取得的辉煌成就

习近平总书记在庆祝中国共产党成立100周年大会上的讲话中指出：“为了实现中华民族伟大复兴，中国共产党团结带领中国人民，浴血奋战、百折不挠，创造了新民主主义革命的伟大成就。”③新民主主义革命取得的辉煌胜利为中华民族伟大复兴创造了根本社会条件，“中国共产党和中国人民以英勇顽强的奋斗向世界庄严宣告，中国人民站起来了，中华民族任人宰割、饱受欺凌的时代一去不复返了！”④因此，新民主主义革命的胜利为建设社会主义现代化国家奠定了民族独立和人民解放的前提条件，开辟了新道路。

一是开辟了中国革命的新道路，即农村包围城市、武装夺取政权的新路。辛亥革命之后，中国的半殖民地半封建社会性质并没有改变。帝国主义、封建主义、官僚资本主义成为压在中国人民身上的三

① 习近平：《在庆祝中国共产党成立100周年大会上的讲话》，人民出版社2021年版，第3页。

② 习近平：《在庆祝中国共产党成立100周年大会上的讲话》，人民出版社2021年版，第3页。

③ 习近平：《在庆祝中国共产党成立100周年大会上的讲话》，人民出版社2021年版，第4页。

④ 习近平：《在庆祝中国共产党成立100周年大会上的讲话》，人民出版社2021年版，第4页。

座大山，要推翻这三座大山只有进行革命，而革命的道路只能走俄国革命道路。正如毛泽东所说，走俄国人的路——这就是结论。俄国的路就是革命的路，就是无产阶级领导的革命道路。党的一大纲领宣示："革命军队必须与无产阶级一起推翻资本家阶级的政权，必须支援工人阶级，直到社会的阶级区分消除为止。"[①]但是，我们党在形成正确的革命道路之前，犯了"左"倾机会主义、右倾机会主义、经验主义等各种错误，在经历了无数挫折和失败之后，以毛泽东同志为主要代表的中国共产党人最终走出了一条农村包围城市、武装夺取政权的正确革命道路。遵义会议事实上确立了毛泽东同志在党中央和红军的领导地位，延安整风运动实现了以毛泽东同志为核心的党中央领导下全党新的团结和统一。党的七大把毛泽东思想确立为全党的指导思想并载入党章。中国共产党团结带领人民，经过28年的浴血奋战，经过北伐战争、土地革命战争、抗日战争、解放战争的苦战，推翻了三座大山，建立了人民当家作主的中华人民共和国，实现了民族独立、人民解放，为实现现代化创造了根本社会条件。

二是开辟了中国救亡的新道路。1931年，九一八事变爆发，中国面临着亡国灭种的危险，如何实现民族救亡成为中国生死存亡的关键问题。中国共产党以大局为重，主动与国民党谋和，打破王明等的"左"倾关门主义思想，提出了建立抗日民族统一战线。1935年8月1日，《为抗日救国告全体同胞书》提出了抗日救国的十大方针，标志着中国共产党建立抗日民族统一战线的策略基本形成。1935年12月23日，瓦窑堡会议进一步分析了民族资产阶级参加抗日的可能性问题，明确提出要建立广泛的抗日民族统一战线。中国共产党经过艰苦而不懈的努力，和平解决了西安事变等重大历史事件，最终实现了抗日民族统一战线的建立。当然，中国共产党是这一统一战线的主心骨和中流砥柱。由于这一统一战线的确立，我们最终找到了一条正确的

① 中共中央文献研究室、中央档案馆编：《建党以来重要文献选编（1921—1949）》第一册，中央文献出版社2011年版，第1页。

救亡道路，打败了日本帝国主义，取得了中国近代历史上第一次完全的对外战争的胜利。

三是开辟了人民共和国的新道路。在中国共产党诞生至新中国成立的历史阶段里，有三种政治力量一直围绕着中国的前途命运而争论。一是地主阶级和买办性的大资产阶级政治力量，要求建立国民党军事独裁统治。二是民族资产阶级的政治力量，要求走第三条道路，即建立资产阶级民主共和国。三是中国共产党，提出在工人阶级领导下开展彻底的反帝反封建的新式资产阶级民主革命，走新民主主义革命道路，建立一个工人阶级领导的人民共和国。最终，在1949年建立了中华人民共和国。毛泽东在《论人民民主专政》中说："西方资产阶级的文明，资产阶级的民主主义，资产阶级共和国的方案，在中国人民的心目中，一齐破了产。资产阶级的民主主义让位给工人阶级领导的人民民主主义，资产阶级共和国让位给人民共和国。"[①]我们的人民共和国最终要实现社会主义和共产主义，实现阶级的消灭和世界的大同。因此，中华人民共和国的成立为国家富强、民族独立和人民解放扫除了阻碍，奠定了根本社会条件，实现了中国人民站起来的伟大飞跃。

三、"富起来"的艰辛探索和取得的辉煌成就

习近平总书记指出："改革开放和社会主义建设新时期，我们党作出把党和国家工作中心转移到经济建设上来、实行改革开放的历史性决策，大力推进实践基础上的理论创新、制度创新、文化创新以及其他各方面创新，实行社会主义市场经济体制，实现了从生产力相对落后的状况到经济总量跃居世界第二的历史性突破，实现了人民生活从温饱不足到总体小康、奔向全面小康的历史性跨越，为中国式现代化提供了充满新的活力的体制保证和快速发展的物质条件。"[②]《中共

---

① 《毛泽东选集》第四卷，人民出版社1991年版，第1471页。

② 《习近平在学习贯彻党的二十大精神研讨班开班式上发表重要讲话强调 正确理解和大力推进中国式现代化》，《人民日报》2023年2月8日。

中央关于党的百年奋斗重大成就和历史经验的决议》指出："改革开放和社会主义现代化建设的伟大成就举世瞩目，我国实现了从生产力相对落后的状况到经济总量跃居世界第二的历史性突破，实现了人民生活从温饱不足到总体小康、奔向全面小康的历史性跨越，推进了中华民族从站起来到富起来的伟大飞跃。"[①]我们可以看到，改革开放和社会主义现代化建设实现了富起来的伟大飞跃，但是，中华民族从站起来到富起来经历了一个长期发展的过程。具体而言，主要表现为我们确立了一个好制度，找到了一条好道路，坚定了一个好领导，形成了一系列好思想，取得了一系列伟大成就和树立了一面鲜明旗帜。

一是确立了一个好制度，这个制度就是社会主义制度。社会主义制度是在经过社会主义改造后确立的。社会主义制度的性质是人民当家作主。社会主义制度的确立，为我国一切进步和发展奠定了重要基础，为实现民族复兴和国家富强奠定了根本政治前提和制度基础。

习近平总书记指出："新中国成立后，我们党团结带领人民进行社会主义革命，消灭在中国延续几千年的封建制度，确立社会主义基本制度，实现了中华民族有史以来最为广泛而深刻的社会变革，建立起独立的比较完整的工业体系和国民经济体系，社会主义革命和建设取得了独创性理论成果和巨大成就，为现代化建设奠定根本政治前提和宝贵经验、理论准备、物质基础。"[②]正是由于社会主义制度的确立，我们党和国家事业发展进入了快车道，社会主义建设虽然经历了曲折发展，但是依然取得了辉煌的成就。

二是找到了一条好道路，这条道路就是中国特色社会主义道路。中国特色社会主义道路是中国共产党人团结带领人民接续奋斗的结果。社会主义改造的完成和社会主义制度的全面确立，标志着中国开始进入全面建设社会主义的历史阶段。但是，对于如何在一个经济文

---

① 《中共中央关于党的百年奋斗重大成就和历史经验的决议》，人民出版社2021年版，第22页。

② 《习近平在学习贯彻党的二十大精神研讨班开班式上发表重要讲话强调 正确理解和大力推进中国式现代化》，《人民日报》2023年2月8日。

化落后、人口众多、幅员辽阔、发展极不平衡的东方大国进行社会主义建设，我们并没有多少认识，只能在实践中进行艰苦探索。

在社会主义革命和建设时期，以毛泽东同志为核心的党的第一代中央领导集体对中国特色社会主义道路进行了初步探索，且取得了巨大成就。这为在新的历史时期开创中国特色社会主义提供了宝贵经验、理论准备、物质基础。改革开放和社会主义现代化建设新时期，我们党注重解放和发展社会生产力，使人民摆脱贫困、尽快富裕起来，带领人民成功开创了中国特色社会主义，形成了中国特色社会主义道路。邓小平理论的形成是中国特色社会主义理论成功创立的标志，“三个代表”重要思想和科学发展观成功对中国特色社会主义理论进行了丰富和发展，推动我国社会主义发展达到了新水平和新境界。

邓小平围绕什么是社会主义、怎样建设社会主义这一根本问题，借鉴世界社会主义发展历史经验，深刻总结新中国成立以来社会主义建设的经验教训，成功创立了中国特色社会主义，为中国指引了发展繁荣的正确道路。他说：“马克思主义必须是同中国实际相结合的马克思主义，社会主义必须是切合中国实际的有中国特色的社会主义。”[①] 以江泽民同志为主要代表的中国共产党人，加深了对什么是社会主义、怎样建设社会主义和建设什么样的党、怎样建设党的认识，形成了“三个代表”重要思想，坚持和发展中国特色社会主义道路。以胡锦涛同志为主要代表的中国共产党人，深刻认识和回答了新形势下实现什么样的发展、怎样发展等重大问题，形成了科学发展观，在新的历史条件下对中国特色社会主义道路进行了新的发展。中国特色社会主义道路是指引中国发展繁荣的正确道路，中国大踏步赶上了时代。

三是坚定了一个好领导，这个领导就是中国共产党的领导。无论是新民主主义革命时期、社会主义革命和建设时期，还是改革开放

① 《邓小平文选》第三卷，人民出版社1993年版，第63页。

和社会主义现代化建设新时期，中国共产党都是党和国家事业发展的坚强核心和主心骨。新中国成立前，毛泽东指出："三次革命的经验，尤其是抗日战争的经验，给了我们和中国人民这样一种信心：没有中国共产党的努力，没有中国共产党人做中国人民的中流砥柱，中国的独立和解放是不可能的，中国的工业化和农业近代化也是不可能的。"[①]新中国成立后，毛泽东又指出："中国共产党是全中国人民的领导核心。没有这样一个核心，社会主义事业就不能胜利。"[②]在改革开放和社会主义现代化建设新时期，邓小平也指出："我们人民的团结，社会的安定，民主的发展，国家的统一，都要靠党的领导。坚持四项基本原则的核心，就是坚持党的领导。"[③]正是由于我们坚定了中国共产党的领导，才为中华民族实现从站起来到富起来提供了领导基础。

四是形成了一系列好思想，这就是中国化时代化的马克思主义，如毛泽东思想、中国特色社会主义理论体系、习近平新时代中国特色社会主义思想。实践创新推动理论创新，理论创新引领实践创新和事业发展。毛泽东首次提出"马克思主义中国化"的概念，要求根据中国实际情况来发展马克思主义。邓小平也指出："一个党，一个国家，一个民族，如果一切从本本出发，思想僵化，迷信盛行，那它就不能前进，它的生机就停止了，就要亡党亡国。"[④]因此，不断推进马克思主义中国化时代化是中国共产党的历史使命。正是由于形成了一系列中国化时代化的马克思主义好思想，才为我们民族复兴和国家富强走向正确的道路提供了科学的思想指引。

五是取得了一系列伟大成就。这就是我国实现了从高度集中的计划经济体制到充满活力的社会主义市场经济体制、从封闭半封闭到全方位开放的历史性转变，实现了从生产力相对落后的状况到经济总量

---

① 《毛泽东选集》第三卷，人民出版社1991年版，第1097—1098页。
② 《毛泽东文集》第七卷，人民出版社1999年版，第303页。
③ 《邓小平文选》第二卷，人民出版社1994年版，第342页。
④ 《邓小平文选》第二卷，人民出版社1994年版，第143页。

跃居世界第二的历史性突破，实现了人民生活从温饱不足到总体小康、奔向全面小康的历史性跨越。这些成就的取得，为实现中华民族从站起来到富起来提供了强大的物质基础。

六是树立了一面鲜明旗帜，这面旗帜就是改革开放。习近平总书记在全面总结40年改革开放取得的伟大成就和宝贵经验时，就强调指出，改革开放是党的一次伟大觉醒，是中国人民和中华民族发展史上的一次伟大革命，发出了将改革开放进行到底的伟大号召。改革开放是决定当代中国前途命运的关键一招。

正是由于我们确立了一个好制度、找到了一条好道路、坚定了一个好领导、形成了一系列好思想、取得了一系列伟大成就和树立了一面鲜明旗帜等，才为我们国家"富起来"提供了重要保障和条件。

四、"强起来"的艰辛探索和取得的辉煌成就

党的十八大以来，中国特色社会主义进入了新时代，党和国家事业取得了历史性成就、发生了历史性变革，中华民族迎来了从站起来、富起来到强起来的伟大飞跃，中华民族伟大复兴进入了不可逆转的历史进程。党的十八大以来党和国家事业发生的历史性变革，使得我国社会主要矛盾转化为人民日益增长的美好生活需要和不平衡不充分的发展之间的矛盾。社会主要矛盾的变化决定了中国特色社会主义发展进入了一个新的历史方位，即中国特色社会主义新时代。这个新时代是"承前启后、继往开来、在新的历史条件下继续夺取中国特色社会主义伟大胜利的时代，是决胜全面建成小康社会、进而全面建设社会主义现代化强国的时代，是全国各族人民团结奋斗、不断创造美好生活、逐步实现全体人民共同富裕的时代，是全体中华儿女勠力同心、奋力实现中华民族伟大复兴中国梦的时代，是我国不断为人类作出更大贡献的时代"[①]。

---

① 《中共中央关于党的百年奋斗重大成就和历史经验的决议》，人民出版社2021年版，第23页。

中国特色社会主义进入新时代，本质上是对中国特色社会主义的坚持和发展。走自己的路，是党的全部理论和实践的立足点，更是党百年奋斗得出的历史结论。中国特色社会主义是党和人民历经千辛万苦、付出巨大代价取得的根本成就，是实现中华民族伟大复兴的正确道路。习近平总书记在庆祝中国共产党成立100周年大会上的讲话中指出，我们“推动物质文明、政治文明、精神文明、社会文明、生态文明协调发展，创造了中国式现代化新道路，创造了人类文明新形态”。党的二十大以中国式现代化全面推进中华民族伟大复兴和全面建成社会主义现代化强国的重大论断，对中国式现代化的中国特色、重大原则和本质要求都作出明确论述，而且对社会主义现代化强国建设的总体战略步骤和战略目标等作出了明确规划。中国式现代化道路，其本质就是中国特色社会主义道路。党和国家的长期历史实践充分证明，“只有社会主义才能救中国，只有中国特色社会主义才能发展中国”[①]。因此，我们说中国特色社会主义道路就是强国之路，只有走中国特色社会主义道路才能够全面建设社会主义现代化国家和全面推进中华民族伟大复兴，这是历史的结论。

从中国共产党成立以来对强国之路的艰辛探索历程来看，我们党团结带领全体人民对人类社会发展规律、社会主义建设规律和中国共产党执政规律的认识逐步深化，深刻认识到只有坚持和发展中国特色社会主义道路才能够实现全面建设社会主义现代化国家和全面推进中华民族伟大复兴。

总而言之，对于中国近代史的两大任务——民族独立和人民解放以及国家富强和人民富裕，中国共产党带领人民找到了正确的中国革命道路而解决了第一个历史任务；中国共产党带领人民也找到了解决第二个历史任务的方法——中国特色社会主义道路，以中国式现代化全面推进中华民族伟大复兴，这一强国战略目标一定能够实现，也必然能够实现。

---

① 《习近平谈治国理政》第一卷，外文出版社2018年版，第7页。

第二章　强国之路的现实根据

马克思、恩格斯在《德意志意识形态》中指出："我们开始要谈的前提不是任意提出的，不是教条，而是一些只有在臆想中才能撇开的现实前提。"[①]历史地看，强国之路的形成不是一蹴而就的或凭空产生的，而是一个自然历史发展的过程；现实地看，强国之路的形成不是"乌托邦"的或"渺茫论"的，而是一个客观必然的发展结论。可以说强国之路的形成必然是其现实性前提的逻辑发展的必然结论。强国之路本质上是对中国共产党带领中国人民全面建成社会主义现代化强国的艰辛探索实践活动的一种经验总结和理论概括，其逻辑生成必然是内蕴于中国人民的现实性活动之中的。这种现实性活动首先表现为强国之路的实践客体根据，具体可以表现为强国之路实践的客观存在性、内在要求性、现实可能性等方面。

第一节　客观存在性：五大文明建设取得巨大成就

所谓客观存在性，是指强国之路是具体的现实实践的客观展开。那么，这种客观存在是什么呢？党的十九大报告和党的二十大报告都明确指出，强国的目标是建成"富强民主文明和谐美丽的社会主义现代化强国"。党的十九大报告还明确指出："我国物质文明、政治文明、精神文明、社会文明、生态文明将全面提升，实现国家治理体系和治理能力现代化，成为综合国力和国际影响力领先的国家，全体人民共同富裕基本实现，我国人民将享有更加幸福安康的生活，中华民族将以更加昂扬的姿态屹立于世界民族之林。"[②]习近平总书记在庆祝中国共产党成立100周年大会上的讲话中指出："我们坚持和发展中国特

① 《马克思恩格斯选集》第一卷，人民出版社2012年版，第146页。

② 习近平：《决胜全面建成小康社会 夺取新时代中国特色社会主义伟大胜利——在中国共产党第十九次全国代表大会上的报告》，人民出版社2017年版，第29页。

色社会主义，推动物质文明、政治文明、精神文明、社会文明、生态文明协调发展，创造了中国式现代化新道路，创造了人类文明新形态。”[①]这些论断都强调了社会主义现代化强国是“物质文明、政治文明、精神文明、社会文明、生态文明”的全面提升和协调发展，实际上也就是对中国特色社会主义的“五位一体”总体布局的发展。因此，可以说强国之路实践的客观存在性，本质上就体现在物质文明、政治文明、精神文明、社会文明、生态文明的建设实践中，正是这些客观存在，从根本上决定着、支撑着和反映着强国之路发展的必然性。

一、物质文明建设的全面提升

首先，我们提出并贯彻新发展理念，着力推进高质量发展，推动构建新发展格局，实施供给侧结构性改革，制定一系列具有全局性意义的区域重大战略，如长江经济带发展、京津冀协同发展、粤港澳大湾区建设、长三角一体化发展、黄河流域生态保护和高质量发展等。其中，新发展理念是关系我国发展全局的一场深刻变革，必须实现创新成为第一动力、协调成为内生特点、绿色成为普遍形态、开放成为必由之路、共享成为根本目的的高质量发展，推动经济发展质量变革、效率变革、动力变革。

其次，我国经济实力实现历史性跃升。新时代十年来，国内生产总值从54万亿元增长到114万亿元，我国经济总量占世界经济的比重达18.5%，提高7.2%，稳居世界第二位；人均国内生产总值从39800元增加到81000元。制造业规模、外汇储备稳居世界第一。建成世界最大的高速铁路网、高速公路网，机场港口、水利、能源、信息等基础设施建设取得重大成就。中国正从制造大国向制造强国和“智造强国”迈进。总体而言，我国经济实力、科技实力、综合国力跃上新台阶，我国经济迈上更高质量、更有效率、更加公平、更可持续、更为

① 习近平：《在庆祝中国共产党成立100周年大会上的讲话》，人民出版社2021年版，第13—14页。

安全的发展之路。

最后，我们坚持和完善了党对经济工作的战略谋划和统一领导，完善了党领导经济工作的体制机制，这是我国物质文明建设取得历史性成就的根本保障和前提。

二、政治文明建设的全面提升

坚持和完善中国特色社会主义制度、推进国家治理体系和治理能力现代化是政治文明建设全面提升的直接表现。要坚持和完善支撑中国特色社会主义制度的根本制度、基本制度、重要制度。中国共产党成立以来团结带领人民坚持马克思主义基本原理同中国具体实际相结合、同中华优秀传统文化相结合，不断深刻总结国内外正反两方面经验，不断探索实践，不断改革创新，建立和完善社会主义制度，中国特色社会主义制度更加成熟更加定型，国家治理体系和治理能力现代化水平明显提高。实践证明，中国特色社会主义制度和国家治理体系是以马克思主义为指导、植根中国大地、具有深厚中华文化根基、深得人民拥护的制度和治理体系，是具有强大生命力和巨大优越性的制度和治理体系，是能够持续推动拥有14亿多人口大国进步和发展、确保拥有5000多年文明史的中华民族实现伟大复兴的制度和治理体系。坚定中国特色社会主义制度自信是我国政治文明建设全面提升的突出表现。

发展社会主义民主，形成全过程人民民主。民主是全人类共同价值之一，也是社会主义的本质要求。但是，民主并非抽象的，而是具体的。我们坚持马克思主义基本原理同中国具体实际相结合、同中华优秀传统文化相结合，实现了马克思主义民主理论和实践的创新性发展，我们党提出了“全过程人民民主”，“健全全面、广泛、有机衔接的人民当家作主制度体系，构建多样、畅通、有序的民主渠道，丰富民主形式，从各层次各领域扩大人民有序政治参与，使各方面制度和国家治理更好体现人民意志、保障人民权益、激发人民创造”①。因此，社会主义民主的积极发展从本质上来说是政治文明建设实践的内在要求。

坚持全面依法治国，推进法治中国建设。全面依法治国是国家治理的一场深刻革命，关系党执政兴国，关系人民幸福安康，关系党和国家长治久安。我们始终坚持党的领导、依法治国和人民当家作主的有机结合，走出了一条中国特色社会主义法治道路。

总之，中国共产党成立以来团结带领人民已经形成了中国特色社会主义政治发展道路，并且取得了重大成就，铸就了中国特色社会主义政治文明，可以说这一政治文明对人类政治文明的丰富和发展作出了重大贡献，贡献了中国方案和中国智慧。

三、精神文明建设的全面提升

中国共产党成立以来在精神文明建设方面所取得的巨大成就为强国之路打下了坚实的文明基础，提供了坚强思想保证和强大精神力量。特别是党的十八大以来，我国意识形态领域形势发生全局性、根本性转变，全党全国各族人民文化自信明显增强，全社会凝聚力和向心力极大提升。

首先，强调意识形态工作的极端重要性。意识形态工作是为国家立心、为民族立魂的工作，文化自信是更基础、更广泛、更深厚的自信，是一个国家、一个民族发展中最基本、最深沉、最持久的力量，没有高度文化自信、没有文化繁荣兴盛就没有中华民族伟大复兴。

其次，坚持马克思主义在意识形态领域指导地位的根本制度，坚持党对意识形态工作的全面领导。积极推进社会主义核心价值观的践履，传承红色血脉和红色基因，注重用社会主义先进文化、革命文化、中华优秀传统文化培根铸魂，促进人类文明交流互鉴，实现了网

---

① 《中共中央关于党的百年奋斗重大成就和历史经验的决议》，人民出版社2021年版，第39页。

络生态持续向好，文化事业日益繁荣，增强了国家文化软实力。

最后，形成了中国特色社会主义精神文明发展道路。中国特色精神文明发展道路是建基于社会主义初级阶段之上的，是社会主义性质的，不是资本主义性质的，也不是封建主义性质的；同时，它也是社会主义初级阶段的，不是超越社会主义初级阶段的共产主义阶段的。当然，中国特色精神文明发展道路是随着中国特色社会主义发展历史方位的变化而发展前进的，现在是处于中国特色社会主义新时代。中国特色精神文明发展道路本质上是着力提高全民族的思想道德素质、科学文化素质、精神心理素质等，为中华民族伟大复兴提供智力支持和精神动力。从总体上来看，精神文明建设是实现强国之路的内在要求。同时，精神文明建设的全面提升也为强国之路的实现提供了坚实的文明基础和条件。

四、社会文明建设的全面提升

党的二十大报告指出："我们深入贯彻以人民为中心的发展思想，在幼有所育、学有所教、劳有所得、病有所医、老有所养、住有所居、弱有所扶上持续用力，人民生活全方位改善。"①可以说，人民群众获得感、幸福感、安全感更加充实、更有保障、更可持续，共同富裕取得了新成效。

其一，党在社会文明建设中始终坚持和贯彻以人民为中心的发展思想。坚持人民对美好生活的向往就是我们的奋斗目标，为民造福是立党为公、执政为民的本质要求，让老百姓过上好日子是我们一切工作的出发点和落脚点，补齐民生保障短板、解决好人民群众急难愁盼问题是社会建设的紧迫任务。

其二，打赢了脱贫攻坚战，成功地全面建成了小康社会，实现了第一个百年奋斗目标。党的十八大以来，全国832个贫困县全部摘

① 习近平：《高举中国特色社会主义伟大旗帜 为全面建设社会主义现代化国家而团结奋斗——在中国共产党第二十次全国代表大会上的报告》，人民出版社2022年版，第10页。

帽，128000个贫困村全部出列，近1亿农村贫困人口实现脱贫，提前10年实现联合国2030年可持续发展议程减贫目标，历史性地解决了绝对贫困问题，创造了人类减贫史上的奇迹。

其三，在劳动就业、社会保障等各方面持续用力，取得了巨大成就。如我国人均预期寿命增长到78.2岁，居民人均可支配收入从16500元增加到35100元。如建成世界上规模最大的教育体系、社会保障体系、医疗卫生体系，教育普及水平实现历史性跨越，基本养老保险覆盖10.4亿人，基本医疗保险参保率稳定在95%。如全面推进了健康中国建设，加快了体育强国建设，成功举办了北京冬奥会、冬残奥会等。这些社会建设都大大丰富和满足了人民对美好生活的需要，提高了人民的幸福感和获得感。

其四，积极推进了更高水平的平安中国建设，完善社会治理体系，健全党组织领导的自治、法治、德治相结合的城乡基层治理体系，推动社会治理重心向基层下移，建设共建共治共享的社会治理制度等，从而实现了国家长治久安、人民安居乐业的局面，创造和续写了社会长期稳定奇迹。正是我们在社会文明建设中所取得的巨大成就、获得的全面提升，为强国之路的实现打下了坚实的社会基础和民生基础。

五、生态文明建设的全面提升

生态文明建设是强国之路的内在要求。中国共产党成立以来，始终关注生态环境建设问题。中央苏区政府施行的“耕山证”制度，就是最早的“林权证”制度的萌芽。1979年2月，五届全国人大常委会第六次会议通过了将每年3月12日定为“植树节”的决议，并颁布《山林保护条例》实行依法治林。在生态文明建设积累的经验基础上，党中央强调，生态文明建设是关乎中华民族永续发展的根本大计，保护生态环境就是保护生产力，改善生态环境就是发展生产力，决不以牺牲环境为代价换取一时的经济增长。坚持绿水青山就是金山银山的理念。我们党从思想、法律、体制、组织、作风上全面发力，全方位、全地域、全过程加强生态环境保护，生态文明制度体系更加健全，污染防治攻坚向纵深推进，形成绿色生产方式、生活方式、消费方式等。我国还积极参与全球环境与气候治理，作出力争2030年前实现碳达峰、2060年前实现碳中和的庄严承诺，体现了负责任大国的担当。

可以说，党的十八大以来，美丽中国建设取得了巨大成就，我国生态环境保护发生了历史性、转折性、全局性变化，我们的祖国天更蓝、山更绿、水更清。我国生态文明建设所取得的历史性成就丰富和发展了人类文明发展的理论体系，也为回答人类如何更好生存的"人类之问"提供了中国方案和中国智慧。因此，我们可以说生态文明建设实践为强国之路建设打下了坚实基础。

总而言之，正是我国物质文明、政治文明、精神文明、社会文明、生态文明建设的全面提升和协调发展，为强国之路的生成提供了客观存在性。

第二节　内在要求性：中国特色社会主义历史方位的跃迁

所谓内在要求性，是指强国之路实践生成的内在原因和根据。这本质上是由强国之路的性质所决定的，就是由中国特色社会主义的性质所决定的。习近平总书记指出："党和国家的长期实践充分证明，只有社会主义才能救中国，只有中国特色社会主义才能发展中国。只有高举中国特色社会主义伟大旗帜，我们才能团结带领全党全国各族人民，在中国共产党成立100年时全面建成小康社会，在新中国成立100年时建成富强民主文明和谐的社会主义现代化国家，赢得中国人民和中华民族更加幸福美好的未来。"①这一重要论述深刻揭示了中国特色社会主义发展内在地、必然地导致社会主义现代化强国之路的生成。具体而言，表现在以下两个方面。

① 《习近平谈治国理政》第一卷，外文出版社2018年版，第7页。

第一，从社会发展阶段而言，中国特色社会主义发展历史方位的全面跃迁，必然导致社会主义现代化强国之路的生成和发展。

首先，发展的阶段性是社会主义现代化强国建设的基本实践特征。社会主义现代化强国目标是建成富强民主文明和谐美丽的国家，这一目标的实现需要通过多个阶段性目标的递进来完成。因为社会主义现代化强国的建成必须在量变的基础上逐步实现质变，实现发展过程中的不同发展阶段的跃迁。前一个发展阶段的目标为下一个发展阶段的目标的完成提供了基础和条件，同时又为下一个发展阶段的目标向更高发展阶段跃迁提供了动力和支撑。

其次，社会主义现代化强国建设的发展阶段性特征是与中国特色社会主义的历史方位特征紧密相关的，而中国特色社会主义的历史方位变化又是由我国社会主要矛盾变化所决定的。毛泽东指出："对于矛盾的各种不平衡情况的研究，对于主要的矛盾和非主要的矛盾、主要的矛盾方面和非主要的矛盾方面的研究，成为革命政党正确地决定其政治上和军事上的战略战术方针的重要方法之一，是一切共产党人都应当注意的。"[①]这一哲理深刻揭示了我们在中国特色社会主义建设的过程中必须分析和把握我国社会的主要矛盾。我国社会主要矛盾使中国特色社会主义的历史方位发生了质的变化，中国特色社会主义进入了新时代，中华民族迎来了从站起来、富起来到强起来的伟大飞跃。因此，中国特色社会主义的历史方位跃迁实质上反映了社会主义现代化强国建设过程中发展阶段的全方位跃迁。

最后，新发展阶段是实现社会主义现代化强国建设的阶段。新发展阶段是社会主义初级阶段发展中的一个重要阶段。建设社会主义现代化强国、实现中华民族伟大复兴是一个历史的探索和实践过程，当然，是在社会主义初级阶段这个总依据的基础和前提下展开的。实现社会主义现代化强国建设的发展过程大致可以划分为社会主义建设的探索、全面建成小康社会、全面建成社会主义现代化强国三个阶段。

---

① 《毛泽东著作选读》上册，人民出版社1986年版，第167页。

目前我们已经站在了“全面建成社会主义现代化强国”的新阶段，这是我国社会主义建设经过几十年积累站到了新的起点上的一个阶段，是我们党带领人民迎来从站起来、富起来到强起来伟大飞跃的新阶段，是完成建成社会主义现代化强国历史宏愿的新阶段。因此，我们可以说，新发展阶段就是实现社会主义现代化强国建设的阶段。总之，中国特色社会主义历史方位的跃迁，实质上反映了社会主义现代化强国建设的内在必然性。

第二，从社会发展实践而言，中国特色社会主义是党和人民长期实践取得的根本成就。中华民族伟大复兴进入了不可逆转的历史进程。“走自己的路，是党的全部理论和实践立足点，更是党百年奋斗得出的历史结论”[①]，这一历史结论就是要求我们坚持和发展中国特色社会主义。

一是坚持和发展社会主义。我们党团结带领人民，从根本上改变了中国人民和中华民族的前途命运，不可逆转地结束了近代以来中国内忧外患、积贫积弱的命运。

二是坚持和发展中国特色社会主义。我们党团结带领人民开始了中华民族不断发展壮大、走向伟大复兴的历史进军，使具有5000多年文明历史的中华民族以崭新的姿态屹立于世界民族之林。

以毛泽东同志为主要代表的中国共产党人，实现了中华民族有史以来最为广泛而深刻的社会变革，实现了一穷二白、人口众多的东方大国大步迈进社会主义社会的伟大飞跃，为新时期开创中国特色社会主义提供了宝贵经验、理论准备、物质基础。

以邓小平同志为主要代表的中国共产党人，围绕什么是社会主义、怎样建设社会主义这一根本问题，创立了邓小平理论，明确提出走自己的路、建设中国特色社会主义，科学回答了建设中国特色社会主义的一系列基本问题，制定了到21世纪中叶分三步走、基本实现

① 习近平：《在庆祝中国共产党成立100周年大会上的讲话》，人民出版社2021年版，第13页。

社会主义现代化的发展战略，成功开创了中国特色社会主义。

以江泽民同志为主要代表的中国共产党人，加深了对什么是社会主义、怎样建设社会主义和建设什么样的党、怎样建设党的认识，形成了“三个代表”重要思想，成功把中国特色社会主义推向21世纪。

以胡锦涛同志为主要代表的中国共产党人，深刻认识和回答了新形势下实现什么样的发展、怎样发展等重大问题，形成了科学发展观，成功在新形势下坚持和发展了中国特色社会主义。

党的十八大以来，以习近平同志为主要代表的中国共产党人团结带领人民开创了中国特色社会主义新时代，创立了习近平新时代中国特色社会主义思想，我国取得了一系列历史性成就和历史性变革，迎来了从站起来、富起来到强起来的伟大历史飞跃，迎来了中华民族不可逆转地走向伟大复兴的历史进程。因此，社会发展实践可以充分揭示出：中国特色社会主义发展了中国，坚持和发展中国特色社会主义必然会导致社会主义现代化强国的建成和中华民族的伟大复兴。

党的二十大强调，中国特色社会主义是实现中华民族伟大复兴的必由之路。习近平总书记指出：“我们党在已有基础上继续前进，不断实现理论和实践上的创新突破，成功推进和拓展了中国式现代化。我们在认识上不断深化，创立了新时代中国特色社会主义思想，实现了马克思主义中国化时代化新的飞跃，为中国式现代化提供了根本遵循。我们进一步深化对中国式现代化的内涵和本质的认识，概括形成中国式现代化的中国特色、本质要求和重大原则，初步构建中国式现代化的理论体系，使中国式现代化更加清晰、更加科学、更加可感可行。”①

总之，强国之路实践的生成和发展，其根本原因在于中国特色社会主义的发展。中国特色社会主义内在地规定了强国之路的生成和发

---

① 《习近平在学习贯彻党的二十大精神研讨班开班式上发表重要讲话强调 正确理解和大力推进中国式现代化》,《人民日报》2023年2月8日。

展，离开了中国特色社会主义来谈论强国之路，则无异于缘木求鱼。可以说，强国之路实践的内在要求性，其本质就在于中国特色社会主义。

第三节　现实可能性：以中国式现代化推进人类文明新形态

所谓现实可能性，是指社会主义现代化强国建成的条件的现实性，而不是条件的虚无性和纯粹抽象性。这种现实可能性，可以表现为党的全面领导、社会主义制度、改革开放以及借鉴国内外发展经验等各种条件。但是，其中一个重要的现实性条件就是我们成功走出中国式现代化道路、创造了人类文明新形态，并且强调全面建成社会主义现代化强国、以中国式现代化全面推进中华民族伟大复兴。

第一，中国式现代化本质上是人民逻辑主导的现代化，它是对资本逻辑主导的现代化理论的超越和发展。

虽然现代化理论发轫于西方社会，但西方现代化理论并不等同于现代化理论。中国式现代化本质上是对西方现代化理论的超越和发展，建构了一种有别于西方现代化理论的新型现代化理论体系。这突出地表现为这种新型现代化理论体系以人民逻辑为主导。一方面，西方现代化理论是以资本逻辑为主导的现代化理论，具有自身不可克服的局限性，其发展趋势就是必然要为一种新的现代化理论所取代。从西方现代化理论发展史来看，西方主要存在政治学流派、经济学流派、社会学流派、人文心理学流派、制度比较流派等理论倾向的现代化理论。这些都是基于资产阶级立场和社会进化论来揭示资本主义社会的产生、特征和发展趋势的。这种资本逻辑本身的致命缺陷必然内蕴于西方现代化理论，从而导致西方现代化理论的最终瓦解和崩溃。

另一方面，中国式现代化是以人民逻辑为核心的现代化理论，是马克思主义现代化思想中国化的产物，其内在优势使得它能够超越资本逻辑的西方现代化理论。其一，人民逻辑的现代化理论建基于人民利益的立场之上，超越了资本逻辑的现代化理论的资产阶级立场。其二，人民逻辑的现代化理论建基于科学的唯物史观之上，而非社会历史进化论之上。其三，人民逻辑的现代化理论展示了一种远胜资本主义文明的新的社会发展形态和新的文明形态。其四，人民逻辑的现代化理论深刻揭示了社会发展的根本动力是“现实生活的生产和再生产”，而不是把其归结为宗教、心理或文化等各种社会意识形态的因素。因此，中国式现代化是对这种以资本逻辑为主导的西方现代化理论的超越和发展，它不仅走出了一条现代化发展的新道路，而且创造了一种人类文明进步的新形态。

当然，我们说中国式现代化是对以资本逻辑为主导的西方现代化思想的超越，但是，我们也要承认中国式现代化是对现代化建设一般规律的遵循，是同中国具体实际、同中华优秀传统文化相结合的产物。我们不能在强调中国式现代化特殊性的同时，排斥和否定现代化建设的普遍性本质和规律。习近平总书记指出：“一个国家走向现代化，既要遵循现代化一般规律，更要符合本国实际，具有本国特色。中国式现代化既有各国现代化的共同特征，更有基于自己国情的鲜明特色。……新中国成立特别是改革开放以来，我们用几十年时间走完西方发达国家几百年走过的工业化历程，创造了经济快速发展和社会长期稳定的奇迹，为中华民族伟大复兴开辟了广阔前景。实践证明，中国式现代化走得通、行得稳，是强国建设、民族复兴的唯一正确道路。”①

第二，中国式现代化是对传统社会主义现代化思想的超越和发展。

从马克思主义发展史来看，现代化发展有两种基本思想样态：一是中国式现代化思想，二是传统社会主义现代化思想。在历史演变进程中，中国式现代化思想超越和发展了传统社会主义现代化思想。但从历史来看，中国式现代化思想最初是以传统社会主义现代化模式为

① 《习近平在学习贯彻党的二十大精神研讨班开班式上发表重要讲话强调 正确理解和大力推进中国式现代化》，《人民日报》2023年2月8日。

师的，正如毛泽东所说："苏联共产党就是我们的最好的先生，我们必须向他们学习。"[①]但是，随着中国社会主义建设实践的推进，毛泽东等中央领导人意识到苏联传统社会主义现代化模式的弊端和问题。为此，在探究社会主义现代化建设的道路上，提出了很多至今仍具有重要指导意义的独创性理论成果。党的十一届三中全会后，邓小平首次提出"中国式现代化道路"的命题，他强调："过去搞民主革命，要适合中国情况，走毛泽东同志开辟的农村包围城市的道路。现在搞建设，也要适合中国情况，走出一条中国式的现代化道路。"[②]

1983年6月，邓小平在会见参加北京科学技术政策讨论会的外籍专家时指出："我们搞的现代化，是中国式的现代化。我们建设的社会主义，是有中国特色的社会主义。"[③]邓小平对"中国式的现代化"丰富的时代特色、民族特色和实践特色进行了阐释和说明。中国式现代化对传统社会主义现代化模式的超越具体表现在：一是从现代化发展阶段认识而言，社会主义初级阶段论超越了传统社会主义现代化模式的超阶段发展论；二是从现代化发展时代主题而言，和平发展主题论超越了传统社会主义现代化模式的革命战争主题论；三是从现代化发展经济体制而言，社会主义市场经济论超越了传统社会主义现代化模式的高度集中的计划经济论；四是从现代化发展的动力而言，改革开放论超越了传统社会主义现代化模式的僵化论；五是从现代化发展的系统性而言，经济社会全面协调发展论超越了传统社会主义现代化模式的偏重重工业发展的经济社会发展不平衡论；等等。中国式现代化的生成和发展充分显示了科学社会主义在中国的勃勃生机和活力。

中国式现代化由于其理论的优越性和实践的巨大成就，必然为"全面建设社会主义现代化国家、全面推进中华民族伟大复兴"的胜利奠定坚实的现实基础。

---

① 《毛泽东著作选读》下册，人民出版社1986年版，第688页。

② 《邓小平文选》第二卷，人民出版社1994年版，第163页。

③ 《邓小平文选》第三卷，人民出版社1993年版，第29页。

第三章　强国之路的理论依据

强国之路的生成和发展，有其坚实的理论基础和理论依据。马克思主义认为，人类社会历史发展是一个历史的自然过程，它既表现为发展的客观必然性，也表现为发展的主体价值性，它是发展的真理性和价值性的辩证统一，这种历史的自然发展过程从根本上而言是合规律性与合目的性的统一。同样，中国式现代化强国之路本质上既是对世界历史发展状况和中国历史发展实践的客观规律性的反映，也是对中国人民和中华民族实践主体的价值诉求的深刻映照。

第一节　马克思主义科学理论的指导

习近平总书记在纪念马克思诞辰200周年大会上明确指出："可以告慰马克思的是，马克思主义指引中国成功走上了全面建设社会主义现代化强国的康庄大道，中国共产党人作为马克思主义的忠诚信奉者、坚定实践者，正在为坚持和发展马克思主义而执着努力！"①党的二十大报告指出："马克思主义是我们立党立国、兴党兴国的根本指导思想。实践告诉我们，中国共产党为什么能，中国特色社会主义为什么好，归根到底是马克思主义行，是中国化时代化的马克思主义行。拥有马克思主义科学理论指导是我们党坚定信仰信念、把握历史主动的根本所在。"②因此，我们可以说马克思主义就是强国之路的理论基础和理论根本。

强国之路本质上是马克思主义基本原理同中国具体实际相结合、同中华优秀传统文化相结合的必然结果，是马克思主义中国化时代化的必然产物。强国之路就是中国特色社会主义道路，习近平总书记对

---

① 习近平：《在纪念马克思诞辰200周年大会上的讲话》，《人民日报》2018年5月5日。

② 习近平：《高举中国特色社会主义伟大旗帜　为全面建设社会主义现代化国家而团结奋斗——在中国共产党第二十次全国代表大会上的报告》，人民出版社2022年版，第16页。

中国特色社会主义的客观必然性有一个深刻认识和判断，即“中国特色社会主义，是科学社会主义理论逻辑和中国社会发展历史逻辑的辩证统一”[①]。因此，我们只有深刻认识和把握科学社会主义理论逻辑和中国社会发展历史逻辑的内在必然性关系，才能够真正把握强国之路的科学逻辑。

一、强国之路遵循科学社会主义理论逻辑

我国的强国之路是社会主义现代化强国之路，是社会主义性质的，这又内在地规定了强国之路的发展逻辑，也就是说我国强国之路是遵循科学社会主义理论逻辑的。这是因为：

首先，科学社会主义深刻揭示了人类社会历史发展的一般规律和发展趋势，深刻阐释了从资本主义社会走向社会主义社会的历史发展进程和无产阶级以及人类解放的条件、性质和一般结果。马克思、恩格斯在对空想社会主义批判的基础上，“创建了唯物史观和剩余价值学说，揭示了人类社会发展的一般规律，揭示了资本主义运行的特殊规律，为人类指明了从必然王国向自由王国飞跃的途径，为人民指明了实现自由和解放的道路”[②]，从而实现了从空想社会主义到科学社会主义的历史性飞跃。社会主义和共产主义是人类社会发展的趋势和方向，这是铁的规律。马克思说：“我们坚信，构成真正危险的并不是共产主义思想的实际试验，而是它的理论阐述；要知道，如果实际试验大量地进行，那么，它一旦成为危险的东西，就会得到大炮的回答；而征服我们心智的、支配我们信念的、我们的良心通过理智与之紧紧相连的思想，是不撕裂自己的心就无法挣脱的枷锁；同时也是魔鬼，人们只有服从它才能战胜它。”[③]因此，要实现无产阶级自身解放，要实现从空想社会主义转变为科学社会主义，首先是要解放自己的头脑，这就是要从理论上深刻洞察和揭示人类社会历史发展的一般

---

① 《习近平著作选读》第一卷，人民出版社2023年版，第85页。

② 习近平：《在纪念马克思诞辰200周年大会上的讲话》，《人民日报》2018年5月5日。

③ 《马克思恩格斯全集》第一卷，人民出版社1995年版，第295—296页。

规律。

其次，马克思主义不仅解释世界，更重要的是运用理论去改造世界，也就是要把科学社会主义理论逻辑转变为实践逻辑，真正实现人类的理想社会。科学社会主义的理论逻辑是以客观事实为逻辑起点的，其最终是要回归到客观事实，以实践作为检验真理的唯一标准。马克思曾经就反对有些马克思主义者把他称为“马克思主义者”，他认为这些马克思主义者实质上是抽象的马克思主义者，而不是现实的马克思主义者。因此，客观事实和实践才是判断马克思主义和科学社会主义的认识和观点的根据。列宁曾经指出：“现在一切都在于实践，……理论在变为实践，理论由实践赋予活力，由实践来修正，由实践来检验。”[①] 正是马克思主义注重从实践来发展和丰富，导致马克思主义对人类社会历史发展所揭示的客观规律性认识与人们在实践上所获得的感受并不是非常一致，所以这就使有些人“背离现象”而对马克思主义和科学社会主义产生某种误解。这也恰恰说明了马克思主义和科学社会主义所揭示的人类社会必然走向社会主义和共产主义是绝对正确的，并且对马克思主义和科学社会主义的理论判断需要结合客观事实和实践来加以检验和丰富。

最后，中国特色社会主义本质上是对科学社会主义的守正创新。强国之路本质上就是中国特色社会主义道路，而中国特色社会主义则是对科学社会主义理论逻辑的守正创新。我们党在坚持和发展中国特色社会主义的历程中，形成了中国化时代化的马克思主义。中国特色社会主义之所以能够取得如此巨大成就，根本原因在于马克思主义行，在于中国化时代化的马克思主义行。马克思主义不是教条，并不是提供对一切问题的现成的答案，但是马克思主义提供了解决一切问题的指南和方法。马克思主义指明了人类社会发展的趋势和方向是社会主义和共产主义，但是对于社会主义和共产主义社会具体如何建设则需要根据客观事实和实践来展开。正如恩格斯所言：“共产主义社

① 《列宁选集》第三卷，人民出版社2012年版，第381页。

会中的人们自己会决定，是否应当为此采取某种措施，在什么时候，用什么办法，以及究竟是什么样的措施。”①在我们党坚持和发展中国特色社会主义的历程中，创立了毛泽东思想、邓小平理论，形成了“三个代表”重要思想、科学发展观，创立了习近平新时代中国特色社会主义思想，这为中国特色社会主义的开创、坚持、捍卫、发展提供了理论指导。也就是说，我们不能用改革开放后的成就来否定改革开放前的历史，我们应该把改革开放前和改革开放后的历史作为一个整体来看待。因此，我们可以说，中国特色社会主义既遵循了科学社会主义理论逻辑，又适应了时代条件和客观实践的变化，是在回答中国问题基础上所作出的创新发展，从而成为“适应中国和时代发展进步要求的科学社会主义”②。

历史和现实证明，中国特色社会主义是科学社会主义理论的一般规律同中国具体实践的结合，开辟了科学社会主义的中国化新境界，让科学社会主义在21世纪焕发出勃勃生机。因此，我国的社会主义现代化强国之路不是背离了科学社会主义理论逻辑，而是在本质上遵循了科学社会主义理论逻辑。

二、强国之路遵循了中国社会历史发展的特殊规律

中国强国之路不仅要遵循科学社会主义理论逻辑，也要遵循中国社会历史发展的特殊规律。中国强国之路并非抽象的，而是具体的，这种具体首先就是要与中国社会历史发展的特征紧密相连。

首先，科学社会主义理论逻辑并不是抽象的，而是具体的。科学社会主义理论逻辑具有一般性规律的性质。实际上，马克思、恩格斯在晚年也特别关注了东方社会历史。他们认为，东方社会的亚细亚生产方式与西欧社会历史的生产方式具有不同的特点，东方社会历史发展应该具有不同于西欧社会历史发展的性质、特征和道路。因此，不

① 《马克思恩格斯文集》第十卷，人民出版社2009年版，第456页。
② 《习近平著作选读》第一卷，人民出版社2023年版，第85页。

能把概括西欧社会历史发展所形成的理论当作一般的历史哲学，或者当作一般的教条公式。故而，我们在理解和把握科学社会主义理论逻辑时要“特别注重开展普遍性与多样性的双重考察，坚决杜绝社会发展模式的单一化，始终把社会形态的科学探讨置于具体而真实的现实历史语境中，从而极力破除一切超时空的、僵化的‘单一模式’神话”①。

其次，中国社会历史发展具有自身的特质。我们在理解中国特色社会主义道路时，应该把中国特色社会主义置于中国社会历史发展的整个过程中来看待，也就是中国特色社会主义是从包括中国古代、近代等在内的历史总体中走出来的。中国近代社会历史具有其自身特点，中国古代社会历史也是具有其自身特点的，现在总是从历史中而来，未来是由现在所决定的。因此，我们在理解中国特色社会主义产生的必然性时，不能够忽视中国社会历史发展的总体性。习近平总书记曾指出：“这条道路来之不易，它是在改革开放30多年的伟大实践中走出来的，是在中华人民共和国成立60多年的持续探索中走出来的，是在对近代以来170多年中华民族发展历程的深刻总结中走出来的，是在对中华民族5000多年悠久文明的传承中走出来的，具有深厚的历史渊源和广泛的现实基础。”②“独特的文化传统，独特的历史命运，独特的基本国情，注定了我们必然要走适合自己特点的发展道路。”③因此，我们在理解和把握中国特色社会主义现代化强国之路的时候，必须运用历史的总体性方法论。

最后，中国社会历史发展的特质在政治制度、经济制度、文化制度等方面与西欧社会是有差别的。比如说关于中国古代奴隶社会的特质，与西欧奴隶社会就具有很大的差异。在经济制度上，中国奴隶社会并没有严格的私有制，并且还存在“土地国有制”，西欧奴隶社会

---

① 段虹：《马克思〈人类学笔记〉与唯物史观的升华》，《马克思主义研究》2021年第1期。
② 《习近平谈治国理政》第一卷，外文出版社2018年版，第39—40页。
③ 《习近平谈治国理政》第一卷，外文出版社2018年版，第156页。

则是严格的私有制；在政治制度上，中国奴隶社会没有民主政治观点，而西欧奴隶社会则存在着民主政治，如古希腊的执政官是由奴隶主和自由民所选举产生的；在劳动者方面，中国奴隶社会的劳动者是庶人，不是严格意义上的奴隶。“西周春秋的‘众人’和‘庶民’”，“在商末周初，在父家长制时期父权支配下，他们的身份地位可能有些低下，但不是奴隶”。[①]而西欧奴隶社会的古希腊和罗马，“奴隶劳动是全部生产劳动的基础，在生产劳动中占主导地位”[②]。

因此，我们可以说，“中国历史的特殊规律从奴隶社会阶段就开始表现出来。欧洲奴隶制具有典型性；中国没有典型的奴隶制。在人类历史的奴隶制社会阶段，中国发展道路不同于欧洲国家”[③]。实际上，中国封建社会也具有区别于西欧封建社会的特质，这可以表现在经济制度、政治制度和思想文化制度等方面，比如思想文化方面，中国文化注重的是“君子喻于义，小人喻于利”的重义轻利的价值观，这种思想文化价值观实际上深刻地影响着中国社会发展道路。习近平总书记曾经指出：“中国是有着悠久文明的国家。……中华文明是没有中断、延续发展至今的文明，已经有5000多年历史了。……2000多年前，中国就出现了诸子百家的盛况……至今仍然深深影响着中国人的生活。中国人看待世界、看待社会、看待人生，有自己独特的价值体系。中国人独特而悠久的精神世界，让中国人具有很强的民族自信心，也培育了以爱国主义为核心的民族精神。”[④]包括这种独特的价值体系在内的中国封建社会形成了区别于西欧封建社会的不同的社会发展道路。

当然，我国的近代社会历史发展道路也是如此，具有自身的特

---

① 何兹全：《众人和庶民》，《史学月刊》1985年第1期。

② 赵家祥：《东方社会发展道路与社会主义的理论和实践》，商务印书馆2017年版，第204页。

③ 黎世红等：《马克思东方社会理论与中国发展道路》，人民出版社2019年版，第55页。

④ 习近平：《出席第三届核安全峰会并访问欧洲四国和联合国教科文组织总部、欧盟总部时的演讲》，人民出版社2014年版，第41—42页。

点，与西欧资本主义社会发展道路也是不一样的。从总体性方法论来看待中国社会历史发展道路，我们就可以发现中国特色社会主义的生成和发展是遵循了中国社会历史发展的特殊规律的。同样，中国的社会主义现代化强国之路的理论基础和理论根据，不仅要遵循科学社会主义理论逻辑，也要遵循中国社会历史发展的特殊规律，否则可能导致对中国的社会主义现代化强国之路的教条化和抽象化理解。

三、强国之路是遵循科学社会主义理论逻辑和中国社会发展的历史逻辑的辩证统一

中国社会主义现代化强国之路既反映了世界历史发展的趋势和方向，即走向社会主义和共产主义，也反映了中国社会历史发展的特殊规律，实现了二者的辩证统一。习近平总书记深刻指出："世界上没有放之四海而皆准的具体发展模式，也没有一成不变的发展道路。历史条件的多样性，决定了各国选择发展道路的多样性。人类历史上，没有一个民族、没有一个国家可以通过依赖外部力量、跟在他人后面亦步亦趋实现强大和振兴。那样做的结果，不是必然遭遇失败，就是必然成为他人的附庸。"[①]因此，中国社会主义现代化强国之路的科学逻辑只能是马克思主义，只能是中国化时代化的马克思主义，这就是中国的社会主义现代化强国之路的理论之根本。我们必须不断谱写马克思主义中国化时代化新篇章，不断推进实践基础上的理论创新。

第二节 "以人民为中心"的价值取向

强国之路不仅具有客观必然性的科学逻辑依据，而且具有主体内在的价值逻辑依据。强国之路的价值逻辑，体现为以人民为中心，一言以蔽之，我国强国之路的根本价值逻辑就是要满足人民对美好生活的需要，"把改善人民生活、增进人民福祉作为出发点和落脚点，在

---

① 《习近平谈治国理政》第一卷，外文出版社2018年版，第29页。

人民中寻找发展动力、依靠人民推进发展、使发展造福人民”[①]。

第一，“以人民为中心”的价值指向是马克思主义的内在要求。马克思、恩格斯在《共产党宣言》中明确指出：“代替那存在着阶级和阶级对立的资产阶级旧社会的，将是这样一个联合体，在那里，每个人的自由发展是一切人的自由发展的条件。”[②]这个“联合体”就是人的自由而全面发展的联合体。马克思、恩格斯之所以要提出这样一个“联合体”，根本原因就在于资本主义社会的反人性、反人道性质，在于资本主义社会把人异化了，把人不是当作目的而是当作了手段和工具。资本逻辑主导下的生产资料私有制导致了人的异化和片面化，导致人的被奴役，“精神空虚的资产者为他自己的资本和利润欲所奴役；法学家为他的僵化的法律观念所奴役，……一切‘有教养的等级’都为各式各样的地方局限性和片面性所奴役，为他们自己的肉体上和精神上的短视所奴役，为他们的由于接受专门教育和终身从事一个专业而造成的畸形发展所奴役”[③]。马克思认为，“必须推翻那些使人成为被屈辱、被奴役、被遗弃和被蔑视的东西的一切关系”，人本身应该成为人的最高目的和最高本质，而只有通过无产阶级的解放，才能够真正实现人的阶级以及人类解放，也就是建立真正的自由人联合体，即共产主义社会。

第二，“以人民为中心”的价值旨归是人的自由而全面发展的根本旨归。马克思在《政治经济学批判》中说：“人的依赖关系（起初完全是自然发生的），是最初的社会形态，在这种形态下，人的生产能力只是在狭窄的范围内和孤立的地点上发展着。以物的依赖性为基础的人的独立性，是第二大形态，在这种形态下，才形成普遍的社会物质变换，全面的关系，多方面的需求以及全面的能力的体系。建立在个人全面发展和他们共同的社会生产能力成为他们的社会财富这一

① 《习近平谈治国理政》第二卷，外文出版社2017年版，第483页。

② 《马克思恩格斯选集》第一卷，人民出版社2012年版，第422页。

③ 《马克思恩格斯选集》第三卷，人民出版社2012年版，第679—680页。

基础上的自由个性，是第三个阶段。第二个阶段为第三个阶段创造条件。”[①]人的解放的三个发展阶段对应的是前资本主义社会、资本主义社会和共产主义社会。因此，我们可以说人的自由而全面发展本质上是马克思主义的根本价值旨归。中国社会主义现代化强国之路是以马克思主义为指导思想的，也就必然地内在地规定了中国的社会主义现代化强国之路的价值旨归。以人民为中心的强国之路超越了“以资本为中心”的强国之路，这是中国社会主义现代化强国之路能够具有优越性并且一定能够走通的价值之根。

第三，“以人民为中心”的强国之路超越了“以国家为中心”的苏联模式的强国之路，并丰富和发展了马克思主义。1917年，俄国十月革命胜利后，建立了世界上第一个社会主义国家。列宁认为，共产主义社会是“社会全体成员的充分福利和自由的全面发展”[②]。但列宁也充分认识到俄国的落后，“在文明程度方面，在从物质和生产上‘实施’社会主义的准备程度方面，却比西欧最落后的国家还要落后”[③]。为此，列宁主张大力发展生产力，积极探索社会主义建设的规律，新经济政策就是列宁探索的一个积极成果。列宁逝世后，斯大林也主张大力发展生产力，但是苏联却形成了以重工业为主导的国家工业化以及农业集体化的道路，使得苏联社会主义国家建设形成了“以国家为中心”的价值导向。这种“以国家为中心”的强国之路虽然使苏联社会主义国家建设取得了巨大成就，但苏联人民的生活水平并没有获得根本性提升和改善。这也是苏共垮台的一个重要原因——忽视了民众生活的改善和提高。

第四，新中国成立以来，我们党始终把社会主义国家建设的价值旨归规定为以提高民生福祉为目的，强调全心全意为人民服务。毛泽东说：“我们现在的问题，就是还要适当地调整重工业和农业、轻工

① 《马克思恩格斯全集》第四十六卷（上册），人民出版社1979年版，第104页。
② 《列宁全集》第六卷，人民出版社1986年版，第193页。
③ 《列宁选集》第四卷，人民出版社2012年版，第498页。

业的投资比例，更多地发展农业、轻工业。”[①]这样，“一可以更好地供给人民生活的需要，二可以更快地增加资金的积累，因而可以更多更好地发展重工业”[②]。邓小平也反复强调，贫穷不是社会主义，社会主义的本质就是要实现共同富裕。“社会主义最大的优越性就是共同富裕，这是体现社会主义本质的一个东西。”[③]习近平总书记反复强调：“全党必须牢记，为什么人、靠什么人的问题，是检验一个政党、一个政权性质的试金石。”[④]“我们的责任，就是要团结带领全党全国各族人民，继续解放思想，坚持改革开放，不断解放和发展社会生产力，努力解决群众的生产生活困难，坚定不移走共同富裕的道路。”[⑤]在党的十九大报告中，习近平总书记又明确指出：“中国特色社会主义道路、理论、制度、文化不断发展，拓展了发展中国家走向现代化的途径，给世界上那些既希望加快发展又希望保持自身独立性的国家和民族提供了全新选择。”[⑥]因此，我们可以发现，中国社会主义现代化强国之路的价值旨归就是以人民为中心，而不是苏联模式的“以国家为中心”。实践也充分证明，“以人民为中心”的强国之路建设使中国人民的幸福感得到大大提升。因此，中国强国之路的价值逻辑就是“以人民为中心”，这个根本价值导向支配和规定中国强国之路建设的一切政策、措施和方法。

总之，中国强国之路的理论依据和理论基础坚持了科学逻辑和价值逻辑的辩证统一。我们不能仅仅强调科学逻辑，而忽视价值逻辑，这可能会导致强国之路建设迷失了方向，掩盖了人的根本目的。我们也不能仅仅强调价值逻辑，而忽视科学逻辑，这可能会导致强国之路

---

① 《毛泽东文集》第七卷，人民出版社1999年版，第24页。

② 《毛泽东文集》第七卷，人民出版社1999年版，第25页。

③ 《邓小平文选》第三卷，人民出版社1993年版，第364页。

④ 习近平：《在纪念红军长征胜利80周年大会上的讲话》，人民出版社2016年版，第15页。

⑤ 《习近平谈治国理政》第一卷，外文出版社2018年版，第4页。

⑥ 中共中央党史和文献研究院编：《十九大以来重要文献选编》（上），中央文献出版社2019年版，第8页。

建设丧失了客观基础，变成了纯粹的主观臆想。强国之路的科学逻辑和价值逻辑的辩证统一，是马克思主义本身所内蕴的科学逻辑和价值逻辑的统一。

第四章　强国之路的文化基因

强国之路，不仅是中国共产党团结带领中国人民进行革命、建设、改革来争取实现民族独立和国家富强的奋斗实践之路，更是深深蕴含着中华民族5000多年文明史的智慧和追求之路。习近平总书记指出："中国特色社会主义植根于中华文化沃土、反映中国人民意愿、适应中国和时代发展进步要求，有着深厚历史渊源和广泛现实基础。中华民族创造了源远流长的中华文化，中华民族也一定能够创造出中华文化新的辉煌。独特的文化传统，独特的历史命运，独特的基本国情，注定了我们必须要走适合自己特点的发展道路。"①"中国式现代化，深深植根于中华优秀传统文化，体现科学社会主义的先进本质，借鉴吸收一切人类优秀文明成果，代表人类文明进步的发展方向，展现了不同于西方现代化模式的新图景，是一种全新的人类文明形态。"②因此，我们必须把握中国强国之路的文化基因，这不仅是坚定道路自信、理论自信、制度自信、文化自信的底气和前提，而且也是坚定中国强国之路的历史必然性和精神自觉性，更是认知和把握中国强国之路的根脉与气质。

第一节　中华文化是中华民族发展壮大的丰厚滋养

从文化逻辑来看，中国强国之路的生成和发展深具历史文化底蕴。习近平总书记指出："中华民族是世界上伟大的民族，有着5000多年源远流长的文明历史，为人类文明进步作出了不可磨灭的贡献。"③中华文明积淀着中华民族最深沉的精神追求，为中华民族生生

① 《习近平谈治国理政》第一卷，外文出版社2018年版，第156页。

② 《习近平在学习贯彻党的二十大精神研讨班开班式上发表重要讲话强调 正确理解和大力推进中国式现代化》，《人民日报》2023年2月8日。

③ 习近平：《在庆祝中国共产党成立100周年大会上的讲话》，人民出版社2021年版，第2页。

不息、发展壮大提供了丰厚滋养。要实现中国梦，就必须走中国道路，“这条道路来之不易，它是在改革开放30多年的伟大实践中走出来的，是在中华人民共和国成立60多年的持续探索中走出来的，是在对近代以来170多年中华民族发展历程的深刻总结中走出来的，是在对中华民族5000多年悠久文明的传承中走出来的，具有深厚的历史渊源和广泛的现实基础”[①]。因此，中国强国之路本质上是深植于中华文化沃土之中的。

首先，马克思主义同中华优秀传统文化具有高度的相关性和契合性。任何一个民族和国家都有其自身独特的文化体系，当一种新的外来文化与本土文化进行交流时，通常会出现排斥、包容和涵摄等情况。马克思主义作为一种思想文化传播到中国时，必然也会遇到与中国传统文化碰撞的问题。但是，马克思主义传入中国之后，中国人民却在进行各种尝试之后选择了马克思主义，使马克思主义在中国生根发芽，茁壮成长，焕发出勃勃生机。这是因为马克思主义与中国传统文化具有文化的共通性，具有高度的契合性。有学者认为：“中国人接受马克思主义，与中国传统文化有密切关系。中国文化中本有悠久的唯物论、无神论、辩证法的传统，有民主主义、人道主义思想的传统，有许多历史唯物主义的思想因素，有大同的社会理想，如此等等，因而马克思主义很容易在中国的土壤里生根。”[②]这表明，马克思主义在中国传统文化的土壤中生根发芽是具有某种历史必然性的，马克思主义的文化价值观念与中国传统文化的价值观念在很多层面是相通的。实际上，毛泽东提出的“马克思主义中国化”概念本身就是非常强调马克思主义与中国具体实际的双向良性运动。因此，毛泽东特别强调马克思主义中国化的“化”，这种“化”是彻头彻尾、彻里彻外的化，而不是表面的或者是单向的化。这里的“中国”实际上是内蕴着中国传统文化的，而不是说仅仅指中国实践。可以说，马克思主

① 《习近平谈治国理政》第一卷，外文出版社2018年版，第39—40页。

② 张岱年、程宜山：《中国文化与文化论争》，中国人民大学出版社1990年版，第190页。

义是深植于中国传统文化土壤之中的，以马克思主义作为指导思想来践行的中国强国之路很显然也是脱离不开中国传统文化土壤的，是植根于中华文化沃土之中的。当然，中国传统文化有精华也有糟粕，我们不能因中国传统文化中的糟粕部分而掩盖了精华部分，中国传统文化的优秀部分和精华部分依然需要我们花大力气去总结、研究和运用。

其次，革命文化是中国社会主义现代化强国之路上形成的重要宝贵精神财富，这一精神财富也离不开中华优秀传统文化所提供的精神滋养。革命文化是中国共产党团结带领中国人民在进行新民主主义革命和社会主义革命等革命实践过程中所产生的思想文化，本质上是马克思主义性质和社会主义性质的，积淀着中国共产党最深层的精神追求，蕴含着中国共产党最独特的红色基因。习近平总书记指出：“一切伟大的事业都需要在承前启后、继往开来中推进。我们要发扬光荣传统、传承红色基因，不忘初心、继续前进，努力在坚持和发展中国特色社会主义伟大进程中创造无愧于时代、无愧于人民、无愧于先辈的业绩。”①革命文化虽然产生于中国共产党历代的革命实践中，但依然是与中华优秀传统文化紧密相连的。一方面，革命文化与中华优秀传统文化的民族性特质具有内在一致性。虽然革命文化在中国革命的不同历史时期具有不同的表现形态和形式，但是，革命文化所呈现出的“崇高理想、坚定信念的精神；实事求是、调查研究的精神；联系群众、为民服务的精神；艰苦奋斗、勇于牺牲的精神；独立自主、自力更生的精神”②与中华优秀传统文化注重道德理想、仁道爱人、实事求是、勤俭奋斗、忠诚家国、爱国牺牲、重义轻利等思想，本质上是一致的。另一方面，中华优秀传统文化为革命文化的生成和发展提供了文化和精神滋养。习近平同志指出，“以坚定信念、求真务实、

① 习近平：《在纪念刘华清同志诞辰100周年座谈会上的讲话》，《人民日报》2016年9月29日。

② 杨少华：《论中国共产党革命精神的共同内涵》，《学理论》2014年第34期。

一心为民、清正廉洁、艰苦奋斗、争创一流、无私奉献等为主要内涵的苏区精神”，“是中国共产党人政治本色和精神特质的集中体现，是中华民族精神新的升华”。[①]包括中国革命文化在内的社会主义核心价值观“传承着中国优秀传统文化的基因，寄托着近代以来中国人民上下求索、历经千辛万苦确立的理想和信念，也承载着我们每个人的美好愿景”[②]。因此，中国强国之路上所生成的革命文化也得益于中华优秀传统文化的丰厚滋养。

最后，社会主义先进文化是强国之路所生成和发展的宝贵精神财富，同样也获得了中华优秀传统文化的丰厚滋养。社会主义先进文化主要是面向现代化、面向世界、面向未来，民族的科学的大众的文化，这种文化是马克思主义性质的和代表人类文明发展方向的。在当代中国发展社会主义先进文化，必须弘扬社会主义核心价值观，而社会主义核心价值观是离不开中华优秀传统文化的。习近平总书记指出：“培育和弘扬社会主义核心价值观必须立足中华优秀传统文化。牢固的核心价值观，都有其固有的根本。抛弃传统、丢掉根本，就等于割断了自己的精神命脉。”[③]比如，中华优秀传统文化中所蕴含的爱国主义精神、“天下兴亡，匹夫有责”等价值观念，就是社会主义核心价值观中的爱国价值观念的重要思想文化来源。习近平总书记也强调指出：“对历史文化特别是先人传承下来的价值理念和道德规范，要坚持古为今用、推陈出新，有鉴别地加以对待，有扬弃地予以继承，努力用中华民族创造的一切精神财富来以文化人、以文育人。”[④]因此，奠定强国之路文化根基的社会主义先进文化也传承了中华优秀传统文化的基因。

总而言之，无论是强国之路的指导思想，还是强国之路所生成的

---

① 习近平：《在纪念中央革命根据地创建暨中华苏维埃共和国成立80周年座谈会上的讲话》，《人民日报》2011年11月5日。

② 《习近平谈治国理政》第一卷，外文出版社2018年版，第169页。

③ 《习近平谈治国理政》第一卷，外文出版社2018年版，第163—164页。

④ 《习近平谈治国理政》第一卷，外文出版社2018年版，第164页。

革命文化和社会主义先进文化，都离不开中华优秀传统文化，都是在中华文明的丰厚土壤中生成的。故此，可以说强国之路本质上深植于中华优秀传统文化沃土之中，根植于中国历史文化渊源之中。

第二节　独特的文化传统塑造了独特气质

习近平总书记指出："中华民族有着深厚文化传统，形成了富有特色的思想体系，体现了中国人几千年来积累的知识智慧和理性思辨。"[①]"中华文明绵延数千年，有其独特的价值体系。中华优秀传统文化已经成为中华民族的基因，植根在中国人内心，潜移默化影响着中国人的思想方式和行为方式。"[②]"富有特色的思想体系"和"独特的价值体系"的中华文化塑造了中国强国之路的独特气质，这种气质同西方资本主义的强国之路、苏联模式社会主义的强国之路是有显著差别的。

首先，传承中华传统的社会和谐思想，始终坚持建设和谐的社会主义现代化强国之路。中国封建社会中生成的社会和谐思想是建立在礼的基础之上的。礼是儒家规范社会秩序的制度体系，也是维护封建统治阶级的工具。但是，礼所建构的社会和谐思想和价值观念是值得我们学习和借鉴的。中华传统文化中所言的"和谐"是有差别的和谐，强调的是和而不同。比如中国传统文化反对官员与民争利，用义利观念来规范官员。孔子说："君子喻于义，小人喻于利。"（《论语·里仁》）孟子强调义的重要性合理性，主张性善和养浩然之气。孔子的弟子有子说："礼之用，和为贵，先王之道，斯为美。"（《论语·学而》）我们党提出的构建社会主义和谐社会，实际上就是对中华传统的社会和谐思想的创造性转化、创新性发展。社会主义现代化强国是把和谐作为重要价值追求，这充分表明了中国强国之路受到了中国传统文化中的社会和谐思想的影响。

其次，传承中华传统的民胞物与思想，始终坚持建设生态文明的

---

① 《习近平谈治国理政》第二卷，外文出版社2017年版，第340页。

② 《习近平谈治国理政》第一卷，外文出版社2018年版，第170页。

社会主义现代化强国之路。张载在《西铭》中提出：“乾称父，坤称母；予兹藐焉，乃混然中处。故天地之塞，吾其体；天地之帅，吾其性。民，吾同胞；物，吾与也。”民胞物与思想表明整个宇宙和世界都是一个有机整体，强调物与人是一个有机生命体。这一思想实际上与儒家的孔子讲的“仁爱”和孟子讲的“恻隐之心”等是相通的，是孔孟思想的进一步发挥和发展。陆九渊提出“宇宙内事乃己分内事，己分内事乃宇宙内事”，程颢主张“仁者以天地万物为一体”，王阳明也强调万物一体思想，都具有生态伦理意蕴。道家虽然强调抽象的道，但这种道本质上却是奠基于自然之上的，“道生一，一生二，二生三，三生万物”“人法地，地法天，天法道，道法自然”。道家所主张的天人合一与儒家所主张的天人合一是有差别的，前者强调重在天，即自然，而后者则强调重在人，即人伦，但是二者都是注重差别的同一性。因此，中华传统所蕴含的“民胞物与”思想为推进生态文明建设、树立生态伦理观念提供了丰厚的智慧滋养。正如习近平总书记指出的：“世界上一些有识之士认为，包括儒家思想在内的中国优秀传统文化中蕴藏着解决当代人类面临的难题的重要启示，比如，关于道法自然、天人合一的思想。”[①]社会主义现代化强国把美丽作为重要的价值追求，这充分彰显了美丽的生态文明价值观念受到了中华优秀传统文化的深刻影响。西方的强国之路起初是在对本国自然资源的掠夺或者是对他国自然资源的掠夺基础上发展生产力，从而建设西方资本主义的强国。但是，中国强国之路不可能走西方资本主义发达国家的老路，只能走建设生态文明性质的强国之路，这是由中华文化的独特价值观念和思想体系所决定的。

再次，传承崇尚和平的价值观念，始终坚持走和平发展的社会主义现代化强国之路。中华民族和中国人民崇尚和平的思想是一个历史事实。中国崇尚和平思想主要有三个原因。一是思想方面的提倡，如

① 习近平：《在纪念孔子诞辰2565周年国际学术研讨会暨国际儒学联合会第五届会员大会开幕会上的讲话》，《人民日报》2014年9月25日。

儒家强调重义轻利，以礼来规范社会秩序，而礼的核心就是贵和。中国儒家人物也都注重心性修养，通过内圣之道来完成外王理想。二是农业生活的影响。农业民族由于自耕自食而无须争斗，况且农作物的收成在古时候是看天的，从而使人们具有一种感恩报德思想。三是佛教的影响。佛教是反对战争，主张和平的。[①]而西方文化则崇尚斗争和竞争，因为西方哲学注重事物矛盾的对立性，用对立性的思维方式来看待世界。因此，以西方文化的视角来看中国强国之路，则会认为中国“国强必霸”。但实际上，中华传统的崇尚和平的思想观念决定了中国强国之路一定是和平发展之路。习近平总书记指出：“中国人自古以来信奉‘己所不欲，勿施于人’、‘天下为公’、‘和谐万邦’的理念，中国绝不会搞国强必霸，也不认同你输我赢的零和游戏，因为中国人从来没有这种文化基因，也没有这种野心。”[②]“中华文明具有突出的和平性。”“中华文明的和平性，从根本上决定了中国始终是世界和平的建设者、全球发展的贡献者、国际秩序的维护者，决定了中国不断追求文明交流互鉴而不搞文化霸权，决定了中国不会把自己的价值观念与政治体制强加于人，决定了中国坚持合作、不搞对抗，决不搞‘党同伐异’的小圈子。”[③]因此，中国强国之路是和平性质的，而不是霸权和暴力性质的，这是由中国传统文化中崇尚和平的价值观念所决定的。

最后，传承中华传统的德法并治思想观念，始终坚持建设政治文明的社会主义现代化强国之路。中国传统政治文化注重民本、道德、统一等价值观念，蕴含着丰富的德治思想。孔子提出了“仁”的概念，“人而不仁如礼何”“人而不仁如乐何”就是强调仁的根本性作用，仁的本质就是伦理和道德。所以，儒家主张仁政，为政以德、民为邦本、仁者爱人、为国以礼、德主刑辅等思想本质上就是强调政治

① 参见韦政通：《中国文化概论》，岳麓书社2003年版，第40—42页。

② 《习近平同希腊总统帕夫洛普洛斯会谈》，《人民日报》2019年11月12日。

③ 习近平：《在文化传承发展座谈会上的讲话》，《求是》2023年第17期。

活动应该推行德治。中国传统文化中还蕴含着丰富的法治思想。《管子》中说："威不两错，政不二门，以法治国，则举措而已。"在中国古代夏商朝时主张"天罚神判"的指导思想。随着历史的演变则出现了"礼法并举"的指导思想。当然，中国传统政治文化中的德治和法治并行思想并非绝对的平等并行，而是侧重于德治的。

中国传统文化中的德法并治思想对中国特色社会主义政治文化产生了重大影响。中国共产党主张的全心全意为人民服务的宗旨，就与"民惟邦本"思想具有相同的文化渊源。选拔人才强调德的重要性、主张以德治国和以法治国相统一，也与中国传统文化中的"德法并治"有相当深的渊源。正是基于中国独特的历史文化，习近平总书记明确指出："中国特色社会主义政治制度之所以行得通、有生命力、有效率，就是因为它是从中国的社会土壤中生长起来的。"[①]因此，我们说建设中国特色社会主义政治文明是走社会主义现代化强国之路的必然要求，也是题中应有之义。

我们可以得出一个结论，中华优秀传统文化在一定意义上塑造了中国强国之路的精神气质，显示出中国强国之路的独特个性和魅力。中国强国之路与西方国家通过掠夺、暴力等手段走向强国之路是截然不同的，因为这是由中华优秀传统文化的内在基因所决定的。

第三节　坚定文化自信凝聚前进定力

习近平总书记指出："文化自信，是更基础、更广泛、更深厚的自信。在5000多年文明发展中孕育的中华优秀传统文化，在党和人民伟大斗争中孕育的革命文化和社会主义先进文化，积淀着中华民族最深层的精神追求，代表着中华民族独特的精神标识。"[②]我们要善于从中华优秀传统文化中汲取丰富的智慧和营养来拓展中国强国之路。我们也需要通过拓展中国强国之路来实现中华优秀传统文化的创造性

① 《习近平谈治国理政》第二卷，外文出版社2017年版，第286页。

② 习近平：《在庆祝中国共产党成立95周年大会上的讲话》，《人民日报》2016年7月2日。

转化和创新性发展，坚定文化自信，在实现强国之路与中华优秀传统文化的良性互动中推动实现中华民族伟大复兴。

一、强化文化认同

中华文明是世界上唯一没有中断的连续发展的文明，而且这一文明造就了强大的中华民族并曾经在世界历史上占据了相当长的时间的主导位置，我们应该有完全的足够的自信，正如习近平总书记所说："当今世界，要说哪个政党、哪个国家、哪个民族能够自信的话，那中国共产党、中华人民共和国、中华民族是最有理由自信的。"①但是，自鸦片战争以来，有人对中华文明的魅力和生命力产生了严重怀疑。1876年，郭嵩焘在考察英国之后，曾在《使西纪程》一书中写道："英人谓天文窍奥由纽登（牛顿）开之，此英国实学（科学）之源也。相距二百三四十年间，欧洲各国日趋富强，推求本源，皆学问考核之功也……推原其立国之本末，所以持久而国势益张者，则在巴力门（Parliament）议政院有维持国是之义，设买阿尔（Mayor）治民有顺从民愿之情。二者相持，是以君与民交相维持系，迭盛迭衰，而立国千余年终以不敝。人才学问相承以起，而皆有以自效。此其立国之本也。"而"中国秦汉以来二千余年适得其反"②。郭嵩焘的看法在当时的中国社会应该占据着主流地位，即认为中华文化导致了中国的衰落，而羡慕西方。这种认识的高潮表现为新文化运动提倡"德先生"和"赛先生"，希望用西方文化来代替中国传统文化。五四运动则是新文化运动的继续。

中国共产党诞生之后，我们党运用马克思主义才救了中国，才发展了中国。马克思主义之所以能够在中国生根发芽，是因为马克思主义与中华传统文化具有高度的契合性。1940年，毛泽东在陕甘宁边区文化协会第一次代表大会上指出："我们必须尊重自己的历史，决

---

① 习近平:《在庆祝中国共产党成立95周年大会上的讲话》,《人民日报》2016年7月2日。

② 《郭嵩焘日记》第三卷，湖南人民出版社1982年版，第373页。

不能割断历史。”[①]1956年，毛泽东在同中国音乐家协会负责人谈话时又指出，中国人还是要以自己的东西为主，虽然我们要学习别人的东西。可以说，毛泽东大力恢复了中华文化自信。

党的十八大以来，习近平总书记对中华优秀传统文化与中国特色社会主义之间的内在逻辑关系进行了充分论述，充分肯定了中华优秀传统文化的独特价值和优势，强调中国人民要坚定自身的文化自信。因为，中华文化和中华文明为中华民族的伟大复兴奠定了坚实的思想文化根基，具有丰厚的智慧资源和精神力量以及充沛的生机活力。我们应该对中华文化有高度的价值认同、情感认同，坚信中华文明必定能够为中国强国之路提供足够而丰厚的智慧和精神动力。

二、注重文化发展

中华优秀传统文化虽然具有独特优势以及凝聚中华民族精神的独特价值，但依然需要随着时代的发展而发展、随着实践的推进而推进。历史地看，中华文明虽然创造了中国古代国家和社会的强盛和繁荣，但是，在近代确实面临着诸多困境而需要依据时代和实践来发展。中国共产党团结带领中国人民正是在进行革命、建设、改革的过程中实现了中华优秀传统文化的创造性转化、创新性发展，从而确立了面向现代化、面向世界、面向未来，科学的民族的大众的中国特色社会主义文化。正如毛泽东所说，“清理古代文化的发展过程，剔除其封建性的糟粕，吸收其民主性的精华，是发展民族新文化提高民族自信心的必要条件……中国现时的新政治新经济是从古代的旧政治旧经济发展而来的，中国现时的新文化也是从古代的旧文化发展而来”[②]。这表明，中华优秀传统文化在价值认同的前提之下，还需要进一步发展和提升。

习近平总书记指出：“传承中华文化，绝不是简单复古，也不是

---

① 《毛泽东选集》第二卷，人民出版社1991年版，第708页。

② 《毛泽东选集》第二卷，人民出版社1991年版，第707—708页。

盲目排外，而是古为今用、洋为中用，辩证取舍、推陈出新，摒弃消极因素，继承积极思想，‘以古人之规矩，开自己之生面’，实现中华文化的创造性转化和创新性发展。”① 我们坚持“中华文化的创造性转化和创新性发展”的基本原则，需要正确处理继承和发展的关系。一方面，我们需要继承中华文化和中华文明，增强对中华文化和中华文明的认同感。另一方面，我们还需要推动中华文化和中华文明创造性转化和创新性发展。“使中华民族最基本的文化基因同当代中国文化相适应、同现代社会相协调，把跨越时空、超越国界、富有永恒魅力、具有当代价值的文化精神弘扬起来，激活其内在的强大生命力，让中华文化同各国人民创造的多彩文化一道，为人类提供正确精神指引。”② “要围绕我国和世界发展面临的重大问题，着力提出能够体现中国立场、中国智慧、中国价值的理念、主张、方案。”③ 总之，我们要坚持“两创”原则，实现中华文明和中华文化的发展和提升，使其成为中国强国之路的坚实思想文化基础。

三、坚持文化交流

认同和继承中华文化，进一步实现创造性转化和创新性发展的同时，我们还需要坚持通过文明的交流互鉴来提高和扩大中华文明和中华文化的影响力，从而为中国强国之路营造更可亲可爱可信的形象。

文明因交流而多彩，文明因互鉴而丰富。文明交流互鉴，是推动人类文明进步和世界和平发展的重要动力。文明是多彩的，文明是平等的，文明是包容的。中华文明本身就是在文明交流的条件下形成的。在中国文化发展史上，文化和文明交流是非常多的，也是非常频繁的。习近平总书记指出：“中华文明具有突出的包容性。”“中华文明的包容性，从根本上决定了中华民族交往交流交融的历史取向，决

---

① 习近平：《在文艺工作座谈会上的讲话》，《人民日报》2015年10月15日。

② 习近平：《在中国文联十大、中国作协九大开幕式上的讲话》，《人民日报》2016年12月1日。

③ 习近平：《在哲学社会科学工作座谈会上的讲话》，《人民日报》2016年5月19日。

定了中国各宗教信仰多元并存的和谐格局，决定了中华文化对世界文明兼收并蓄的开放胸怀。”[①]我们一方面要反对“文明冲突论”，这种论调不符合历史事实和文明的共通性特征，在本质上是建立在把文明泛政治化理论基础之上的，因而是错误的。我们也应该反对那种把中华文化、中华文明视为最好的，而其他文化、文明都是不好的“文明优越论”。这种论调本质上坚持的是文明优劣论的理论观点，而实质上文明是平等的，不存在所谓的高低、优劣之分。中华文化是涵摄性和包容性的，能够对各种文明进行兼收并蓄。

习近平总书记说：“我们应该推动不同文明相互尊重、和谐共处，让文明交流互鉴成为增进各国人民友谊的桥梁、推动人类社会进步的动力、维护世界和平的纽带。我们应该从不同文明中寻求智慧、汲取营养，为人们提供精神支撑和心灵慰藉，携手解决人类共同面临的各种挑战。”[②]要坚持中华文明的开放性，积极同世界其他各国文明进行交流互鉴，构建人类命运共同体，从而推动中华优秀传统文化创造性转化和创新性发展，推动中华文化更好走向世界，增强中国强国之路的文明基础。

总之，中国强国之路是具有深厚的文化基因的，这种文化基因决定了中国强国之路的独特气质。我们要进一步坚定文化自信，实现中华文明的创造性转化和创新性发展，不断拓展中国式现代化的广度和深度，从而深入扩大中国强国之路的影响力、塑造力、感召力。

---

① 习近平：《在文化传承发展座谈会上的讲话》，《求是》2023年第17期。

② 习近平：《文明交流互鉴是推动人类文明进步和世界和平发展的重要动力》，《求是》2019年第9期。

第五章　强国之路的全球视野

习近平总书记说："走自己的路，是党的全部理论和实践立足点，更是党百年奋斗得出的历史结论。中国特色社会主义是党和人民历经千辛万苦、付出巨大代价取得的根本成就，是实现中华民族伟大复兴的正确道路。我们坚持和发展中国特色社会主义，推动物质文明、政治文明、精神文明、社会文明、生态文明协调发展，创造了中国式现代化新道路，创造了人类文明新形态。"①从本质上讲，中国强国之路就是走中国特色社会主义道路，成功走出中国式现代化道路，创造人类文明新形态。我们党百年奋斗的历史结论就是要"走自己的路"。走中国强国之路，我们不仅仅需要从中国视野来看待，更需要从全球视野来看待。从全球视野来看待中国强国之路，我们能够更好地把握和认识中国强国之路的本质、特征和意义。而相对于地方视野的全球视野，强调对认知对象的观察要把其置于全球性范围或者长时段中来分析和研究，这样才能够更好地把握认识对象的本质、特征、影响和意义。而全球视野实质上就是马克思的世界历史理论观点。从全球视野来看强国之路，我们需要正确处理传统社会主义和中国特色社会主义的强国之路的关系、资本主义和非资本主义的强国之路的关系、传统和现代的强国之路的关系等。正是对这些关系的正确处理，形成了中国社会主义现代化强国的"走自己的路"。

第一节　超越传统社会主义模式，走中国特色社会主义之路

中国强国之路的全球视野，就在于把中国强国之路置于整个社会主义发展史之中。从社会主义发展史来看，中国强国之路是超越了传

① 习近平：《在庆祝中国共产党成立100周年大会上的讲话》，人民出版社2021年版，第13—14页。

统模式的社会主义强国之路，是一条中国特色社会主义强国之路。中国强国之路既具有与传统模式的社会主义强国之路在社会主义性质上的一致性，也与传统模式的社会主义强国之路有非常多的差别，彰显出中国强国之路是社会主义国家发展的统一性和多样性的辩证统一。

第一，传统模式社会主义强国之路存在困境。在社会主义发展史上，对于如何通过社会主义达到发达国家的水平，马克思、恩格斯实际上没有太多的论述，因为：一方面，对于马克思、恩格斯而言更多的是在对资本主义社会的批判性中来建构共产主义理论，也就是更多地侧重于共产主义社会的理论论证；另一方面，由于马克思、恩格斯所处时代的无产阶级还没有进入社会主义建设实践，马克思、恩格斯对如何建设社会主义和共产主义只是进行了原则性论证，这些原则性论证也只是为社会主义建设提供了重要的方法论。

真正把社会主义理想变为现实的是俄国十月革命。俄国十月革命之后，俄国建立了社会主义发展史上第一个真正的社会主义国家。我们所说的传统社会主义国家主要是以苏联社会主义国家模式而建立的一系列社会主义国家，即包括原东欧社会主义国家等在内的社会主义国家。那么，传统模式社会主义国家具有什么样的特质呢？

一是时代主题没有适时转变。始终坚守革命与战争的时代主题，没有随着实践和时代的变化而转化为和平与发展的时代主题。苏联社会主义国家建设重视重工业的发展，轻视农业和轻工业的发展。《联共（布）中央委员会和中央监察委员会联席全会：第一个五年计划的总结》指出："我们不能知道帝国主义者究竟会在哪一天进攻苏联，打断我国的建设速度。他们随时都可以利用我国技术上经济上的弱点来进攻我们，这一点是不容置疑的。所以，党不得不鞭策国家前进，以免错过时机，而能尽量利用喘息时机，赶快在苏联建立工业化基础，即苏联富强的基础。党不能等待和应付，它应当实行最高速度的政策。"[1]苏联社会主义国家重视重工业的发展有其特定的社会历史条

---

① 斯大林：《列宁主义问题》，人民出版社1964年版，第454页。

件，但随着世界形势的演变，苏联社会主义国家并没有从这种重工业发展的窠臼中跳出来。

二是纠缠于计划经济与市场经济不相容的对立思维之中。传统模式社会主义国家认为，计划经济是社会主义的本质性特征，市场经济是资本主义的本质性特征，社会主义绝对不能实行市场经济。传统模式社会主义国家对马克思主义和社会主义的僵化理解，导致了对现实的社会主义国家建设的错误指导，也背离了列宁提出的应该从总结实践经验中来建设社会主义国家的思想。斯大林在《苏联社会主义经济问题》一书中提出了“两个世界、两个平行市场”的理论，认为“两个对立阵营的存在所造成的经济结果，就是统一的无所不包的世界市场瓦解了，因而现在就有了两个平行的也是互相对立的世界市场”[①]。斯大林这个理论是建立在计划经济和市场经济在本质上是根本不相通的观念之上的，这在一定程度上导致了苏联社会主义国家经济体制的僵化、经济活力的丧失。

三是在国家与社会关系中注重国家权威而忽视了社会民众利益。一方面，传统模式社会主义国家特定的社会历史条件导致了对国家权威的高度集中化。“作为传统社会主义模式的代表的苏联，在十月革命以后经过短暂的消灭国家的试验，很快就走上了全面强化国家政权的道路，这一转折正是现代化的逻辑作用的结果。”[②]另一方面，则是社会方面出现了同质化和国家化，导致忽视社会的多样化需求和个性化发展，以致社会依附于国家权威。“苏联把社会的同质化及国家化当作建成发达社会主义的标志，但等级制行政关系向全社会的渗透很快就走向了其合理性的反面。这一方面是由于国家机构的膨胀超过了一定限度，反过来导致了行政效率的递减以及官僚主义和特权现象的滋生；另一方面则是由于国家并不能如其所愿，完全控制社会成员的

---

① 《斯大林选集》下卷，人民出版社1979年版，第561页。

② 唐士其：《国家与社会的关系——传统社会主义模式的理论与实践（摘要）》，《国际政治研究》1995年第3期。

需求、观念与行为。”[1]因此，传统模式社会主义这些局限与不足，导致了传统模式社会主义国家的强国之路虽然在前期取得了一定成就，但是最终在各种历史原因的作用下解体了。

第二，中国特色社会主义强国之路超越了传统模式社会主义国家。中国在新民主主义革命时期是向俄国学习革命道路的，但也充分认识到不能对俄国城市中心起义的革命道路进行完全照抄照搬。以毛泽东同志为主要代表的中国共产党人开创了农村包围城市、武装夺取政权的中国特色的革命道路。

同样，中国在社会主义革命和建设过程中开始是以俄为师、以苏为师的，但随着实践的推进，我们也认识到必须实现马克思主义基本原理同中国具体实际的第二次结合，我们党进行诸多的理论探索和实践探索，形成了一系列成果，如毛泽东的《论十大关系》等著作以及党的八大关于社会主要矛盾的论述。但是，我们党依然没有完全走出传统模式社会主义国家建设的思维方式。

党的十一届三中全会作出了改革开放的历史性决策，我们探索出一条具有中国特色的社会主义道路，正确处理了计划经济和市场经济的关系，确立了社会主义市场经济的改革方向，提出了社会主义初级阶段理论等。

党的十八大以来，国家建设取得了历史性成就、实现了历史性变革，中国特色社会主义进入了新时代，社会主义现代化强国之路得到进一步拓展和完善，确立了以中国式现代化来推进中华民族伟大复兴。中国找到了一条超越传统模式社会主义的中国特色社会主义强国之路。这条强国之路是对社会主义发展史的重大贡献，充分彰显了科学社会主义在21世纪的中国焕发出新的蓬勃生机。

---

① 唐士其：《国家与社会的关系——传统社会主义模式的理论与实践（摘要）》，《国际政治研究》1995年第3期。

第二节　超越资本主义强国模式，走和平发展之路

从世界历史发展进程来看，一个国家的强盛往往是随着人类社会实践的变化而变化的。在封建社会，古代中国在世界历史大多数时期都处于强盛和繁荣时期。但是，在从封建社会向资本主义社会转变的过程中，中国却大大落后于西方资本主义国家特别是西欧资本主义国家了。

在近代，中国沦为半殖民地半封建社会，而西方资本主义国家，特别是西欧资本主义国家却成为强国。这是因为西方国家确立了资本主义生产方式和资本主义政治制度，实现了从农业社会到工业社会的转变，西方资本主义国家最终走向了强国之路。但是，我们也应该看到，西方资本主义国家的强国之路是以资本逻辑为中心的，而资本逻辑是只看到“利己主义打算的冰水”。因此，在西方资本主义国家的发家史上，我们会发现他们走的强国之路是充满血腥、残酷、剥削和掠夺的道路。马克思在充分肯定资本的文明作用的同时，也充分揭露了资本的每个毛孔都滴着肮脏的血的丑恶性。

西方资本主义国家走向强国之路，一是对本国劳动人民的残酷剥削和压榨，比如英国的“羊吃人”运动，美国对印第安人的镇压和屠杀等。这些现象在西方资本主义历史上随处可见。二是通过对亚非拉等落后国家的殖民运动，掠夺落后国家的财富和资源，把落后国家变成资本和商品倾销的市场，使落后国家从独立的主权国家转变成半殖民地或殖民地。马克思、恩格斯在《共产党宣言》中指出：“资产阶级使农村屈服于城市的统治。它创立了巨大的城市，使城市人口比农村人口大大增加起来，因而使很大一部分居民脱离了农村生活的愚昧状态。正像它使农村从属于城市一样，它使未开化和半开化的国家从属于文明的国家，使农民的民族从属于资产阶级的民族，使东方从

属于西方。”[①]可见，西方资本主义国家的强国之路是“公开的、无耻的、直接的、露骨的剥削”之路。但在当今世界的政治经济条件下，一个国家走西方资本主义强国之路的老模式是行不通的。

中国强国之路则是一条有自己特色的道路，是一条有别于西方资本主义国家强国之路的道路，是一条跨越资本主义“卡夫丁峡谷”的非资本主义的强国之路，是一条为广大发展中国家走向现代化提供了启示和意义的新路。这条路就是中国式现代化道路。党的二十大报告对中国式现代化的特征进行了界定和说明，为我们探究中国式现代化的内在逻辑提供了重要启示。具体而言，中国式现代化内容的内在逻辑表现为普遍性和特殊性、量变与质变、连续性与阶段性、理论与实践、现实与未来关系的有机结合。

其一，中国式现代化是普遍性和特殊性关系的有机结合。事物发展本质上是矛盾的普遍性和特殊性的辩证关系的有机结合。中国式现代化本质上既是现代化发展一般规律的表征，也是基于中国具体实际与中华优秀传统文化基础之上的现代化特殊发展规律的表征。第一，中国式现代化遵循了现代化的普遍性发展规律。现代化是人类社会从传统社会向现代社会转化的必然趋势，表征了人类社会文明的发展进步。中国式现代化不仅顺应了人类社会文明发展的趋势，更遵循了其内在的本质要求，并没有超越现代化建设的一般规律。第二，中国式现代化是对中国特色社会主义现代化具体实践的抽象概括和总结，具有中国特色。现代化一般规律是对多样化现代化实践的抽象和总结，并不能直接代替现实性的现代化本身。现代化道路是多样性的，并非只有一元性的西方现代化道路。中国特色社会主义是“创造了中国式现代化新道路，创造了人类文明新形态”[②]。因此，中国式现代化既坚持了现代化发展的一般规律，也赋予了其中国特色、中国风格和中国

① 《马克思恩格斯选集》第一卷，人民出版社2012年版，第405页。

② 习近平：《在庆祝中国共产党成立100周年大会上的讲话》，人民出版社2021年版，第14页。

气派，从而具有理论的主体性和原创性。

其二，中国式现代化是量变与质变关系的有机结合。一个事物的发展，既呈现出量的发展程度差异，也呈现出特定性质的规定性。中国式现代化同样如此，它是量变与质变关系的有机结合。第一，中国式现代化的社会主义的性质规定了其建设和发展的本质和方向。中国特色社会主义不是“其他什么主义”，如果我们丢弃了科学社会主义的基本原则，那么，中国特色社会主义“就不是社会主义”。[①]中国式现代化的社会性质决定了中国式现代化不是以资本逻辑为主导的西方现代化，而是以人民逻辑为主导的中国式现代化。其价值取向是实现全体人民的共同富裕，其历史方向是走向共产主义社会，其指导思想是马克思主义及中国化时代化的马克思主义，其发展路径不是西方霸权殖民的血腥之路而是和平发展之路。第二，中国式现代化在发展程度上呈现出量的差异性。在发展规模上，我国的现代化建设是高达14亿多人口规模的现代化，远超西方现代化的人口规模。在发展空间上，我国的现代化建设虽取得了巨大成就，但发展的不平衡性依然存在，主要表现为东中西和沿海与内地发展程度的差异性。在发展阶段上，我国的现代化建设发展的发达和不发达同时并存，现代化、前现代化和后现代化阶段相互交织，是一种并联式现代化特质，异于西方现代化的串联式特质。因此，中国式现代化发展所呈现的这种发展程度上的差异，必然呈现出自身的内在特点和特色。

其三，中国式现代化是连续性与阶段性关系的有机结合。第一，中国式现代化的连续性表现为中国式现代化在指导思想、价值取向、核心主题、领导核心和发展主体等方面始终贯穿于现代化建设实践全过程。指导思想上，马克思主义是中国式现代化建设的指导思想，要坚持用马克思主义中国化时代化的理论创新成果来指导中国式现代化的新实践。价值取向上，共同富裕是中国式现代化建设的价值目标。核心主题上，实现中国特色社会主义现代化和民族复兴始终是中国式

---

① 《习近平谈治国理政》第一卷，外文出版社2018年版，第22页。

现代化实践的核心主题。领导核心上，坚持党的领导核心地位始终是中国式现代化发展的核心支柱。发展主体上，人民群众始终是中国式现代化发展的主体性力量。第二，中国式现代化的阶段性表现为在主要矛盾、阶段性目标、具体政策等方面呈现出不同的特征。从主要矛盾看，我国社会主要矛盾的转变揭示了中国式现代化发展程度和阶段性目标的不同。从阶段性目标看，我们在欠发达阶段的目标是做大“蛋糕”，全面建成小康社会。而发达起来之后的阶段性目标则是既要做大“蛋糕”，又要分好“蛋糕”。从具体政策看，社会主要矛盾和阶段目标的差异，必然导致具体政策的差异。在欠发达时期我们强调发展是硬道理和发展是科学发展，而在发达起来以后我们则强调发展是高质量发展。对发展内涵认识的不断深化，必然导致具体政策的不同。而现代化发展实践中的连续性和阶段性都是有机结合的。

其四，中国式现代化是理论与实践的有机结合。马克思主义的重要理论品质就是理论与实践相结合。第一，从理论维度看，中国式现代化开辟了马克思主义中国化时代化的新境界。中国共产党人创造性运用“两个相结合”，提出了中国式现代化的科学内涵、本质要求等，形成了中国式现代化思想，这是对马克思主义理论的原创性贡献。第二，从实践维度看，中国式现代化不仅对马克思主义理论作出了原创性贡献，而且开辟了一条实现现代化的现实道路。经济文化落后的国家如何跨越“卡夫丁峡谷”的问题由于苏联的瓦解并没有得到解决。而中国共产党人带领中国人民进行艰辛探索之后开辟出了一条社会主义国家实现现代化的新路。发展中国家如何实现现代化的世界级难题也没有得到回答。而中国作为世界上最大的发展中国家，通过走中国特色社会主义道路，最终为发展中国家实现现代化提供了中国方案和中国智慧。可以说，中国式现代化的理论和实践本质上是有机结合的，它们共同呈现出整体性意义。

其五，中国式现代化是现实与未来的有机结合。马克思、恩格斯主张“全部问题都在于使现存世界革命化，实际地反对并改变现存的事物”[①]。唯物辩证法认为，任何理论既是建成性的，也是建构性的；既是对现实的理论抽象，又是向未来开放的。就建成性而言，中国式现代化是对中国社会主义现代化发展一定历史阶段的历史条件和现实要求的理论抽象和总结，是对基于现代化发展历史的现实性的理论反映。就建构性而言，中国式现代化是向未来开放的，是随着实践发展而动态发展的。随着全面建设社会主义现代化国家历史进程的展开，随着时代精神内涵的丰富和发展，随着对“三大规律”的深入认识，中国式现代化的理论、时代和实践的内涵将得到进一步丰富和发展。故而，中国式现代化是在实践基础上的现实与未来关系上的有机结合。

“中国式现代化，打破了‘现代化＝西方化’的迷思，展现了现代化的另一幅图景，拓展了发展中国家走向现代化的路径选择，为人类对更好社会制度的探索提供了中国方案。”[②]从中国式现代化内容的特质可以发现，中国强国之路与西方的强国之路具有本质的不同，这也就决定了中国强国之路一定是一条和平发展之路，必然能够对广大发展中国家提供有益启示，从而对认识人类社会发展规律作出中国独特的智慧贡献。

第三节　超越传统社会转型道路，创造了人类文明新形态之路

人类社会历史发展，从社会形态的依次递进上看，表现为创造出不同的人类文明形态。从世界历史发展看，从传统社会转变为现代社会是人类社会发展的进步，也是人类文明创造的进步。马克思主义认为，人类社会发展道路是多样性和统一性的辩证统一，走的是一元多线式的道路，没有定于一尊的固定模式和道路。把中国强国之路置于

① 《马克思恩格斯文集》第一卷，人民出版社2009年版，第527页。

② 《习近平在学习贯彻党的二十大精神研讨班开班式上发表重要讲话强调 正确理解和大力推进中国式现代化》，《人民日报》2023年2月8日。

世界历史背景下传统社会转型为现代社会来考察和分析，就可以发现中国强国之路在社会转型中实现了新的飞跃和突破，不仅实现了从传统社会向社会主义现代化强国的转变，而且创造了一种人类文明新形态。

传统社会转型本质上就是实现现代化的过程。现代化是18世纪后半期西方工业革命以后出现的全球发展总趋势。在这个世界历史性发展进程中，实现从传统的农业社会到现代社会的转变，主要以工业、科学技术等为动力使工业主义渗透进经济、政治、文化、社会等各方面并引起社会结构、组织和行为等深刻变革。但是，在实现传统社会的转型过程中，其核心是社会生产力的发展。马克思认为，工业现代化是现代化的首要特征。正是通过对资本主义现代化的批判，并且与社会现代化和社会主义联系起来考察，马克思洞察到资本主义现代化必然走向崩溃，从而指明社会主义现代化必然取代它并实现社会形态的历史性飞跃。

从世界历史来看，传统社会转化为现代社会，主要有内源性现代化道路和外源性现代化道路两种类型。走内源性现代化道路的主要是西欧国家，而走外源性现代化道路的则主要是亚非拉等区域的落后国家。西欧等国家实现了传统社会的转型，走向了资本主义国家，形成了资本主义文明，对人类社会文明发展作出了自己应有的贡献，但也有其致命的局限性。是否非西欧国家的传统社会转型也只能遵从西欧国家社会转型之路，即资本主义道路？马克思在19世纪50年代开始关注非西欧国家的传统社会转型问题，从而提出了亚细亚生产方式问题，形成了东方社会发展理论。马克思认为，东方社会可以跨越资本主义的“卡夫丁峡谷”，走出一条非资本主义的发展道路，从而实现传统社会的转型，实现国家的现代化。事实上，大部分亚非拉的落后国家的传统社会转型依然走的是资本主义道路，而且并没有很好地实现传统社会的转型，反而沦落为西方资本主义国家的附庸。中国在近代社会沦落为半殖民地半封建国家，尽管中国的仁人志士依次经历了在器物、制度、文化等方面向西方国家学习的阶段，但中国社会依然没有获得转型的成功。中国共产党的诞生，才使中国发生了翻天覆地的变化。中国共产党带领人民群众经过艰辛探索、奋斗，最后确立了社会主义制度，实行了改革开放，从而找到实现中华民族伟大复兴的必由之路，即中国特色社会主义。

党的十八大以来，我国取得了历史性成就、发生了历史性变革，实现了物质文明、政治文明、精神文明、社会文明、生态文明的协调发展，成功推进和拓展了中国式现代化，丰富和发展了人类文明新形态。可以说，中国社会主义现代化强国之路就是一条从传统社会转型为现代社会的新路，一条有别于西欧传统社会转型的新路，一条有别于其他发展中国家传统社会转型的新路，也是一条从传统社会转型为现代社会而创设了文明新形态的新路。这也是中国强国之路的世界文明意义。

第六章　强国之路的主体根据

强国之路是中国共产党团结带领中国人民所开展的现实性的历史活动，一方面深刻反映了中国强国之路的客观发展规律，另一方面也深刻反映了开展中国强国之路实践的主体性特征。中国实现强国之路的征程中出现了诸多奇迹，突出表现为经济快速发展和社会长期稳定两大奇迹。比如，中国经济35年间（1978—2013年）始终保持年均增长9.8%左右的高速增长。2010年，中国跃升为世界第二大经济体。2021年我国全面建成了小康社会，为联合国千年发展目标作出中国应有的贡献。党的十八大以来，中国特色社会主义进入了新时代，中华民族伟大复兴进入了不可逆转的历史进程。我们在探究强国之路的客观发展规律的同时，还需要进一步探究强国之路的主体依据，以更好地认识和理解中国强国之路。

第一节　人民群众是历史发展进步的主体

要探究强国之路的主体依据，首先要认识和理解主体依据的思想前提，即理论基础。中国强国之路的主体依据的理论基础是什么呢？是唯物史观。唯物史观是“关于现实的人及其历史发展的科学”。唯物史观反对以抽象思想实现社会历史发展，反对英雄史观，强调社会历史发展本质上是“现实的人”的现实活动，“思想根本不能实现什么东西。为了实现思想，就要有使用实践力量的人”。[①]“使用实践力量的人”就是人民群众，因此，人民群众才是历史发展进步的主体。

第一，人的发展是历史进步的核心和根本目的。恩格斯指出：“无论历史的结局如何，人们总是通过每一个人追求他自己的、自觉预期的目的来创造他们的历史，而这许多按不同方向活动的愿望及其对外

① 《马克思恩格斯全集》第二卷，人民出版社1957年版，第152页。

部世界的各种各样作用的合力，就是历史。”①可见，历史的主体是从事实践活动的人。恩格斯还指出：“我们要求把历史的内容还给历史，但我们认为历史不是‘神’的启示，而是人的启示，并且只能是人的启示。为了认识人类本质的美好，了解人类在历史上的发展，了解人类一往无前的进步，了解人类对个人的非理性一贯战无不胜，了解人类克服一切似乎超人的事物，了解人类同大自然进行的残酷而又卓有成效的斗争，直到最后获得自由的、人的自我意识，明确认识到人和大自然的统一，自由地独立地创造以纯人类道德生活关系为基础的新世界，——为了了解这一切的伟大，我们没有必要首先召来什么‘神’的抽象概念，把一切美好的、伟大的、崇高的、真正人性的事物归在它的名下。”②马克思对社会历史发展的本质是人的发展，也有诸多的论述。他说：“人不是抽象的蛰居于世界之外的存在物。人就是人的世界，就是国家，社会。”③“人的本质不是单个人所固有的抽象物，在其现实性上，它是一切社会关系的总和。”④这说明，马克思也强调人的发展是社会历史进步和发展的实质和核心。

第二，人是社会历史发展的动力的主体力量。马克思主义强调人类社会历史发展的动力是一个系统，包含着生产力在内的各种因素复杂作用而生成的动力系统，其中根本的动力是生产力的发展。生产力的发展是决定人类社会历史发展的根本动力。我们深入研究生产力之后会发现，人本质上是生产力发展的主体性力量。生产力包含的劳动者、劳动工具和劳动资料三要素都离不开人。劳动者是人，这不言而喻。劳动资料是人的能力的确证，是人的本质力量的外化和物化的结果，人的本质和能力的提升则必然表现为劳动资料特别是劳动工具的改进。虽然劳动对象是客观的，但是，劳动对象的发掘同样离不开人的价值性渗透和人的能力的提升。随着人的能力的提升，劳动对

① 《马克思恩格斯选集》第四卷，人民出版社2012年版，第254页。
② 《马克思恩格斯全集》第三卷，人民出版社2002年版，第520页。
③ 《马克思恩格斯选集》第一卷，人民出版社2012年版，第1页。
④ 《马克思恩格斯选集》第一卷，人民出版社2012年版，第135页。

象的本质则能够从广度和深度得到更深入的挖掘。因此，生产力本质上来说是人的主体性力量的表征，“是人的力量的集中体现。没有人，无所谓生产力”[①]。同样，生产关系对生产力的反作用也离不开人的发展。生产关系反作用于生产力的途径必然需要通过上层建筑中的各项制度等，而制度的创设需要符合人的发展、人的创造性。如果说制度、法律等上层建筑不能够适合人的发展和人的创造性，那么，生产关系及其上层建筑等就无法有效地促进生产力的发展。对于上层建筑对经济基础的反作用，同样离不开人的中介作用，没有人的主体性力量的发挥，很显然这种反作用是无法发挥作用的。简而言之，人的自由而全面发展是“生产力发展乃至整个社会发展的现实而唯一的依据，因此，我们必须高度重视人的主体地位，实现其目的性，只有如此，才能充分利用人的价值，实现人的手段性，发展社会，实现最广大人民的最根本的利益，实现人的自由与全面发展”[②]。故此，我们说从历史发展的动力来看，人在人类社会历史发展中占据着主体地位。

第三，人的发展标准是社会历史发展衡量标准的根本。马克思认为人类社会历史发展可以划分为“人的依赖关系”“以物的依赖性为基础的人的独立性”和“个人全面发展”三个阶段，这表明人的发展是衡量人类社会历史发展的重要标准。

第四，人民群众是人类社会历史发展的主体。马克思、恩格斯明确指出历史进步的主体是人民群众。“历史活动是群众的活动，随着历史活动的深入，必将是群众队伍的扩大。”[③]马克思、恩格斯反对把历史活动的主体归结为少数特权者或者英雄人物等。“历史的进步整个说来只是成了极少数特权者的事，广大群众则注定要终生从事劳动，为自己生产微薄的必要生活资料，同时还要为特权者生产日益丰

① 张宝英、邢瑞煜：《人在社会发展中主体地位的内在依据》，《烟台大学学报（哲学社会科学版）》2007年第3期。

② 张宝英、邢瑞煜：《人在社会发展中主体地位的内在依据》，《烟台大学学报（哲学社会科学版）》2007年第3期。

③ 《马克思恩格斯文集》第一卷，人民出版社2009年版，第287页。

富的生活资料。"[①]随着生产力的发展，资本主义内在矛盾激发，必然导致社会历史发展的领导权转到无产阶级手中，而"无产阶级由于自己的整个社会地位，只有完全消灭一切阶级统治、一切奴役和一切剥削，才能解放自己"[②]。因此，人民群众的历史主体作用也就必然集中地体现在了无产阶级的历史作用上，并通过无产阶级的历史领导权作用得以实现。故此，中国强国之路作为中国共产党团结带领中国人民所从事的现实性的实践活动，其实践主体必然是人民群众，而无产阶级的先锋队，即共产党，必然起着领导作用。

第五，社会历史发展的主体价值就是要实现人的自由而全面发展，即实现共产主义社会。共产主义社会是自由人的联合体，在这个联合体里面"每个人的自由发展是一切人自由发展的条件"。历史发展的主体最终要落实到主体的价值性，即人的自由而全面发展。总而言之，我们在理解和认识中国强国之路的主体依据的时候，必然需要建立这一理论基础和思想前提。

第二节　中国共产党是强国之路的主心骨

历史地看，强国之路的主体性可以表现为两个层面，一是中国人民的主体性，二是中国共产党的主导性，这两个层面是相互影响的。中国人民的主体性塑造和支配着中国共产党的主导性，而中国共产党的主导性则反过来影响和发展着中国人民的主体性，应该说二者是辩证统一的，我们不应该忽视任何一方。

第一，中国人民和中华民族是中华文明成果的创造主体。习近平总书记在庆祝中国共产党成立100周年大会上的讲话中指出："中华民族是世界上伟大的民族，有着5000多年源远流长的文明历史，为

---

① 《马克思恩格斯文集》第三卷，人民出版社2009年版，第459页。

② 《马克思恩格斯选集》第三卷，人民出版社2012年版，第724页。

人类文明进步作出了不可磨灭的贡献。"[①]这恰如其分地表明了中国人民和中华民族在国家强盛之路上所发挥的主体性作用，为人类作出了不可磨灭的贡献。汉唐盛世、康乾盛世等都充分说明了这一点。马克思指出，中国发明的火药、指南针、印刷术是"预告资产阶级社会到来的三大发明"，"火药把骑士阶层炸得粉碎，指南针打开了世界市场并建立了殖民地，而印刷术则变成新教的工具，总的来说变成科学复兴的手段，变成对精神发展创造必要前提的最强大的杠杆"。[②]保罗·肯尼迪也曾指出："在近代以前时期的所有文明中，没有一个国家的文明比中国文明更发达、更先进。"[③]很显然，如果没有中国人民和中华民族的主体性的充分发挥，古代中国是不可能在世界历史上占据着重要地位的，也无法为人类文明作出不可磨灭的重要贡献。

第二，鸦片战争以后，中国沦为半殖民地半封建社会，中国人民和中华民族的精神处于被动状态。这一局面的出现，一方面是由于西方殖民主义和帝国主义者对中国人民精神的毒化和麻痹。帝国主义"对于麻醉中国人民的精神的一个方面，也不放松，这就是它们的文化侵略政策。传教，办医院，办学校，办报纸和吸引留学生等，就是这个侵略政策的实施。其目的，在于造就服从它们的知识干部和愚弄广大的中国人民"[④]。"以奴化活动和奴化教育来腐蚀我们的民族意识，消灭民族爱国思想，摧残民族气节。"[⑤]另一方面则是由于中国落后的科学、制度以及文化观念。"中国落后，在于她没有科学。这个事实对于中国现实生活状况的影响，不仅在物质方面，而且在精神方面，是很明显的。"[⑥]不言自明，自鸦片战争之后，中国人民和中华民族的

---

① 习近平：《在庆祝中国共产党成立100周年大会上的讲话》，人民出版社2021年版，第2页。

② 《马克思恩格斯文集》第八卷，人民出版社2009年版，第338页。

③ [美]保罗·肯尼迪：《大国的兴衰——1500—2000年的经济变迁与军事冲突》，王保存等译，求实出版社1988年版，第7页。

④ 《毛泽东选集》第二卷，人民出版社1991年版，第629—630页。

⑤ 《邓小平文选》第一卷，人民出版社1994年版，第22页。

⑥ 冯友兰：《三松堂全集》第十一卷，河南人民出版社2000年版，第32页。

主体性实质上是处于被动的。但是，在中国近代社会，中国人民在回答“中国走向何处去”这一问题过程中，中国无数的仁人志士前赴后继，抛头颅洒热血以求得民族解放和国家富强。太平天国运动、洋务运动、戊戌变法、辛亥革命等社会实践，都可以充分地表明中国人民的主体性得到了一定程度的张扬和彰显。然而，这些实践都没有取得成功，没有为中华民族的复兴找到正确的道路和主义。

第三，中国共产党的诞生使中国人民和中华民族的主体性从被动转化为主动。党的十九大报告指出：“……一九二一年中国共产党应运而生。从此……中国人民就从精神上由被动转为主动。”① “中国产生了共产党，这是开天辟地的大事变，深刻改变了近代以后中华民族发展的方向和进程，深刻改变了中国人民和中华民族的前途和命运，深刻改变了世界发展的趋势和格局。”② 中国人民和中华民族的主体性由被动转化为主动，在中国共产党的团结带领下，中国人民推翻了帝国主义、封建主义和官僚资本主义三座大山，建立了人民当家作主的中华人民共和国，实现了民族独立和人民解放。新民主主义革命的胜利，彻底结束了旧中国半殖民地半封建社会的历史，彻底结束了旧中国一盘散沙的局面，彻底废除了列强强加给中国的不平等条约和帝国主义在中国的一切特权，中国人民站起来了。而这一切的实现，根本原因在于党的领导。“没有我们的党，中国人民要胜利是不可能的。”③ 中国共产党团结带领中国人民，自力更生、发奋图强，创造了社会主义革命和建设的伟大成就，实现了中华民族有史以来最为广泛而深刻的社会变革，实现了一穷二白、人口众多的东方大国大步迈进社会主义社会的伟大飞跃，为实现中华民族伟大复兴奠定了根本政治前提和制度基础。在邓小平、江泽民、胡锦涛同志为主要代表的中国

---

① 习近平：《决胜全面建成小康社会 夺取新时代中国特色社会主义伟大胜利——在中国共产党第十九次全国代表大会上的报告》，人民出版社2017年版，第13页。

② 习近平：《在庆祝中国共产党成立100周年大会上的讲话》，人民出版社2021年版，第3页。

③ 《毛泽东文集》第三卷，人民出版社1996年版，第287页。

共产党人的团结带领下，解放思想、锐意进取，创造了改革开放和社会主义现代化建设的伟大成就，做到了“三个实现”，即“实现新中国成立以来党的历史上具有深远意义的伟大转折，确立党在社会主义初级阶段的基本路线，坚定不移推进改革开放，战胜来自各方面的风险挑战，开创、坚持、捍卫、发展中国特色社会主义，实现了从高度集中的计划经济体制到充满活力的社会主义市场经济体制、从封闭半封闭到全方位开放的历史性转变，实现了从生产力相对落后的状况到经济总量跃居世界第二的历史性突破，实现了人民生活从温饱不足到总体小康、奔向全面小康的历史性跨越”①。在改革开放和社会主义现代化建设新时期，中华民族实现了从站起来到富起来的伟大飞跃。

党的十八大以来，自信自强、守正创新，统揽伟大斗争、伟大工程、伟大事业、伟大梦想，创造了新时代中国特色社会主义的伟大成就，党和国家事业取得历史性成就、发生历史性变革，为中华民族伟大复兴提供了更为完善的制度保证、更为坚实的物质基础、更为主动的精神力量，中华民族迎来了从富起来到强起来的伟大飞跃，中华民族伟大复兴进入了不可逆转的历史进程。夺取新民主主义革命伟大胜利、完成社会主义革命和推进社会主义建设、进行改革开放和社会主义现代化建设、开创中国特色社会主义新时代所取得的巨大成就都充分表明马克思所说的“人们自己创造自己的历史”②观点的真理性。习近平总书记也反复强调指出：“人民是历史的创造者，是决定党和国家前途命运的根本力量。”③习近平总书记提出了以人民为中心的发展思想，强调：“维护人民根本利益，增进民生福祉，不断实现发展为了人民、发展依靠人民、发展成果由人民共享，让现代化建设成果

① 习近平：《在庆祝中国共产党成立100周年大会上的讲话》，人民出版社2021年版，第5—6页。

② 《马克思恩格斯选集》第一卷，人民出版社2012年版，第669页。

③ 《党的十九大报告辅导读本》编写组编著：《党的十九大报告辅导读本》，人民出版社2017年版，第20—21页。

更多更公平惠及全体人民。”[①]而且，我国社会主义现代化建设的最终目的是要实现共同富裕，“共同富裕是社会主义的本质要求，是中国式现代化的重要特征”[②]。为此，我们党对如何实现全体人民共同富裕作出了具体安排，即“到‘十四五’末，全体人民共同富裕迈出坚实步伐，居民收入和实际消费水平差距逐步缩小。到2035年，全体人民共同富裕取得更为明显的实质性进展，基本公共服务实现均等化。到本世纪中叶，全体人民共同富裕基本实现，居民收入和实际消费水平差距缩小到合理区间”[③]。

在这个过程中，只有尊重人民群众主体地位和首创精神，才能够更好地实现共同富裕的伟大目标，才能够建成社会主义现代化强国。可以说，实现全体人民共同富裕的过程，本质上也就是中国建设强国之路的过程，在这个过程中必然会充分彰显人民群众的主体性，实现人的自由而全面发展。因此，中华民族实现站起来、富起来到强起来，很显然是人民群众主体性的张扬和彰显。这些伟大成就“在本质属性上是中国共产党领导下的现实的人民的具体而生动的社会改造活动”[④]。

当然，在强调人民群众是推动中华民族伟大复兴过程中的主体性时，也不能忽视了中国共产党的主导性地位和作用。正是在中国共产党诞生之后，中国人民的精神才由被动转为主动，才实现了中华民族站起来、富起来到强起来，才实现了中华民族不可逆转地走向了伟大复兴。习近平总书记指出：“办好中国的事情，关键在党。中华民族近代以来180多年的历史、中国共产党成立以来100年的历史、中华人民共和国成立以来70多年的历史都充分证明，没有

---

① 习近平：《高举中国特色社会主义伟大旗帜　为全面建设社会主义现代化国家而团结奋斗——在中国共产党第二十次全国代表大会上的报告》，人民出版社2022年版，第27页。

② 习近平：《扎实推动共同富裕》，《求是》2021年第20期。

③ 习近平：《扎实推动共同富裕》，《求是》2021年第20期。

④ 李振兴、郭忠义：《中国改革开放的唯物史观实践逻辑探析》，《临沂大学学报》2020年第6期。

中国共产党，就没有新中国，就没有中华民族伟大复兴。历史和人民选择了中国共产党。中国共产党领导是中国特色社会主义最本质的特征，是中国特色社会主义制度的最大优势，是党和国家的根本所在、命脉所在，是全国各族人民的利益所系、命运所系。”[①]党的二十大报告也指出：“全面建设社会主义现代化国家、全面推进中华民族伟大复兴，关键在党。”[②]我们在全面建设社会主义现代化国家的路上，要始终坚持和加强党的全面领导，使党始终成为风雨来袭时全体人民最可靠的主心骨，以确保我国社会主义现代化建设正确方向，确保拥有团结奋斗的强大政治凝聚力、发展自信心，集聚起万众一心、共克时艰的磅礴力量，这就是让中国共产党的主导性得到充分彰显和发挥。

从历史实践来看，正是中国共产党在中国近代社会历史发展中的主导性地位和作用，才使得中国人民和中华民族乃至世界历史都发生了根本性变化，呈现出了全新的面貌。可以说，中国共产党的主导性塑造和影响了中国人民的主体性。我们要辩证地看待中国强国之路上中国共产党的主导性和人民群众的主体性的关系，正确认识和理解这种关系，而不应该忽视或轻视任何一方面，否则，我们就可能会犯不可饶恕的错误。

---

① 习近平：《在庆祝中国共产党成立100周年大会上的讲话》，人民出版社2021年版，第10—11页。

② 习近平：《高举中国特色社会主义伟大旗帜 为全面建设社会主义现代化国家而团结奋斗——在中国共产党第二十次全国代表大会上的报告》，人民出版社2022年版，第63页。

第二篇

强国之路的战略设想

党的二十大报告指出："从现在起，中国共产党的中心任务就是团结带领全国各族人民全面建成社会主义现代化强国、实现第二个百年奋斗目标，以中国式现代化全面推进中华民族伟大复兴。"[①]党的二十大进一步对全面建成社会主义现代化强国作出"新两步走"的战略安排，明确到2035年和本世纪中叶我国发展的总体目标，擘画第二个百年奋斗目标的美好图景，赋予社会主义现代化强国新的丰富内涵。全面建成社会主义现代化强国，必须全面贯彻习近平新时代中国特色社会主义思想，准确把握新发展阶段这一历史方位，全面贯彻新发展理念这一指导原则，积极构建新发展格局，统筹推进"五位一体"总体布局、协调推进"四个全面"战略布局，踔厉奋发、勇毅前行、团结奋斗，继续在坚持和发展中国特色社会主义"这篇大文章"中书写浓墨重彩的新篇章，推动"中国号"巨轮驶向中华民族伟大复兴的光辉彼岸。

---

① 习近平：《高举中国特色社会主义伟大旗帜 为全面建设社会主义现代化国家而团结奋斗——在中国共产党第二十次全国代表大会上的报告》，人民出版社2022年版，第21页。

第一章　强国之路的历史方位：新发展阶段

习近平总书记指出："全面建成小康社会、实现第一个百年奋斗目标之后，我们要乘势而上开启全面建设社会主义现代化国家新征程、向第二个百年奋斗目标进军，这标志着我国进入了一个新发展阶段。"[①]进入新发展阶段，是以习近平同志为核心的党中央统筹中华民族伟大复兴战略全局和世界百年未有之大变局，作出的一个重大战略判断。

第一节　踏上新的历史征程

"正确认识党和人民事业所处的历史方位和发展阶段，是我们党明确阶段性中心任务、制定路线方针政策的根本依据，也是我们党领导革命、建设、改革不断取得胜利的重要经验。"[②]"进入新发展阶段"这一重大战略判断的提出有着深刻的理论、历史和现实依据，我们要从历史和现实统一、理论和实践结合的角度全面加以把握。

一、理论依据

新发展阶段的出现，有其坚实的理论基础和理论根据。唯物史观认为，人类社会发展是一个自然历史过程，既表现为发展的客观必然性，又表现为发展的阶段性，是发展的必然性和阶段性的统一，而从根本上讲这一过程受制于社会基本矛盾。马克思主义主张远大理想和

---

① 习近平：《把握新发展阶段，贯彻新发展理念，构建新发展格局》，《求是》2021年第9期。

② 习近平：《把握新发展阶段，贯彻新发展理念，构建新发展格局》，《求是》2021年第9期。

现实目标相结合，历史必然性和发展阶段性相统一，坚信人类社会必然走向共产主义，但实现这一崇高目标必然经历若干历史阶段。我们党在运用马克思主义基本原理解决中国实际问题的实践中逐步认识到，发展社会主义不仅是一个长期历史过程，而且是需要划分为不同历史阶段的过程。1959年底至1960年初，毛泽东在《读苏联〈政治经济学教科书〉的谈话》中就提出："社会主义这个阶段，又可能分为两个阶段，第一个阶段是不发达的社会主义，第二个阶段是比较发达的社会主义。后一阶段可能比前一阶段需要更长的时间。"①1987年，邓小平说："社会主义本身是共产主义的初级阶段，而我们中国又处在社会主义的初级阶段，就是不发达的阶段。一切都要从这个实际出发，根据这个实际来制订规划。"②

从本质上讲，中国社会主义社会发展的阶段性是社会基本矛盾在一定历史条件下发展过程性的体现，它既根植于世界历史发展状况，也根植于中国发展实践。新发展阶段战略判断的提出是对马克思主义关于社会发展阶段理论的继承和发展，是中国共产党人创造性地运用马克思主义观察时代、把握时代和分析时代得出的科学理论结论。新发展阶段战略判断是对毛泽东提出的"不发达的社会主义"思想和邓小平提出的社会主义初级阶段理论的新发展，本质上是对我国社会主义初级阶段中的社会发展阶段的新定位，进一步明确了中国特色社会主义发展的历史方位。新发展阶段，"就是社会主义初级阶段中的一个阶段，同时是其中经过几十年积累、站到了新的起点上的一个阶段"③。

二、历史依据

恩格斯说："历史从哪里开始，思想进程也应当从哪里开始，而

① 《毛泽东文集》第八卷，人民出版社1999年版，第116页。
② 《邓小平文选》第三卷，人民出版社1993年版，第252页。
③ 习近平：《把握新发展阶段，贯彻新发展理念，构建新发展格局》，《求是》2021年第9期。

思想进程的进一步发展不过是历史过程在抽象的、理论上前后一贯的形式上的反映。”[①]新发展阶段战略判断的确立不仅具有深刻的理论依据，也具有深刻的历史依据，表现在党带领人民的百年奋斗历史进程中。

中国共产党成立后，团结带领人民经过28年浴血奋战和顽强奋斗，建立了中华人民共和国，实现了从新民主主义革命到社会主义革命的历史性跨越，中国人民从此站起来了。新中国成立后，我们党团结带领人民自力更生、发愤图强，创造性完成社会主义改造，确立社会主义基本制度，大规模开展社会主义经济文化建设，实现了从社会主义革命到社会主义建设的历史性跨越，使得中华民族和中国人民“不仅站起来了，而且站住了、站稳了”。

进入历史新时期，我们党团结带领人民解放思想、锐意进取，进行改革开放新的伟大革命，极大激发广大人民群众的积极性、主动性、创造性，成功开辟了中国特色社会主义道路，使中国大踏步赶上时代，实现了人民生活从温饱不足到总体小康、奔向全面小康的历史性跨越，推进了中华民族从站起来到富起来的伟大飞跃。

党的十八大以来，我们党团结带领人民自信自强、守正创新，实现了党和国家事业取得历史性成就、发生历史性变革，中华民族迎来了从站起来、富起来到强起来的伟大飞跃。进入新发展阶段，是我们党带领人民从站起来、富起来到强起来历史发展中走出来的。新发展阶段就是“我们党带领人民迎来从站起来、富起来到强起来历史性跨越的新阶段”[②]。

三、现实依据

任何理论的创立都是扎根于深厚的社会现实之中，是现实逻辑发展的必然结果。“新发展阶段”这一重大战略判断的提出，同样是扎

---

① 《马克思恩格斯选集》第二卷，人民出版社1995年版，第43页。

② 习近平：《把握新发展阶段，贯彻新发展理念，构建新发展格局》，《求是》2021年第9期。

根于深厚的社会现实。

经过新中国成立以来特别是改革开放40多年的不懈奋斗，我国经济实力、科技实力、综合国力和人民生活水平跃上了新的大台阶，成为世界第二大经济体、第一大工业国、第一大货物贸易国、第一大外汇储备国。国家统计局数据显示，2022年国内生产总值超过120万亿元，人均国内生产总值超过1.2万美元，城镇化率超过65%。①特别是新时代决胜全面建成小康社会、决战脱贫攻坚取得伟大历史成果，解决了困扰中华民族几千年的绝对贫困问题，取得了历史性成就。如期全面建成小康社会、打赢脱贫攻坚战，使中华民族伟大复兴向前迈出新的一大步，实现了从大幅落后于时代到大踏步赶上时代的新跨越，也为开启全面建设社会主义现代化国家新征程积蓄了强大势能，为我国朝着第二个百年奋斗目标进军奠定了更坚实的物质基础。

中国特色社会主义制度和国家治理体系具有显著的优越性，不仅形成了科学制度体系，而且取得了丰硕的实践成果，为新发展阶段全面建设社会主义现代化国家奠定了更为完善的制度保障。习近平新时代中国特色社会主义思想的创立实现了马克思主义中国化时代化新的飞跃，在其指引下新时代中国特色社会主义取得伟大成就，这为全面建设社会主义现代化国家、实现中华民族伟大复兴提供了更为主动的精神力量。新发展阶段，就是我们争取实现全面建设社会主义现代化国家历史宏愿的新阶段。

第二节　把握新发展阶段的历史方位

新发展阶段是我国社会主义发展进程中的一个重要阶段。这一阶段不但具有社会主义初级阶段的特征，是实现社会主义初级阶段任务的关键阶段，也是实现由社会主义初级阶段过渡到社会主义更高阶段的一个发展阶段。具体来说，新发展阶段不是什么别的阶段，而是全

---

① 参见《2022年国民经济顶住压力再上新台阶》，《中国新闻发布（实务版）》2023年第2期。

面建设社会主义现代化国家、向第二个百年奋斗目标进军的阶段。这是我国经济社会发展中的一个新的历史方位，在我国发展进程中具有里程碑意义。

一、新发展阶段是社会主义初级阶段的一个阶段

社会主义初级阶段是社会主义的"初级阶段"，是一个朝着更高级阶段发展的阶段。社会主义初级阶段的发展是一个从量变到质变、又从质变到新的量变螺旋式上升的过程，在不同阶段会呈现出相应的阶段性特征。新发展阶段是社会主义初级阶段演进的结果，是经过几十年积累站到了新的起点上的一个阶段。从我国社会主义初级阶段的发展历程来看，可以分为三个大阶段与七个分阶段目标。

第一个阶段即"社会主义建设的探索"阶段，完成了"建成一个独立的比较完整的工业体系和国民经济体系"的目标；第二个阶段即"全面建成小康社会目标"阶段，完成了实现温饱、达到小康、基本建成小康社会、全面建成小康社会四个分阶段目标；第三个阶段即"建成社会主义现代化强国"阶段，由"基本实现社会主义现代化"和"建成社会主义现代化强国"两个分阶段目标组成。

新发展阶段目标的完成意味着"实现国家富强和人民幸福"的历史任务的完成，意味着近代以来两大历史任务的完成，并由此而进入新的历史任务的发展阶段。如果把建成社会主义现代化强国视为近代以来的总目标，那么，"建成社会主义现代化强国"的新阶段目标，就是在"建成一个独立的比较完整的工业体系和国民经济体系""全面建成小康社会"的前期阶段目标的基础上演化而来的，是前期阶段目标量的积累而促成了新发展阶段的部分质的飞跃。可以说，新发展阶段仍是我国社会主义初级阶段的一个阶段，是一个实现更高目标、实现更大发展的阶段。

二、新发展阶段是社会主义初级阶段的更高阶段

习近平总书记强调："社会主义初级阶段是当代中国的最大国情、

最大实际。”[①]新发展阶段是在经过长期不懈努力全面建成小康社会、实现第一个百年奋斗目标之后，迈上全面建设社会主义现代化国家新征程、向第二个百年奋斗目标进军的发展阶段。

新发展阶段仍属于社会主义初级阶段的性质没有变，但与以往的发展阶段相比，它又具有新的特点。主要体现在：新发展阶段的发展主题是高质量发展；奋斗目标是实现第二个百年奋斗目标，即全面建成社会主义现代化强国；发展任务分为“基本实现社会主义现代化”和“建成社会主义现代化强国”两个递进的阶段目标；实现奋斗目标需要贯彻新发展理念；必须加快构建以国内大循环为主体、国内国际双循环相互促进的新发展格局；始终立足中华民族伟大复兴战略全局和世界百年未有之大变局的发展环境。

三、新发展阶段是社会主义初级阶段向更高阶段迈进的过渡性阶段

习近平总书记指出：“社会主义初级阶段不是一个静态、一成不变、停滞不前的阶段，也不是一个自发、被动、不用费多大气力自然而然就可以跨过的阶段，而是一个动态、积极有为、始终洋溢着蓬勃生机活力的过程，是一个阶梯式递进、不断发展进步、日益接近质的飞跃的量的积累和发展变化的过程。”[②]全面建设社会主义现代化国家这个新发展阶段既是社会主义初级阶段，也是我国社会主义从初级阶段向更高阶段迈进的阶段。这意味着新发展阶段之后的阶段是社会主义初级阶段之后的更高阶段，新发展阶段就是促成我国社会主义由初级阶段向更高级阶段迈进的质的飞跃的阶段。新发展阶段是实现社会主义初级阶段目标并向社会主义更高阶段迈进的过渡阶段。

中国共产党成立以来，团结带领中国人民所进行的一切奋斗，就是为了把我国建设成为社会主义现代化强国，实现中华民族伟大复

---

① 《习近平谈治国理政》第一卷，外文出版社2018年版，第10页。

② 习近平：《把握新发展阶段，贯彻新发展理念，构建新发展格局》，《求是》2021年第9期。

兴。“进入新发展阶段，是中华民族伟大复兴历史进程的大跨越。”[①]全面建设社会主义现代化国家、基本实现社会主义现代化，既是社会主义初级阶段我国发展的要求，也是我国社会主义从初级阶段向更高阶段迈进的要求。第二个百年奋斗目标即“全面建成社会主义现代化强国”，意味着社会主义初级阶段任务的完成，社会主义将进入更高的阶段。新发展阶段是社会主义初级阶段的一个更高的阶段，是向社会主义初级阶段之后的社会主义更高阶段迈进的一个具有过渡性的准备阶段，这也说明新发展阶段是在社会主义初级阶段积蓄力量、为社会主义初级阶段实现质的整体飞跃做好准备的阶段。

第三节　实现民族复兴的使命担当

新发展阶段，是全面建设社会主义现代化国家、向第二个百年奋斗目标进军的阶段；是中华民族伟大复兴进入不可逆转的进程、实现大跨越的阶段。我们要明确新发展阶段的目标、任务与关键，推动全党全国各族人民共同为之努力奋斗。

一、全面建设社会主义现代化国家是现实目标

为中国人民谋幸福、为中华民族谋复兴，是百年大党不变的初心使命。党的十九大报告明确指出：“坚持和发展中国特色社会主义，总任务是实现社会主义现代化和中华民族伟大复兴，在全面建成小康社会的基础上，分两步走在本世纪中叶建成富强民主文明和谐美丽的社会主义现代化强国。”[②]全面建设社会主义现代化国家既要有细化而明确的战略目标，也要有实现目标的战略安排，二者设定是否科学合理，事关现代化建设的成败。

新中国成立以来，战略目标在不断深化和调整的过程中越来越丰

---

① 《习近平谈治国理政》第四卷，外文出版社2022年版，第151页。

② 习近平：《决胜全面建成小康社会 夺取新时代中国特色社会主义伟大胜利——在中国共产党第十九次全国代表大会上的报告》，人民出版社2017年版，第19页。

富、清晰，相应的战略安排也在目标的不断完成中与时俱进。进入新发展阶段，我国具备过去难以想象的良好发展条件，也面临着许多前所未有的困难挑战。推动经济社会高质量发展，就要辩证看待新发展阶段的新机遇新挑战。一方面，增强机遇意识，充分认识世界百年未有之大变局带来的历史机遇，充分认识改革开放以来尤其是党的十八大以来我们党带领人民艰苦奋斗取得的辉煌成就、积累的丰富经验以及为新发展阶段创设的良好条件，在激烈的国际竞争中抢占先机、顺势而为、赢得主动；另一方面，增强风险意识，深刻认识错综复杂的国际环境带来的新风险新挑战，深刻认识我国社会主要矛盾变化带来的新特征新要求，善于迎接挑战、逆势而上。我们要冷静审视深刻复杂变化的国内外形势，保持战略定力，办好自己的事，认识和把握发展规律，发扬斗争精神，树立底线思维，在危机中育先机、于变局中开新局，抓住机遇，应对挑战，趋利避害，乘势而上迈向全面建设社会主义现代化国家新征程。

二、打造具有中国特色的现代化国家

世界上既不存在定于一尊的现代化模式，也不存在放之四海而皆准的现代化标准。我们的任务是全面建设社会主义现代化国家，当然我们建设的现代化必须是具有中国特色、符合中国实际的。

我国社会主义现代化具有许多重要特征。我国现代化是人口规模巨大的现代化，是全体人民共同富裕的现代化，是物质文明和精神文明相协调的现代化，是人与自然和谐共生的现代化，是走和平发展道路的现代化。这是我国现代化建设必须坚持的方向，要在我国发展的方针政策、战略战术、政策举措、工作部署中得到体现。全面建设社会主义现代化，一个地区、一个民族都不能落下，同时我国区域差异大、发展不平衡，现代化进程不可能齐步走。我们必须坚持实事求是、稳中求进、协同推进，加强前瞻性思考、全局性谋划、战略性布局、整体性推进，实现发展质量、结构、规模、速度、效益、安全相统一。

实践表明，中国式现代化切合中国实际，体现了社会主义建设规律，也体现了人类社会发展规律。我国要坚定不移推进中国式现代化，以中国式现代化全面推进中华民族伟大复兴，不断为人类作出新的更大贡献。

三、把握新发展阶段，贯彻新发展理念，构建新发展格局

新发展阶段、新发展理念、新发展格局作为党的重大理论创新成果，是互为依存、有机统一的整体。习近平总书记指出："进入新发展阶段明确了我国发展的历史方位，贯彻新发展理念明确了我国现代化建设的指导原则，构建新发展格局明确了我国经济现代化的路径选择。把握新发展阶段是贯彻新发展理念、构建新发展格局的现实依据，贯彻新发展理念为把握新发展阶段、构建新发展格局提供了行动指南，构建新发展格局则是应对新发展阶段机遇和挑战、贯彻新发展理念的战略选择。"[①]把握新发展阶段，贯彻新发展理念，构建新发展格局，是由我国经济社会发展的理论逻辑、历史逻辑、现实逻辑决定的，三者紧密关联。

在全面建设社会主义现代化国家新征程上，我们要深入把握新发展阶段、新发展理念、新发展格局之间的关系。完整、准确、全面贯彻新发展理念，一方面，需要以新发展阶段为依据，立足新的历史起点，考虑我国经济形势的重大变化、经济增长模式的深刻转变，以科学的态度、灵活的方式、务实的举措，致力于解决影响人民群众生产生活的难点堵点和发展不平衡不充分等问题，真正实现高质量发展。另一方面，需要以新发展格局为前提，顺应我国发展内外环境的深刻改变和我国作为一个人口众多、市场规模超大的社会主义大国的自身发展规律，促进生产、分配、流通、消费各环节更多依托国内统一大市场，实现良性循环，并凸显国内国际双循环的互动，使新发展理念在推动高质量发展中不断发挥新优势、开辟新路径。

---

① 习近平：《把握新发展阶段，贯彻新发展理念，构建新发展格局》，《求是》2021年第9期。

第二章　强国之路的发展理念：新发展理念

理念是行动的先导。2015年10月，党的十八届五中全会通过的《中共中央关于制定国民经济和社会发展第十三个五年规划的建议》郑重提出："实现'十三五'时期发展目标，破解发展难题，厚植发展优势，必须牢固树立创新、协调、绿色、开放、共享的发展理念。"[①]习近平总书记指出："党的十八大以来我们对经济社会发展提出了许多重大理论和理念，其中新发展理念是最重要、最主要的。新发展理念是一个系统的理论体系，回答了关于发展的目的、动力、方式、路径等一系列理论和实践问题，阐明了我们党关于发展的政治立场、价值导向、发展模式、发展道路等重大政治问题。"[②]新发展理念是马克思主义发展观的最新理论成果，是对我国现代化发展理论的继承与创新，是对中国社会未来发展趋势的预测和展望，标志着中国共产党人对中国社会发展规律的认知达到了一个新的理论高度。

实践充分证明，新发展理念具有管全局、管根本、管方向、管长远的重大作用，既是发展观，也是方法论；既是理论纲领，也是行动指南；既是全局战略，也是具体部署。党的二十大报告指出，"贯彻新发展理念是新时代我国发展壮大的必由之路"[③]，并将其视为我们党在长期实践中得出的至关紧要的规律性认识之一。在新的赶考之路上，我们必须完整、准确、全面贯彻新发展理念，把这一理念贯穿到经济社会发展的全过程和各领域。

---

① 《中共中央关于制定国民经济和社会发展第十三个五年规划的建议》，人民出版社2015年版，第8页。

② 习近平：《把握新发展阶段，贯彻新发展理念，构建新发展格局》，《求是》2021年第9期。

③ 习近平：《高举中国特色社会主义伟大旗帜 为全面建设社会主义现代化国家而团结奋斗——在中国共产党第二十次全国代表大会上的报告》，人民出版社2022年版，第70页。

第一节　贯彻新发展理念是强国之路的必然选择

新发展理念不是凭空得来的，而是我们在深刻总结国内外发展经验教训的基础上形成的，是在深刻分析国内外发展大势的基础上形成的，也是针对我国发展中的突出矛盾和问题提出来的。新发展理念的提出，既是对我国现代化发展理论的继承与创新，又是对中国社会未来发展趋势的预测和展望，是马克思主义发展观的最新成果，集中反映了我们党对经济社会发展规律认识的深化，标志着中国共产党人对中国社会发展规律的认知达到了一个新的理论高度。习近平总书记指出，新发展理念“是对我们在推动经济发展中获得的感性认识的升华，是对我们推动经济发展实践的理论总结。我们要坚持用新的发展理念来引领和推动我国经济发展，不断破解经济发展难题，开创经济发展新局面”①。坚持新发展理念是关系我国发展全局的一场深刻变革。

一、党的根本宗旨的体现

唯物史观认为，人民群众是社会实践的主体，是人类历史的创造者。增进人民福祉、实现共同富裕、促进人的全面发展是社会主义社会发展的最高目标。为人民谋幸福、为民族谋复兴，这既是我们党领导现代化建设的出发点和落脚点，也是新发展理念的“根”和“魂”。新发展理念是以人民为中心的发展理念，离开或弱化人民的发展都是没有意义的。以人民为中心是通过发展来实现的，没有发展，“以人民为中心”就是一句空话。只有坚持以人民为中心的发展思想，坚持发展为了人民、发展依靠人民、发展成果由人民共享，才会有正确的发展观、现代化观。

苏联是世界上第一个社会主义国家，取得过辉煌成就，但后来失败了、解体了，其中一个重要原因是苏联共产党脱离了人民。即使是

---

① 习近平：《不断开拓当代中国马克思主义政治经济学新境界》，《求是》2020年第16期。

实现了现代化的国家，如果执政党背离人民，也会损害现代化成果。实现共同富裕不仅是经济问题，而且是关系党的执政基础的重大政治问题。我们决不能允许贫富差距越来越大、穷者越穷富者越富，决不能让富者和穷者之间出现一道不可逾越的鸿沟。

当然，实现共同富裕，要按照经济社会发展规律循序渐进。同时，这项工作也不能等，要自觉主动解决地区差距、城乡差距、收入差距等问题，推动社会全面进步和人的全面发展，促进社会公平正义，让发展成果更多更公平惠及全体人民，不断增强人民群众获得感、幸福感、安全感，让人民群众真真切切感受到共同富裕不是一个口号，而是看得见、摸得着、真实可感的事实。

二、破解发展难题的现实需要

我国发展已经站在新的历史起点上，要根据新发展阶段的新要求，坚持问题导向，更加精准地贯彻新发展理念，切实解决好发展不平衡不充分问题，推动高质量发展；科技自立自强成为决定我国生存和发展的基础能力，仍存在诸多“卡脖子”问题；我国城乡区域发展差距较大，而究竟怎样解决这个问题，需要深入研究，尤其是区域板块分化重组、人口跨区域转移加快、农民落户城市意愿下降等问题要抓紧研究、明确思路；加快推动经济社会发展全面绿色转型已经形成高度共识，而我国能源体系高度依赖煤炭等化石能源，生产和生活体系向绿色低碳转型的压力都很大，实现2030年前碳达峰、2060年前碳中和的目标任务极其艰巨；随着经济全球化出现逆流，外部环境越来越复杂多变，必须处理好自立自强和开放合作的关系，处理好积极参与国际分工和保障国家安全的关系，处理好利用外资和安全审查的关系，在确保安全的前提下扩大开放。总之，进入新发展阶段，对新发展理念的理解要不断深化，举措要更加精准务实，真正实现高质量发展。

三、化解风险挑战的应有之义

随着我国社会主要矛盾变化和国际力量对比深刻调整，我国发展面临的内外部风险空前上升，必须增强忧患意识、坚持底线思维，随时准备应对更加复杂困难的局面。

“十四五”规划建议把安全问题摆在非常突出的位置，强调要把安全发展贯穿国家发展各领域和全过程。如果安全这个基础不牢，发展的大厦就会地动山摇。坚持政治安全、人民安全、国家利益至上有机统一，既要敢于斗争，也要善于斗争，全面做强自己，特别是要增强威慑的实力。宏观经济方面要防止大起大落，资本市场上要防止外资大进大出，粮食、能源、重要资源上要确保供给安全，要确保产业链供应链稳定安全，要防止资本无序扩张、野蛮生长，还要确保生态环境安全，坚决抓好安全生产。在社会领域，要防止大规模失业风险，加强公共卫生安全，有效化解各类群体性事件。加强保障国家安全的制度性建设，借鉴其他国家经验，研究如何设置必要的“玻璃门”，在不同阶段加不同的锁，有效处理各类涉及国家安全的问题。

第二节　关系强国之路全局的思维变革

马克思说：“理论在一个国家实现的程度，总是取决于理论满足这个国家的需要的程度。”[①]党的十八大以来，中国特色社会主义进入了新时代。新发展理念是对马克思主义发展观的继承和发展，是对国内外未来发展趋势的全面把握，是深度洞察国内外发展实然状况与应然趋势的理论创新，不仅指明了我国的发展思路、发展方向和发展着力点，而且在国家发展中的战略性和引领性地位显著提高，起到了管全局、管根本、管长远的重要作用。

新发展理念作为一个完整的理论体系，五个方面各有侧重、缺一不可。习近平总书记指出：“创新发展注重的是解决发展动力问题，协

① 《马克思恩格斯文集》第一卷，人民出版社2009年版，第12页。

调发展注重的是解决发展不平衡问题，绿色发展注重的是解决人与自然和谐问题，开放发展注重的是解决发展内外联动问题，共享发展注重的是解决社会公平正义问题。”必须全面理解、系统把握新发展理念的科学内涵和实践要求，把新发展理念贯穿发展全过程和各领域。

一、创新是引领发展的第一动力

创新位于新发展理念之首位，是涵盖科学技术、经济社会发展的体制机制、国家治理体系等方面创新的总体理念。创新发展解决的是动力问题，创新是引领发展的第一动力。习近平总书记强调：“一定要牢牢抓住发展这个党执政兴国的第一要务不动摇，在推动产业优化升级上下功夫，在提高创新能力上下功夫，在加快基础设施建设上下功夫，在深化改革开放上下功夫，扎扎实实走出一条创新驱动发展的路子来。”[①]长期以来，我国创新能力不够强大，科技发展水平总体不高，科技对经济社会发展的支撑能力稍显不足，科技对经济增长的贡献率仍低于发达国家水平。要想突破经济增长和发展的瓶颈，就要始终崇尚创新，勇于推进理论创新、实践创新、制度创新、文化创新以及其他各方面创新，尤其是在关键领域、“卡脖子”处下大功夫，致力于提升自主创新能力，抓紧突破关键核心技术，通过革故鼎新不断开辟未来。

科技创新是创新发展的核心，制度创新是实现创新发展的前提和保障，文化创新是创新发展的基础。理论引领实践，理论创新是其他创新活动的思想和方法的源泉。实践创新是推动科技创新、文化创新、理论创新等各方面创新的基础。习近平总书记指出：“面向未来，增强自主创新能力，最重要的就是要坚定不移走中国特色自主创新道路，坚持自主创新、重点跨越、支撑发展、引领未来的方针，加快创

---

① 《习近平在云南考察工作时强调 坚决打好扶贫开发攻坚战 加快民族地区经济社会发展》，《人民日报》2015年1月22日。

新型国家建设步伐。”①

党的十八大以来，以习近平同志为核心的党中央坚持在实践创新基础上不断推进理论创新、科技创新、制度创新、文化创新等各类创新，为党和国家制定各项方针政策、推进各项工作提供了科学指导，也为推进国家治理体系现代化奠定了基础。

二、协调是持续健康发展的内在要求

协调发展注重解决发展不平衡问题。我国发展不平衡是一个长期存在的问题，突出表现在区域、城乡、经济和社会、物质文明和精神文明等关系上。在经济发展水平落后的情况下，注重发展速度势在必行，但冲刺一段时间后，还是要注重发展的整体效能，否则容易进一步加深社会矛盾。党的十九届五中全会指出，当今世界正经历百年未有之大变局，新一轮科技革命和产业变革深入发展，我国经济发展进入高质量发展阶段，继续发展具有多方面优势和条件，但同时我国发展不平衡不充分问题仍然突出，重点领域关键环节的改革任务仍然艰巨。习近平总书记明确指出：“必须清醒地看到，新形势下我国国家安全和社会安定面临的威胁和挑战增多，特别是各种威胁和挑战联动效应明显。”②要保持中国特色社会主义长久稳定健康发展，就必须协调发展。

新时代，我国社会主要矛盾发生的变化，经济领域、社会领域、意识形态领域面临的不同矛盾都需要更加注重协调发展，自觉主动解决不同层面、不同领域、不同地区各种发展不平衡不充分的问题。协调发展理念以统筹兼顾不同区域、不同产业群体之间的经济利益问题为抓手，广泛凝聚社会群体力量。同时，以补齐短板、均衡发展为目标，为解决共同富裕问题提供了新方案。协调发展是实现人的全面发展的必然要求，必须统筹好发展与安全的关系，把安全理念与发展理

---

① 习近平：《在中国科学院第十七次院士大会、中国工程院第十二次院士大会上的讲话》，《人民日报》2014年6月10日。

② 《习近平谈治国理政》第一卷，外文出版社2018年版，第202页。

念放在同等重要的位置。不但要把新发展理念贯穿新发展格局的全过程，更要将安全理念贯穿新发展理念的全过程。

三、绿色是永续发展的必要条件

绿色发展注重的是人与自然和谐问题，绿色发展是永续发展的前提和基础。当前我国资源约束趋紧，环境污染依然不容忽视，人民群众对清新空气、干净饮水、安全食品、优美环境的需求越来越强烈。习近平总书记指出，“绿色发展，就其要义来讲，是要解决好人与自然和谐共生问题”[①]。只有坚持绿色发展，才能实现永续发展。

工业文明出现以来，人类大规模地破坏、攫取自然资源，导致人与自然关系的急剧恶化。大自然也开始了它的反击，震惊世界的环境污染事件频繁发生。为了人类共同的生存环境和人类后代的生存，必须重视环境污染问题。从我国自身来看，生态环境是我国持续发展最为重要的基础，坚持绿色发展是我国发展观的一场深刻革命。社会主义中国要想解决人与自然关系的矛盾，就必须以对工业文明的扬弃姿态，发展并创造出一种适于人类共享的低碳、绿色、循环发展的新文明模式。党的十七大首次将“生态文明”写入大会报告。党的十八大把生态文明建设纳入中国特色社会主义事业总体布局，将传统的经济建设、政治建设、文化建设和社会建设“四位一体”总体布局拓展为包括生态文明建设在内的“五位一体”总体布局。习近平总书记指出，“这标志着我们对中国特色社会主义规律认识的进一步深化，表明了我们加强生态文明建设的坚定意志和坚强决心”[②]。必须在持续提升生态文明建设战略认知和全面贯彻落实习近平生态文明思想的大战略、大框架、大逻辑中，坚持绿色发展理念，科学构建生态文明体系，促进人与自然和谐共生。

---

① 《习近平在省部级主要领导干部学习贯彻党的十八届五中全会精神专题研讨班上的讲话》,《人民日报》2016年5月10日。

② 中共中央文献研究室编:《习近平关于社会主义生态文明建设论述摘编》，中央文献出版社2017年版，第5页。

四、开放是国家繁荣发展的必由之路

开放发展解决发展内外联动问题。开放发展理念具有丰富的内涵，包含主动开放、双向开放、公平开放、全面开放、共赢开放、高水平开放等重要思想。习近平总书记指出："西方列强的坚船利炮把我们的国门打开，当时我们是被动开放。改革开放40多年，我们取得如此辉煌成就，靠的是主动开放、全面开放。"①我国对外开放水平总体上还不够高，用好国际国内两个市场、两种资源的能力还有待进一步加强。对外开放已经成为一个国家想要持续发展的必然路径，而提高对外开放的质量和发展的内外联动性则成为优化发展路径的必然选择。因此要积极主动地扩大对外开放，把开放作为发展的内在要求。

实践已充分证明，只有扩大开放、全面开放，才能不断促进发展、增强实力。双向开放就是既要"引进来"又要"走出去"，坚持两者并重。"引进来"为"走出去"提供物质基础，提供产业基础，带来示范效应；"走出去"是发展我国外向型经济的必由之路，是中国参与经济全球化的重要条件。

公平开放指的是构建公平竞争的内外资发展环境。公平开放的市场环境是吸引内外资、繁荣市场的基础条件，也是优良市场环境的重要标志。共赢发展不仅是中国利益的实现，同时也包括世界各国利益的实现。要实现共赢，就要旗帜鲜明反对单边主义、保护主义。只有坚持对外开放，秉持人类命运共同体理念，依托我国大市场优势，主动参与全球治理，努力强化内外联动，以高水平开放促进高质量发展，才能打造国际合作和竞争新优势，实现互利共赢。

五、共享是中国特色社会主义的本质要求

共享发展侧重解决社会公平正义问题。共享发展是社会主义制度优越性的鲜明特色，其核心要义就是要实现社会公平正义。经过几十

---

① 《续写更多"春天的故事"——习近平总书记出席深圳经济特区建立四十周年庆祝大会并在广东考察纪实》,《人民日报》2020年10月16日。

年的积累，我国经济发展水平不断提升，但收入差距、城乡区域公共服务水平差距仍然较大，因此必须坚持共享发展。

习近平总书记指出："让广大人民群众共享改革发展成果，是社会主义的本质要求，是社会主义制度优越性的集中体现，是我们党坚持全心全意为人民服务根本宗旨的重要体现。"①共享发展理念中的共同富裕、全民共享思想体现了社会公平正义的价值理念，而社会主义制度又为社会公平正义提供了制度基石。人民民主专政的国体和人民代表大会制度的政体都为实现共享发展以促进制度性的公平正义提供了制度基础。共享发展理念把发展的价值主体定位于人民，即要坚持全民共享、全面共享、共建共享、渐进共享。坚持共享发展，最重要的就是要突出人民群众的主体地位，聚焦共同富裕问题，尽力而为、量力而行，健全基本公共服务体系，完善共建共治共享的社会治理制度，把蛋糕做大、切好。

第三节　以新发展理念指导强国之路实践

完整、准确、全面贯彻新发展理念是我国现代化建设和经济发展的指导原则，要完整把握、准确理解、全面落实，把新发展理念贯彻到经济社会发展全过程和各领域。要抓住主要矛盾和矛盾的主要方面，切实解决影响构建新发展格局、实现高质量发展的突出问题，切实解决影响人民群众生产生活的突出问题。

一、坚持人民至上

中国共产党一经成立，就把全心全意为人民服务作为根本宗旨。为中国人民谋幸福、为中华民族谋复兴，既是中国共产党的初心和使命，也是新发展理念的"根"和"魂"。进入新发展阶段，完整、准确、全面贯彻新发展理念，必须站稳人民立场，在践行宗旨中全面贯彻新发展理念，更加注重共同富裕问题。

① 《习近平谈治国理政》第二卷，外文出版社2017年版，第200页。

共享是中国特色社会主义的本质要求，必须坚持发展为了人民、发展依靠人民、发展成果由人民共享，作出更有效的制度安排，使全体人民在共建共治共享发展中有更多获得感，增强发展动力，增进人民团结，朝着共同富裕方向稳步前进。促进全体人民共同富裕这个问题，不仅是经济问题，而且是关系党的执政基础的重大政治问题。毛泽东早就讲过："这个富，是共同的富，这个强，是共同的强，大家都有份。"①

党的十八大以来，我们党对共同富裕道路作了新的探索，对共同富裕理论作了新的阐释，对共同富裕目标作了新的部署。共同富裕本身就是社会主义现代化的一个重要目标。我们要始终把满足人民对美好生活的新期待作为发展的出发点和落脚点，从思想观念上树立起正确的政绩观、发展观、现代化观，从制度安排上彰显社会公平正义，不断满足人民群众对美好生活的憧憬和追求，不断增强人民群众的获得感、幸福感、安全感，在实现现代化过程中不断地、逐步地解决好共同富裕的问题。自觉主动解决地区差距、城乡差距、收入差距等问题，坚持在发展中保障和改善民生，统筹做好就业、收入分配、教育、社保、医疗、住房、养老、扶幼等各方面工作，更加注重向农村、基层、欠发达地区倾斜，向困难群众倾斜，促进社会公平正义，让发展成果更多更公平惠及全体人民。促进全体人民共同富裕是一项长期任务，也是一项现实任务，急不得，也等不得，必须将其摆在更加重要的位置，脚踏实地，久久为功，向着这个目标作出更加积极的努力。

二、坚持自信自立

自信自立是我们党在百年奋斗中炼就的精神气度，是立党立国的重要原则。完整、准确、全面贯彻新发展理念，需要坚持自信自立，增强对党的创新理论的理论自觉和理论自信，坚定历史自信、增强历

---

① 《毛泽东文集》第六卷，人民出版社1999年版，第495页。

史主动，从基本国情出发把推动发展放在自己力量的基点上，构建以我为主的新发展格局，推动高质量发展。尤其是在坚持创新发展方面，我国比以往任何时候都更加需要强大的科技创新力量，必须加快实现高水平科技自立自强，以国家战略需求为导向，加快破解“卡脖子”问题，尽快改变关键核心技术受制于人的局面；加快建设世界重要人才中心和创新高地，强化人才自主培养，在更高起点上推进自主创新；发挥社会主义市场经济的独特作用，不断提高科技成果转化和产业化水平，把科技创新转化为引领发展的现实生产力。还要把构建新发展格局当作贯彻新发展理念、推动高质量发展的战略基点，坚持扩大内需，不断巩固和加强超大规模内需市场；加快建设高效规范、公平竞争、充分开放的全国统一大市场，使生产、分配、流通、消费更多依托国内市场，畅通国内大循环；以国内经济循环为稳固的基本盘，吸引全球要素资源，推动全球要素配置，塑造我国参与国际竞争合作新优势。我们要始终坚持从国情出发、从实际出发，坚持以我为主、为我所用，坚持志不改、道不变，以“不畏浮云遮望眼”的从容和“任尔东西南北风”的定力，把中国发展进步的命运牢牢掌握在自己手中。

三、坚持守正创新

习近平总书记强调：“守正才能不迷失方向、不犯颠覆性错误，创新才能把握时代、引领时代。”[①]完整、准确、全面贯彻新发展理念，需要牢牢掌握新前进方向，坚持方向不变、道路不偏、力度不减。一是坚持和加强党的全面领导，以完善和发展中国特色社会主义制度、推进国家治理体系和治理能力现代化为目标，推进高水平对外开放，在切实落实“两个毫不动摇”中加快形成可持续的高质量发展体制机制。二是坚持运用马克思主义政治经济学的基本原理和方法

① 习近平：《高举中国特色社会主义伟大旗帜 为全面建设社会主义现代化国家而团结奋斗——在中国共产党第二十次全国代表大会上的报告》，人民出版社2022年版，第20页。

论，认识经济运动过程，把握经济发展规律，不断提高驾驭社会主义市场经济的能力，更好回答我国经济发展的理论和实践问题。三是牢牢抓住我国经济发展矛盾的主要方面，以提高供给质量为主攻方向，把发展制造业和实体经济作为经济发展的主要着力点，使供给体系更好适应需求结构变化，以高质量供给创造有效需求。四是坚持发展和安全并重，确保能源资源、重要产业供应链安全，防范化解金融风险，实现高质量发展和高水平安全的良性互动。新征程上，坚持马克思主义基本原理不动摇，坚持党的全面领导不动摇，坚持中国特色社会主义不动摇，悟透守正创新的丰富内涵，把守正创新的要求落到实处。准确把握时代大势，紧跟时代步伐，以满腔热忱对待一切新生事物，不断扩展认识的广度和深度，以新的实践不断为理论发展注入新活力，以与时俱进的理论更好指导新的实践。

四、坚持问题导向

坚持问题导向，是马克思主义的鲜明特点。完整、准确、全面贯彻新发展理念，既要坚持问题导向，在解决矛盾中全面贯彻新发展理念，以新发展理念指导引领全面深化改革，又要通过深化改革为完整、准确、全面贯彻新发展理念提供体制机制保障。

我国改革和发展实践告诉我们，唯有全面深化改革，才能更好践行新发展理念，破解发展难题、增强发展活力、厚植发展优势。要在夯基垒台、立柱架梁的基础上，围绕完整、准确、全面贯彻新发展理念，全面推进、积厚成势，加强系统集成、精准施策。立足贯彻新发展理念、构建新发展格局，坚持问题导向，围绕增强创新能力、推动平衡发展、改善生态环境、提高开放水平、促进共享发展等重点领域和关键环节，继续把改革推向深入，更加精准地出台改革方案，更加全面地完善制度体系。

进入新时代，踏上实现第二个百年奋斗目标新的赶考之路，面对群众在就业、教育、医疗、居住、养老等方面的困难，面对城乡区域发展差距仍然较大、现代经济体系的供需结构尚不匹配等发展不平衡不充分问题，只有坚持问题导向，正确认识和把握不同阶段的重大理论和实践问题，在解决矛盾问题上锚定目标，补齐短板，主动应对、靠前发力，既减存量，又遏增量，致力于构建全面创新的体制机制，加快实现科技自立自强；针对区域板块分化重组、人口跨区域转移加快、农民落户城市意愿下降等现状，研究解决城乡区域差距较大问题；持续改变高度依赖化石能源现象，加快推动全面绿色转型发展；正确应对国际环境变化，在确保安全的前提下扩大开放等，才能完整、准确、全面贯彻好新发展理念。

五、坚持系统观念

完整、准确、全面贯彻新发展理念，必须坚持系统观念。这就要统筹国内国际两个大局，统筹“五位一体”总体布局和“四个全面”战略布局，加强前瞻性思考、全局性谋划、战略性布局、整体性推进。比如，要统筹中华民族伟大复兴战略全局和世界百年未有之大变局，立足国内，放眼世界，深刻认识错综复杂的国际局势对我国的影响，既保持战略定力又善于积极应变，既集中精力办好自己的事，又积极参与全球治理、为国内发展创造良好环境。比如，要增强忧患意识，切实贯彻落实总体国家安全观，统筹发展和安全，重视和切实防范化解各种重大风险。当前，世界正经历百年未有之大变局，新冠疫情影响深远，国际交往受限，经济全球化受阻，单边主义、保护主义不断抬头，国际贸易和投资大幅萎缩，世界经济深度衰退；俄乌冲突持续，国际秩序和全球治理体系深受冲击，随着国际力量对比的此消彼长，我国经济社会发展内外部环境的复杂性、严峻性、不确定性进一步上升。我们在谋划和推进发展的时候，要善于预见和预判各种风险挑战，做好应对各种“黑天鹅”“灰犀牛”事件的预案，不断增强发展的安全性。

只有增强忧患意识，坚持底线思维，把统筹发展和安全贯穿发展的各领域和全过程，见微知著，抓早抓小，随时准备应对能够预见和难以预见的复杂困难局面甚至重大危机，在砥砺奋进中不断攻坚克难，才能贯彻好新发展理念，在日趋激烈的国际竞争中把握主动、赢得未来，不断提高我国发展的竞争力和持续性，推动“中国号”巨轮乘风破浪、行稳致远。

六、坚持胸怀天下

中国的发展离不开世界，世界的繁荣也需要中国。胸怀天下，是中国共产党人与生俱来的崇高情怀。完整、准确、全面贯彻新发展理念，需要立足中华民族伟大复兴战略全局和世界百年未有之大变局两者同步交织、相互激荡的时代特征，站在世界历史的高度审视快速变化的中国和世界，以高质量发展促进全球共同发展。一是坚持高水平对外开放，建设更高水平开放型经济新体制，增强国内国际两个市场两种资源联动效应，推动国内国际双循环相互促进和良性互动，以中国新发展为世界提供新机遇。二是推动共建“一带一路”高质量发展，积极促进政策沟通、设施联通、贸易畅通、资金融通、民心相通，按照共建共享、互利共赢的原则开展国际合作，为世界经济增长开辟新空间，为完善全球经济治理扩展新实践，为增进各国民生福祉作出新贡献。三是适应和引导好经济全球化，反对保护主义，反对“筑墙设垒”“脱钩断链”，反对单边制裁、极限施压，推动经济全球化朝着更加开放、包容、普惠、平衡、共赢的方向发展。我们要树立世界眼光、把握时代脉搏，不被乱花迷眼，不畏浮云遮眼，科学认识历史发展规律，准确把握世界发展大势，在历史前进的逻辑中前进，引领和推动世界之变、时代之变、历史之变朝着正确方向演进。

第三章　强国之路的发展格局：新发展格局

2020年4月10日，习近平总书记在中央财经委员会第七次会议上首次提出要“构建以国内大循环为主体、国内国际双循环相互促进的新发展格局”。党的十九届五中全会通过的《中共中央关于制定国民经济和社会发展第十四个五年规划和二〇三五年远景目标的建议》，对构建以国内大循环为主体、国内国际双循环相互促进的新发展格局作出全面部署。党的二十大报告指出：“必须完整、准确、全面贯彻新发展理念，坚持社会主义市场经济改革方向，坚持高水平对外开放，加快构建以国内大循环为主体、国内国际双循环相互促进的新发展格局。”[①]构建新发展格局是立足当前、着眼长远的战略构想，是根据我国发展阶段、环境、条件变化，特别是基于我国比较优势变化作出的重大战略谋划，是一项关系我国发展全局的重大战略任务，需要从全局和战略高度准确把握和积极推进，加强前瞻性思考、全局性谋划、战略性布局、整体性推进。

第一节　事关全局的系统性深层次变革

构建以国内大循环为主体、国内国际双循环相互促进的新发展格局，是事关全局的系统性、深层次变革，是把握未来发展主动权的战略性布局和先手棋，是新发展阶段要着力推动完成的重大历史任务，也是贯彻新发展理念的重大举措。我们党提出构建新发展格局，是对我国客观经济规律和发展趋势的自觉把握，有着坚实的实践基础，具有重大意义。

① 习近平：《高举中国特色社会主义伟大旗帜　为全面建设社会主义现代化国家而团结奋斗——在中国共产党第二十次全国代表大会上的报告》，人民出版社2022年版，第28页。

一、适应我国新发展阶段的必然选择

一个国家的发展格局总是在一定的时代背景、内外部环境、发展条件等因素作用下形成的，又影响和塑造着国家发展的总体态势。新中国成立后，面对西方国家的经济封锁，我们党选择了独立自主、自力更生的发展道路，建立起独立的比较完整的工业体系和国民经济体系，形成了以国内循环为主、基本自给自足的发展格局。改革开放以来，我们党准确判断世界大势，大力推动经济体制改革，不断扩大对外开放，逐步形成了市场和资源“两头在外”的外向型发展模式。特别是2001年加入世界贸易组织后，我国深度参与国际分工，融入国际大循环，形成市场和资源“两头在外”的发展格局。2008年面对国际金融危机的严重冲击，我们党把扩大内需作为保持经济平稳较快发展的基本立足点，推动经济发展向内需主导转变，我国发展格局开始由国际大循环为主导逐步向国内大循环为主体演变。

党的十八大以来，世界百年未有之大变局加速演进，国内生产要素条件、需求结构、供给结构发生深刻变化，关键核心技术“卡脖子”、重要能源资源供应安全等问题凸显，特别是新冠疫情全球大流行使全球产业链供应链面临的风险隐患进一步暴露。面对严峻复杂的外部环境和深刻变化的内部发展条件，我们坚持实施扩大内需战略，使发展更多依靠内需特别是消费需求拉动。从国际比较看，大国经济的显著特征是内需为主导、内部可循环。我国作为全球第二大经济体和制造业第一大国，在国际形势充满不稳定性不确定性的背景下，依托国内大市场优势，充分挖掘内需潜力，构建以国内大循环为主体、国内国际双循环相互促进的新发展格局，有利于化解外部冲击和外需收缩带来的影响，有利于在极端情况下保证我国经济正常运行和社会大局稳定，确保第二个百年奋斗目标顺利实现。

未来一个时期，我国国内市场主导经济循环的特征会更加明显，经济增长的内需潜力会不断释放。从需求看，我国拥有14亿多人口，其中有4亿多中等收入人群，我国商品零售额即将超过美国，位居世界首位，今后还有稳步增长空间。从供给看，我国基于国内大市场形成的强大生产能力，能够促进全球要素资源整合创新，使规模效应和集聚效应得到最大化发挥。只要顺势而为、精准施策，我们完全有条件构建新发展格局、重塑国际合作和竞争新优势。

二、应对复杂的国际环境的战略举措

作为一个人口众多和市场规模超大的社会主义国家，我国在迈向现代化的历史进程中，必然要承受其他国家都不曾遇到的各种压力和严峻挑战。

21世纪以来，新一轮科技革命和产业变革加速发展，世界贸易和产业分工格局发生重大调整，国际力量对比呈现趋势性变迁。2008年国际金融危机后，全球市场收缩，世界经济陷入持续低迷，国际经济大循环动能弱化。近年来，西方主要国家民粹主义盛行、贸易保护主义抬头，经济全球化遭遇逆流，国际经济循环格局发生深度调整。

新冠疫情也加剧了逆全球化趋势，各国内顾倾向上升。在疫情冲击下，全球产业链供应链发生局部断裂，直接影响到我国国内经济循环。面对外部环境变化带来的新矛盾新挑战，我国必须顺势而为调整经济发展路径，在努力打通国际循环的同时，进一步畅通国内大循环，提升经济发展的自主性、可持续性，增强韧性，保持我国经济平稳健康发展。现在的形势已经很不一样了，大进大出的环境条件已经变化，必须根据新的形势提出引领发展的新思路。当前，我国经济发展环境出现了变化，特别是生产要素相对优势出现了变化。劳动力成本在逐步上升，资源环境承载能力达到了瓶颈，旧的生产函数组合方式已经难以持续，科学技术的重要性全面上升。在这种情况下，我们必须更强调自主创新，在各种可以预见和难以预见的狂风暴雨、惊涛骇浪中，增强我们的生存力、竞争力、发展力、持续力。

三、我国超大规模经济体的内在要求

我们已经完成脱贫攻坚、全面建成小康社会的历史任务，实现第一个百年奋斗目标，现在又迈上全面建设社会主义现代化国家新征程、向第二个百年奋斗目标进军。大国经济的重要特征，就是必须实现内部可循环，并且提供巨大国内市场和供给能力，支撑并带动外循环。

经过改革开放以来40多年的发展，我国经济快速增长，国内大循环的条件和基础日益完善。从需求潜力看，我国已经形成拥有14亿多人口（其中有4亿多中等收入群体）的全球最大最有潜力的市场，随着向高收入国家行列迈进，规模巨大的国内市场不断扩张。从供给能力看，我国储蓄率仍然较高，拥有全球最完整、规模最大的工业体系和完善的配套能力，拥有1.3亿户市场主体和1.7亿多受过高等教育或拥有各种专业技能的人才，研发能力不断提升。从供求双方看，我们具备实现内部大循环、促进内外双循环的诸多条件，必须利用好大国经济纵深广阔的优势，使规模效应和集聚效应充分发挥。市场是全球最稀缺的资源，我们构建新发展格局和扩大内需，可以释放巨大而持久的动能，推动全球经济稳步复苏和增长。

第二节　打破国内单循环与自我小循环的局限桎梏

构建新发展格局，关键在于实现经济循环流转和产业关联畅通，根本要求是提升供给体系的创新力和关联性，解决各类“卡脖子”和瓶颈问题，畅通国民经济循环。而做到这一点，必须深化改革、扩大开放、推动科技创新和产业结构升级。要以实现国民经济体系高水平的完整性为目标，突出重点，抓住主要矛盾，着力打通堵点，贯通生产、分配、流通、消费各环节，实现供求动态均衡。

一、把握发展主动权的先手棋

从国际比较看，大国经济的特征都是内需为主导、内部可循环。我国作为全球第二大经济体和制造业第一大国，国内经济循环同国际经济循环的关系客观上早有调整的要求。这是我们提出构建新发展格局的首要考虑。在当前国际形势充满不稳定性不确定性的背景下，立足国内、依托国内大市场优势，充分挖掘内需潜力，有利于化解外部冲击和外需下降带来的影响，也有利于在极端情况下保证我国经济基本正常运行和社会大局总体稳定。

当前和今后一个时期，我国经济运行面临的主要矛盾仍然在供给侧，供给结构不能适应需求结构变化，产品和服务的品种、质量难以满足多层次、多样化市场需求。必须坚持深化供给侧结构性改革，提高供给体系对国内需求的满足能力，以创新驱动、高质量供给引领和创造新需求。在坚持以供给侧结构性改革为主线的过程中，高度重视需求侧管理，坚持扩大内需这个战略基点，始终把实施扩大内需战略同深化供给侧结构性改革有机结合起来。

二、以全国统一大市场为基础

构建新发展格局的战略安排，以国内大循环为主体，是针对全国而言的，不是要求各地都搞省内、市内、县内的自我小循环。

各地区要找准自己在国内大循环和国内国际双循环中的位置和比较优势，把构建新发展格局同实施区域重大战略、区域协调发展战略、主体功能区战略、建设自由贸易试验区等有机衔接起来，打造改革开放新高地，不能搞“小而全”，更不能以“内循环”的名义搞地区封锁。有条件的地区可以率先探索有利于促进全国构建新发展格局的有效路径，发挥引领和带动作用。国内大循环绝不是自我封闭、自给自足，也不是各地区的小循环，更不可能什么都自己做，放弃国际分工与合作。要坚持开放合作的双循环，通过强化开放合作，更加紧密地同世界经济联系互动，提升国内大循环的效率和水平。可以说，推动双循环必须坚持实施更大范围、更宽领域、更深层次的对外开放。

三、构建开放的国内国际双循环

我国经济已经深度融入世界经济，同全球很多国家的产业关联和相互依赖程度都比较高，内外需市场本身是相互依存、相互促进的。以国内大循环为主体，绝不是关起门来封闭运行，而是通过发挥内需潜力，使国内市场和国际市场更好联通，以国内大循环吸引全球资源要素，更好利用国内国际两个市场两种资源，提高在全球配置资源的能力，更好争取开放发展中的战略主动。

我国开放的大门不会关闭，只会越开越大。要科学认识国内大循环和国内国际双循环的关系，主动作为、善于作为，建设更高水平开放型经济新体制，实施更大范围、更宽领域、更深层次的对外开放。构建新发展格局，实行高水平对外开放，必须具备强大的国内经济循环体系和稳固的基本盘，并以此形成对全球要素资源的强大吸引力、在激烈国际竞争中的强大竞争力、在全球资源配置中的强大推动力。

既要持续深化商品、服务、资金、人才等要素流动型开放，又要稳步拓展规则、规制、管理、标准等制度型开放。要加强国内大循环在双循环中的主导作用，塑造我国参与国际合作和竞争的新优势。要重视以国际循环提升国内大循环效率和水平，提高我国生产要素质量和配置水平。要通过参与国际市场竞争，增强我国出口产品和服务竞争力，推动我国产业转型升级，增强我国在全球产业链供应链创新链中的影响力。我国企业的利益已延伸到全球各个角落，大家要注重了解国际事务，深入研究利益攸关国、贸易伙伴国、投资对象国的情况，做到心中有数、趋利避害。

第三节　把“操其要于上”与“分其详于下”结合起来

构建新发展格局是一个系统工程，关键在于经济循环的畅通无阻，就像人们讲的要调理好统摄全身阴阳气血的任督二脉。必须坚定不移贯彻新发展理念，坚持系统观念，加强战略谋划和顶层设计，发挥大国经济优势和人力资源优势，突出重点、抓住关键，搭建起新发展格局的“四梁八柱”，为推动高质量发展、全面建设社会主义现代化国家提供有力支撑。

一、培育完整的内需体系

经济活动是一个动态的周而复始的循环过程，需要各种生产要素的组合在生产、分配、流通、消费各环节有机衔接，从而实现循环流转。完整的内需体系是畅通国民经济循环、提升国内大循环主体地位的重要基础。推进深层次改革和强化政策引导，深化供给侧结构性改革，增强供给体系的韧性和有效供给能力，建立起扩大内需的有效制度，释放内需潜力，着力打通制约经济循环的关键堵点。充分利用和发挥市场优势，以满足国内需求为基本立足点，把实施扩大内需战略同深化供给侧结构性改革有机结合起来，着力提升供给体系对国内需求的适配性，促进总供给和总需求在更高水平上实现动态平衡。加强需求侧管理，着力扩大居民消费，促进传统消费提质扩容，推动新型消费加快增长，提升居民消费结构。发挥投资对优化供给结构的关键作用，支持企业加大设备更新和技改投入，发挥好政府投资引导撬动作用。加快建立高标准市场体系，清除妨碍生产要素市场化配置和商品服务流通的体制机制障碍，健全公平竞争审查制度，强化反垄断规制，提升市场配置资源和经济循环的效率。加强现代流通体系建设，完善硬件和软件、渠道和平台，夯实国内国际双循环的重要基础。

二、推进科技自立自强

加强科技创新、实现科技自立自强是确保国内大循环畅通、塑造我国在国际大循环中新优势的关键。增强责任感和危机感，丢掉幻想，正视现实，打好关键核心技术攻坚战，加快攻克重要领域“卡脖子”技术。发挥社会主义市场经济条件下新型举国体制优势，强化国家战略科技力量，集合优势资源，着力解决制约国家发展和安全的重大难题。发挥企业技术创新主体作用，加强创新链和产业链对接，完善金融支持创新体系，大幅提高科研成果转化成效。中央企业等国有企业要勇挑重担、敢打头阵，勇当原创技术的“策源地”、现代产业链的“链长”。坚持开放合作，吸引全球优质科技创新资源，搭建全球科技开放合作大舞台，加快建设世界重要人才中心和创新高地。充分激发人才创新活力，全方位培养、引进、用好人才，造就更多国际一流的科技领军人才和创新团队，培养具有国际竞争力的青年科技人才后备军。推进科研项目管理和评价制度改革，集合优势资源，有力有序推进创新攻关“揭榜挂帅”等体制机制，明确路线图、时间表、责任制，在关键核心技术上不断取得新突破。

三、构建具有强大韧性的产业链供应链

制造业是我国经济命脉所系，是立国之本、强国之基。具有强大韧性和竞争力的产业链供应链是稳固国内大循环主体地位、增强在国际大循环中带动能力的迫切需要。补短板、强弱项，围绕核心基础零部件和元器件、先进基础工艺、关键基础材料、产业技术基础、基础软件等薄弱环节，多渠道加大支持力度，加快补齐产业链供应链短板，突破产业瓶颈，构建自主可控、安全可靠的国内生产供应体系。锻造长板，立足我国市场优势、产业优势、配套优势和部分领域先发优势，持续增强5G、高铁等领域的产业优势，拉紧国内国际产业链的相互依存关系，形成较强的议价博弈能力。加强统筹谋划，优化产业布局，防止重复建设，做到全国一盘棋。采取有力措施提高企业根植性，促进产业在国内有序转移，即使向外转移也要想方设法把产业链关键环节留在国内。推动形成维护全球产业链供应链安全、消除非经济因素干扰的国际共识和准则。

四、推进农业农村现代化

城乡经济循环是国内大循环的重要方面，也是确保国内国际两个循环比例关系健康的关键因素。实现农业农村现代化是全面建设社会主义现代化国家的重大任务，是解决发展不平衡不充分问题的必然要求。坚持把解决好“三农”问题作为全党工作重中之重，全面实施乡村振兴战略。实现巩固拓展脱贫攻坚成果同乡村振兴有效衔接，接续推动脱贫摘帽地区乡村全面振兴，促进经济社会发展和群众生活改善。保障粮食等重要农产品供给安全，是“三农”工作头等大事，在粮食安全问题上千万不可掉以轻心，确保谷物基本自给、口粮绝对安全，确保中国人的饭碗牢牢端在自己手中。坚持推动农业供给侧结构

性改革，优化农业生产结构，优化农业生产区域布局，加强粮食生产功能区、重要农产品生产保护区和特色农产品优势区建设。

五、提高人民生活品质

提高人民生活品质是畅通国内大循环的出发点和落脚点，也是国内国际双循环相互促进、供需良性循环的关键联结点。适应人民群众需求变化，努力办好各项民生事业，让老百姓的日子越过越好，是社会主义生产的根本目的。优化收入分配结构，发展壮大中等收入群体，有利于增强高质量发展的内生动力，是畅通国民经济循环的一个关键环节。坚持按劳分配为主体、多种分配方式并存，提高劳动报酬在初次分配中的比重，健全工资合理增长机制，探索通过土地、资本等要素使用权、收益权增加中低收入群体要素收入，切实保障劳动者待遇和权益，不断壮大中等收入群体。坚持问题导向，多谋民生之利、多解民生之忧，坚持尽力而为、量力而行，加快补齐短板、弱项，扎实推动共同富裕，不断增强人民群众获得感、幸福感、安全感。

六、守牢安全发展底线

安全发展是构建新发展格局的重要前提和保障，也是畅通国内大循环的题中应有之义。坚持总体国家安全观，坚持国家利益至上，以人民安全为宗旨，以政治安全为根本，加强国家安全体系和能力建设，把安全发展贯穿构建新发展格局全过程和各领域，形成全面可靠的发展安全保障体系。强化安全发展的制度和政策保障，把握好开放和安全的关系，织密织牢开放安全网，增强在对外开放环境中动态维护国家安全的本领。把保护人民生命安全摆在首位，全面提高公共安全保障能力，促进人民安居乐业、社会安定有序、国家长治久安。加强跨周期政策设计和逆周期调节，重视预期管理，保持宏观经济稳定，防止大起大落。与时俱进健全金融监管和市场监管，防止资本无序扩张，避免“大而不能倒”的道德风险，防范跨境资本异常流动风险。加强粮食、能源资源等供给安全保障，实现多元化多渠道进口，加强储备体系建设。实行高水平对外开放，完善市场化法治化国际化营商环境，持续深化商品、服务等要素流动型开放，增强对外贸易综合竞争力，提高双向投资水平。稳步拓展规则、规制、管理、标准等制度型开放，推动共建“一带一路”高质量发展，构建国际经贸合作新格局。落实外商投资安全审查办法，在扩大对外开放中切实保障国家经济安全。

第四章　强国之路的战略目标：新两步走

实现现代化，是近代以来中国人民和中华民族的历史任务；实现社会主义现代化，是中国共产党人孜孜以求的奋斗目标。在现代化过程中，我们党对建设社会主义现代化国家在认识上不断深入、在战略上不断成熟、在实践上不断丰富，加速了我国现代化发展进程，为新发展阶段全面建设社会主义现代化国家奠定了实践基础、理论基础、制度基础。“新两步走”战略安排，明确了到2035年和本世纪中叶我国发展的总体目标，擘画了第二个百年奋斗目标的美好图景，是习近平新时代中国特色社会主义思想的重要组成部分，是中国未来发展的路线图和时间表，也是实现中华民族伟大复兴中国梦的战略支撑，赋予社会主义现代化强国新的丰富内涵。

第一节　绘就现代化蓝图

现代化是广泛而深刻的社会变革，涉及各领域、各方面，是一个长期而有阶段的过程。我们党坚持一张蓝图绘到底，对建设社会主义现代化国家战略目标，在认识上不断深化，在内涵上不断丰富拓展，在战略安排上层层递进，推动现代化建设的蓝图一步一步变为现实。

一、从工业化到“四个现代化”

建成社会主义现代化强国，实现中华民族伟大复兴，是近代以来中国人民最伟大的梦想。在半殖民地半封建社会，中国现代化没有也不可能取得成功。

新中国的成立，社会主义制度的建立，为实现社会主义现代化提供了根本社会条件、政治前提和制度基础。我们党始终将实现社会主义现代化作为战略目标，咬定青山不放松，带领人民进行了艰辛探索，作出了不懈努力。1954年，周恩来在第一届全国人民代表大会第一次会议上所作的《政府工作报告》中就明确指出：“如果我们不建设起强大的现代化的工业、现代化的农业、现代化的交通运输业和现代化的国防，我们就不能摆脱落后和贫困，我们的革命就不能达到目的。”我们党正式提出“四个现代化”，并谋划了按“两步走”来实现的设想。1956年，毛泽东提出：“我国人民应该有一个远大的规划，要在几十年内，努力改变我国在经济上和科学文化上的落后状况，迅速达到世界上的先进水平。”[①]1964年12月，周恩来在第三届全国人民代表大会第一次会议上所作的《政府工作报告》中再次提出：“从第三个五年计划开始，我国的国民经济发展，可以按两步来考虑：第一步，建立一个独立的比较完整的工业体系和国民经济体系；第二步，全面实现农业、工业、国防和科学技术的现代化，使我国经济走在世界的前列。”[②]我们党明确要“把我国建设成为一个强大的社会主义国家”，并提出基本实现“四个现代化”的两步走战略。“文化大革命”时期，“四个现代化”建设目标受到一定影响，没有完全展开。尽管如此，从1949年到1978年，我们党领导人民在旧中国一穷二白的基础上建立起独立的比较完整的工业体系和国民经济体系，有效维护了国家主权和安全，我国社会主义建设事业迈出了坚实步伐。

二、从“四个现代化”到富强民主文明和谐的现代化国家

改革开放后，以邓小平同志为主要代表的中国共产党人深刻总结以往的经验教训，根据国际环境变化和我国发展实际，对社会主义现代化建设进行了新的战略安排。

1979年邓小平在会见时任日本首相大平正芳时明确提出了“小康”这一阶段性的现代化目标。党的十二大提出为了实现20年的奋斗目标，在战略部署上要分两步走：前10年主要是打好基础，积蓄力量，创造条件，后10年要进入一个新的经济振兴时期。党的十三大明确提出了“三步走”战略，就是到20世纪80年代末解决人民温

① 《毛泽东文集》第七卷，人民出版社1999年版，第2页。

② 中共中央文献研究室编：《建国以来重要文献选编》第十九册，中央文献出版社1998年版，第483页。

饱问题，到20世纪末使人民生活达到小康水平，到21世纪中叶基本实现现代化。党的十五大将“三步走”战略的第三步加以细化，将之分成三个阶段来加以实施。进入21世纪，在人民生活总体上达到小康水平之后，我们党又提出，到建党100年时全面建成惠及十几亿人口的更高水平的小康社会，然后再奋斗30年，到新中国成立100年时，基本实现现代化，把我国建成社会主义现代化国家。党的十六大对全面建设小康社会进行了全面阐述，提出了全面建设小康社会的基本目标。党的十七大对全面建设小康社会提出了更高要求，提出要坚持中国特色社会主义经济建设、政治建设、文化建设、社会建设的基本目标和基本政策构成的基本纲领。

三、“新两步走”战略

党的十八大以来，中国特色社会主义进入新时代，党发出了向“两个一百年”奋斗目标进军的时代号召，明确提出在中国共产党成立100年时全面建成小康社会，在新中国成立100年时建成富强民主文明和谐的社会主义现代化国家。党的十九大站在新的更高的历史起点上，综合分析国内国际形势和我国发展条件，正式对全面建设社会主义现代化国家、实现第二个百年奋斗目标作出了分两个阶段推进的战略安排。这个战略安排，把基本实现现代化的时间比原先提前了15年，首次提出“全面建成社会主义现代化强国”的概念，战略目标上增加了“美丽”这一代表生态文明的内容，使现代化的内涵更加全面，并与“五位一体”总体布局相对应。

党的二十大重申了全面建设社会主义现代化国家的战略安排：“总的战略安排是分两步走：从二〇二〇年到二〇三五年基本实现社会主义现代化；从二〇三五年到本世纪中叶把我国建成富强民主文明和谐美丽的社会主义现代化强国。”[①] 这一战略安排明确了全面建成社会主

---

① 习近平：《高举中国特色社会主义伟大旗帜 为全面建设社会主义现代化国家而团结奋斗——在中国共产党第二十次全国代表大会上的报告》，人民出版社2022年版，第24页。

义现代化强国的时间表、路线图，对全面建成社会主义现代化强国两步走战略安排进行宏观展望，细化了实现第二个百年奋斗目标的步骤和路径，既体现了我们党在社会主义现代化建设战略目标上的一贯性、整体性，又符合实践发展的连续性、阶段性和时代性，丰富和发展了社会主义初级阶段理论，深化了对人类社会发展规律和社会主义建设规律的认识。

第二节　新时代十年

全面建成小康社会、实现第一个百年奋斗目标，为开启全面建设社会主义现代化国家新征程奠定了坚实基础。全面建成社会主义现代化强国“新两步走”战略安排，具有坚实的基础、科学的依据、可靠的保障，完全有把握实现。

一、社会主义现代化建设的客观需要

综合分析各方面情况，我国现代化建设进入战略机遇和风险挑战并存、不确定难预料因素增多的时期。从国际看，世界百年未有之大变局加速演进，国际环境日趋复杂，世界进入新的动荡变革期，单边主义、保护主义、霸权主义对世界和平与发展构成威胁。从国内看，长期积累的深层次矛盾和风险隐患不断显现，新情况新问题不断出现。我们必须增强忧患意识，做好应对重大风险的充分准备。但历史发展是有其内在大逻辑的。新中国成立特别是改革开放以来，我们遭遇过很多外部严重风险的冲击和内部困难，最终都化险为夷，创造了世所罕见的经济快速发展奇迹和社会长期稳定奇迹，成功推进和拓展了中国式现代化。

尽管当前国内外形势复杂严峻，我国发展仍处于重要战略机遇期，制度优势显著，物质基础雄厚，人力资源丰富，创新能力提升，市场空间广阔，发展韧性强劲，社会大局稳定，支撑经济长期稳定发展的内在动因没有改变也不会改变。

二、第二个百年奋斗目标起步

随着我国现代化建设的推进，需要对到21世纪中叶这30年的战略安排再加以细化。适应历史交汇期我国发展实际提出新的现代化战略，是我们党推进社会主义现代化的重要经验之一。

党的十五大顺应世纪之交历史交汇期我国的发展实际，将“三步走”战略第三步细化为三个阶段，成功解决了在总体小康即将实现的历史条件下如何进一步推进我国社会主义现代化的问题。党的十九大报告指出：“从十九大到二十大，是‘两个一百年’奋斗目标的历史交汇期。我们既要全面建成小康社会、实现第一个百年奋斗目标，又要乘势而上开启全面建设社会主义现代化国家新征程，向第二个百年奋斗目标进军。”[①]在全面建成小康社会后，要进一步推进我国现代化建设，开启全面建设社会主义现代化国家新征程，就必须根据历史交汇期我国新的发展实际制定新的现代化战略。“新两步走”战略，正是适应“两个一百年”奋斗目标历史交汇期我国的发展实际作出的重大战略安排。“新两步走”完整勾画了我国社会主义现代化建设的时间表、路线图，把基本实现社会主义现代化的目标提前了15年，第二个百年奋斗目标的表述也更加完整。这一方面说明我国发展的成就巨大，超出了预期；另一方面也表明未来我国发展的潜力仍然很大，长期向好的态势没有改变。

三、满足人民群众的美好生活需要

全心全意为人民服务是我们党的根本宗旨，我们必须把维护好实现好发展好最广大人民的根本利益作为党和国家一切工作的出发点和落脚点。我们党要把人民对美好生活的向往作为奋斗目标，就要适应形势的变化制定新的发展战略。

“中国特色社会主义进入新时代，我国社会主要矛盾已经转化为

① 习近平：《决胜全面建成小康社会 夺取新时代中国特色社会主义伟大胜利——在中国共产党第十九次全国代表大会上的报告》，人民出版社2017年版，第28页。

人民日益增长的美好生活需要和不平衡不充分的发展之间的矛盾。”①这要求我们党适应新时代我国社会主要矛盾的转化，制定新的现代化战略，通过提高我国现代化水平来更好满足人民日益增长的美好生活需要。随着现代化建设的推进，人民在经济、政治、文化、社会、生态等方面日益增长的需要将得到更好满足，人的全面发展、社会全面进步将取得更大成就，也将为人类文明进步作出更大贡献。

从世界范围看，到目前为止，已经实现了现代化的国家和地区人口约为10亿。我国14亿多人口整体迈入现代化社会，其规模超过现有发达国家人口的总和，将彻底改写世界现代化的进程、版图和态势，是人类发展史上前所未有的伟大创举。这将创造世界现代化的崭新模式，拓展发展中国家走向现代化的途径，为解决人类问题贡献中国智慧和中国方案。全面建成社会主义现代化强国“两步走”战略安排，将不断实现人民对美好生活的向往，也将深刻改变世界现代化的格局。

第三节　未来的战略安排

党的二十大报告对到2035年我国发展的总体目标进行了具体安排，从综合国力、科技发展、经济发展、政治发展、文化发展、社会建设、生态文明建设、国家安全、国防和军队现代化等方面，勾勒了基本实现社会主义现代化的轮廓。

一、2035年总体目标

党的二十大在深刻总结我国现代化发展实践伟大成就的基础上，着眼到本世纪中叶全面建成社会主义现代化强国，作出了总的战略安排，提出了到2035年我国发展的总体目标。

党的二十大报告围绕基本实现社会主义现代化，从八个方面进一

---

①　习近平：《决胜全面建成小康社会　夺取新时代中国特色社会主义伟大胜利——在中国共产党第十九次全国代表大会上的报告》，人民出版社2017年版，第11页。

步明确了到2035年我国发展的目标任务，提出了新的更高要求。这些目标包括：经济实力、科技实力、综合国力大幅跃升，人均国内生产总值迈上新的大台阶，达到中等发达国家水平；实现高水平科技自立自强，进入创新型国家前列；建成现代化经济体系，形成新发展格局，基本实现新型工业化、信息化、城镇化、农业现代化；基本实现国家治理体系和治理能力现代化，全过程人民民主制度更加健全，基本建成法治国家、法治政府、法治社会；建成教育强国、科技强国、人才强国、文化强国、体育强国、健康中国，国家文化软实力显著增强；人民生活更加幸福美好，居民人均可支配收入再上新台阶，中等收入群体比重明显提高，基本公共服务实现均等化，农村基本具备现代生活条件，社会保持长期稳定，人的全面发展、全体人民共同富裕取得更为明显的实质性进展；广泛形成绿色生产生活方式，碳排放达峰后稳中有降，生态环境根本好转，美丽中国目标基本实现；国家安全体系和能力全面加强，基本实现国防和军队现代化。

二、本世纪中叶的远景目标

党的二十大报告提出，在基本实现现代化的基础上，我们要继续奋斗，到本世纪中叶，把我国建设成为综合国力和国际影响力领先的社会主义现代化强国。到那时，我国物质文明、政治文明、精神文明、社会文明、生态文明将全面提升，统筹推进“五位一体”总体布局将取得标志性成果。到那时，拥有5000多年文明历史的中华民族将焕发出前所未有的生机活力，将以更加昂扬的姿态屹立于世界民族之林。

实际上，我国要全面建成的社会主义现代化强国，既具备世界主要现代化强国的一般特点，也具有体现中国特色社会主义本质要求和我国国情的鲜明特征，还具有反映中华文明对人类文明进步作出更大贡献的天下情怀。全面建成社会主义现代化强国，实现经济社会全面进步、国家“硬实力”和“软实力”全面提升，使人民物质富足、精神富有，将充分彰显中国共产党矢志不移为中国人民谋幸福、为中华民族谋复兴的初心使命。全面建成社会主义现代化强国，不仅能更好造福中国人民，也能更好造福世界各国人民，将充分彰显中国共产党胸怀天下、立己达人，为世界谋大同、为人类创未来的不懈追求和责任担当。

第五章　强国之路的总体布局："五位一体"

党的十八大报告明确指出："建设中国特色社会主义，总依据是社会主义初级阶段，总布局是五位一体，总任务是实现社会主义现代化和中华民族伟大复兴。"[①]"五位一体"总体布局的形成标志着我国社会主义现代化建设进入新的历史阶段，体现了我们党对于中国特色社会主义的认识达到了新境界。党的十八大以来，习近平总书记反复强调要坚持和发展中国特色社会主义，统筹推进经济、政治、文化、社会、生态文明"五位一体"总体布局，为实现中华民族伟大复兴奠定坚实的物质基础。

第一节　从"两个文明"到"五位一体"

改革开放特别是进入新时代以来，我们党科学判断自身历史方位，领导和团结全国各族人民，在不断探索和实践中国特色社会主义建设事业所包含的基本领域和关键性要素发展的过程中，不断明确和深化建成富强民主文明和谐美丽的社会主义现代化强国的奋斗目标，中国特色社会主义建设"五位一体"总体布局的战略思路在实践中逐步形成和展开。这一过程是否定之否定的辩证发展过程，是对中国特色社会主义认识不断深化的结果。

一、"总体布局"的提出

早在改革开放初期，邓小平就敏锐地意识到物质文明和精神文明协调发展的重要性，明确提出要坚持"两个文明"一起抓。1982年党的十二大提出了"建设有中国特色的社会主义"的重大命题，进一步提出推进"两个文明"建设的要求，同时指出："社会主义的

① 胡锦涛：《坚定不移沿着中国特色社会主义道路前进 为全面建成小康社会而奋斗——在中国共产党第十八次全国代表大会上的报告》，人民出版社2012年版，第13页。

物质文明和精神文明建设，都要靠继续发展社会主义民主来保证和支持。建设高度的社会主义民主，是我们的根本目标和根本任务之一。”[①]1986年党的十二届六中全会首次明确提出“总体布局”这一概念，这次会议通过的《中共中央关于社会主义精神文明建设指导方针的决议》指出：“我国社会主义现代化建设的总体布局是：以经济建设为中心，坚定不移地进行经济体制改革，坚定不移地进行政治体制改革，坚定不移地加强精神文明建设，并且使这几个方面互相配合，互相促进。”[②]尽管党的十二届六中全会并没有直接使用“三位一体”这个概念，但这次会议关于社会主义现代化建设总体布局的提法，标志着中国特色社会主义事业“三位一体”总体布局正在逐步形成。

二、“总体布局”的深化

党的十三届七中全指出，我们要抓住历史机遇，迎接挑战，努力实现现代化建设的第二步战略目标，会上通过的《中共中央关于制定国民经济和社会发展十年规划和“八五”计划的建议》，从经济、政治和文化等方面提出了建设有中国特色的社会主义十二条原则，标志着党对社会主义现代化建设总体布局认识的深化。1991年，江泽民在全面总结建党70年来中国现代化历程时，首次提出“建设有中国特色的社会主义经济、政治和文化”，并对“富强、民主、文明”的基本目标作了进一步阐释和说明。此后，党的十四大把发展社会主义市场经济、建设社会主义民主政治和精神文明三者并列，作为建设有中国特色社会主义的三大目标，进一步深化了“富强、民主、文明的社会主义现代化强国”的基本内涵，拓展了“三位一体”总体布局。党的十五大明确提出了“党在社会主义初级阶段的基本纲领”的科学概念，强调：“围绕建设富强民主文明的社会主义现代化国家的目标，

① 中共中央文献研究室编：《改革开放三十年重要文献选编》（上），中央文献出版社2008年版，第278页。

② 中共中央文献研究室编：《改革开放三十年重要文献选编》（上），中央文献出版社2008年版，第430页。

进一步明确什么是社会主义初级阶段有中国特色社会主义的经济、政治和文化，怎样建设这样的经济、政治和文化，是必要的。”[①]这一论述明确地把富强民主文明的社会主义现代化奋斗目标与建设有中国特色社会主义经济、政治和文化的基本目标直接挂起钩来。党的十五大提出的基本纲领，深化了人们对现代化建设总体目标和总体布局的认识，是把对中国共产党人长期以来追求的现代化奋斗目标进一步具体化，分解为经济建设、政治建设和文化建设三个方面的目标。

三、从“三位一体”到“四位一体”

21世纪，我国进入全面建设小康社会、加快推进社会主义现代化的发展新阶段。党中央从新世纪新阶段党和国家现代化事业发展的全局出发，明确提出“社会和谐是我们党不懈奋斗的目标”，把社会主义现代化奋斗目标从“富强民主文明”进一步拓展为“富强民主文明和谐”。

2002年，党的十六大报告首次把“社会更加和谐”纳入了全面建设小康社会的宏伟蓝图，提出21世纪前20年要建设更加全面的小康社会。党的十六届四中全会在提出要不断提高构建社会主义和谐社会的能力的同时，把它同“驾驭社会主义市场经济的能力”“发展社会主义民主政治的能力”“建设社会主义先进文化的能力”并列提出来，体现了党对中国特色社会主义总体布局的新思考。2005年2月，胡锦涛在省部级主要领导干部专题研讨班上，首次提出构建社会主义和谐社会属于“社会建设”，并把它与经济建设、政治建设、文化建设并列，使中国特色社会主义建设的总体布局由过去的“三位一体”，发展为“四位一体”。他指出：“随着我国经济社会的不断发展，中国特色社会主义事业的总体布局，更加明确地由社会主义经济建设、政治建设、文化建设三位一体发展为社会主义经济建设、政治建设、文

---

① 江泽民：《高举邓小平理论伟大旗帜 把建设有中国特色社会主义事业全面推向二十一世纪——在中国共产党第十五次全国代表大会上的报告》，人民出版社1997年版，第20页。

化建设、社会建设四位一体。”[①]2007年党的十七大进一步把奋斗目标和总体布局紧密结合起来，强调要按照“四位一体”总体布局，实现“富强民主文明和谐”的奋斗目标，即“建设社会主义市场经济、社会主义民主政治、社会主义先进文化、社会主义和谐社会，建设富强民主文明和谐的社会主义现代化国家”[②]。强调“四位一体”总体布局，共同服务于建设“富强民主文明和谐”的现代化奋斗目标，不仅是对社会主义初级阶段基本纲领的补充和完善，更是对中国特色社会主义事业总体布局的新拓展。

四、从“四位一体”到“五位一体”

党的十七大在把“四位一体”总体布局写入党章修正案的同时，还首次提出了建设生态文明的新任务，并把它作为实现全面建设小康社会奋斗目标的新要求。2008年9月，在全党深入学习实践科学发展观活动动员大会暨省部级主要领导干部专题研讨班上，胡锦涛首次提出全面推进社会主义经济建设、政治建设、文化建设、社会建设以及生态文明建设，这标志着“五位一体”的中国特色社会主义事业总体布局正在酝酿形成。2012年，党的十八大正式把生态文明建设纳入中国特色社会主义事业总体布局，使这一布局从“四位一体”推进到了“五位一体”，这是对社会主义建设规律认识的又一次深化。它不仅丰富了党对建设中国特色社会主义事业总体布局的认识，而且丰富了对社会主义现代化总目标、总任务的认识。把生态文明建设与经济建设、政治建设、文化建设、社会建设并列，强调“五位一体”不仅是对社会主义初级阶段基本纲领的补充和完善，而且是对中国特色社会主义事业总体布局的新丰富、新拓展。

党的十八大以来，以习近平同志为核心的党中央高度重视统筹推

---

① 中共中央文献研究室编：《十六大以来重要文献选编》(中)，中央文献出版社2006年版，第696页。

② 中共中央文献研究室编：《十七大以来重要文献选编》(上)，中央文献出版社2009年版，第9页。

进经济建设、政治建设、文化建设、社会建设、生态文明建设“五位一体”总体布局，并把它与协调推进“四个全面”战略布局相互促进、统筹联动，强调要用新发展理念来引领五大建设，取得改革开放和社会主义现代化建设历史性成就，推动党和国家事业发生历史性变革，中国特色社会主义进入新时代。党的二十大强调以习近平新时代中国特色社会主义思想为指导，立足我国发展新的历史方位，着眼于我国社会主要矛盾变化对党和国家工作提出的新要求，围绕全面建成社会主义现代化强国、实现第二个百年奋斗目标，以中国式现代化全面推进中华民族伟大复兴的中心任务，对统筹推进新时代“五位一体”总体布局作出新的战略部署。

第二节　“五位一体”总体布局是一个有机整体

中国特色社会主义是全面发展的社会主义。“五位一体”总体布局虽涉及不同领域，有各自特殊的内容和规律，但它们之间是相互联系、相互促进、相辅相成的辩证统一关系，是一个有机整体，共同推动中国特色社会主义事业健康可持续发展。其中，经济建设是根本，政治建设是保证，文化建设是灵魂，社会建设是目的，生态文明建设是基础。党的二十大进一步对新时代统筹推进经济建设、政治建设、文化建设、社会建设、生态文明建设作出新的重要部署。其目的就在于建设社会主义市场经济、民主政治、先进文化、和谐社会、生态文明，协调推进人民富裕、国家强盛、中国美丽，更好满足人民日益增长的美好生活需要，更好推动人的全面发展、社会全面进步，进而全面建成社会主义现代化强国，实现中华民族伟大复兴。

一、经济建设是根本

以经济建设为中心是兴国之要。尽管我国已成为世界第二大经济体，但仍处于并将长期处于社会主义初级阶段的国情没有变，我国是世界最大发展中国家的国际地位没有变。只有推动经济持续健康发展，才能筑牢国家繁荣富强、人民幸福安康、社会和谐稳定的物质基础。

经济建设是建设中国特色社会主义政治、文化和社会、生态文明的前提和基础，其核心是激发群众的创造性、发展生产力，为现代化建设奠定坚实的物质基础。必须坚持党在社会主义初级阶段的基本路线，以经济建设为中心。党的二十大报告指出，发展是党执政兴国的第一要务。没有坚实的物质技术基础，就不可能全面建成社会主义现代化强国。提出必须要完整、准确、全面贯彻新发展理念，加快构建新发展格局，着力推动高质量发展，构建高水平社会主义市场经济体制，建设现代化产业体系，全面推进乡村振兴，促进区域协调发展，推进高水平对外开放，推动经济实现质的有效提升和量的合理增长。

二、政治建设是保证

只有社会主义才能救中国，只有坚持和发展中国特色社会主义才能实现中华民族伟大复兴。这是历史的结论、人民的选择。这既是中国革命、建设、改革取得成功的最重要原因，也是我们最大的政治自信。

政治建设就是以保证人民当家作主为根本，以增强党和国家活力、调动人民积极性为目标，深化政治体制改革，发展社会主义民主政治，建设社会主义法治国家，推进国家治理体系和治理能力现代化。政治建设是根本保证，保证我国发展始终沿着正确方向进行。党的二十大报告指出，必须坚定不移走中国特色社会主义政治发展道路，坚持党的领导、人民当家作主、依法治国有机统一，坚持人民主体地位，充分体现人民意志、保障人民权益、激发人民创造活力。提出要发展全过程人民民主，加强人民当家作主制度保障，全面发展协商民主，积极发展基层民主，巩固和发展最广泛的爱国统一战线。

三、文化建设是灵魂

文化是民族的血脉和灵魂。人民有信仰，民族有希望，国家有力量。坚定中国特色社会主义道路自信、理论自信、制度自信，说到底是要坚定文化自信。文化建设就是用先进的价值观武装人民群众，提供强有力的精神动力和智力支持，营造丰富多彩的新生活，扎实推进社会主义文化强国建设。

建设中国特色社会主义，必须继承中华优秀传统文化，弘扬社会主义先进文化，牢牢掌握意识形态工作领导权，在新的时代条件下推进马克思主义中国化时代化，培育和践行文化建设在中国特色社会主义建设中的引领作用，推进、健全人民文化权益保障，坚持正确的舆论导向，推动文化事业和文化产业繁荣发展。党的二十大报告指出，全面建设社会主义现代化国家，必须坚持中国特色社会主义文化发展道路。提出要推进文化自信自强，建设社会主义文化强国，建设具有强大凝聚力和引领力的社会主义意识形态，广泛践行社会主义核心价值观，提高全社会文明程度，繁荣发展文化事业和文化产业，增强中华文明传播力影响力，铸就社会主义文化新辉煌。

四、社会建设是目的

发展为了人民，让人民群众有更多的获得感、幸福感，共享社会公平正义，是社会主义的本质要求，也是我们党的奋斗目标。我们党领导人民进行改革开放和社会主义现代化建设，全面建设社会主义现代化国家的根本目的，就是要通过发展社会生产力不断提高人民物质文化生活水平，促进人的全面发展。检验我们一切工作的成效，最终都要看人民是否真正得到了实惠，人民生活是否真正得到了改善，这是坚持立党为公、执政为民的本质要求，是党和人民事业不断发展的重要保证。

社会建设就是坚持以人民为中心的发展思想，维护人民根本利益，增进民生福祉，提高社会治理能力，完善社会治理体系，不断创新社会管理新模式。社会建设是目的，是我们的出发点和落脚点。党的二十大报告指出，为民造福是立党为公、执政为民的本质要求。必须坚持在发展中保障和改善民生，鼓励共同奋斗创造美好生活，不断实现人民对美好生活的向往。提出要坚持在发展中保障和改善民生，扎实推进共同富裕，完善分配制度，实施就业优先战略，健全社会保障体系，推进健康中国建设，不断实现人民对美好生活的向往。

五、生态文明建设是基础

生态环境是人类生存最为基础的条件，是我国持续发展最为重要的基础。生态文明建设是条件，是重大经济问题，也是重大社会和政治问题。生态文明建设功在当代、利在千秋。随着我国经济社会发展不断深入，生态文明建设的地位和作用日益凸显。

生态文明建设就是牢固树立绿水青山就是金山银山的理念，把生态文明建设置于更突出的位置，建设资源节约型、环境友好型社会，形成人与自然和谐发展的现代化建设新格局，加快绿色发展，推进美丽中国建设，为全球生态安全和人类可持续发展作出新贡献。党的二十大报告指出，尊重自然、顺应自然、保护自然，是全面建设社会主义现代化国家的内在要求。必须牢固树立和践行绿水青山就是金山银山的理念，站在人与自然和谐共生的高度谋划发展。提出要推进美丽中国建设，加快发展方式绿色转型，深入推进环境污染防治，提升生态系统多样性、稳定性、持续性，积极稳妥推进碳达峰碳中和，促进人与自然和谐共生。

第三节　统筹推进“五位一体”总体布局

“五位一体”总体布局相互渗透、互相促进，具有内在一致性，按照“五位一体”总体布局和“四个全面”战略布局，围绕贯彻新发展理念，推进供给侧结构性改革，促进经济社会全面协调可持续发展，对实现“两个一百年”奋斗目标和中华民族伟大复兴具有重要意义。

一、战略举措：协调推进“四个全面”

中国特色社会主义是党领导人民经过长期奋斗取得的根本成就，是改革开放以来党和国家全部工作的主题，也是党的十八大以来理论和实践创新的主题。“四个全面”是党的十八大以来以习近平同志为核心的党中央坚持中国特色社会主义的战略规划，是针对新形势下的机遇、挑战和历史任务而提出的重要战略思想和战略布局。“四个全面”战略布局，既有战略目标又有战略举措，每一个“全面”都蕴含着重大战略意义，相互之间密切联系、有机统一，具有紧密的内在逻辑，是一个整体战略部署的有序展开。

全面建成小康社会、全面建设社会主义现代化国家是战略目标，全面深化改革、全面依法治国、全面从严治党是重大战略举措。统筹推进“五位一体”总体布局与协调推进“四个全面”战略布局高度统一，两者在战略上的统筹与协调是全面建设社会主义现代化国家的重要指导方针和方法论原则。“四个全面”战略布局成为“五位一体”总体布局在新形势下统筹推进的重大战略目标和核心战略举措。“四个全面”是在“五位一体”基础上根据实践需要必然要提出来的建设中国特色社会主义在当前的战略实现方式，“四个全面”战略布局的每一个方面都突出强调“全面”，既有目标又有举措，既有全局又有重点。以强烈的历史使命意识和问题意识谋划未来，以协调推进“四个全面”实现“五位一体”总体布局，抓住了改革发展稳定的关键，确立了新形势下党和国家各项工作的顶层设计、战略方向，充分体现了当代中国共产党人的全局视野和战略眼光。只有把“五位一体”总体布局与“四个全面”战略布局有机结合起来去理解、去认识、去推进，才能全面贯彻落实党的二十大精神，以中国式现代化全面推进中华民族伟大复兴。

二、具体方式：全面贯彻新发展理念

新发展理念是党确立的指导经济社会全面发展的重要战略方针。坚持新发展理念是关系我国发展全局的一场深刻变革，也是统筹推进“五位一体”总体布局和协调推进“四个全面”战略布局在新形势下新的更高的要求。

创新是引领发展的第一动力，必须把创新摆在国家发展全局的核心位置，不断推进理论创新、制度创新、科技创新、文化创新等各方面创新，让创新深化拓展“五位一体”，让创新在全社会蔚然成风。协调是持续健康发展的内在要求，也是统筹推进“五位一体”总体布局的核心要义。必须正确处理发展中的重大关系，解决区域、城乡、经济和社会、物质文明和精神文明等发展不平衡问题，重点促进城乡区域协调发展，促进经济社会协调发展，促进新型工业化、信息化、城镇化、农业现代化同步发展。绿色是永续发展的必要条件和人民对美好生活追求的重要体现，也是统筹推进“五位一体”总体布局的必然要求。必须坚持节约资源和保护环境的基本国策，加快发展绿色经济，推进低碳转型，坚定走生产发展、生活富裕、生态良好的文明发展道路，加快建设资源节约型、环境友好型社会，形成人与自然和谐发展的现代化建设新格局，推进美丽中国建设。开放是国家繁荣发展的必由之路，也是统筹推进“五位一体”总体布局的重要途径。必须顺应我国经济深度融入世界经济的趋势，奉行互利共赢的开放战略，坚持内外需协调、进出口平衡、“引进来”和“走出去”并重、引资和引技引智并举，发展更高层次的开放型经济，积极参与全球经济治理和公共产品供给。共享是中国特色社会主义的本质要求，也是统筹推进“五位一体”总体布局的根本目标。必须坚持发展为了人民、发展依靠人民、发展成果由人民共享，构建公平公正、共建共享的发展机制，持续改善民生，使全体人民在共建共享发展中有更多获得感，实现全体人民共同富裕。

三、工作总基调：坚持稳中求进

稳中求进工作总基调是我们党治国理政的重要原则，也是统筹协调方法论的重要内容。坚持稳字当头、稳中求进，是以习近平同志为核心的党中央深入分析国内外形势作出的重大部署，体现鲜明的问题导向与目标导向。

面对复杂多变的国际政治经济环境和国内经济运行新变化，我们要把握大局、抓住机遇、应对挑战，必须突出把握好稳中求进工作总基调。越是在形势复杂之时、关键节点，越要坚持稳字当头、稳中求进。稳定是发展的基石，行稳是致远的前提。在稳中求进中，稳是主基调，稳是大局，在稳的前提下要在关键领域有所进取，在重点环节有所进展，在把握好度的前提下奋发有为。稳首先是宏观政策要稳，继续实施积极的财政政策和稳健的货币政策；稳关键是市场预期要稳，预期稳，市场才能稳，大局才能稳。完整、准确、全面贯彻新发展理念，积极促进经济社会发展，统筹发展和安全，保持平稳健康的经济环境、国泰民安的社会环境、风清气正的政治环境。坚持基本经济制度，坚持社会主义市场经济改革方向，坚持扩大开放，加强产权保护，维护法治环境，增强企业信心。加强预期引导，增强政策透明度，提高政府公信力。稳和进是辩证统一的，在稳定大局的前提下要不断进取。特别是要更加积极主动地防范风险，坚决守住金融风险、社会民生、生态环境等底线，真正做到未雨绸缪，防患于未然。只有把握好稳字当头、稳中求进，才能赢得国内发展和国际竞争的主动，才能在统筹协调“五位一体”总体布局中取得决定性成果。

第六章　强国之路的战略布局："四个全面"

战略问题是一个政党、一个国家的根本性问题。党的十八大以来，以习近平同志为核心的党中央统筹把握中华民族伟大复兴战略全局和世界百年未有之大变局，创造性地提出并形成和发展了"四个全面"战略布局，确立了新形势下党和国家各项工作的战略目标和战略举措，为夺取新时代中国特色社会主义伟大胜利提供了重要保障与战略指引。"四个全面"战略布局作为习近平新时代中国特色社会主义思想的重要内容，丰富和发展了我国改革开放和社会主义现代化建设的顶层设计，具有十分丰富的思想内涵、十分深刻的内在逻辑、十分重大的现实意义，它与"五位一体"总体布局一道，对新时代中国特色社会主义事业发挥着十分重要的引领、推动、保障作用。

第一节　呼之欲出，谋定而动：新的历史条件下治国理政方略

时代是思想之母，实践是理论之源。"四个全面"战略布局，有一个逐步提出和成型的过程。习近平总书记指出："'四个全面'的战略布局是从我国发展现实需要中得出来的，从人民群众的热切期待中得出来的，也是为推动解决我们面临的突出矛盾和问题提出来的。"①

一、萌生孕育

2002年召开的党的十六大，提出"全面建设惠及十几亿人口的更高水平的小康社会"。2007年召开的党的十七大，重申这一奋斗目标，强调"为全面建成惠及十几亿人口的更高水平的小康社会打下更加牢固的基础"，把"全面建设小康社会"改为"全面建成小康社会"。

① 《习近平谈治国理政》第二卷，外文出版社2017年版，第24页。

2012年11月召开党的十八大，提出全面建成小康社会和全面深化改革开放的奋斗目标。2013年11月召开的党的十八届三中全会，吹响全面深化改革的号角，对全面深化改革进行部署。习近平总书记在《关于〈中共中央关于全面深化改革若干重大问题的决定〉的说明》中，提出《中共中央关于全面深化改革若干重大问题的决定》的起草体现了“全面建成小康社会、全面深化改革、全面推进依法治国这‘三个全面’的逻辑联系”。2014年10月召开的党的十八届四中全会，强调全面推进依法治国，制定出全面推进依法治国的总蓝图，成为党史上第一次专门研究法治建设的中央全会。从党的十八届三中全会到党的十八届四中全会，全面深化改革和全面推进依法治国，作为一个总体战略部署在时间轴上顺序展开。两个全会决定是前后相续、紧密相关的“姊妹篇”，全面深化改革与全面推进依法治国犹如鸟之两翼、车之双轮，共同保证全面建成小康社会奋斗目标的顺利实现。

2014年10月8日，习近平总书记在党的群众路线教育实践活动总结大会上对全面推进从严治党进行部署。党的十八大以来，我们党以中央八项规定为肇始，以作风建设为突破口，反对特权思想和特权现象，持续重拳反腐，全面从严治党的战略思想在实践中不断成熟。新形势下坚持党要管党、全面从严治党，就是要落实全面从严治党责任，坚持思想建党和制度治党紧密结合，严肃党内政治生活，从严管理干部，持续深入改进作风，严明党的纪律，健全监督体系，深入把握全面从严治党规律。

二、形成确立

2014年12月，习近平总书记在江苏考察调研时正式提出：“要全面贯彻党的十八大和十八届三中、四中全会精神，落实中央经济工作会议精神，主动把握和积极适应经济发展新常态，协调推进全面建成小康社会、全面深化改革、全面依法治国、全面从严治党，推动改革开放和社会主义现代化建设迈上新台阶。”[①]强调“四个全面”协调推进，这在我们党的历史上是第一次，深刻表明我们党不断坚持和发展中国特色社会主义的历史自觉，彰显了马克思主义执政党勇于开拓创新的理论品质，开辟了中国道路新境界，成为当代中国新航标，书写改革开放和社会主义现代化建设的新篇章。“四个全面”的提出，从坚定中国自信、立足中国实际、总结中国经验、针对中国难题的高度，廓清了治国理政的全貌，抓住了改革发展稳定的关键，拎起了中国发展的总纲，确立了党和国家各项工作的主要矛盾、重点领域、主攻方向。

“四个全面”战略布局，体现了科学思维、全局视野和战略眼光。习近平总书记强调：“我们提出要协调推进全面建成小康社会、全面深化改革、全面依法治国、全面从严治党，这‘四个全面’是当前党和国家事业发展中必须解决好的主要矛盾。”[②]这一重大战略布局是我们党总结我国改革开放历史经验，深入分析我国处于重要战略机遇期、发展进入新阶段的新情况和深层次问题而提出的，具有根本性、全局性。

三、丰富发展

2020年，全面建成小康社会战略目标如期实现，中国开启全面建设社会主义现代化国家新征程。2020年10月，党的十九届五中全会提出了“十四五”时期经济社会发展的指导思想和必须遵循的原则，强调要统筹推进经济建设、政治建设、文化建设、社会建设、生态文明建设的总体布局，协调推进全面建设社会主义现代化国家、全面深化改革、全面依法治国、全面从严治党的战略布局。“十四五”时期是我国全面建成小康社会、实现第一个百年奋斗目标之后，乘势而上开启全面建设社会主义现代化国家新征程、向第二个百年奋斗目

① 《习近平谈治国理政》第二卷，外文出版社2017年版，第22页。
② 《习近平谈治国理政》第二卷，外文出版社2017年版，第22页。

标进军的第一个五年，我国进入新发展阶段。“四个全面”战略布局的内涵，正式由“全面建成小康社会、全面深化改革、全面依法治国、全面从严治党”与时俱进地发展为“全面建设社会主义现代化国家、全面深化改革、全面依法治国、全面从严治党”，体现了新发展阶段“四个全面”战略布局的新内涵、新要求。

2021年7月1日，习近平总书记在庆祝中国共产党成立100周年大会上庄严宣告：“经过全党全国各族人民持续奋斗，我们实现了第一个百年奋斗目标，在中华大地上全面建成了小康社会，历史性地解决了绝对贫困问题，正在意气风发向着全面建成社会主义现代化强国的第二个百年奋斗目标迈进。”[①]全面建成小康社会，标志着我们向着实现中华民族伟大复兴迈出了至关重要的一步。历史的画卷总是在前后相继中铺展，时代的华章总是在接续奋斗中书写。现在，我们已迈上全面建设社会主义现代化国家新征程、向第二个百年奋斗目标进军，以中国式现代化全面推进中华民族伟大复兴。

第二节　战略目标与战略举措内在逻辑关系紧密

全面建成小康社会（全面建设社会主义现代化国家）、全面深化改革、全面依法治国、全面从严治党的战略布局，既包括战略目标，又包括战略举措，是一个相互联系、相互促进的整体。通观“四个全面”战略布局，发展是时代的主题和世界各国的共同追求，改革是社会进步的动力和时代潮流，法治是国家治理体系和治理能力现代化的重要依托，从严治党是执政党加强自身建设的现实要求。

一、战略目标

全面建成小康社会，就是要到2020年，经济保持中高速增长，创新驱动成效显著，发展协调性明显增强，人民生活水平和质量普遍提高，国民素质和社会文明程度显著提高，生态环境质量总体改善，

① 《习近平著作选读》第二卷，人民出版社2023年版，第476页。

各方面制度更加成熟更加定型，为开启全面建设社会主义现代化国家新征程奠定坚实基础。这一战略目标，我们党带领人民经过艰辛努力，决胜全面建成小康社会，目前已如期顺利实现。

在决胜全面建成小康社会后，党和国家事业发展新的战略目标，是分两步走全面建设社会主义现代化国家。相应地，新征程也分为接力奋进的两个阶段。

第一个阶段，从2020年到2035年，在全面建成小康社会的基础上，再奋斗15年，基本实现社会主义现代化。“到二〇三五年，我国发展的总体目标是：经济实力、科技实力、综合国力大幅跃升，人均国内生产总值迈上新的大台阶，达到中等发达国家水平；实现高水平科技自立自强，进入创新型国家前列；建成现代化经济体系，形成新发展格局，基本实现新型工业化、信息化、城镇化、农业现代化；基本实现国家治理体系和治理能力现代化，全过程人民民主制度更加健全，基本建成法治国家、法治政府、法治社会；建成教育强国、科技强国、人才强国、文化强国、体育强国、健康中国，国家文化软实力显著增强；人民生活更加幸福美好，居民人均可支配收入再上新台阶，中等收入群体比重明显提高，基本公共服务实现均等化，农村基本具备现代生活条件，社会保持长期稳定，人的全面发展、全体人民共同富裕取得更为明显的实质性进展；广泛形成绿色生产生活方式，碳排放达峰后稳中有降，生态环境根本好转，美丽中国目标基本实现；国家安全体系和能力全面加强，基本实现国防和军队现代化。”①

第二个阶段，从2035年到本世纪中叶，在基本实现现代化的基础上，再奋斗15年，把我国建成富强民主文明和谐美丽的社会主义现代化强国。到那时，我国物质文明、政治文明、精神文明、社会文明、生态文明将全面提升，实现国家治理体系和治理能力现代化，成

---

① 习近平：《高举中国特色社会主义伟大旗帜 为全面建设社会主义现代化国家而团结奋斗——在中国共产党第二十次全国代表大会上的报告》，人民出版社2022年版，第24—25页。

为综合国力和国际影响力领先的国家，全体人民共同富裕基本实现，我国人民将享有更加幸福安康的生活，中华民族将以更加昂扬的姿态屹立于世界民族之林。

新征程之“新”，体现为战略目标实现的时间节点提前，即2035年基本实现社会主义现代化，本世纪中叶把我国建成富强民主文明和谐美丽的社会主义现代化强国；新征程之“新”，还体现为战略目标内涵的丰富拓展，如跻身创新型国家前列，实现国家治理体系和治理能力现代化，成为综合国力和国际影响力领先的国家，全体人民共同富裕基本实现。新发展阶段，就是全面建设社会主义现代化国家、向第二个百年奋斗目标进军的阶段。

二、战略举措

全面深化改革，就是要坚持和完善中国特色社会主义制度，不断推进国家治理体系和治理能力现代化，为坚持和发展中国特色社会主义注入强大动力。全面依法治国，就是要坚持党的领导、人民当家作主、依法治国有机统一，坚定不移走中国特色社会主义法治道路，建设中国特色社会主义法治体系，建设社会主义法治国家，为党和国家事业发展提供根本性、全局性、稳定性、长期性的制度保障。全面从严治党，就是要不断提高党的执政能力和领导水平，始终保持党的先进性和纯洁性，锻造中国特色社会主义事业坚强领导核心，为实现社会主义现代化和中华民族伟大复兴提供根本政治保证。

全面深化改革是动力。改革开放是我们党的一次伟大觉醒，孕育了我们党从理论到实践的伟大创造。党的十八届三中全会指出，全面深化改革的总目标是完善和发展中国特色社会主义制度、推进国家治理体系和治理能力现代化。党的十九届四中全会审议通过了《中共中央关于坚持和完善中国特色社会主义制度、推进国家治理体系和治理能力现代化若干重大问题的决定》。习近平总书记强调，“新时代谋划全面深化改革，必须以坚持和完善中国特色社会主义制度、推进国家治理体系和治理能力现代化为主轴”[①]。新征程全面深化改革具有新的内涵和特点，对改革的系统性、整体性、协同性的要求更高。必须把制度建设和治理能力建设摆到更加突出的位置，继续深化各领域各方面体制机制改革，让制度优势更好转化为治理效能，在全面深化改革中推动各方面制度更加成熟更加定型。

全面依法治国是保障。全面依法治国是关系党和国家长治久安的重大战略问题。作为“四个全面”战略布局的重要组成部分，全面依法治国具有基础性、保障性作用。在新征程上，要以习近平法治思想为指导，围绕建设中国特色社会主义法治体系、建设社会主义法治国家的总目标，坚定不移走中国特色社会主义法治道路，在法治轨道上推进国家治理体系和治理能力现代化，为全面建设社会主义现代化国家、实现中华民族伟大复兴的中国梦提供有力法治保障。要坚持党的领导、人民当家作主、依法治国有机统一，坚持依法治国、依法执政、依法行政共同推进，坚持法治国家、法治政府、法治社会一体建设，建设社会主义法治文化，提高社会治理法治化水平，用法治保障人民安居乐业、社会安定有序。要推动我国经济社会持续健康发展，不断开拓中国特色社会主义事业更加广阔的发展前景，就必须全面推进社会主义法治国家建设，从法治上为解决这些问题提供制度化方案。

全面从严治党是关键。治国必先治党，治党务必从严。办好中国的事情，关键在党，关键在坚持党要管党、全面从严治党。全面从严治党是党永葆生机活力、走好新的赶考之路的必由之路。习近平总书记在十八届中央纪委六次全会上指出：“全面从严治党，核心是加强党的领导，基础在全面，关键在严，要害在治。”[②]首先，“全面”指的是“管全党、治全党”。全党包含所有党员、党组织，覆盖党的

① 《习近平谈治国理政》第三卷，外文出版社2020年版，第112页。

② 习近平：《在第十八届中央纪律检查委员会第六次全体会议上的讲话》，人民出版社2016年版，第16页。

建设的各领域、各方面、各部门。其中，重点就是要抓住“关键少数”。其次，“严”的含义是“真管真严、敢管敢严、长管长严”。最后，“治”就是从党中央到省市县党委，从中央部委、国家机关部门党组（党委）到基层党支部，都要肩负起主体责任，党委书记要把抓好党建当作分内之事、必须担当的职责；各级纪委要担负起监督责任，敢于瞪眼黑脸，勇于执纪问责。“把党的建设作为一项伟大工程来推进，并且始终坚持党要管党、从严治党的原则和方针，是我们党的一大创举，也是立党立国、兴党强国的一大法宝。”[①]党的十八大以来，以习近平同志为核心的党中央把全面从严治党纳入“四个全面”战略布局，不断推进全面从严治党，全面从严治党探索出依靠党的自我革命跳出历史周期率的成功路径，初步构建起全面从严治党体系。2022年国家统计局民意调查显示，97.4%的群众对全面从严治党、党风廉政建设和反腐败工作成效表示满意，比2012年提高22.4个百分点。全面从严治党，核心问题是始终保持党同人民群众的血肉联系，始终保持党的先进性和纯洁性，重点是从严治吏、正风反腐、严明党纪，目标是增强自我净化、自我完善、自我革新、自我提高能力，确保党始终成为中国特色社会主义事业的坚强领导核心。

三、内在逻辑

“四个全面”作为实现中华民族伟大复兴的战略布局，是一个有机联系的整体，具有紧密的内在逻辑。其中，全面建成小康社会（全面建设社会主义现代化国家）是我们的战略目标，居于引领地位，决定着我们的发展方向；全面深化改革、全面依法治国、全面从严治党是三大战略举措，犹如支撑战略目标的三根支柱，一个都不能缺。目标统领举措、举措支撑目标，这是“四个全面”战略布局的内在逻辑。全面深化改革和全面依法治国，犹如鸟之两翼、车之双轮，为全

---

① 习近平：《健全全面从严治党体系 推动新时代党的建设新的伟大工程向纵深发展》，《求是》2023年第12期。

面建成小康社会（全面建设社会主义现代化国家）提供动力源泉和法治保障。全面从严治党，为全面建成小康社会（全面建设社会主义现代化国家）、全面深化改革、全面依法治国提供根本保证，起着决定性作用。

全面深化改革、全面依法治国、全面从严治党作为三大战略举措，体现治理、法治、治党对国家发展的战略支撑作用，体现政治与治理、法治、治党的关系逻辑，体现为“四个全面”战略布局中的全面建成小康社会（全面建设社会主义现代化国家）战略目标与全面深化改革、全面依法治国、全面从严治党三大战略举措的关系逻辑，这也是新时代国家发展的整体逻辑。以习近平同志为核心的党中央作出“四个全面”战略布局，并不断推进其内涵发展，是基于对共产党执政规律、社会主义建设规律、人类社会发展规律的深刻把握作出的战略抉择。

“四个全面”战略布局中，全面从严治党体现了伟大事业与伟大工程的统一，体现了党的建设与治国理政的统一。党的领导是“四个全面”之魂、战略中军帐之帅，锻造坚强领导核心，全面建成小康（全面建设社会主义现代化国家）有担当、全面深化改革有智慧、全面依法治国有决心，就能为协调推进“四个全面”提供方向指引和领导保证。“四个全面”相辅相成、相互促进、相得益彰，统一于党治国理政的伟大实践，统一于建设中国特色社会主义的伟大实践。要把“四个全面”作为具有内在理论和实践逻辑关系的统一体来把握和理解，在实践中科学统筹、协调推进，推动新时代中国特色社会主义事业不断向前发展。

第三节　坚持和发展中国特色社会主义的新实践新成果

习近平总书记指出，“四个全面”战略布局，既有战略目标，也有战略举措，每一个“全面”都具有重大战略意义。“四个全面”战略布局深化了我们党对共产党执政规律、社会主义建设规律、人类社会发展规律的认识，是我们党把马克思主义基本原理同中国具体实际相结合的又一次重大突破。深刻认识和准确把握协调推进“四个全面”战略布局，对于认真学习贯彻习近平新时代中国特色社会主义思想，在新的历史方位更好进行伟大斗争、建设伟大工程、推进伟大事业、实现伟大梦想，具有重大意义。

一、理论意义

“四个全面”战略布局闪耀着辩证唯物主义和历史唯物主义的理论光辉，彰显了马克思主义与时俱进的理论品质，是对科学社会主义一系列基本理论观点最新的总概括，是中国共产党人坚定不移地坚持马克思主义的基本理论和基本信仰、继承党的思想理论建设优良传统的必然成果。

“四个全面”战略布局扭住中国特色社会主义事业发展中根本性、全局性、紧迫性的重大问题，擘画推进改革开放和现代化建设的顶层设计，集中体现了党和国家事业长远发展的战略目标和举措，既体现了发展目标的全面性，又体现了战略目标和战略举措关系的全面性和协调性，既有全局又有重点，既有动力又有保障，是中国特色社会主义进入新时代更加注重发展和治理的系统性、整体性、协同性的必然选择。“四个全面”战略布局从新的历史条件出发进行理论探索和理论创新，集中回答了我国社会主义经济建设、政治建设、文化建设、社会建设、生态文明建设和党的建设等重大问题，贯通了中国特色社会主义伟大事业和党的建设新的伟大工程，深化了对中国特色社会主义领导力量、现实依据、主要任务、总体布局和奋斗目标的认识，坚持和拓展了中国特色社会主义道路，坚持和丰富了中国特色社会主义理论，坚持和完善了中国特色社会主义制度，坚持和发展了中国特色社会主义文化。

“四个全面”战略布局抓住我国经济社会发展中面临的主要矛盾和突出问题，上升到国家战略和思想理论层面形成了如何发展、如何改革、如何依法治国、如何管党治党的重大理论原则和思想，在方法论和认识论上具有一般性、普遍性、根本性和长远性。

二、政治意义

“四个全面”战略布局顺应发展大势和人民期盼，凝聚了党心民心，激励中华儿女不断团结奋进、开辟未来，为党和人民团结奋斗提供重要政治思想基础，凝聚起实现中华民族伟大复兴中国梦的磅礴力量。

“四个全面”战略布局把坚持和发展中国特色社会主义与中华民族伟大复兴历史任务紧密联系在一起，把实现社会主义现代化与人民共同富裕紧密联系在一起，把国家兴盛和每个人的自由全面发展紧密联系在一起。协调推进“四个全面”战略布局，加强和改进党的全面领导，增强全党的政治意识、大局意识、核心意识、看齐意识，坚决做到“两个维护”；高举了中国特色社会主义伟大旗帜，牢固树立了中国特色社会主义道路自信、理论自信、制度自信、文化自信，确保党和国家事业始终沿着正确方向胜利前进；统一了思想、凝聚了共识、鼓舞了士气，激励着全党全国各族人民为强国建设、民族复兴而团结奋斗。“四个全面”，是我们实现中国梦的共同思想基础，是我们从胜利走向新胜利的行动指南。它统一于党治国理政的伟大实践，统一于中国与世界的深刻互动，兼顾中国特色和世界潮流。

三、实践意义

抓住治国理政主要矛盾和关键问题，推动党和国家事业取得历史性成就。新时代要实现历史使命，必须把握矛盾的发展变化，善于认识和解决主要矛盾和矛盾的主要方面，以此带动其他矛盾的解决。“四个全面”战略布局强调问题导向，既注重总体谋划、统筹推进，又注重抓主要矛盾、牵住“牛鼻子”，是党对治国理政的新总结、新探索、新要求，明确了党和国家工作的关键环节、重点领域、主攻方向，推进了党和国家事业的发展。

协调推进“四个全面”战略布局，有力推动了党和国家事业取得历史性成就、发生历史性变革。党的十八大以来，我们经历了对党和人民事业具有重大现实意义和深远历史意义的三件大事：一是迎来中国共产党成立一百周年，二是中国特色社会主义进入新时代，三是完成脱贫攻坚、全面建成小康社会的历史任务，实现第一个百年奋斗目标。这是中国共产党和中国人民团结奋斗赢得的历史性胜利，是彪炳中华民族发展史册的历史性胜利，也是对世界具有深远影响的历史性胜利。十年来，我们全面贯彻党的基本理论、基本路线、基本方略，采取一系列战略性举措，推进一系列变革性实践，实现一系列突破性进展，取得一系列标志性成果，经受住了来自政治、经济、意识形态、自然界等方面的风险挑战考验，党和国家事业取得历史性成就、发生历史性变革，推动我国迈上全面建设社会主义现代化国家新征程。新时代十年的伟大变革，在党史、新中国史、改革开放史、社会主义发展史、中华民族发展史上具有里程碑意义。中国共产党在革命性锻造中更加坚强有力，中国人民焕发出更为强烈的历史自觉和主动精神，实现中华民族伟大复兴进入了不可逆转的历史进程，科学社会主义在21世纪的中国焕发出新的蓬勃生机。

第四节　协调推进“四个全面”战略布局

协调推进“四个全面”战略布局，说到底是为了实现中华民族伟大复兴。我们要牢牢把握历史主动，在全面建设社会主义现代化国家新征程上协调推进“四个全面”。

一、丰富完善顶层设计

协调推进“四个全面”，不仅是工作布局的重大创新，更是思想观念的深刻变革。“四个全面”涵括我们党治国理政的方方面面，协调推进“四个全面”统揽治国理政的全局。协调推进“四个全面”，必须始终围绕战略目标，不能丝毫偏离方向；必须紧紧抓住三大支柱，任何一个支柱都不能软、不能弱。既要讲两点论，又要讲重点论；既要注重整体谋划，又要注重牵住“牛鼻子”。应紧紧抓住重大问题和关键问题研究思考，着力研究和解决“四个全面”面临的一系列突出矛盾和问题。深入调查研究协调推进经济、政治、文化、社会、生态文明等各方面体制改革，敢于啃硬骨头，敢于涉险滩，坚决破除一切妨碍科学发展的体制机制弊端，激发全社会创造活力。针对法治工作中群众反映强烈的突出问题提出强有力的举措，加快完善中国特色社会主义法治体系，为全面深化改革提供全面的法律保障。勇于自我革命，深刻认识和剖析大党独有难题，把从严管党治党落到实处，全面提高党的建设科学化水平。

二、持续提升能力本领

协调推进“四个全面”战略布局，关键在于提升抓落实的能力。一是保持战略定力。统筹中华民族伟大复兴战略全局和世界百年未有之大变局，必须坚持底线思维，发扬斗争精神，保持战略定力，把中国发展进步的命运始终牢牢掌握在自己手中，一以贯之坚持和发展中国特色社会主义，向着第二个百年奋斗目标坚毅前行。二是增添改革动力。40多年的改革开放，取得了举世瞩目的伟大成就。在新征程上，要把握时代发展大势，继续全面深化改革、扩大开放。越是形势复杂，越是任务艰巨，越是要以更加坚定的信心、更加有力的举措把改革开放不断推向深入，把外部压力转化为改革动力。三是激发创新活力。惟创新者进，惟创新者强，惟创新者胜。面对复杂多变的国际形势和严峻的风险挑战，只有创新才能自强、才能争先。我们要坚定不移走自主创新道路，加快科技自立自强步伐，继续抓好关键核心技术攻关，努力在原始创新上取得新突破，彻底解决“卡脖子”问题。四是提升治理能力。加快建立健全国家治理急需的制度、满足人民日益增长的美好生活需要必备的制度，构建系统完备、科学规范、运行有效的制度体系。强化制度意识，狠抓制度落实，提高制度执行力。要统筹顶层设计和分层对接，统筹制度改革和制度运行，把制度优势更好转化为治理效能。五是凝聚人民伟力。人民是我们党的力量源泉。中国共产党依靠人民创造历史伟业，带领人民创造美好生活，始终坚持一切为了人民、一切依靠人民，始终同人民在一起，汇聚起实现中华民族伟大复兴的磅礴伟力。

三、充分发挥党的领导核心作用

协调推进“四个全面”，是前无古人的伟大事业，是艰巨繁重的系统工程，必须加强党中央的集中统一领导，以保证正确方向、形成强大合力。只有全面从严治党，才能使我们党更加坚强，在全面建设社会主义现代化国家、全面深化改革、全面依法治国进程中发挥领导核心作用。只有全面从严治党，才能按照全面深化改革的部署，协调各方面力量，使经济社会发展不断迈上新台阶、取得新进展。党的领导是社会主义法治最根本的保证。全面推进依法治国，必须抓住领导干部这个“关键少数”。领导干部要做尊法学法守法用法的模范，带动全党全国人民一起努力，在建设中国特色社会主义法治体系、建设社会主义法治国家上不断见到新成效。协调推进“四个全面”战略布局是艰巨繁重的系统工程。要深入学习贯彻习近平新时代中国特色社会主义思想和党的二十大精神，主动适应新时代、新任务、新目标、新要求，不断增强协调推进“四个全面”战略布局的思想自觉和行动自觉，把协调推进“四个全面”战略布局贯彻到经济社会发展和党的建设全过程，弘扬伟大建党精神，自信自强、守正创新，踔厉奋发、勇毅前行，为全面建设社会主义现代化国家、全面推进中华民族伟大复兴而团结奋斗。

第七章　强国之路的实践遵循："五个必由之路"

2022年3月5日，习近平总书记在参加十三届全国人大五次会议内蒙古代表团审议时，首次提出"五个必由之路"的重大论断。习近平总书记在党的二十大报告中强调："坚持党的全面领导是坚持和发展中国特色社会主义的必由之路，中国特色社会主义是实现中华民族伟大复兴的必由之路，团结奋斗是中国人民创造历史伟业的必由之路，贯彻新发展理念是新时代我国发展壮大的必由之路，全面从严治党是党永葆生机活力、走好新的赶考之路的必由之路。"并指出："这是我们在长期实践中得出的至关紧要的规律性认识，必须倍加珍惜、始终坚持，咬定青山不放松，引领和保障中国特色社会主义巍巍巨轮乘风破浪、行稳致远。"[①]"五个必由之路"重大论断贯通历史、现实和未来，深刻揭示了中国式现代化的成功密码，是习近平新时代中国特色社会主义思想的丰富和发展，为新时代推进强国建设、民族复兴指明了前进方向。我们要深刻理解"五个必由之路"的科学内涵，领会其中蕴含的道理学理哲理，坚持好运用好发展好，走好新时代强国之路。

第一节　"五个必由之路"是新时代伟大飞跃的成功之路

"五个必由之路"重要论断的提出，既是基于新时代历史性成就和历史性变革，也是基于改革开放40多年来的伟大实践，更是基于中华人民共和国70多年来的伟大历史变迁和中国共产党百年来领导中国人民进行伟大社会革命的辉煌历程，具有充分的历史、理论和现实依据。

---

① 习近平：《高举中国特色社会主义伟大旗帜　为全面建设社会主义现代化国家而团结奋斗——在中国共产党第二十次全国代表大会上的报告》，人民出版社2022年版，第70页。

一、马克思主义中国化时代化的创新发展

“五个必由之路”是马克思主义中国化时代化的创新理论成果，体现了习近平新时代中国特色社会主义思想的世界观和方法论，带有鲜明的马克思主义理论品格和中国特色、中国风格、中国气派；是中国社会上层建筑领域相互联系、相互依存的有机整体，分别从领导核心、道路方向、主体力量、发展理念、根本保障五个方面论述了新时代如何坚持和发展中国特色社会主义，且都统一于实现中华民族伟大复兴的历史进程，是对马克思社会有机体理论的创新发展。

“五个必由之路”从多个角度审视新时代中国社会发展，整体、客观地把握事关新时代中国特色社会主义发展根本问题的“四梁八柱”，提出推动中国特色社会主义继续发展的整体性、全局性、方向性的基本原则，是对辩证唯物主义的具体运用。具体来看，“五个必由之路”坚持不断实现人民对美好生活的向往、不断推进共同富裕的伟大道路，坚持党领导人民群众团结奋斗创造历史伟业，是历史唯物主义尊重人民主体性地位和历史创造者地位的时代表现；坚持党的全面领导和坚持全面从严治党，是对马克思主义党建理论的创新发展；坚持贯彻新发展理念是在把握中国经济社会发展客观形势的基础上，将马克思主义发展观与中华优秀传统文化“天人合一”的可持续发展观相结合而提出的引领中国经济社会向高质量发展转变的科学发展理念。

二、中国共产党百年奋斗的历史经验总结

“五个必由之路”是从百年来尤其是进入新时代以来中国共产党和中国人民的奋斗历程中提炼出来的方向性、原则性、全局性经验，凝聚党百年奋斗实践积累的经验智慧，其提出具有深厚的历史逻辑。中国共产党团结带领中国人民浴血奋战、百折不挠，在团结中奋斗，在奋斗中团结，创造了新民主主义革命的伟大成就；自力更生、发愤图强，团结一切可以团结的力量，化消极因素为积极因素，创造了社会主义革命和建设的伟大成就；解放思想、锐意进取，使各方面力量

同心同德、群策群力，共同奋斗，创造了改革开放和社会主义现代化建设的伟大成就；自信自强、守正创新，坚持大团结大联合，动员全体中华儿女围绕实现中华民族伟大复兴中国梦一起来想、一起来干，创造了新时代中国特色社会主义的伟大成就。团结奋斗能赢得一切，反之则会一事无成。团结奋斗能够凝聚起亿万人民最为磅礴的力量，能够面对各种复杂的局面，能够冲决一切阻碍前进的围堰堤坝。

党的十八大以来，中国共产党带领中国人民团结奋斗，推动中国特色社会主义稳步发展，综合国力不断提升，全面打赢脱贫攻坚战，全面消除绝对贫困，实现全面建成小康社会的中华民族千年梦想，创造了足以彪炳人类史册的伟大成就，面对突发的新冠疫情，我们党带领全国人民同心协力，在保证人民生命安全的基础上，统筹疫情防控和经济社会发展取得重大成果，充分彰显了党的全面领导和中国特色社会主义的制度优势，充分体现了党同人民群众团结奋斗创造历史伟业的不竭力量，展现出实现中华民族伟大复兴的决心和能力；在新发展理念的指引下，中国经济朝着高质量发展持续迈进，人民生活水平显著提高，中国经济发展的平衡性、协调性、可持续性明显增强，中国经济正逐步实现从追求“量”到注重“质”与“量”相统一的转变，不断印证新发展理念的前瞻性和科学性；中国共产党推进全面从严治党，不断推进党的建设新的伟大工程，坚定理想信念，严密组织体系，严明纪律规矩，整治不良作风，推动党的建设全面进步，开展了史无前例的反腐败斗争，反腐败斗争取得压倒性胜利并全面巩固，政治生态和社会风气焕然一新，党的自我革新能力明显提升，为党持续有力发挥中国特色社会主义领导核心作用提供了根本政治保障，全面从严治党作为党自我革命关键手段的重要作用得到凸显。

三、新时代历史性变革的必然结论

“五个必由之路”是在新时代极不寻常、极不平凡的伟大实践基础上提出的重大论断。牢牢把握“五个必由之路”，才能更好地理解新时代十年伟大变革的密码，才能更好地落实党的二十大作出的各项战略部署，才能更好地走好新的赶考之路。

新时代十年，面对严峻复杂的国际形势和极其艰巨的国内改革任务，在中国共产党的全面领导下，我国社会主义现代化建设坚持中国特色社会主义方向不动摇，抓住、用好重大战略机遇期，立足我国发展新阶段，正确分析我国发展所处的历史方位，科学判断经济发展形势，下好发展先手棋，既操其要于上，又分其详于下，敢于直面新矛盾、新问题、新挑战，注重经济发展的平衡性、系统性、协调性，跨越“中等收入陷阱”。坚持和完善中国特色社会主义制度，推进国家治理体系和治理能力现代化，许多领域实现历史性变革、系统性重塑、整体性重构，确立了新时代“中国之治”的“四梁八柱”。坚持全面从严治党，中国共产党找到了自我革命这个跳出治乱兴衰历史周期率的第二个答案。中国人民团结奋斗，坚持敢于斗争、敢于胜利，依靠斗争创造了十年伟大成就。“五个必由之路”揭示了新时代伟大变革的成功密码。

四、推动人类文明进步的中国担当

“五个必由之路”深刻昭示了中国共产党以高度的历史自觉、坚定的历史自信，为人类社会发展贡献“中国之智”“中国之理”，推动人类文明进步。

中国共产党历经百年奋斗，创造了经济快速发展和社会长期稳定两大奇迹。基于中国共产党百年奋斗历程、新中国成立70多年的治理历程而建立起来的中国特色社会主义制度，在应对全球治理难题、抵御全球风险冲击中，表现出了比资本主义制度更多的优越性，是党能够带领人民创造中国奇迹的关键考量因素。中国特色社会主义直面世界治理、国家治理、执政党自身建设的诸多现实问题，特别是突如其来的新冠疫情，有效地检验了中国特色社会主义制度优势转化为国家治理效能的优势，完美诠释了中国特色社会主义为什么好。中国特色社会主义以其“全国上下一盘棋”的优势、“集中力量办大事”的优势，彰显了中国特色社会主义无可比拟的优越性。“五个必由之路”

凸显中国共产党“以人民为中心”“构建人类命运共同体”理念，彰显中国共产党为人类谋进步、为世界谋大同，重塑中国与西方、中国与世界的关系，为全球性问题的解决贡献了“中国之智”。“五个必由之路”引领时代潮流，推动人类文明进步。探索时代发展提出的新课题、回应人类社会面临的新挑战，要求全党有效应对深刻变化的国际环境，有效应对新时代新征程上面临的新的战略机遇、新的战略任务、新的战略阶段、新的战略要求。“五个必由之路”是中国建设社会主义现代化国家的必由之路，而现代化是人类文明进步的必由之路。

第二节　至关紧要的规律性认识

“必由”意味着除此之外，别无他途，是决定事物发展必然走向的关键支撑，是要素之间的必然联系和事物发展的客观性要求。“五个必由之路”是我们党回顾新时代党和人民奋进历程得出的极其重要的规律性认识，从政治保证、道路选择、精神风貌、发展理念、党的建设五个方面全面系统、深刻透彻地揭示了中国答卷背后的成功密码。“五个必由之路”是新时代党和人民奋进历程中不可或缺的关键要素。其中，坚持党的全面领导是首要前提，中国特色社会主义是道路方向，团结奋斗是精神动力和基本路径，新发展理念是把握主动、赢得未来的先导，全面从严治党是根本保障。五个方面协同发力，共同推进实现中华民族伟大复兴的历史洪流滚滚向前。

一、新时代伟大成就的核心基因

以习近平同志为核心的党中央以伟大的历史主动精神、坚定的马克思主义信念、巨大的政治勇气、强烈的责任担当，统筹把握中华民族伟大复兴战略全局和世界百年未有之大变局，攻克了许多长期以来未能解决的难题、难事，办成了许多事关长远、事关党和国家前途命运的大事要事，推动党和国家事业取得了历史性成就、发生了历史性变革。这些历史性成就和历史性变革是“五个必由之路”科学论断的实践基础。党的十八大以来，中国共产党以高度的历史自觉、历史主动深刻总结改革开放40多年、中华人民共和国成立70多年、建党百年，特别是新时代十年来的宝贵经验，得出了这一规律性认识。新时代十年取得的成就昭示：我们党以强大的政治判断力、政治领悟力、政治执行力采取了一系列战略性举措；中国特色社会主义道路更加宽广、中国特色社会主义理论更加丰富完善、中国特色社会主义制度更加成熟定型、中国特色社会主义文化更加繁荣兴盛，中国特色社会主义事业推进了一系列变革性实践；我们创造了经济快速发展和社会长期稳定两大奇迹，推动各项事业实现了一系列突破性进展；提出并贯彻新发展理念，着力推进高质量发展，推动构建新发展格局，实施供给侧结构性改革，制定了具有全局性意义的区域重大战略，取得了一系列标志性成果；深入推进全面从严治党，提出和落实新时代党的建设总要求，刹住了一些长期没有刹住的歪风，纠治了一些多年未除的顽瘴痼疾，经受住了一系列重大考验。这些认识揭示了伟大成就和变革背后的成功密码是确保中国共产党基业长青的有效法宝，是昭示中华民族伟大复兴光明前景的“秘诀”，是全面推进中华民族伟大复兴的根本遵循。

二、创造中国奇迹的根本途径

方向决定道路，道路决定命运。“五个必由之路”全面系统地回答了新时代新征程上，中国共产党举什么旗、走什么路、以什么样的精神状态、朝着什么样的目标继续前进的根本性问题，也是推动中国迈上全面建设社会主义现代化国家新征程的关键性要求。“五个必由之路”明确了新时代新征程上党和国家事业发展必须坚持的领导核心、必须坚持的前进道路、必须葆有的精神风貌、必须遵循的发展理念、必须依靠的重要保障，科学地指明了坚持新时代党和人民奋进的必由之路。在坚持党的领导这一重大原则问题上，绝不能有丝毫含糊和动摇，坚决反对一切削弱、歪曲、否定党的领导和中国特色社会主义制度的言行，任何改革举措都必须有利于加强和改善党的领导。中国特色社会主义是当代中国发展进步的根本方向，是改革开放以来党的全部理论和实践的主题，是适合中国国情、符合中国特点、顺应时代发展要求、推动人类发展进步的理论和实践，是实现中华民族伟大复兴的康庄大道，不仅走得对、走得通，而且走得稳、走得好，所以党和国家才能带领中国人民取得成功，并将继续取得成功。团结奋斗是中国共产党和中国人民创造历史伟业的最显著的精神标识，正是因为团结奋斗才取得了新民主主义革命的伟大胜利，正是因为团结奋斗才取得了社会主义革命和建设的伟大胜利，正是因为团结奋斗才取得了改革开放和社会主义现代化建设的伟大胜利，正是因为团结奋斗才取得了新时代中国特色社会主义的伟大胜利。新发展理念是确保在日趋激烈的国际竞争中把握主动、赢得未来的唯一选择，它回答了实现什么样的发展、怎样实现发展这一党领导人民治国理政的重大问题，为人民谋幸福、为民族谋复兴，这是新发展理念的“根”和“魂”；只有坚决防止党的领导干部成为各种利益集团、权势团体、特权阶层的代言人和代理人，才能保持党不变质、不变色、不变味，清除一切侵蚀健康肌体的病原体，确保马克思主义政党永葆青春、行稳致远。

三、我们党治国理政的规律性结论

“五个必由之路”的论断是以习近平同志为核心的党中央对党的百年历史经验的凝练，是洞悉了新时代中国实现跨越式发展的思想精华，是历经艰辛、饱经风雨、凝结着血汗的弥足珍贵的结论，是新时代坚持和发展中国特色社会主义规律性认识的宝贵结晶，既总结了“过去为什么能够成功”的经验，也给出了“未来怎样才能继续成功”的启迪，闪耀着马克思主义的真理光芒。“五个必由之路”的论断不仅是马克思主义行、中国化时代化马克思主义行的有力证明，也是马克思主义基本原理同中国具体实际相结合、同中华优秀传统文化相结合的理论成果，这是对新时代伟大实践的规律性认识的再提炼，更是实现新的奋斗目标的系统性工作部署。这是对中国共产党执政规律、中国特色社会主义建设规律、人类社会发展规律的又一次升华，是对习近平新时代中国特色社会主义思想的丰富和发展。“五个必由之路”的论断为人们在新的伟大征程上掌握历史主动、保持战略定力、坚持正确航向、科学运用规律、推进复兴伟业提供了坚实思想基础和行动指引，体现了方向性、根本性、全局性、战略性要求。“五个必由之路”的论断进一步强调了巩固中国共产党执政地位的必要性，进一步明确了中国特色社会主义事业发展的战略性，进一步突出了团结奋斗精神的关键性，进一步指出了新发展理念的生死攸关性，进一步警示了执政党自身建设的迫切性。

四、中华民族强起来的内在机理

“五个必由之路”架构起了中国特色社会主义事业发展的“四梁八柱”，明确了领导核心、道路方向、主体力量、发展理念、根本保障的框架结构，明确了走好必由之路的具体要求。虽然在表述上各有侧重，但它们不是孤立存在的，而是浑然一体、环环相扣的统一的逻辑体系，党的领导是贯穿其中的总的骨架，自始至终是党的全部事业的领航力量。要将“五个必由之路”作为一个系统完整、相互贯通的有机整体来看待，要同习近平新时代中国特色社会主义思想的世界观和方法论所要求的“六个必须坚持”结合起来理解，更要同全面建设社会主义现代化国家必须牢牢把握的五项重大原则结合起来理解。“五个必由之路”的论断统一于新时代中国特色社会主义事业的伟大实践和中华民族伟大复兴宏伟进程之中，一体领会、一体贯彻、一体运用，掌握好各要素之间同步协调、同向发力、同频共振的内在机理。

第三节　体现高度的历史自信，激励伟大历史担当

“五个必由之路”的提出是中国共产党伟大历史主动精神的充分彰显，是新时代我们党对共产党执政规律、社会主义建设规律、人类社会发展规律认识的进一步深化和发展，为新时代新征程全面建设社会主义现代化国家、全面推进中华民族伟大复兴提供了根本遵循和方向指引。

“五个必由之路”深刻揭示了中国答卷背后的成功密码，是具有方向性、根本性、全局性、战略性的重大论断，既为我们弄清楚“过去我们为什么能够成功”的内在逻辑提供了科学答案，也为“未来我们怎样才能继续成功”指明了前行方向和实践路径。“五个必由之路”是通向胜利之路，对于开启新航向、奋斗新征程、开辟新天地、夺取新胜利具有重大的政治意义、理论意义、实践意义、世界意义。

一、新时代治国理政的重要方法论原则

“五个必由之路”蕴含着新时代中国从胜利走向更大胜利的理论逻辑，彰显着马克思主义世界观和方法论的哲理表达，谱写着中华民族赢得光明未来的战略擘画。这一科学论断是新时代的冲锋号和动员令，也是实现思想统一、凝聚奋进力量的主要途径。必须坚持党总揽全局、协调各方，发挥党中央定于一尊、一锤定音的权威作用，中国共产党领导是中国特色社会主义最本质的特征、中国特色社会主义制度的最大优势，在中国式现代化的本质要求中排在首位，决定中国式现代化的根本性质；必须发挥道路优势，始终不渝地走中国特色社会主义道路，这是一条经过艰辛努力探索出来的康庄大道，是充满生机活力的人间正道；必须保持昂扬姿态，汇聚团结奋斗的磅礴伟力，中国人民深知，团结就是力量，团结就是钢铁意志，只有团结奋斗才能冲决一切阻碍中华民族伟大复兴的障碍；必须明确发展遵循，要完整、准确、全面地贯彻新发展理念，要从根本宗旨上、问题导向上、忧患意识上、国际竞争上来把握新发展理念，使这一理念牢牢植根于中国社会发展的各个领域和各个环节；必须夯实强党之基，坚决查处政治问题和经济问题交织的腐败，坚决防止领导干部成为各种利益集团、权势团体、特权阶层的代言人和代理人，坚决治理政商勾连破坏政治生态和经济发展环境问题，确保党不变质、不变色、不变味。我们要以“五个必由之路”的重大论断作为引领前行的思想武器和赢得未来的实践遵循，确保中国特色社会主义的巍巍巨轮乘风破浪、行稳致远。

二、深化对“三大规律”的理论认识

共产党执政规律、社会主义建设规律、人类社会发展规律，是马克思主义政党必须遵循的重要规律。“五个必由之路”的重大论断凝结着对党和国家事业发展重大问题的深邃思考，以全新视野深化了我们党对“三大规律”的认识。一是深化对中国共产党执政规律的认识。70多年来，党在全国范围内的执政历史告诉人们，党的领导是党和国家的根本所在、命脉所在，是全国各族人民的利益所系、命运所系。在世界形势深刻变化的历史进程中，中国共产党始终走在时代前列，引领着人类发展的正确方向；在应对国内外各种风险和考验的历史进程中，中国共产党始终是全国人民的主心骨，凝聚着全国人民的意志和力量；在坚持和发展中国特色社会主义的历史进程中，中国共产党始终成为坚强的领导核心，确保中国式现代化在正确的轨道上顺利推进。二是深化对中国特色社会主义建设规律的认识。中国特色社会主义事业是人民群众自己的事业，是亿万群众充分发挥主动性、创造性的事业，是团结奋斗的事业。离开了团结奋斗，就会一事无成，团结奋斗是革命、建设、改革取得成功的法宝，也是新时代取得更大成就的法宝。三是深化对人类社会发展规律的认识。必须独立自主开拓前进道路，坚持把国家和民族发展放在自己力量的基点上。因为人类历史上没有一个民族、一个国家可以通过依赖外部力量、照搬外国模式、跟在他人后面亦步亦趋来实现强大和振兴。

三、实现人民美好生活的根本遵循

道路决定命运，旗帜指引征程。当前，我们党的中心任务是团结带领全国各族人民全面建成社会主义现代化强国、实现第二个百年奋斗目标，以中国式现代化全面推进中华民族伟大复兴。走好新的赶考之路，必须充分认识“五个必由之路”的深刻蕴含；用好百年历史进程总结出来的思想精华，赋予中国共产党人以新的思想活力。踏上新的赶考之路，我们党要向历史和人民交出新的优异答卷，就需要用新的伟大奋斗创造新的伟业。“五个必由之路”鲜明表达了中国共产党为人民打江山、为人民守江山的初心和恒心，用立志于千秋伟业的远大气魄为人民守好万年江山，使人民群众永远做国家的主人；充分彰显了亿万中国人民坚定不移的道路抉择、制度向往，中国特色社会主义道路既为中国式现代化道路开辟了光明前景，也为创造人类文明新形态提供了强大保证；充分展示了党团结带领中国人民砥砺前行的感召引领、雄厚气魄，党的政治领导力、思想引领力、群众组织力、社会号召力显著增强，党同人民群众始终保持血肉联系，在同呼吸、共命运、心连心中形成最强大的力量；充分激发了全国人民坚定目标、一往无前的奋进勇气。中华民族伟大复兴已进入不可逆转的历史进程，我们决不能骄傲懈怠、决不能躺平退缩、决不能敷衍塞责，要以行百里者半九十的清醒、以咬定青山不放松的执着奋力实现既定目标。

四、创造人类文明新形态的根本路径

“五个必由之路”是对中国式现代化道路的生动诠释，是开创人类文明新形态的重要路径，也是丰富和发展人类文明新形态的现实载体。西方现代化是以资本为中心的现代化，是物质主义膨胀的现代化，是两极分化的现代化，更是殖民掠夺的现代化。“五个必由之路”的重大论断贯通历史、现实和未来，融通中国与世界，给世界上那些既希望加快发展又希望保持自身独立性的国家和民族提供了全新选择，为解决人类问题提供了中国智慧、中国方案、中国力量、中国路径，给人类发展带来了新的光明。“五个必由之路”既是新时代中国发展的理论总结，是中国共产党带领人民团结奋斗实践成果的思想升华，也是世界上其他发展中国家走向现代化的重要参照，是其他民族实现自身发展和振兴的经验参考。“五个必由之路”既是中华儿女迈向中华民族伟大复兴光辉未来的行动指南，是书写经济快速发展和社会长期稳定两大奇迹新篇章的理论指导，也是世界人民寻求美好生活的重要参考。“五个必由之路”既是引领中国以更加昂扬的斗志、更加自信的步伐迈上新征程、建功新时代的宣言书，也是为人类谋进步、为世界谋大同，推动建设更加美好世界的奋进号角，为解决人类问题贡献了中国智慧和中国方案。

第四节　要倍加珍惜、始终坚持

“五个必由之路”这一至关紧要的规律性认识，是我们党团结带领人民在长期奋斗实践中得出的，是新时代如何不断推进中国特色社会主义伟大事业的实践指引，具有方向性、根本性、全局性的战略指导意义，向世界彰显中国之路、中国之治、中国之理。

一、筑牢思想根基

回顾新时代党和人民的奋进历程，正是始终坚持“五个必由之路”，党和国家事业才取得历史性成就、发生历史性变革。当前，世界百年未有之大变局加速演进，我国发展进入战略机遇和风险挑战并存、不确定难预料因素增多的时期。在新时代新征程上，把握历史主动、赢得更加伟大的胜利和荣光，必须倍加珍惜、始终坚持“五个必由之路”。我们要深刻认识到，只有坚持和加强党的全面领导，把党的领导落实到党和国家事业各领域各方面各环节，才能确保我国社会主义现代化建设正确方向；只有坚持中国特色社会主义道路，坚持道不变、志不改，把国家和民族发展放在自己力量的基点上，才能把中国发展进步的命运牢牢掌握在自己手中；只有牢牢把握团结奋斗的时代要求，在党的旗帜下团结成“一块坚硬的钢铁”，心往一处想、劲往一处使，才能形成同心共圆中国梦的强大合力；只有完整、准确、全面贯彻新发展理念，实现更高质量、更有效率、更加公平、更可持续、更为安全的发展，才能为全面建成社会主义现代化强国提供更为坚实的物质技术基础；只有持之以恒推进全面从严治党，以党的自我革命引领社会革命，才能使我们党始终成为中国特色社会主义事业的坚强领导核心。

二、坚定“四个自信”

高举中国特色社会主义伟大旗帜，就要坚定中国特色社会主义道路自信、理论自信、制度自信、文化自信，坚定不移推进中华民族伟大复兴历史进程。中国特色社会主义是改革开放以来党的全部理论和实践的主题，是党和人民历经千辛万苦、付出巨大代价取得的根本成就，是中国共产党人通过不懈奋斗造福中国人民、实现马克思主义根本价值追求的科学道路。全体党员特别是领导干部只有坚定“四个自信”，才能正确面对和科学解决现实问题，不断带领人民群众共同创造美好生活。正是基于对中国特色社会主义的自信和自觉，各级党员领导干部才能够不忘初心、牢记使命，更加自觉地团结带领全国各族人民为实现中华民族伟大复兴的中国梦不懈奋斗。

三、把握发展规律

新时代坚持走好“五个必由之路”，必须坚持系统观念，把握发展规律，协调推进“五个必由之路”的实践举措。一是协同推进“五个必由之路”的贯彻落实，形成发展合力。必须将其五个方面战略要求看作是一个整体进行战略部署，协同推进“五个必由之路”，从而形成走好“五个必由之路”的实践合力，提升“五个必由之路”的实践效果。二是做到宏观上一致，微观上细致，有所侧重地推行走好“五个必由之路”的实践举措。走好“五个必由之路”要在宏观层面确保各个领域协调一致，又要分别具体分析五个不同方面的微观情况，把握好“五个必由之路”之间的逻辑关系以及各自的地位、作用、特点，有所侧重地开展走好“五个必由之路”实践。三是把握发展态势，顺应发展规律，不断调整实践。在实践过程中，必须以马克思主义立场观点方法，分析不断变化着的国内外客观形势，掌握新时代中国特色社会主义发展的实际情况，把握和顺应新时代中国特色社会主义整体发展规律和各个领域的发展建设规律，不断改善走好“五个必由之路”实践的科学性、针对性和有效性。

四、健全制度机制

健全制度机制，系统优化治理体系，是长期、稳定、正确走好“五个必由之路”的必然要求。一是建构和完善引领学习的制度机制。建构和完善“五个必由之路”学习讨论制度机制，在党内形成关于“五个必由之路”何以提出、有何内涵、如何贯彻的基本共识，不断深化全党上下对“五个必由之路”的理解和认识，为形成贯彻落实“五个必由之路”的合力奠定制度基础。二是建构和完善敦促贯彻的制度机制。不仅要建构强调“五个必由之路”整体贯彻的制度机制，还要在坚持党的全面领导以推进中国特色社会主义、坚持中国特色社会主义道路以实现中华民族伟大复兴、坚持团结奋斗以不断创造新的历史伟业、坚持贯彻新发展理念以实现国家发展壮大、坚持全面从严治党以确保党长期执政五个层面不断完善制度机制，为全面贯彻“五个必由之路”的要求提供重要保障。三是建构和完善监督反馈贯彻效果的制度机制。建构贯彻效果的评价制度，根据不同领域的具体发展阶段，设立合适的目标及评价机制；建构较为全面的贯彻效果反馈制度，尽可能得到客观、全面的反馈和评价；建构动态的评价制度机制，用数字指标获取更为直观的基本评价反馈的同时，更要注重围绕党执政的核心价值理念建构动态的、人性化的评价反馈制度机制。

新征程是充满光荣和梦想的远征。无论风云如何变幻，无论挑战如何严峻，我们必须全面贯彻落实习近平新时代中国特色社会主义思想，牢记“三个务必”，深刻领悟“两个确立”的决定性意义，增强“四个意识”、坚定“四个自信”、做到“两个维护”，走好走稳“五个必由之路”，坚定不移做好自己的事情，踔厉奋发、勇毅前行、团结奋斗，不断谱写新时代中国特色社会主义新篇章，奋力推进强国建设、民族复兴新征程。

第三篇

强国之路的具体战略

党和国家领导人历来重视强国建设。党的十八大以来，习近平总书记在不同场合提出了建设“文化强国”“制造强国”“质量强国”“航天强国”“交通强国”“网络强国”“教育强国”“科技强国”“人才强国”“农业强国”“体育强国”“海洋强国”，以及“健康中国”“数字中国”“平安中国”“美丽中国”“法治中国”等强国战略，这些具体战略是强国建设的重要组成部分，是中华民族伟大复兴的具体抓手。习近平总书记在第十四届全国人民代表大会第一次会议上的讲话中指出：“强国建设、民族复兴的接力棒，历史地落在我们这一代人身上。”[①]强烈的责任感和历史使命感引起中华儿女的广泛共鸣。强国建设见证了从富起来到强起来的过程，也是高质量发展的必然要求。本篇结合党的相关文件，概括提出17个“强国建设”，并进行了详细的论述，以期使广大党政领导干部更好地理解党的强国建设。文化强国是灵魂所在，制造强国是强国之基，质量强国是根本之道，航天强国是创造历史，交通强国是开路先锋，网络强国是关键之举，教育强国是千年大计，科技强国是震古烁今，人才强国是接续发展，农业强国是强国根基，体育强国是提振精气神，海洋强国是必由之路，健康中国是重要标志，数字中国是时代特征，平安中国是国家名片，美丽中国是最终目标，法治中国是内在要求。各个“强国”之间与“中国”之间并不是孤立的，而是紧密相连、相互并联的，本篇就各个“强国”与“中国”的内涵进行阐释，以使读者更好理解各“强国”战略内涵与目标。

---

① 习近平：《在第十四届全国人民代表大会第一次会议上的讲话》，《人民日报》2023年3月14日。

第一章　文化强国

文化兴国运兴，文化强民族强。文化强国是强国战略的重要内容，是实现中国式现代化、全面建成社会主义现代化强国的内在要求。党的二十大报告提出了“推进文化自信自强，铸就社会主义文化新辉煌”[①]的总体要求，对我国文化强国建设作出了具有很强的思想性、战略性、前瞻性、指导性的战略安排。要担负起新的文化使命，努力建设中华民族现代文明。

第一节　文化强国是社会主义现代化国家的灵魂所在

文化强国目标厚植于中华优秀传统文化沃土，彰显着创造中国式现代化、创造人类文明新形态的文化底蕴和文化动力，传递着社会主义文化发展面向现代化、面向世界、面向未来的新时代信号，是马克思主义思想精髓同中华优秀传统文化精华贯通起来的最新理论成果，是文化强国建设的最新行动指南。

习近平总书记指出：“提高国家文化软实力，关系‘两个一百年’奋斗目标和中华民族伟大复兴中国梦的实现。”从中国全面实现现代化的进程看，中国在改革开放中实现了经济腾飞并全面建成小康社会之后，文化强国的建设就成为今后15年的主要目标。再从2050年的长期目标看，民族的伟大复兴除了成为经济强国、军事强国之外，还必须以文化复兴作为标志，而文化强国目标的实现就是迈向2050年全面实现现代化达到民族伟大复兴的重要台阶。作为已经是世界第二

① 习近平：《高举中国特色社会主义伟大旗帜 为全面建设社会主义现代化国家而团结奋斗——在中国共产党第二十次全国代表大会上的报告》，人民出版社2022年版，第42页。

大经济体的国家，中国不仅要坚持推进经济、政治、社会、生态文明高质量发展，也要推进文化高质量发展，以满足人民不断增长的文化需求和精神需求。

一、文化强国厚植于中华民族的历史之中

党的二十大报告明确提出“只有植根本国、本民族历史文化沃土，马克思主义真理之树才能根深叶茂”“把马克思主义思想精髓同中华优秀传统文化精华贯通起来、同人民群众日用而不觉的共同价值观念融通起来”[①]等论断，这集中体现了通过厚植文化之根达到创文化之新是不断开辟马克思主义创新发展新境界的题中应有之义，是续写马克思主义中国化时代化新篇章的着力点。

中华优秀传统文化是文化强国的丰厚土壤。中国古代的汉、唐，之所以被世界视为有“汉唐雄风”的大国，就在于那时的社会不仅有强大的经济与军事实力，而且也具有雄阔博大的文化气象，不仅向国外输出丝绸、瓷器等器物，也向国外输出文化观念和文化制度，并深深地影响到周边亚洲国家文明的发展。北宋和明中后期，中国的富足与繁华以及生活方式、文化艺术也向国外辐射，远及欧洲、非洲，中国的器物如扇子、茶叶、丝绸等成为亚洲、欧洲的畅销货，园林建筑被搬进欧洲皇家公园内，文学艺术作品也被引进周边亚洲国家和欧洲的法国、德国等。中华文明中“天人合一”“天下为公”的社会理想，“以人为本”“民惟邦本”的治国理念，“载舟覆舟”“居安思危”的忧患意识，“止戈为武”的和平思想，“与人为善”“己所不欲，勿施于人”的处世之道，“儒法并用”“德刑相辅”的治理思想，“和为贵”“和而不同”的东方智慧，“和实生物，同则不继”的和合理念，“各美其美、美美与共”的交往观念，“协和万邦”“万国咸宁”的天下胸怀，以及为国奉献尽责的爱国主义精神、重视人格修养的崇德精神，推崇仁爱

---

① 习近平：《高举中国特色社会主义伟大旗帜 为全面建设社会主义现代化国家而团结奋斗——在中国共产党第二十次全国代表大会上的报告》，人民出版社2022年版，第18页。

的宽容精神和弘扬刚健有为的自强精神等中华优秀传统文化的核心理念为中国现代化发展凝心聚力。这些是中华民族精神的思想渊源，是中华民族的文化基因，牢固地支撑文化强国建设。

马克思主义同中华优秀传统文化相结合是时代的要求。马克思主义与中华优秀传统文化虽然具有不同的生成条件、表达方式和话语体系，但中国共产党始终坚信两者是能够进行有机结合的，并始终为推进两者的结合而不懈努力着。中国共产党人建党百年的理论实践中，始终重视中华优秀传统文化思想精华的价值和运用，特别是运用到分析新情况、解决新问题、阐释新概念之中。毛泽东曾讲“从孔夫子到孙中山，我们应当给以总结，承继这一份珍贵的遗产”①，其中一以贯之的就是中国思想文化自古及今的延续与发展，有古代传统也有改进、更新的现代经验；邓小平借鉴“民亦劳止，汔可小康”和《礼记》中关于“小康”的释义，用以阐释“小康社会”概念；江泽民提出中国共产党始终代表着中国先进文化的前进方向，明确提出“继承历史文化优秀传统”②“有没有高昂的民族精神，是衡量一个国家综合国力强弱的一个重要尺度”③等论断；胡锦涛在积极继承优秀传统文化中“民惟邦本”的民本思想基础上，提出了“以人为本”为核心的科学发展观；新时代，习近平总书记对中华优秀传统文化高度重视，充分汲取其中的治国理政智慧，坚持把马克思主义基本原理同中国具体实际、中华优秀传统文化相结合，升华凝结了中华文化和中国精神的时代精华，使马克思主义同中华文明相得益彰，有力推进了马克思主义中国化时代化。习近平总书记强调：“马克思主义和中华优秀传统文化来源不同，但彼此存在高度的契合性。”“相互契合才能有机结合。”“‘第二个结合’，是我们党对马克思主义中国化时代化历史经验的深刻总结，是对中华

① 《毛泽东选集》第二卷，人民出版社1991年版，第534页。
② 《江泽民文选》第二卷，人民出版社2006年版，第18页。
③ 《江泽民文选》第二卷，人民出版社2006年版，第231页。

文明发展规律的深刻把握，表明我们党对中国道路、理论、制度的认识达到了新高度，表明我们党的历史自信、文化自信达到了新高度，表明我们党在传承中华优秀传统文化中推进文化创新的自觉性达到了新高度。”①

革命文化与社会主义先进文化生成中国式现代化的精神动力。革命文化是党带领人民，坚持以马克思主义为指导，在追求民族解放和国家独立以及反对国内外各种反动势力的过程中所塑造的具有鲜明中国革命特质的先进文化样态，以革命精神和优良革命传统为其内核，凸显中国人民对于美好生活的积极向往和迈向共产主义社会的可贵探索。社会主义先进文化形成于党带领人民建设中国特色社会主义的伟大实践中，引领多样化、复杂化的文化观念和社会思潮，以深邃的世界眼光和勇于变革的精神为推动全面建成社会主义现代化强国注入蓬勃的文化活力，彰显时代发展走向及蕲求。在如今经济增长放缓、和平发展面临挑战、文化融合滞后等时代背景之下，要注重以革命文化与社会主义先进文化来锻造引领中国现代化的精神和魂魄，不断为道路拓深增添精神动力，孕育出有别于西方现代化道路特质的人类文明新形态。

二、明确了文化强国建设的前进指向

党的二十大报告对新时代社会主义文化强国建设的使命任务、核心内容有了新明确、新概括，集时代性、科学性与实践性于一体，是新时代助推文化强国建设的理论依据，对激活文化自信自强的内生动力、增强民族复兴的精神力量具有重要意义。

习近平总书记强调，新时代新征程，宣传思想文化工作面临新形势新任务，必须要有新气象新作为，要“围绕在新的历史起点上继续推动文化繁荣、建设文化强国、建设中华民族现代文明这一新的文化使命”。党的十八大以来，宣传思想文化工作之所以取得历史性成就，

---

① 习近平：《在文化传承发展座谈会上的讲话》，《求是》2023年第17期。

最根本就在于有习近平总书记领航掌舵，有习近平新时代中国特色社会主义思想科学指引。习近平总书记在新时代文化建设方面的新思想新观点新论断，内涵十分丰富、论述极为深刻，是新时代党领导文化建设实践经验的理论总结，丰富和发展了马克思主义文化理论，构成了习近平新时代中国特色社会主义思想的文化篇，形成了习近平文化思想。习近平文化思想既有文化理论观点上的创新和突破，又有文化工作布局上的部署要求，明体达用、体用贯通，明确了新时代文化建设的路线图和任务书，标志着我们党对中国特色社会主义文化建设规律的认识达到了新高度，表明我们党的历史自信、文化自信达到了新高度，并在我国社会主义文化建设中展现出了强大伟力，为做好新时代新征程宣传思想文化工作、担负起新的文化使命提供了强大思想武器和科学行动指南。①

举旗帜、聚民心、育新人、兴文化、展形象的新时代建设社会主义文化强国的使命任务，为我们立足新方位、展现新作为，指明了努力方向。“举旗帜”要求新时代高举中国特色社会主义伟大旗帜，高扬21世纪马克思主义旗帜；“聚民心”要求坚持一个时代的主导思想，以主流文化为引领，巩固壮大主流思想舆论，弘扬主旋律，传播正能量，激发全社会团结奋进的强大力量；“育新人”要求坚持立德树人、以文化人，要建设社会主义精神文明、践行社会主义核心价值观；“兴文化”要求把文化工作摆在更加重要的地位，承续优秀文化的血脉与传统，破解当前文化发展面临的难题与困惑，凝聚国民的文化力量，使民族和国家始终能汲取不竭的思想文化动力；“展形象”要求提高国家文化软实力和中华文化影响力，提炼展示具有当代价值、世界价值的中华文明精髓，展现可信、可爱、可敬的中国形象。

“发展面向现代化、面向世界、面向未来的，民族的科学的大

① 《习近平对宣传思想文化工作作出重要指示强调 坚定文化自信秉持开放包容坚持守正创新 为全面建设社会主义现代化国家 全面推进中华民族伟大复兴提供坚强思想保证强大精神力量有利文化条件　蔡奇出席全国宣传思想文化工作会议并讲话》，《人民日报》2023年10月9日。

众的社会主义文化”[①]是建设社会主义文化强国的核心内容。一方面“三个面向”是相互联系、相互影响的有机整体。“面向现代化”是建设社会主义文化强国的根本出发点和最终落脚点，也是战略定位。“面向世界”是文化强国建设的“空间”定位。“面向未来”是文化强国建设的“时间”定位。它是由文化强国建设的长期性和人自身发展的多种可能性所决定的。文化强国建设本来就是“面向未来”的事业，要求人极大地发挥主观能动性和创造性，主动地去改造环境、创造未来，使环境、社会与人处于一种良性互动的适应状态。另一方面，“民族的科学的大众的”的文化方针，是党从新民主主义革命到社会主义建设时期一直坚守的正确方向，为文化强国建设提供了许多宝贵经验。习近平总书记指出：“在新的起点上继续推动文化繁荣、建设文化强国、建设中华民族现代文明，是我们在新时代新的文化使命。”“自信才能自强。有文化自信的民族，才能立得住、站得稳、行得远。中华文明历经数千年而绵延不绝、迭遭忧患而经久不衰，这是人类文明的奇迹，也是我们自信的底气。坚定文化自信，就是坚持走自己的路。坚定文化自信的首要任务，就是立足中华民族伟大历史实践和当代实践，用中国道理总结好中国经验，把中国经验提升为中国理论，既不盲从各种教条，也不照搬外国理论，实现精神上的独立自主。要把文化自信融入全民族的精神气质与文化品格中，养成昂扬向上的风貌和理性平和的心态。”[②]新时代，“民族的”文化就是强调发展社会主义文化要重视中华民族的特性，既要重视、保持民族风格，又要充分学习和借鉴外来的文化；“科学的”文化关乎如何科学地进行社会主义文化创新和创造，既要学习一切民族、一切国家政治、经济、科学、文化、艺术的长处，又要有分析有批判地学习借鉴，切忌一切照抄、机械搬运，经过文化的科学化（收集、学习、汲

① 习近平：《高举中国特色社会主义伟大旗帜 为全面建设社会主义现代化国家而团结奋斗——在中国共产党第二十次全国代表大会上的报告》，人民出版社2022年版，第43页。

② 习近平：《在文化传承发展座谈会上的讲话》，《求是》2023年第17期。

取和改进），创造社会主义“新文化”；“大众的”社会主义文化是为广大的人民群众创造文化、发展文化，是文化大众化的根本体现，要求社会主义文化发展要熟悉群众的感情和生活，为他们创作出适合他们需要的、喜闻乐见的文化作品，同时，将人民大众作为文化实践活动的主体，把文化作品的创作与中国特色社会主义事业联系起来，与人民群众共呼吸，倡导大众关怀的审美立场。

第二节　把握文化强国建设的新路径

建设文化强国，要坚持马克思主义在意识形态领域指导地位，坚持以社会主义核心价值观引领文化建设，着力提高全社会文明程度，全面繁荣文化事业和文化产业，不断提升国家文化软实力和中华文化影响力。

一、坚持马克思主义在意识形态的指导地位

意识形态工作，事关党的前途命运、事关国家长治久安、事关民族凝聚力和向心力。“坚持以什么思想理论为指导，是文化建设的首要问题，关系政党的性质、国家的方向，关系民族的命脉、人心的凝聚”。[①]意识形态围绕资本主义和社会主义两种制度、两条道路的竞争与博弈、对立与冲突，涉及对世界资源的重新分配和对世界秩序的重新建构，因而具有生死存亡的安全特征。意识形态工作事关国家之心、民族之魂。如果没有了灵魂，那么无论是这个国家还是存在于这个国家的民族，都如同行尸走肉。要把“意识形态工作是为国家立心、为民族立魂的工作”贯彻到文化建设全过程各领域，使坚持和发展马克思主义始终成为主旋律、最强音。

始终坚持马克思主义在意识形态领域指导地位。一是坚持党对意识形态工作的全面、系统和整体的领导。落实主体责任，实行意识形

① 黄坤明：《坚持马克思主义在意识形态领域指导地位的根本制度》，《人民日报》2019年11月20日。

态工作责任制，对于一些错误思想思潮要及时亮明身份，帮助人们明辨是非真假，巩固主流思想舆论。二是在意识形态的理论建设方面，始终坚持创新理念，积极推动理论、内容和方法等创新。如扎根中国大地、立足国际前沿，努力建构中国自主的知识体系，“加快构建中国特色哲学社会科学学科体系、学术体系、话语体系”①。三是在意识形态传播方面，综合运用新技术新手段新媒介，不断整合资源提升意识形态传播力，实现意识形态润物无声地“飞入寻常百姓家”。特别是要注重发挥基层社会力量，打通理论宣传“最后一公里”。四是在意识形态的阵地建设和管理方面，要始终坚持以社会主义核心价值观引领社会思潮，对错误思潮的本质、意图、危害等进行系统全面宏观的剖析，开展有理有利有节的抵制运动，不断筑牢人们的思想防线，守护人们的精神家园。

二、广泛践行社会主义核心价值观

社会主义核心价值观既凝结着全体人民共同的价值追求，又蕴含着社会主义现代化的价值目标，是当代中国精神的集体体现，因此是凝聚人心、汇聚民力的强大力量。

深刻理解把握伟大建党精神。党领导中国人民的百年奋斗征程，不仅实现了物质财富的积累，也实现了中国共产党人精神的凝聚，构建起独特的精神谱系，为救国、立国、兴国和强国的伟大实践注入了不竭的精神伟力。新时代社会主义文化的赓续发展离不开伟大建党精神的传承与弘扬。

深刻把握中国共产党人精神谱系的价值意蕴，实现文化自信自强。要坚定党的领导，筑牢中国共产党人精神谱系的红色根基，为中国共产党人精神谱系的持续发展提供根本保证，确保党的红色根基永续不息。要立足实践推进精神创新，永葆中国共产党人精神谱系的生

① 习近平：《高举中国特色社会主义伟大旗帜 为全面建设社会主义现代化国家而团结奋斗——在中国共产党第二十次全国代表大会上的报告》，人民出版社2022年版，第43页。

机活力。贴近现实需要，在不断回应时代课题的基础上进行理论创新；在实践中提倡、拓展、丰富、践行伟大精神；激发人民群众的主动性和创造性，挖掘新时代精神模范。要营造良好学习氛围，激发党和人民珍视学习中国共产党人精神谱系的自觉性。

把社会主义核心价值观融入法治建设。把社会主义核心价值观融入法治建设全过程、各领域、各方面，既是坚持依法治国与以德治国相结合的必然要求，也是国家治理体系和治理能力现代化的内在需要。中华优秀传统文化中蕴含的治国理政智慧、法治思想精髓和道德观念精华为法治建设提供了文化滋养，如“和为贵”是社会主义核心价值观中“和谐”理念的体现；“法不阿贵”是“公正”思想的体现；“刑过不避大臣，赏善不遗匹夫”是“平等”观念的体现；“爱国”是“苟利国家生死以，岂因祸福避趋之”家国理念的转化；“一诺千金”则演变成“诚信”原则。社会主义核心价值观和法治建设都具有鲜明的文化属性和价值属性，把社会主义核心价值观深度融入法治建设，既能强化法治对道德建设的促进与保障作用，又能突出文化对法治建设的滋养和熏陶作用。

推动社会主义核心价值观融入社会发展和日常生活。要把社会主义核心价值观融入社会发展各方面以形成情感认同和行为机制，使其充分发挥引领作用，凝聚人心，形成强大的精神力量。把社会主义核心价值观体现到国民教育、精神文明创建、精神文化产品创作生产传播全过程，使之最终融入人们的日常生活，更好构筑中国精神、中国价值。“推进大中小学思想政治教育一体化建设”“把社会主义核心价值观融入社会发展、融入日常生活”[①]，要让社会主义核心价值观与人民群众的日常生活高效融合，使人民群众自发把社会主义核心价值观内化作自己的精神情感，外化为实际行动，营造风清气正的社会氛围，从而推动社会主义文化强国事业的进一步发展。

---

① 习近平：《高举中国特色社会主义伟大旗帜 为全面建设社会主义现代化国家而团结奋斗——在中国共产党第二十次全国代表大会上的报告》，人民出版社2022年版，第44页。

三、提高全社会文明程度

要以“弘扬中华传统美德，加强家庭家教家风建设，加强和改进未成年人思想道德建设，推动明大德、守公德、严私德，提高人民道德水准和文明素养”[①]为着力点，深入推进公民道德建设。

弘扬中华传统美德，加强家庭家教家风建设。家庭是人生的第一所学校，家庭的前途命运同国家和民族的前途命运紧紧相连。要重视家庭美德建设，积极动员全国广大家庭传承优良家风，让社会主义核心价值观植根在每个家庭中，在全社会形成爱家庭、爱社会、爱国家，积极向上、共建共享的社会主义文明新风尚。把《论语》《礼记》《大学》等传统文化典籍中富含正能量的名言警句、神话传说、诗词等融合到公民道德建设中；通过家庭装饰把中华传统家庭美德内容融合进十字绣、刺绣和字画作品中来发挥润物细无声的作用；通过人们喜爱的相声、脱口秀、喜剧、小品等文艺作品，向人们传递感人的平凡的家庭家教家风故事，使人们在欢快轻松的氛围下感受中华传统家庭美德带来的正能量。

要明大德、守公德、严私德。习近平总书记指出，“明大德，就是要铸牢理想信念、锤炼坚强党性”“守公德，就是要强化宗旨意识，全心全意为人民服务，恪守立党为公、执政为民理念，自觉践行人民对美好生活的向往就是我们的奋斗目标的承诺，做到心底无私天地宽”“严私德，就是要严格约束自己的操守和行为”。[②]新时代党的领导干部的政德必须经由“明”“守”“严”而立。“明”要求理论上清醒，侧重于思想认识，强调加强教育引导；“守”要求行为上遵守规范，侧重于规范约束，强调完善制度建设；“严”要求内心的自觉，侧重于精神自律，强调注重实践养成。在此基础上，要建构系统完

① 习近平：《高举中国特色社会主义伟大旗帜 为全面建设社会主义现代化国家而团结奋斗——在中国共产党第二十次全国代表大会上的报告》，人民出版社2022年版，第44页。

② 中共中央党史和文献研究院编：《习近平关于全面从严治党论述摘编》，中央文献出版社2021年版，第342页。

备、科学规范、运行有效的政德制度体系，让新时代政德建设的法治保障更加坚实。

四、繁荣发展文化事业和文化产业

夯实文化强国之基：繁荣发展文化事业和文化产业是满足广大人民精神文化需求，推进文化普惠的重要方式。为满足人民过上美好生活的新期待，就要实现文化事业和文化产业“两轮驱动”。

实施国家文化数字化战略。当前，中国正阔步迈入数字经济时代，以5G、大数据、虚拟现实、人工智能等为代表的新技术蓬勃发展，展现出文化事业和文化产业数字化巨大的发展潜能。以在线阅读为例，截至2021年12月底，我国在线阅读用户总规模达到5.02亿，占网民总数的48.6%，读者数量达到了史上最高水平。实施国家文化数字化战略，目标是发力供给侧，充分运用现代科技成果，激活文化资源，萃取并关联中华文化元素、符号和标识，实现中华文化全景呈现，激发全民族的文化自豪感、自信心，并将其转化为建设社会主义现代化强国的强大精神动力。一是建立文化数字化标准体系，包括文化数字内容的分类、标识、标注、编码方法，文化资源数据获取、共享等标准及反馈；二是文化事业文化产业数字化，形成联动机制；三是提升公共文化服务的数字化水平；四是制定文化数据安全标准；五是加强文化数字化全链条监管；六是探索建立文化资源数据价值评估体系；七是将文化数字化共性关键技术纳入国家重点研发计划和地方科技计划的重点支持范围；八是加快培育一批领军人才，落实国家技术创新中心、全国重点实验室等国家科技创新基地的建设。

实施重大文化产业项目带动战略。党的二十大报告指出“重大文化产业项目带动战略”①是文化领域改革和发展的必然要求，是基于国家战略高度进行顶层设计、寻求创新型文化经济政策、推动文化经

---

① 习近平：《高举中国特色社会主义伟大旗帜 为全面建设社会主义现代化国家而团结奋斗——在中国共产党第二十次全国代表大会上的报告》，人民出版社2022年版，第45页。

济资源流向比较优势部门、以文化繁荣促进经济社会文化全面发展的重要策略。从各地公开的重大项目领域来看，重大文化产业项目已成为重要抓手和载体，仅2022年全国涉及文旅领域的重大项目就超3000个，总投资额超3.8万亿元。以文化产业园区为例，可以通过以下几点落实重点文化产业项目带动战略：一是通过行业协会以及产业的供应链和产业集团来优化集聚功能，吸引人才、信息、知识、技术等；二是充分发挥文化产业园区整合互助功能，提高工作人员素质和准入门槛，用切实可行的人才引进政策引进文化创意高端人才，以高质量的人力资源为基础和纽带，改良产业发展气候；三是改善特定区域内的文化氛围，提升当地的文化影响力和文化竞争力，促进文化创意产业和传统产业的融合互补；四是构建合适的集群融资体系，完成剩余资金的配置、筹集资金的策划，监督资金的使用，实现资金在园区内部的高效率、低成本的流通；五是优化文化产业园区运营模式，规范园区版权管理，加强文化品牌建设。

加强城乡建设中历史文化保护传承。保护好、传承好城乡历史文化是构建美好生活的重要组成部分，是促进城乡建设高质量发展的潜在性动力，也是提升城市辨识度、凝聚城市人文精神的源泉。一是深入挖掘城乡特色文化，激活文化多彩无穷魅力。加强城乡文化的保护、抢救、发掘整理和利用，梳理城乡历史材料，通过布景及文物展示的形式展示文化遗存。二是加强文物和非物质文化遗产的传承保护利用。系统梳理传统文化资源，推进落实文物保护利用工程，集中组织开展非物质文化遗产展演、展示活动，振兴传统工艺，传承民间艺术。三是要健全城乡历史文化保护传承体系，对城市、乡村文化肌理进一步挖掘和梳理，扩大历史传统建筑和名人故居保护范围，在城乡建设中建立完整的历史文化遗产保护体系平台，制定精准的保护和发展规划。

建好用好国家文化公园。建设国家文化公园“是推动新时代文化繁荣发展、弘扬中华优秀传统文化的重大工程”①。未来建好用好国家文化公园，一是在国家文化公园建设方面，要进一步推动管控保护、主题展示、文旅融合和传统利用等功能区建设，加强加快文化旅游资源统计、分类、评估、定级，建成权威、统一、动态的国家文化公园数据库，与国家文化数字化战略深度对接。二是在国家文化公园传播方面，要进一步深化研究各国家文化公园的文化内涵和形象表达，加快推出鲜明的形象标志，扩大宣传覆盖，倡导各国家文化公园依据形象标志设计自身视觉识别系统，在其实体空间、官方网站、官方公众号和微博等平台的显著位置标注，增强国家文化公园文旅品牌的辨识度。

推进文化和旅游深度融合发展。党的二十大报告提出：“坚持以文塑旅、以旅彰文，推进文化和旅游深度融合发展。”②要推动旅游与现代生产生活有机结合，立足市场需求，积极与不同行业、产业结合。要不断提高旅游产品的文化内涵，培育和弘扬社会主义核心价值观，传播中华优秀传统文化。要结合文化特色与文化需求，提升旅游供给的品牌美誉度，加强宣传创新，根据不同游客群体开展针对性、个性化、特色化营销。要以代表性的文旅融合示范点（区）为引领，建设一批富有文化底蕴的旅游景区和度假区，打造文化特色鲜明的休闲旅游城市、街区、乡村、民宿等。

五、增强中华文明传播力影响力

一个国家在国际舞台上声音的强弱，是一个国家和民族文化强弱的重要表征。建设文化强国，增强中华文明传播力影响力，有助于更好地实现中华文化的跨国界沟通，是中国与世界建立新型共赢合作关系的重大战略性问题，也是中国更加生动地向世界展示国家形象、民族精神的形式和途径的创新。

---

① 祁述裕：《推动国家文化公园高质量建设》，《光明日报》2022年11月6日。

② 习近平：《高举中国特色社会主义伟大旗帜 为全面建设社会主义现代化国家而团结奋斗——在中国共产党第二十次全国代表大会上的报告》，人民出版社2022年版，第45页。

提炼展示中华文明的精神标识和文化精髓。一是提炼展示中华民族文化精神。要把那些展现中华民族在世世代代中形成的世界观、人生观、价值观，支撑中国人独特精神世界的文化基因、文化气质提炼出来。如修齐治平的理想抱负，礼义廉耻的荣辱观念，“天下兴亡，匹夫有责”的担当意识，内省思齐的谦虚品格，虚怀择善的开放胸襟，众志成城的集体观念，等等。要提炼展示中华优秀传统文化的世界价值与当代价值，使之成为可以为世界人民所共享的、激发人们共鸣的、具有共同价值的文化。如“中华美食、中国医药、武术健身、针灸理疗等，能让各国人民身心获得滋养调理、感受愉悦；中国茶具、丝绸、服饰、瓷器、手工、家居等兼具形神之美的文化产品，能让各国人民得到便利、共享美好生活；中国的文学、书法、戏曲、舞蹈等饱含人文色彩的文艺作品，能够唤起各国人民情感共鸣”①。要提炼展示可以为世界提供新的思考角度和行为方式的中国智慧和中国方案。如“和而不同”“美美与共”“己所不欲，勿施于人”可助力消弭不同文明冲突与隔阂；倡导“协和万邦”“天下观”可为破解全球治理难题提供中国智慧。

加强国际传播能力建设，全面提升国际传播效能。习近平总书记指出，“落后就要挨打，贫穷就要挨饿，失语就要挨骂……争取国际话语权是我们必须解决好的一个重大问题”②。加强国际传播能力建设，全面提升国际传播效能，一要以中国为观照、以时代为观照，打造能够融通中外的新概念、新范畴、新表述，理直气壮地建构和传播中国自主的知识体系；二要研究国外不同受众的习惯和特点，把“陈情”和“说理”结合起来，把“自己讲”和“别人讲”结合起来，增强对外话语的感召力、公信力；三要主动宣介习近平新时代中国特色社会主义思想，主动讲好中国共产党治国理政的故事、中国人民奋斗

---

① 都晨：《全面多元彰显中华文化之美》，《人民日报》2021年9月30日。

② 中共中央文献研究室编：《习近平关于社会主义文化建设论述摘编》，中央文献出版社2017年版，第211页。

圆梦的故事、中国坚持和平发展合作共赢的故事，让世界更好了解中国；四要在国际交往的具体实践中宣传，用中国理论阐释中国实践，用中国实践升华中国理论，更加鲜明地展现中国道路、中国理论、中国制度、中国精神、中国力量、中国价值。

深化文明交流互鉴，推动中华文化更好走向世界，构建文化命运共同体。要坚持“文化引领、文明平等、文化对话、文明互鉴”[①]的基本原则，塑造彰显自信包容的国家形象。要“以深邃的人文意蕴与饱满的文化精神塑造自信的国家形象，以兼收并蓄的态度与从容纳吐的气度树立包容的国家形象”[②]。探索创新文化交流合作机制、内容和方式。如以“亲仁善邻”“协和万邦”的理念开展文化外交，赓续传承文化共兴的历史文脉，创议发起国际人文论坛，联合实施文化开发利用项目，共建国际剧院联盟、博物馆联盟、艺术节联盟、图书馆联盟等。搭建立体高效的文化传播网络，拓展创新出版、印刷、影视、媒体等领域的传播与合作。倡议多边文化治理体系建设，倡导和合共生的国际文化秩序。商议国际文化公约，有序推进制定契合实际的国际文化标准。[③]

第三节　谋划文化强国新布局

建设文化强国，必须立足新时代，谋划文化强国新布局，在构建乡村、城市、企业文化振兴，培育创新文化，传承中华优秀传统法律文化，繁荣发展强军文化，推动两岸共同弘扬中华文化等方面出新招。

---

① 黄威、李志哲：《构建文化共兴的中国—中亚命运共同体：历史逻辑与现实路径》，《北方论丛》2022年第5期，第58页。

② 黄威、李志哲：《构建文化共兴的中国—中亚命运共同体：历史逻辑与现实路径》，《北方论丛》2022年第5期，第61页。

③ 黄威、李志哲：《构建文化共兴的中国—中亚命运共同体：历史逻辑与现实路径》，《北方论丛》2022年第5期，第53—64页。

一、构建乡村、城市、企业文化振兴格局

乡村文化、城市文化、企业文化是我国文化事业的三大阵地。构建我国文化振兴格局，必须紧紧围绕乡村、城市、企业三类主体，使乡村文化、城市文化、企业文化的发展围绕文化强国的目标，使之成为人民群众喜闻乐见的文化项目板块，以此引领我国文化事业的发展。振兴乡村文化就是要立足乡村振兴战略、农业强国的大视角，以乡村文化振兴促进乡村产业、人才、生态、组织振兴，最终实现共同富裕目标。振兴城市文化就是要立足提升城市现代化水平，在继承和发展历史文化的同时，促进城市文化推陈出新，不断提升城市文化内涵，增强城市文化竞争力。振兴企业文化就是要逐步构建我国国有企业和民营企业的企业愿景、文化观念、价值观念、企业精神、道德规范、行为准则、企业制度等一系列的文化标识，为我国企业的发展凝心铸魂。

二、培育创新文化，弘扬科学家精神

党的二十大报告提出："培育创新文化，弘扬科学家精神，涵养优良学风，营造创新氛围。"①习近平总书记把科学文化的普及与科技创新摆在同等重要的位置，提出"在全社会推动形成讲科学、爱科学、用科学的良好氛围，使蕴藏在亿万人民中间的创新智慧充分释放、创新力量充分涌流"②。一要广泛弘扬具有新时代特征的创新文化价值内核，打造以中国科学家精神为基底的中国特色科学文化底色。将弘扬科学精神作为提升公民科学素质的重要内容，在国际科技界讲好中国科学家故事，在全社会尤其是青少年群体内形成崇尚科学、理解科学、支持科学、学习科学、参与科学的良好氛围。二要立足时代与社会的现实，营造创新文化土壤。建立新型创新文化载体，探索在

---

① 习近平：《高举中国特色社会主义伟大旗帜 为全面建设社会主义现代化国家而团结奋斗——在中国共产党第二十次全国代表大会上的报告》，人民出版社2022年版，第35页。

② 《习近平谈治国理政》第二卷，外文出版社2017年版，第276页。

公共文化基础设施中增加科技创新要素，加强科技创新内容的展览展示、教育与传播，发挥制度、科技、文化、教育、传媒、环境等多方面的协同作用，探讨建设有效的创新容错机制，让创意、尊重、包容、理性的文化氛围成为孕育世界一流创新人才和科学家队伍、培植科学家精神的基底。三要加强科研诚信源头治理，强化科技监督共治。完善科研诚信建设的制度体系和工作机制，探索权威的、适宜的惩处科研失信行为的制度规范，明确学术单位的教育、监督、惩戒主体责任，践行优良的科研作风和学风。

三、传承中华优秀传统法律文化

党的二十大报告指出："弘扬社会主义法治精神，传承中华优秀传统法律文化，引导全体人民做社会主义法治的忠实崇尚者、自觉遵守者、坚定捍卫者。"[①]习近平总书记指出："中华法系凝聚了中华民族的精神和智慧，有很多优秀的思想和理念值得我们传承。出礼入刑、隆礼重法的治国策略，民惟邦本、本固邦宁的民本理念，天下无讼、以和为贵的价值追求，德主刑辅、明德慎罚的慎刑思想，援法断罪、罚当其罪的平等观念，保护鳏寡孤独、老幼妇残的恤刑原则，等等，都彰显了中华优秀传统法律文化的智慧。"[②]一是要用中华法系中内蕴的法律应彰显人的价值、应遵循天理人情等文明因子充分回应当代法治建设需求，为完善中国特色社会主义法律体系创造新思维、开创新局面。二是要构建完善的法治运行体制，在制定相关法律法规时将中华优秀传统法律文化中的人文性和亲伦因素考虑进去，在特定司法实践中考虑恭老恤幼原则，彰显人文关怀。三是要挖掘中华传统法律文化中保障公正司法的理念和制度，如韩非子"法不阿贵，绳不挠曲"，王安石"有司议罪，惟当守法"等，以及法制实践中的会审、复审、司法监察等制度，加以借鉴，以规范司法行为，加强司法监

① 习近平：《高举中国特色社会主义伟大旗帜 为全面建设社会主义现代化国家而团结奋斗——在中国共产党第二十次全国代表大会上的报告》，人民出版社2022年版，第42页。

② 夏锦文：《中华法制文明具有深厚底蕴和独特魅力》，《人民日报》2021年7月12日。

督，树立司法公信力。四是加强公民的中华优秀传统法律文化教育，通过开展相关宣讲课程等形式，让他们了解中华优秀传统法律文化中蕴含的重民爱民的人文精神、重义轻利的价值取向、明德向善的思想观念以及正己修身的气节精神等，引导全民守法，形成尊重法律、学习法律的文化、社会氛围，为法治社会建设奠定坚实基础。

四、繁荣发展强军文化

党的二十大报告指出："加强军史学习教育，繁荣发展强军文化，强化战斗精神培育。"[①]繁荣发展强军文化，意味着用军魂文化增强党对军队绝对领导的制度自信，用党内政治文化增强党组织凝聚力战斗力，用科技文化提升部队打赢能力，用红色文化培塑新时代革命军人，用法治文化锻造过硬部队，从而实现人民军队的跨越式发展。一是坚持培育军魂文化，不断增强官兵坚持党对军队绝对领导的思想自觉；二是坚持党内政治文化的健康发展，不断净化军队党组织政治生态；三是坚持科技文化、科学精神训育，不断提升军队能打仗、打胜仗的能力素质；四是传承好红色文化、红色基因，努力培塑"四有"新时代革命军人；五是大力培塑法治文化和弘扬法治精神，努力锻造"四铁"过硬部队。在推进中国特色社会主义文化大发展大繁荣的同时，积极探索富有人民军队特色的先进军事文化建设，着力打造强军文化，为实现中国梦、强军梦凝聚强大力量。

五、推动两岸共同弘扬中华文化

党的二十大报告提出："继续致力于促进两岸经济文化交流合作，深化两岸各领域融合发展，完善增进台湾同胞福祉的制度和政策，推动两岸共同弘扬中华文化，促进两岸同胞心灵契合。"[②]两岸社会融

---

① 习近平：《高举中国特色社会主义伟大旗帜 为全面建设社会主义现代化国家而团结奋斗——在中国共产党第二十次全国代表大会上的报告》，人民出版社2022年版，第55页。

② 习近平：《高举中国特色社会主义伟大旗帜 为全面建设社会主义现代化国家而团结奋斗——在中国共产党第二十次全国代表大会上的报告》，人民出版社2022年版，第59页。

合，是在中华传统文化基础上的文明记忆与传承，其主导权完全在两岸人民手中。首先，要建构制度化的两岸文化交流体系，倡导海峡两岸文化合作协议、简化两岸文化合作往来的限制；当两岸和平发展的政治基础面临威胁时，在力所能及范围内持续推进文化交流，尤其是民俗宗教、中医药、学术界交流，推进两岸共修宗祠，共建民俗博物馆，共补史料、族谱，等等。其次，要把推动两岸社会融合的重点放在扩大留在大陆的台湾同胞对中华文化的认同感、激发他们对回到中华文化之根基而萌生的自豪感、提升其作出留在大陆的人生抉择的满意度上。再次，充分调动两岸人民文艺创作积极性、主动性，开展包容叙事，在广泛调研台湾民众的生活习惯、文化需求基础上推出两岸民众喜闻乐见、主题积极向上的文艺作品。最后，切实加强两岸文化交流的保障。提高具体涉及两岸文化合作的各层级人员的政策素质、文化素养，既能正视、防范和应对文化交流中的障碍、矛盾，又能展示大陆人民精神面貌，包容多元文化；健全两岸文化交流的激励机制，倡导两岸文化合作奖励项目，提升文化交流成效；统筹两岸文化交流合作的规划协调，适当加大面向台湾普通民众的文化参与项目的比重，提高文化交流实效。在此基础上，通过更多的文化、情感联结使台湾同胞对大陆实力的不断壮大感到骄傲，由认同中华文化上升到认同中国，认识到中国与中华人民共和国的共一性，从而真正发挥两岸同胞人文交流蕴含的强大力量，冲破阻碍与隔绝发展两岸关系的各种人为“藩篱”。

第二章　制造强国

制造业是立国之本、强国之基。党的十八大以来，习近平总书记多次强调这一点。国务院于2015年5月印发《中国制造2025》，对如何全面实施、推进建设制造强国作了战略部署。党的十九大报告进一步将“加快建设制造强国，加快发展先进制造业”作为全面建成社会主义现代化强国的战略任务。党的二十大报告指出，实施产业基础再造工程和重大技术装备攻关工程，支持专精特新企业发展，推动制造业高端化、智能化、绿色化发展。让国家真正强大起来，就必须打牢大国制造的坚实基础、激发科技创新的强劲动力。

第一节　制造业是强国之基

制造业是立国之本、强国之基。根据通行定义，制造业是指机械工业时代利用某种资源，比如物料、能源、设备、工具、信息、人力等，按照市场需求，通过制造过程，转化成可供人们利用、使用的大型工具、工业品和生活消费产品的行业。制造业体现了一个国家或地区的生产力水平，是区别发展中国家和发达国家的重要指标。一般情况下，制造业在发达国家的国民经济中占据重要地位。

一、制造业强是世界强国的重要标志

中国近现代史上，先进的中国人很早就认识到制造业对中国前途命运的重要作用。洋务运动是一次重要的尝试，但是由于当时中国处于半殖民地半封建社会，无法形成制造强国所必需的国家力量，最终以失败告终。新中国成立后，围绕中国何去何从的问题，再次发生了“仁政”之争。梁漱溟对新中国成立后农民的生活状况较为同情，对中国走工业化道路的发展战略表达了不同意见。梁漱溟认为，国家重视工业、制造业发展，挤占了提高农民生活水平的空间，所以“工人在九天之上，农民在九地之下”。梁漱溟以中国传统社会的孔孟之道

来看待现代中国的发展，没有把中国的现代化发展放入世界格局中考虑，没有认识到世界强国发展的历史规律。毛泽东对梁漱溟的看法进行了多次批评。在抗美援朝、保家卫国的历史背景下，中国的制造业依然无法满足国家独立和生存的基本需求，中国的制造业和工业不是过度发展了，而是严重不足。毛泽东指出梁漱溟仅仅关注眼前农民利益的想法和做法为“小仁政”，仅仅依靠农业是无法实现中国自立于世界民族之林的历史任务的。毛泽东准确地把握住全球化的规律，提出中国共产党要实行“大仁政”，中国应以工业发展推进农业发展，工业发展和农业发展是相互促进的。后来梁漱溟深刻地反思了这次“仁政”之争，意识到这实际上涉及中国现代化发展道路选择问题。历史证明了毛泽东的高瞻远瞩，事实上世界强国的发展历程呈现的规律，也证明了毛泽东对规律的深刻把握。

二、发展制造业是强国之路的必然选择

中国现代化发展道路和全球化工业发展的路径，为我们坚定不移走制造强国之路提供助益。

第一，制造业是国民经济的基石。毛泽东、周恩来等领导人科学、准确地把握住了中国向何处去的历史主题，制定了工业化与农业现代化并举的国家发展战略，为中华民族伟大复兴奠定了基础。我们今天成为世界制造大国，形成了世界上最完整的工业体系，得益于当时的国家战略。世界历史进程表明，现代化强国都是以制造业为基础发展而来的。英国、法国、德国、美国、日本等世界强国的现代化史无不证明了这一点。没有强大的制造业为基础，国家的发展就会难以抵御外来的冲击。

第二，一个国家在刚开始构建时如果没能抓住制造强国的历史机遇，想在发展起来之后再进行工业化建设，难度会大大增加。一个国家承平日久，形成的利益集团难以撼动，国家战略难以实施。新中国成立后，我国紧紧抓住长期革命中形成的艰苦奋斗的中华民族的传统美德，果断地把握住了难得的发展制造强国的历史机遇。

第三，制造业不但在国家刚开始构建时很重要，而且在国家发展的过程中也要始终坚持制造强国的战略规划。2023年1月8日，作为金砖国家之一的巴西发生了巴西版“国会山事件”。巴西过早地放弃了工业化道路，导致制造业萎缩，经济命脉被发达国家掌控，人民生活水平严重下降，社会不稳定因素增加，民粹主义等逆流盛行。随着我国经济长期保持较高速度发展，各种产业在国民经济结构中的比重在发生变化和调整。我国制造业增加值比重在2006年达到32.5%的历史高点，之后呈下降趋势，至2020年，进一步下降到26.2%。对比世界制造业大国的历史数据来看，我国制造业占国内生产总值比重出现过早、过快下降态势。对强国建设来说，保持制造业的有比例发展，是至关重要的。

第四，构建和推动制造业高质量发展。打铁必须自身硬，实现我国由制造大国到制造强国的历史性飞跃，要找准当前制造业发展的制约性因素、主要矛盾，不断提升制造业的内涵式发展。当前，逆全球化思潮、民粹主义、宗教极端主义等，不断威胁着全球经济和政治秩序。要保持战略定力，充分认识到自我发展的重要性，在思想上充分认识到制造业在推动大国崛起和发展中起着不可代替的决定性作用，充分认识到比例协调和基础雄厚的制造业对跳出中等收入国家陷阱现象至关重要，根据国民经济的发展适时丰富制造业内涵，形成制造业的高质量发展格局，坚定不移走制造强国之路。

第二节　实现制造业高质量发展

新中国成立初期，我国的工业底子薄、基础差。如何确定国家发展道路的战略，是一个关键性问题。根据全球化进程的规律以及我国的特殊情况、社会主义国家的制度优势，我们选定了以工业为主导，集中力量优先发展工业的现代化道路。毛泽东指出：“中国社会的进步将主要依靠工业的发展。”[①]这是因为“没有工业，便没有巩固的国防，便没有人民的福利，便没有国家的富强”[②]。党的八大分析了我国当前阶段工作重点，“当前党和人民主要的任务是集中力量发展社会生产力，实现国家工业化，逐步满足人民日益增长的物质文化需要”。我国的工业化发展思路与苏联有重要区别。我国国家领导人并没有孤立地看待工业化，而是探索出了一个“在优先发展重工业的条件下，坚持工业和农业并举、重工业和轻工业并举”的发展方针，把工业发展和人民生活水平的提高联系起来。1964年，我国正式提出“实现农业、工业、国防和科学技术的现代化”伟大目标。1975年，国家重申了实现“四个现代化”的战略目标，以毛泽东同志为主要代表的中国共产党人积极探索我国的社会主义工业化道路，取得了辉煌的成就，为我国的发展奠定了坚实的、完整的工业体系基础。在冶金、机床、能源、化工、电子、汽车、造船、飞机、火箭、卫星等工业领域实现了“从无到有”的历史转变，在原子弹、氢弹、航天卫星、人工合成胰岛素、核潜艇等尖端科技领域进入世界前列。再来看一下改革开放和社会主义现代化建设新时期（1978—2012年）我国在制造强国方面的进展。以党的十一届三中全会为标志，确立了“把全党工作的着重点和全国人民的注意力转移到社会主义现代化建设上来”“以经济建设为中心”的基本路线，中国的工业化发展进入快速通道。推动我国工业化快速发展的最大动力来自观念、理念和体制上的突破。党的十四大确定了“以公有制为主体，个体经济、私营经济、外资经济为补充，多种经济成分长期共同发展”的方针，确立了社会主义市场经济体制。全面开启对外开放，我国步入世界舞台，充分利用“两种资源、两个市场”的优势，我国制造业在企业合资、人才引进和工业园区、产业园区建设等方面取得长足进步。2001年底，我国正式加入世界贸易组织，我国制造业发展迎来历史机遇期，在工业化和信

① 《毛泽东文集》第三卷，人民出版社1996年版，第183页。

② 《毛泽东选集》第三卷，人民出版社1991年版，第1080页。

息化融合发展方面有了新的突破。

新时代我国制造业发展取得历史性成就。习近平总书记高度重视推动我国制造业转型升级、建设制造强国，强调制造业特别是装备制造业高质量发展是我国经济高质量发展的重中之重，提出把推动制造业高质量发展作为构建现代化经济体系的重要一环，要求把实体经济特别是制造业做实做强做优，打造有国际竞争力的先进制造业集群，打造自主可控、安全高效并为全国服务的产业链供应链。在以习近平同志为核心的党中央坚强领导下，我国制造业发展取得历史性成就、发生历史性变革，制造业规模稳居世界首位，供给体系质量和效益持续提升，综合实力和竞争力稳步增强。一大批重大标志性创新成果引领中国制造业不断攀上新的高度，中国制造向中国创造迈进的步伐明显加快。载人航天与探月、北斗组网、深海探测、自主航母列装，C919交付商业运营，特高压输变电设备、超级计算机、量子信息、生物医药等取得重大成果。大数据、互联网、人工智能、5G云计算、区块链等新技术快速发展，制造业数字化、网络化、智能化发展成效显著，建成一大批智能工厂、智能车间和24个国家级的制造业创新中心，先进制造业发展取得新成效。新一代信息通信、高铁装备、电力装备、新能源汽车、航天装备、工业机器人、工程施工装备、钢铁石化等行业技术产品达到全球领先或者先进水平。

新时代以来，我国第一制造大国的地位更加巩固，制造业增加值由2012年的16.98万亿元增加到2021年的31.4万亿元，占世界制造业增加值比重由2012年的22.5%提升到2021年的30.45%，与排名第二到第四位的美国、日本、德国三国之和相当。2020年，我国制造业增加值首次超越美国，成为世界制造业第一大国。在彩电、手机、计算机、粗钢、纺织品等产品领域，我国的产量均居世界前列。不仅如此，我国研发投入逐步增加，科研创新能力不断提升。2004年，我国的研发支出占国内生产总值的1.23%，到了2015年增长到1.97%。综合来看，我国制造业优势明显。我国是世界上唯一拥有联合国产业分类41个大类、207个中类、666个小类中全部工业门类的国家，拥有最完整的产业链，在500多种主要的工业产品门类中，有四成以上的产品产量占据世界第一位。产业创新能力显著增强，多年持续的科技投入和创新发展，使制造业创新成果出现了井喷式的增长，一大批战略高技术领域取得重大突破。制造强国建设有力支撑了我国经济高质量发展，显著促进了我国产业转型升级，推动了我国的工业化和现代化进程。我国制造业综合实力和核心竞争力明显提升。

第三节　为制造业“由大到强”保驾护航

2021年，在中国科学院第二十次院士大会、中国工程院第十五次院士大会、中国科协第十次全国代表大会上，习近平总书记在讲话中指出：“科技攻关要坚持问题导向，奔着最紧急、最紧迫的问题去。要从国家急迫需要和长远需求出发，在石油天然气、基础原材料、高端芯片、工业软件、农作物种子、科学试验用仪器设备、化学制剂等方面关键核心技术上全力攻坚，加快突破一批药品、医疗器械、医用设备、疫苗等领域关键核心技术。要在事关发展全局和国家安全的基础核心领域，瞄准人工智能、量子信息、集成电路、先进制造、生命健康、脑科学、生物育种、空天科技、深地深海等前沿领域，前瞻部署一批战略性、储备性技术研发项目，瞄准未来科技和产业发展的制高点。要优化财政科技投入，重点投向战略性、关键性领域。”[①] 坚持问题导向，我们不仅要看到我国在制造业领域取得的重大成就，也要看到我国目前在制造业方面的不足以及未来在制造业有所突破中存在的困难。我国制造业面临的问题体现在以下9个方面。

一是我国工业制造业占国内生产总值的比重出现了过早过快下降的趋势，工业被边缘化、被空心化的现象仍然存在。从2006年到2021年，工业和制造业占国内生产总值比重过快下降，从2006年的42%降到2020年的30.9%，最低点在2021年有所回升，达到32.6%。

---

① 《习近平著作选读》第二卷，人民出版社2023年版，第470页。

制造业占国内生产总值比重在2006年是32.5%，2020年降到最低点26.3%，2021年有所回升，达到27.4%。我们仍需要在认识上、政策上、措施上加以纠正。

二是科技创新能力还不够强，一些关键技术核心技术受制于人。我国科技投入的绝对量很大，2021年是2.78万亿元，居世界第二，占国内生产总值的比重是2.44%，很有潜力。但其中的基础研发费用只占总投入的6.2%，到2025年要力争达到8%。发达国家是15%—20%。我国科技成果转化率最高是30%，不及发达国家的一半。

三是我国的产业多处于全球价值链的中低端，虽然是全世界门类最全的，但是结构还不够优化，产品低端过剩，高端不足，质量品牌差距还比较大。

四是工业基础能力仍然比较薄弱。一些基础的零部件元器件及关键材料重要设备等还要依赖进口，存在不少被“卡脖子”的问题，重点产业链的安全存在风险。

五是地区行业企业的差异比较大。工业2.0、4.0并存，大中小企业融通发展不够，区域产业同质化低水平重复建设现象仍然比较突出。

六是绿色低碳转型比较迟缓，比如单位国内生产总值能耗，虽然每年都有降低，但仍然是发达国家的2.1倍。严重污染有所扭转，但还没有根本改变。我国的二氧化碳排放量占全球的30%。碳达峰碳中和任务相当繁重。

七是数字化、智能化正在起步，制造业数字化转型滞后。深度广度还不够，需要将两化深度融合，促进企业的跨界融合走深向实。

八是部分能源资源短缺。我国原油对外依存度73.5%，天然气对外依存度44.3%，铁矿石按含铁量计算的话，85%是进口的。另外，铜、钴、镍也有90%左右进口，铝70%进口。

九是产业国内国际循环还不够畅通。国内市场存在着地方保护市场风格，国际多边双边合作还有待加强。国际经贸合作的话语权参与权仍然不够。

当今世界百年未有之大变局加速演进，国际环境错综复杂，世界经济陷入低迷期，全球产业链供应链面临重塑，不稳定性不确定性明显增加。新冠疫情影响广泛深远，逆全球化、单边主义、保护主义思潮暗流涌动。科技创新成为国际战略博弈的主要战场，围绕科技制高点的竞争空前激烈。我们必须保持强烈的忧患意识，做好充分的思想准备和工作准备，加快建设制造强国。

第一，要保持工业制造业占比基本稳定。到2035年，基本实现新型工业化、信息化、城镇化、农业现代化，也就是说我国工业化还要经历一个相当长的历程，中央明确要求保持制造业占比基本稳定。

第二，党的二十大再次强调，要推进新型工业化，加快建设制造强国。要澄清认识，强化措施，充分发挥工业对经济社会发展的带动支撑保障作用。怎么来实现这个目标呢？要力争工业增加值的增速与国内生产总值的增速相当或相比略高。再一个，工业投资的增速与全社会投资的增速也要相当或相比略高，这样才能够保持制造业的占比基本稳定，来推动经济实现质的有效提升，同时注意量的合理增长。

第三，要提高创新能力，加快成果转化，加强关键核心技术和行业共性技术的攻关。在完成第一轮国家重大科技专项的基础之上，布局一批新的重大专项国家实验室和国家级制造业创新中心。据了解，现在全国已经有24个制造业创新中心，到2025年要达到60个以上的规模。工业企业要有自己的研发团队和足量的研发投入，研发费用占销售收入的比重，2020年是1.35%，到“十四五”时期，要提高到1.6%左右。这里指的是规模以上工业企业研发投入占销售收入的比重。要构建产学研用深度融合的技术创新体系，落实成果转化和产业化。

第四，要强化工业基础能力，提升产业链供应链的韧性和安全水平，强调实施产业基础再造工程。工业基础能力包括哪些？基础零部件和元器件、先进基础工艺、关键基础材料、产业技术基础，再加上基础工业软件合成。5G产业基础的高级化，是工业整体素质和核心竞争力的基石，也是实现数字化智能化的前提。必须下苦功夫去做扎实，还要按行业梳理被“卡脖子”的那些痛点和节点，专项攻关或者是协同攻关，强链补链。

第五，要推动数字经济与实体经济的深度融合。数字产业化是手段，产业数字化才是目的，这个关系要摆正。要适度超前开展数字基础设施建设，而且要延伸到行业，延伸到企业。要数字化转型，必须有适合自己的数字基础设施，要打造具有国际竞争力的数字产业集群。数字经济核心产业的增加值占国内生产总值的比重，“十四五”期间要由7.8%提高到10%，这写入了“十四五”规划。要发展智能制造，5G加工业互联网，开发各种硬场景，并且进行示范推广。而要把数字化深入到生产制造的核心环节，数字化一开始是在表层表象，但是不能停留在表层，而要向生产制造核心环节去延伸，促进转型升级。

第六，要推行绿色低碳先行，稳步安全地降碳，深入节能降耗和减碳治污。要全面把握双碳的内涵和工作部署。其中关键是要因业施策，要分类推进，要先立后破。能源是源头，工业是重点，要立足国情，调整优化能源结构、产业结构、产品结构。要梳理碳排放，查清碳足迹，落实碳排放的总量和强度，双控责任，还要加强资源勘探开发和化石能源的清洁高效利用，大中初级产品要保供稳价。同时，还要保障能源和经济的安全。

第七，提升优质制造，提品质、增品种、创品牌。首先从研发设计抓起，要落实到绿色智能改造中，要建立与智能制造相适应的质量管控体系。要与智能制造相适应，向前发展，比如采取数字孪生、在线监测、过程控制、质量追溯以及大数据市场细分、个性化规模定制等新的方法、新的模式。建立全寿命周期的服务，注重用户的体验和市场的评价，推进各个层级产品技术标准如国际标准、国家标准、团体标准、企业标准升级，不断提升质量水平。

第八，推动先进制造业与现代服务业深度融合，构建现代产业集群。一是发展七大战略性新兴产业，二是壮大十大重点先进制造业，要加快传统产业的改造升级，如期完成国家规划的一些重点建设项目，据实打造各具特色的区域优势产业。这些优势产业要成为各个城市群的经济支柱。此外，实施领航企业培育工程，“十四五”时期全国要培育100万家创新企业，10万家专精特新企业，累计1万家专精特新小巨人和大约2000家制造业单项冠军。涌现一批产业链的龙头企业。这样，大中小企业可以融通发展。

第九，要持续扩大对外开放，适应全球经济的新变局。我国进出口总额居世界第一，工业是进出口贸易的支撑，因为进口的95%、出口的72%都是工业品，剩下还有不少工业用的原材料等。要发挥产业优势，提高产品的国际竞争力。要发挥市场优势，坚持对外开放，积极改善国际交往的环境，开展多边双边的交流合作，吸引外资。要走出去，特别是和“一带一路”沿线国家合作共赢，开拓两个市场、两种资源，促进内外循环的协调畅通。同时，还要主动参与全球和区域合作，应对敌对势力的封锁、打压，注意应对可能会产生的贸易壁垒和技术壁垒，维护国家利益。

第三章　质量强国

党的二十大报告明确指出：“高质量发展是全面建设社会主义现代化国家的首要任务。”“我们要坚持推动高质量发展为主题，把实施扩大内需战略同深化供给侧结构性改革有机结合起来，增强国内大循环内生动力和可靠性，提升国际循环质量和水平，加快建设现代化经济体系，着力提高全要素生产率，着力提升产业链供应链韧性和安全水平，着力推进城乡融合和区域协调发展，推动经济实现质的有效提升和量的合理增长。”①

第一节　质量是美好生活的重要保障

国家强必须质量强，质量不仅是国家现代化的基础支撑，也是国家竞争力的重要标志。新时代建设质量强国，是强国之路的重要内容，也是中国式现代化的必然要求。

一、何谓质量强国

质量强国是国家从发展走向强盛的必由之路，不但对国家的政治、经济各方面的建设具有战略性意义，更对满足人民的美好生活需要具有基础性作用。从英国、德国、美国、日本、韩国等发达国家的历史来看，它们都经历过一个从模仿到创新、从创新到高质量发展的工业化道路。从世界发达国家的发展规律来看，以质量强国建设赋能我国经济高水平、高质量发展，对于实现中国式现代化和中华民族伟大复兴，是必由之路。

质量强国的内涵非常丰富，具有整体性。质量强国既是一个比较

① 习近平：《高举中国特色社会主义伟大旗帜 为全面建设社会主义现代化国家而团结奋斗——在中国共产党第二十次全国代表大会上的报告》，人民出版社2022年版，第28—29页。

概念，也是一个历史概念。从比较的角度说，主要看和谁比、在哪些方面比。从时间的角度说，主要看比以往有哪些进步。但是，质量强国最终还是体现在产品上，要看该国的产品是不是可以满足美好生活的需要，是不是具有市场竞争力。对于中国而言，质量强国除了要满足这些条件外，还体现为建立卓越的管理服务体系，具有优势的创新能力和全球领先的品牌影响力。

二、大力实施质量强国战略

随着我国经济社会的发展进入新的历史阶段，质量强国逐渐提上议事日程。在2014年举办的第一届中国质量大会上，李克强提出“对内将大力实施质量强国战略”。在2016年第二届中国质量大会上，国家再次强调质量强国战略。2016年的政府工作报告中首提“建设质量强国”。同年中共中央、国务院印发《国家创新驱动发展战略纲要》，其中明确提出“推动质量强国和中国品牌建设”。这是历史上党中央、国务院第一次正式发文提出建设“质量强国”。从此，质量强国概念深入人心，不断得到强调。

2017年，中共中央、国务院印发《关于开展质量提升行动的指导意见》，对实施质量强国战略予以强调。同年10月举行党的十九大上，“质量强国”第一次出现在党代会报告中。2021年3月，十三届全国人大四次会议通过了《中华人民共和国国民经济和社会发展第十四个五年规划和2035年远景目标纲要》(以下简称《纲要》)。《纲要》提出：“坚持把发展着力点放在实体经济上，加快推进制造强国、质量强国建设。”党的二十大报告强调了经济发展要高质量，要加快构建新发展格局，着力推动高质量发展。这意味着，在实现第二个百年奋斗目标的历史进程中，我们要牢牢把握质量强国这一“牛鼻子”。

三、质量强国和高质量发展

党的二十大报告把高质量发展和建设质量强国紧密联系在一起，因此理解质量强国要厘清其与高质量发展之间的关系。

第一，质量强国是我国高质量发展的应有之义。没有质量强国就没有高质量发展。习近平总书记有精要阐述："更明确地说，高质量发展，就是从'有没有'转向'好不好'。"这个"好不好"，就是质量强国的内涵。

第二，质量强国是我国高质量发展的必然要求。新时代中国特色社会主义建设秉持创新、协调、绿色、开放、共享新发展理念，新发展理念无不内在地要求推进质量强国建设。

第三，质量强国是推动我国高质量发展的核心动力。一方面，新时代我国的发展要转变发展理念，强调高质量发展，转换增长和发展方式、不断优化经济结构。这就需要我们"致力于质量提升行动，提高质量标准，加强全面质量管理，推动质量变革、效率变革、动力变革，推动高质量发展"①。习近平总书记的上述论断，鲜明地指出质量强国是实现我国高质量发展的重要动力。

第四，无论是"质量强国"之"质量"，还是"高质量发展"之"质量"，二者统一于满足人民美好生活需要、实现中华民族伟大复兴中国梦的过程中。质量强国和高质量发展要始终坚持人民至上的原则，始终服务于实现第二个百年奋斗目标。

第二节　大国到强国的基石

在本节中，我们一起对比一下我国质量强国的历史进程与世界其他国家强国之路的历史脉络，并加以梳理，尝试总结全球质量强国的经验和规律，为我国新时代中国特色社会主义建设、为实现第二个百年奋斗目标提供参考性建议。

一、我国质量强国的演变

一部中国近现代史，也是一部国家蒙辱、人民蒙难、文明蒙尘的历史。回顾这段历史中我国产品服务质量不高的经典案例，对今天提

① 《习近平向中国质量（杭州）大会致贺信》,《人民日报》2021年9月17日。

升质量意识，具有启示意义。在漫长的历史中，长期以来我国都以质量取胜。但是随着近现代中国产品的质量下降，这些领先领域不断被世界制造大国抢占。丝绸之战中，日本使用具有技术含量的科技手段，使其丝绸产业标准化，深受欧美国家的欢迎，而我国的丝绸出口在中国出口贸易额中的占比则从19世纪末的40%降低到1930年的16%。茶叶之战中，不规范的操作使我国的王牌行业饱受他国的质疑，与欧洲的食品安全意识产生巨大冲突，在英国的扶植下，印度反超中国。瓷器之战的失败，也和质量有很重要关系。我国瓷器注重传统，与以质取胜的欧洲逐渐有了代差。有“英国陶瓷之父”美誉的韦奇伍德改进工艺，提升质量，使英国、德国、法国的陶瓷业占据世界高端市场，引领世界陶瓷消费风尚。

中华人民共和国成立后，我国高度重视质量建设，作出了许多有重要价值的探索。我们开始在追求数量的同时把质量放在第一位，提高质量、规格，增加品种。1949年10月，我国颁发了第一项全国适用的标准《工程制图》。1958年，颁布了被称为我国“一号标准”的国家标准《标准化工作导则》。在社会主义革命和建设时期，我国还总结出提升制造、管理质量的“鞍钢宪法”，即“两参一改三结合”制度。改革开放后，我国逐步走上社会主义市场经济发展道路，质量强国建设进程加快。1980年国家经委颁布《工业企业全面质量管理暂行办法》，该办法对推进我国质量建设意义重大。1986年国务院颁布了《工业产品质量责任条例》，规定对于不合格的产品，生产企业要无条件承担修复、更换、退货的责任。“三包”做法和制度从此进入人民生活。加入世界贸易组织后，我国在质量强国建设上加快了步伐。

中国特色社会主义进入新时代，质量强国进入腾飞阶段，成效明显。产品质量、工程质量、管理质量和服务质量水平提升显著。据统计，中国制造业产值于2010年超越美国，从而实现全球排名第一的好成绩。2018年，我国制造业增加值与美国、日本、德国三国总和相当。近年来，世界500多种主要工业产品中，我国有220多种工业产品产量稳居世界第一。我国具有41个工业大类、207个工业中类、

666个工业小类，形成了独立完整的现代工业体系，是全球唯一一个拥有“全产业链”的国家。

回顾、总结70多年来的质量发展和质量工作历史，五个趋势较为明显。第一，质量发展模式从政府主导、政策引导向法治规范和改革创新相结合的模式转变。第二，从监管的主体来看，质量的监管从监管部门扩散到全社会参与，逐渐形成企业主责、地方总责、部门监管、社会参与的质量工作机制。第三，与美好生活相适应，质量工作重点由加强质量监管向质量提升与质量监管并重的格局转变。第四，质量工作从以服务对象为中心向以人民为中心的理念转变，在强调“合格率”的同时强调“满意度”。第五，质量工作逐渐从“引进来”向“走出去”转变，突出优势品牌、标准建设和全球影响力意识。

二、世界质量强国的经验

英国是第一次工业革命的先行者，特别是其毛纺业、棉纺业以质量取胜，带动其他产业，实现了英国的工业崛起。英国并非天生质量国家，曾经也是“到处都有骗局：把法兰绒、袜子等等拉长，叫人看起来好像长一些，只要洗一洗马上就缩短”[①]。百年战争失败后，英国的毛纺业面临西班牙、葡萄牙、法国的威胁。英国政府痛定思痛，大力发展毛纺业及其贸易，手段主要包括税收、出口产业扶植政策，通过吸引他国优秀纺织人才，提高英国毛纺业技术水平。英国政府还致力于推动技术革新，大力研制纺纱机等机械。尤其重视出口质量，安排专门检定员，负责检验质量，实行市场监管。这样，英国的毛纺品不仅满足了本国的市场需要，还在1470—1510年实现了年出口增长率平均值30%。毛纺织业逐渐成为英国民族工业和经济命脉，垄断了欧洲市场。

美国作为一个后起的工业国，曾有一段不堪回首的“山寨”黑历史。为了追赶先进大国，美国大量吸引欧洲技术和科技人才。但由于

① 《马克思恩格斯全集》第二卷，人民出版社1957年版，第353页。

知识产权保护意识淡薄，19世纪的美国成为世界剽窃和盗版的猖獗之地。美国经济学家查尔斯·莫里斯辛辣地讽刺说："如果19世纪的美国发明了可窥视英国工厂的魔术望远镜，他们肯定会使用它。"英国文豪狄更斯在《美国手记》《美国的故事：狄更斯游记》中，把美国描述为大骗局的制造者。不过，美国并非单纯地奉行拿来主义，而是边模仿边创新。19世纪中期，美国初步搭上了第一次工业革命的末班车。在第二次工业革命的进程中，美国引领电气革命，实现了对英、法两国的超越。1884年，美国工业产值高居全球第一，成为世界第一大工业国。20世纪60年代，美国又开启了领先第三次工业革命的传奇。其高科技产品行销世界各地，美国国内生产总值从1961年的5233亿美元提高到1971年的10634亿美元。随后的中东石油危机，使美国经济受到重创。祸不单行，日本价廉物美的产品开始冲击美国市场，美国社会的自信心受到摧毁性打击。1980年，纪录片《如果日本能，我们为什么不能？》对美国社会上下影响深远，唤起了美国的质量意识。美国迅速研究了日本质量发展状况和规律，并开始了全面质量管理阶段。大量法律、规范在这个时期颁布，为全面质量管理保驾护航。在系列提高产品质量、提升质量管理水平、鼓励创新创造的措施、政策、法律法规的刺激下，美国产品再次回到世界之巅，重夺第一。2000年，美国人均国内生产总值为34260美元，超过日本。即使在今日，美国依然是创新之国，集全球质量之大成。2018年世界品牌500强排行榜，美国稳居第一，占据185个席位。

1871年，俾斯麦实现了德意志统一。当时德国的科学技术远远落后于英、法等国。德国便开始大量模仿、"山寨"英、法产品和技术。1876年举办的第六届世界工业产品博览会上，德国展示的仿制品被世界人民嘲笑。1887年，英国国会通过的《商品法案》规定，进入英国的德国产品必须标注"德国制造"。其目的就是把德国的低劣产品与优质产品区别对待。"德国制造"成为法律术语，成为假冒伪劣、低质产品的代名词。当时大量德国重量级企业纷纷倒闭。然而德国并没有自怨自艾，也没有怨天尤人，而是卧薪尝胆，痛定思痛，在提升质量上下苦功夫，专注提升质量建设。一批高水平、优质量的德国企业又站起来了。1893年的世博会上，德国“双立人”荣获展览会上唯一的荣誉奖章。1894年奔驰推出全球第一辆汽油机公共汽车，1896年奔驰推出全球第一辆汽油机载重汽车。同年，时任英国首相罗斯伯里对德国的质量发展感到震惊不已：“德国让我感到恐惧，德国人把所有的一切做成绝对的完美。”不到10年，“德国制造”内涵和形象完成了逆转，已成为精工的代名词。德国崛起的秘密在于德国始终坚持打造制造强国、质量强国，即始终坚持高质量制造业为本。2007年，美国爆发次贷危机，2008年金融危机在美国引爆，全球进入动荡期，欧洲诸国和美国、日本等国家纷纷陷入衰退期，经济增速减缓。德国表现出众，幸免于难。世界的目光再次聚焦德国，探求成功之道。时任英国首相布莱尔与时任德国总理默克尔谈到德国成功的秘密时，默克尔答道：“我们至少还在做东西。”美国、欧洲制造大国去工业化的苦果与德国坚守高质量制造业的成功，尤其值得我国思考借鉴。

三、质量强国的全球特征

2021年，习近平总书记在给中国质量（杭州）大会的贺信中指出：“中国愿同世界各国一道，加强质量国际合作，共同促进质量变革创新，推进质量基础设施互联互通，为推动全球经济发展、创造人类美好未来作出贡献。”① 因而，打造质量强国必须遵循质量强国的全球特征。

第一，采取和平形式占据市场。全球化的第一波是殖民主义大行其道，这时候的产品以武力为后盾，向他国进行渗透。当代全球化，处于和平主导的历史时期，产品只能以质取胜。从世界经济发展的规律来看，1986年，日本出口达到峰值，占全球出口总额的9.85%；德国出口于1990年达到峰值，占全球出口总额的12.07%；美国出口于1998年达到峰值，占全球出口总额的12.4%。以上三国出口之后就呈下降趋势。我国2020年出口总额为32.16万亿元，占全球出口总额近

① 《习近平向中国质量（杭州）大会致贺信》，《人民日报》2021年9月17日。

15%，远高于美国的峰值12.4%。中国是否还可以延续传奇，继续保持这一优势？随着我国人口红利的式微，劳动力成本必然上升，资源成本必然增加，企业的利润空间进一步缩小。只有实施质量强国战略，提质增效，提供更优质的出口供给，才能不断适应国际贸易新形势，才能保持出口优势，减少国际贸易摩擦，维持进出口平衡。

第二，通过提升产品科技含量提高质量。科技是第一生产力，质量强国与科技密不可分，科技是质量强国的基础与永恒动力。2017年，中共中央、国务院《关于开展质量提升行动的指导意见》提出“实施质量攻关工程”，在三个工程上发力。首先，实施重点攻关工程，聚焦重点产业、重点领域，加强产品可靠性设计、试验及生产过程质量控制，依靠技术进步、管理创新和标准完善，提升可靠性水平，促进我国产品质量由符合性向适用性、高可靠性转型。其次，质量对比工程，瞄准实体经济、瞄准拉动内需、瞄准高质量供给、瞄准百姓日常消费品，对标国际先进水准，不断在产业链和具体产业上提升水平和质量。最后，建立质量提升服务平台，完善对中小企业信息咨询、技术支持等公共服务和社会服务体系，实现质量提升和赶超，为整个国家质量升级提供基础支撑服务。构建产学研协同创新机制，充分发挥制造业创新中心的作用，以质量服务平台为载体，组建一体化的检验检测联盟，推进“大质量”理念在我国社会普及，全方位多角度为质量强国创造融合环境。

第三，树立质量强国国家形象，形成质量文化软实力。我国有丰富的与质量相关的优秀传统文化，让这些优秀传统文化与我国质量发展互动，实现传统文化在质量强国战略中的创造性转化与创新性发展，逐渐形成中国特色质量观。首先，质量第一是最具中国特色的价值理念。2017年，习近平总书记在党的十九大报告中指出：“必须坚持质量第一、效益优先，以供给侧结构性改革为主线，推动经济发展质量变革、效率变革、动力变革，提高全要素生产率。”[①]其次，质量

① 《习近平著作选读》第二卷，人民出版社2023年版，第25页。

强国是我国最具时代特点的目标理念。当代国家与国家之间的竞争体现在质量竞争方面，只有建设质量强国，走以质取胜的道路，推动中国制造向中国创造转变，中国速度向中国质量转变，中国产品向中国品牌转变，才能形成中国产品的世界竞争力，为塑造良好的国家形象、发挥我国文化软实力奠定基础。最后，以人为本是我国最具历史特征的质量道德理念。质量发展、质量强国，其最终是要满足人民日益增长的文化需求。以人为本的质量强国战略本质上是以追求质量满足人的美好生活需要。

第三节　坚定不移建设质量强国

党的十八大以来，我国经济社会发展取得举世瞩目的成就，为质量强国奠定了坚实的基础。质量强国进入快车道，质量强国已经成为国家发展的战略要求，集中体现了时代的呼唤和人民的期盼。

一、建设质量强国的基本条件

第一，党和国家的高度重视提供了政治保障。我们党历来高度重视质量工作。党的历代领导人都高度强调“质量第一”。习近平总书记把质量工作置于更加突出的地位，并明确提出质量强国的理念和战略，围绕“供给质量”的概念，全面提高产品和服务质量，树立质量第一意识，经济发展要坚持数量与质量并重，培育以技术、品牌、质量、服务为核心的出口竞争优势，质量是企业立身之本，落实企业主体责任守住安全底线，标准决定质量，加强质量发展国际合作等方面，全方位、多角度为质量强国提供理论支持。

第二，质量强国理念已深度融入经济建设主战场，成为激发内需的主阵地。通过质量提升，开发新的需求，从而倒逼产业进行结构调整，促进投资和消费的双重增长。质量工作已经成为构建国内大循环为主体、国内国际双循环相互促进的新发展格局的重要推动力。

第三，作为全球化的守护者，中国扩大开放，促进全球化发展的努力和成绩为我国建设质量强国提供了有利的外部环境。中国秉持和平发展理念，与邻为善，共同发展，为世界作出表率。2018年，国家主席习近平在博鳌亚洲论坛上的讲话中指出，中国开放的大门不会关闭，只会越开越大。这无疑给世界一颗定心丸。同时，我国已构建了质量工作相对完整的体系，从法治、制度上为建设质量强国保驾护航。

二、建设质量强国面临的问题

在看到我国质量工作取得不俗成就的同时，我们也要看到我国质量工作与发达国家还存在的差距，在满足国内外的高质量需求方面仍需作出努力。

首先，品牌影响力较弱。2021年“全球最具价值品牌500强”榜单上，中国工商银行、微信、华为、安踏等77个中国品牌上榜。这些品牌以“国字号”企业为主，总量虽高，但国际市场竞争力却相对较弱。世界经济强国的发展历程显示，品牌影响力是国家在国际竞争力中的集中体现。世界90%的全球知名品牌集中在发达国家，50%的销售额由3%左右的知名品牌所创造。我国建设质量强国，必须在品牌建设方面奋起直追。

其次，核心技术有待突破。改革开放以来，我国制造业的科技含量有显著提升，出口总量不断创新高。但是，我国并没有完全摆脱“世界工厂”的全球角色，出口产品的科技含量不足，关键核心技术并没有掌握在我们手中。特别是汽车、电子信息、航空、装备制造等重点领域，关键技术仍严重依赖进口，如遇风吹草动，相关企业有可能遭遇“无米下锅”的困局。我国制造业“大而不强”的局面并没有从根本上改变。

最后，产业链供应链依然脆弱。我国是全球产业体系最完备的国家之一，是全球唯一拥有联合国产业分类中全部工业门类的国家。但是在产业链供应链方面，容易遭受点穴式打击。以芯片产业为例，不仅我们的高科技产业品牌中兴、华为等经常受制于人，而且我国的汽车行业也难以彻底摆脱缺芯困境。几大芯片巨头垄断了全球80%的话语权。这表明，加速核心技术突破性进展，加快加固产业链供应链现代化水平，提高我国产业核心竞争力，维护我国产业链供应链稳固和安全，是建设质量强国的重中之重。

三、建设质量强国的路径

第一，以政府主导建立现代质量治理体系。构建良好的质量治理体系，首先要在质量工作统筹协调上予以加强。2022年8月，国家质量强国建设协调推进领导小组成立，标志着我国在质量工作上进入一个新的阶段。建设质量强国，离不开科学的质量政策法律法规体系建设。相关政府部门应该对标国际先进经验，加快制定、修订、完善质量法律法规，推进国家产品质量立法和配套制度建设，与国际接轨，通过法律法规建设，提升出口贸易的质量。政府还可以在简政放权、激发质量发展活力上作出持续性努力。

第二，落实企业主体责任，提升质量管理水平。企业是产品质量的主体，质量是企业的生命力所在。建设质量强国的主力军和主要方面，毫无疑问在企业。建设质量强国，务必突出企业的市场主体地位和作用，让企业在发展壮大的过程中，牢固树立以质取胜、质量第一的发展理念。企业要强大需掌握先进的科学技术和核心技术，因此企业的创新能力、人才队伍建设、企业文化底蕴、先进的管理体系和管理质量、工匠精神和企业家精神，是形成企业、产品品牌影响力的关键性因素。

第三，发挥消费者积极反馈作用，促进建设质量强国。企业真正的成功来自消费者和市场的认可。因而，充分发挥市场机制，使消费者和市场的灵敏反馈传递给企业，倒逼企业实行科技升级、提升产品质量，就显得极其重要。但是单个的消费者处于弱势地位，通过发展消费者协会组织，可以弥补不足。健全全国消费者协会组织，构建多渠道形式，一方面，通过约谈、曝光、诉讼不良企业，保护消费者，促进企业提升产品和服务质量；另一方面，具有为人民服务使命感的全国消费者协会可以专业地分析市场有效需求，引导健康新型消费，实现引导企业高质量发展。

第四章　航天强国

从“嫦娥奔月”到“嫦娥工程”，中国人的飞天梦想从设想走向现实。党的十九大报告明确了“建设航天强国”的宏伟构想，建设航天强国是中华民族实现强国梦的重要方面。没有航天强国，就没有真正强大的中国。从历史来看，中国在站起来、富起来到强起来的过程中，航天事业厥功至伟。

第一节　建设航天强国要靠一代代接续奋斗

航天工业和航天产业对一个国家在太空领域的利益至关重要，建设航天强国是大国、强国追求的目标。《2016中国的航天》白皮书发布，其中首次提出我国全面建成航天强国的愿景。根据该白皮书，航天强国“具备六个能力，拥有四个要素”。“六个能力”主要指具备自主可控的创新发展能力、聚焦前沿的科学探索研究能力、强大持续的经济社会发展服务能力、有效可靠的国家安全保障能力、科学高效的现代治理能力、互利共赢的国际交流与合作能力。“四个要素”是指拥有先进开放的航天科技工业体系、稳定可靠的空间基础设施、开拓创新的人才队伍、深厚博大的航天精神。

一、我国建设航天强国的主要历程

可以说，我国的航天事业是在新中国成立初期一穷二白的情况下起步的。

1956年3月14日，周恩来总理主持中央军委会议，采纳了钱学森的建议，决定成立国防部航空工业委员会，设立了国防部五局，负责导弹研制；设立了国防部五院，负责火箭、导弹研制。可以说，1956年是我国航天事业的元年。同年，李富春副总理率团访问苏联并签署了《关于苏联援助中国建设原子能工业的协定》。1957年，聂荣臻元帅率团再次访问苏联，签署新技术援助协定。1958年5月，毛泽东在党的八大二次会议上提出，苏联人造卫星上天，我们也要搞。这是我国向世界的庄严誓言，是我国加快向空间进军的号角。正在我国决定仿制苏制“P-2”导弹（“东风一号”）的关键期，1960年7月16日，苏联单方面撕毁协议，随后撤走了全部专家，并带走所有研发资料。我国航天事业步履维艰，在艰难中进行探索。毛泽东批示：“在科学研究中，尖端武器的研制工作仍应抓紧进行，不能放松或下马。”1960年底，我国先后三次成功发射“东风一号”导弹。此时距苏联撤走专家时间仅一个多月。1964年10月16日新华社发表公报：中国成功爆炸一颗原子弹。1967年6月17日，我国第一颗氢弹成功爆炸。1970年4月24日，我国第一颗人造地球卫星“东方红一号”成功发射，《东方红》乐曲响遍全球，举世震惊。从此我国成为继苏联、美国、法国、日本之后第五个发射人造卫星的国家。

“两弹一星”标志着我国航天事业的起步。2003年10月15日，我国第一位航天员杨利伟搭乘“神舟五号”宇宙飞船，实现了太空飞行。这标志着我国成为世界上第三个成功将宇航员送入太空的国家。2007年10月24日，“嫦娥一号”卫星成功进入太空。我国自主研制的第一颗月球探测卫星成功发射，标志着我国在探月工程领域迈出关键一步。进入新时代以来，我国航天事业加速发展和进步。2013年12月2日成功发射的“嫦娥三号”月球探测器于2013年12月14日在月面实现软着陆。这标志着我国成为世界上第三个具备落月探测能力的国家。2019年1月3日，“嫦娥四号”月球探测器实现了人类首次在月球背面着陆。2020年7月23日，“天问一号”发射成功，并于2021年5月15日着陆火星，搭载的“祝融号”火星车开始开展科学巡测。这标志着我国成为世界上第一个通过一次发射完成绕、落、巡三项任务的国家。2020年12月17日，“嫦娥五号”成功完成首次月球采样返回任务，开启中国探月工程新时代。2021年4月29日，中国空间站第一个舱段“天和”核心舱成功发射，宣告我国空间站任务的新时代到来了。2022年，中国航天全年实施发射任务64次，再次打破新中国航天全年发射次数的纪录。一年中，长征系列运载火箭发射53次，全部成功，年度发射次数首次迈上50大关，并打破102次连续发射成功的纪录；“快舟”系列火箭成功实施5次发射，“快舟一号甲”火箭实现全年发射四连胜，“快舟十一号”火箭发射获得圆满成功；“力箭一号”“捷龙三号”火箭成功首飞；“谷神星一号”火箭两次发射成功。

二、建设航天强国的意义重大

党的十九大报告提出建设航天强国是建设创新型国家的重要组成部分。党的二十大报告再次奏响建设航天强国的最强音，指出要加快建设航天强国，加快实现高水平科技自立自强。我国航天技术在从无到有、从有到大、从大到强的进程中，不仅有力地保障了我国的战略安全，还有力地推动了我国的科学技术进步，大大增强了服务经济社会发展的能力。建设航天强国的重要意义，可以从以下四个方面进行分析。

第一，建设航天强国服务于国家战略安全。面对西方的敌视与封锁，毛泽东认为“要想不被人欺负，也要搞自己的尖端武器”“也要搞一点原子弹”“也要搞人造地球卫星”。可以说，我国在航天领域的进步，对我国实现站起来的历史任务，具有重大的战略意义。

第二，建设航天强国有力地推动了我国科学技术进步。经过67年的航天技术发展，我国航天事业取得了辉煌的成绩，不仅实现了完整体系的导弹、火箭、人造卫星等各种航天器的研发和生产，而且还建立了各类卫星、飞船发射中心；不仅取得了一系列空间科学研究成果，还培养了一大批政治素质过硬、技术水平高的航天人才队伍。

第三，建设航天强国具有明显的学科和产业外溢效应。随着我国航天事业的发展，我国智能化、信息化等前沿领域与航天科学技术的融合性发展日益凸显。除此以外，航天工业具有重要的产业和商业价值。比如，我国的北斗卫星导航系统为世界各国提供服务，具有良好的社会和经济效益。

第四，建设航天强国对于促进人类文明进步具有重要意义。我国坚持在航天领域进行国际交流与合作，我国航天技术的不断发展必将为人类探索浩瀚宇宙、促进人类共同进步方面作出中国贡献。

习近平总书记在2016年举行的全国科技创新大会、两院院士大会、中国科协第九次全国代表大会上总结了航天活动的重要意义：空间技术深刻改变了人类对宇宙的认知，为人类社会进步提供了重要动力，同时浩瀚的天空还有许多未知的奥秘有待探索，必须推动空间科学、空间技术、空间应用全面发展。

第二节　中国航天不断创造新的历史

航天工程是一个极其复杂的系统工程，主要包括导弹装备系列、运载火箭系列、人造地球卫星、载人航天工程等六个方面。

一、导弹装备系列

航天事业是国家安全的重要保证，导弹则是守护国家安全的基础性航天装备。我国的导弹装备主要有“东风”系列导弹、“红旗”系列导弹、“霹雳”系列导弹、“鹰击”系列导弹、“巨浪”系列导弹、“长剑”系列导弹。

我国第一次也是唯一一次导弹和原子弹结合的发射于1966年10月27日取得成功，举世皆惊。此次发射即使用“东风二号甲”中近程导弹完成。此次“两弹结合”成功试验，标志着我国具有用于实战的导弹核武器，打破了西方国家认为中国“有枪无弹”的陈词滥调以及对中国的轻视。从此西方国家再也不能对我国进行核讹诈了。“东风”系列导弹包括“东风－5”洲际弹道导弹、“东风－21”中程地地战略导弹、“东风－17”弹道导弹。其中，后者于2019年出现在阅兵式上的战略打击方队，具备全天候、无依托、强突防的特点，可对中近程目标实施精准打击。

“红旗”系列导弹主要有“红旗－2”中高空中程防空导弹、“红旗－7”低空超低空防空导弹、“红旗－9”中高空中远程防空导弹、“红旗－17”低空野战防空导弹。其中，“红旗－17”低空野战防空导弹有“武直杀手”之称，对于我军具有重要的里程碑意义，它的列装为我国陆军机械化部队大纵深突击作战提供了强大的随行对空防御能力，为陆军实行全域作战提供了有力的保障。

“霹雳”系列导弹主要包括“霹雳-2”空空导弹、“霹雳-5”空空导弹、“霹雳-8”近距空空导弹、“霹雳-10”近距格斗空空导弹。空空导弹在现代战争中是取得制空权的重要武器，是现代战争中的空中搏击高手。我国研发的第四代“霹雳-10”处于世界先进行列。

“鹰击”系列导弹是反舰导弹，具有体积小、速度快、造价低、威力大的特点，在现代战争中发挥着不可替代的作用。

“巨浪”系列导弹致力于二次核打击以粉碎核战争带来的威胁与讹诈，以“巨浪一号”为代表。其成功研制标志着我国具备二次核打击能力，使我国成为世界上第五个拥有潜舰水下发射核导弹能力的国家。

“长剑”系列导弹属于巡航导弹。航程远、精度高、低空飞行、隐蔽突防、连续突击的巡航导弹，在高技术局部战争和军事冲突中扮演着越来越重要的角色。我国研制的“长剑-100”填补了我国军事能力的空白，实现了作战能力的飞跃。

二、运载火箭系列

航天技术和能力高度依赖运载火箭。运载火箭把各种航天器如人造地球卫星、载人飞船、探测器等运送到太空，是连接人与太空的“天梯”。我国的运载火箭系列以“长征”“快舟”命名。自20世纪70年代到80年代早期，我国成功研制出“长征一号”“长征二号”系列运载火箭。之后技术进行了升级，出现了“长征二号E”“长征二号F”“长征三号”“长征四号”系列运载火箭。其中，“长征一号”是我国首枚空间运载火箭，“长征二号”开创了3.35米芯级直径的构型，“长征三号”实现了多级并轨，“长征四号”系列都是三级常温运载火箭。

为了追赶世界航天强国，从2015年开始，我国按照“无毒、无污染、低成本、高可靠、大推力、适应性强、安全性好”的目标，先后研制出“长征五号”“长征六号”“长征七号”“长征八号”“长征十一号”等新一代大中小微型运载火箭，使我国建设航天强国的路程缩短了。

我国新一代运载火箭还包括“快舟”系列运载火箭。该系列是世界首个“星箭一体”小型运载火箭，包括“快舟一号”“快舟二号”“快舟一号甲”等。“长征”和“快舟”系列运载火箭实现了我国航天事业从无到有、从一箭一星到一箭多星的转变，完成了“神舟飞天”、“嫦娥奔月”、北斗组网、高分观测、对外商业发射等任务，有力地推进我国从航天大国向航天强国的新征程。

三、人造地球卫星

自1970年我国发射第一颗人造地球卫星以来，我国的航天事业走过了从零起步、试验探索、全面发展三个历史阶段。“东方红一号”的成功发射，标志着我国实现了人造地球卫星零的突破。试验探索阶段以多型卫星、一箭多星为突破口，包括“实践一号”“实践二号”“东方红二号”等。20世纪80年代后期，我国卫星事业从技术实验走向工程应用阶段，实现了全面发展，卫星应用百花齐放。2020年7月31日，“北斗三号”全球卫星导航系统全面建成、开通、组网，正式进入服务全球新时代。我国人造地球卫星的“追星”路上，主要有这样几种竞跑者：“东方红”系列卫星、“实践十三号”卫星、“天链”号卫星、“北斗”系列卫星、“风云”系列卫星、“海洋”系列卫星、“高分四号”卫星、中巴地球资源卫星、“张衡一号”电子监测试验卫星、“实践十号”返回式科学试验卫星、“悟空”暗物质粒子探测卫星、“墨子号”量子科学实验卫星，分别从不同领域、不同角度、不同层次服务中国乃至世界。尤其是近些年，我国卫星事业高歌猛进。重大工程方面，北斗全球卫星导航系统完成组网；通信卫星领域，“东方红五号”卫星平台首发星成功定点；遥感卫星领域，“高分”系列卫星步步高升。其中，“风云”“海洋”系列卫星技术指标处于世界领先水平。

四、载人航天工程

载人航天是实现飞天寻梦的关键工程。自1992年“921工程”立项以来，我国载人航天工程进入发展快车道。我国载人航天工程按照“三步走”发展战略，稳步推进。“三步走”发展战略是指载人天地往返、空间出舱活动、空间交会对接。我国载人航天每一步均稳扎稳打，每一步都有新高度，绘制了一幅建设航天强国的壮丽画卷。率先取得从无到有突破的是“神舟一号”无人试验飞船，于1999年11月20日成功发射。随后，“神舟二号”“神舟三号”“神舟四号”无人试验飞船相继取得成功。我国第一位访问太空的航天员是杨利伟，搭载的是2003年10月15日成功发射的我国第一艘载人飞船“神舟五号”。同月16日6时，杨利伟出舱。这标志着我国成为世界上第三个具备独立能力开展载人航天活动的国家。2005年10月12日—17日，“神舟六号”载着费俊龙、聂海胜两位航天员完成航天飞行并安全返回。这是一次新的突破。首先，航天员人数从1增加到2；其次，航天员首次进入轨道舱；最后，首次全面启动环控生保系统。

探索宇宙，还需要航天员太空出舱漫步，为空间交会对接做好技术准备。这个突破是由翟志刚、刘伯明、景海鹏三位航天员完成的。2008年9月25日，“神舟七号”一飞冲天，翟志刚迈入太空，挥舞国旗向世界问好。至此，我国载人航天事业走完第一步。第二步的开启以2011年9月发射的“天宫一号”为标志。“天宫一号”是我国第一个空间实验室。2011年11月3日“天宫一号”与“神舟八号”进行了空间交会对接，这是我国载人航天事业的又一个里程碑。2016年9月的“天宫二号”、同年10月的“神舟十一号”与“天宫二号”交会对接、2017年4月的我国第一艘货运飞船“天舟一号”相继成功发射，宣告了我国空间站时代即将到来。2022年是中国载人航天立项30周年，全年载人航天共计实施6次发射，先后将“天舟四号”货运飞船、“神舟十四号”载人飞船、“问天”实验舱、“梦天”实验舱、“天舟五号”货运飞船、“神舟十五号”载人飞船送入太空。2022年11月

3日，“梦天”实验舱顺利完成转位操作，中国空间站“T”字基本构型在轨组装完成。2022年11月30日，“神舟十五号”与“神舟十四号”的两个乘组在太空胜利会师，我国首次实现空间站三船三舱构型以及6名航天员同时在轨飞行。

五、深空探测状况

深空探测器与人造地球卫星、载人航天器同为当今人类探索太空的三大主要航天器。所谓深空探测，主要是指对地球以外天体进行空间探测的活动。2021年5月15日，习近平总书记致电祝贺我国首次火星探测任务“天问一号”探测器成功着陆火星。他说：“天问一号探测器着陆火星，迈出了我国星际探测征程的重要一步，实现了从地月系到行星际的跨越，在火星上首次留下中国人的印迹，这是我国航天事业发展的又一具有里程碑意义的进展。”[①]这次成功着陆，也标志着我国进入深空探测发展新时代。

深空探测是大国竞争的竞技场，是一个大国科学技术发展水平的衡量器，极具挑战性、创新性和辐射性，对国家政治、经济、科学、军事以及人类社会可持续发展都具有重要战略意义。我国进军深空探测领域可以分为三个阶段：“嫦娥工程”填补了我国深空探测的空白，“天问”探火工程标志着我国迈入星际探测时代，“中国天眼”（FAST）工程开启人类洞悉宇宙未知地带征程。

六、商业航天领域

所谓商业航天，是指以市场原则推动运行的航天活动。根据欧洲咨询公司发布的《2020年航天经济报告》，商业航天收入大约3150亿美元，占航天经济总值的82%。这意味着航天日益产生海量的社会、经济效益，商业航天的需求不断增加，已经成为大国竞争的新领域。

---

① 《我国首次火星探测任务天问一号探测器成功着陆火星》，《人民日报（海外报）》2021年5月17日。

2014年是我国商业航天的转折点。这一年，国家不断颁布利好文件、规定，推动资本、技术、人才向商业航天汇集，并形成初步的产业体系。2017年初，中国航天科工集团按照市场方式运作、研制的“快舟一号甲”的成功发射，被认为是我国商业航天的标志性事件。国家队中国航天科技集团一院首个商业运载火箭“捷龙一号”以“一箭三星”的方式发射成功。除此以外，商业航天国家队成员还有“鸿雁星座”“虹云工程”等。与此同时，民间资本、技术也迅速进入商业航天领域，比如星际荣耀、星河动力、蓝箭航天、零壹空间等公司如雨后春笋，纷纷成立。2019年7月底，北京星际荣耀研制的“双曲线一号遥一长安欧尚号”运载火箭实现了重大突破。这表明，商业航天领域国家队不再孤独，民间与政府两者将形成合力，共同推动我国建设航天强国进入新征程。

第三节　与世界航天强国尚有差距

建设航天强国是我们不懈的追求。经过艰苦奋斗，我国航天事业在一穷二白的基础上，取得辉煌成就，在世界航天领域占有一席之地，实现了航天大国的目标。但是我们也应清醒地看到，我国离航天强国仍有差距。

在导弹装备系统方面，美国仍是唯一的超级大国，拥有体系完备、质量过硬的导弹武器及作战体系，具有绝对优势。俄罗斯继承苏联的军事实力，仍是世界一流军事强国，在反导导弹、潜射导弹、超声速反舰导弹领域处于世界领先地位。我国在中距离中近程弹道导弹、反舰巡航导弹等领域处于世界领先地位。在航天运输系统方面，美、俄居于超强地位，两国发射总量占全球累计总数的84.53%。我国在发射成功率上占据优势。从运载能力来看，我国运载能力最大的重型火箭“长征五号”，近地运载能力为25吨，与美国现役“法尔肯”的63.8吨差距明显。这表明我国运载火箭的发展进步空间较大。在卫星系统方面，据统计，全球截至2020年4月共有2665颗仍在使用的卫星，其中美国拥有1306颗，我国356颗，俄罗斯167颗。在载人航天方面，呈现出美、俄、中三国鼎立局面。经过30多年的发展，我国航天员聂海胜、刘伯明、杨洪波于2021年6月17日进入“天和”核心舱，标志着中国人首次进入自己的空间站。在不久的将来，美、俄空间站将相继退役，中国空间站或将成为世界上唯一一个在役空间站。在深空探索方面，美国是唯一一个对太阳系内所有行星进行过探测活动的国家。美国在太阳系探测领域居于绝对领先地位，俄罗斯占据领先地位，我国以成功率高著称。

我们可以看出，从航天大国到航天强国，任重道远，我们仍需在以下几个方面努力。首先，我国需要构建体系完整、性能卓越的航天运输系统。其次，我国需要建设全球覆盖、天地一体的国家空间基础设施。再次，我国需要建设全球服务、精准高效的空间信息服务体系。从次，我国需要掌握太阳系广域探测核心技术。最后，我国需研制建设在轨维护与服务系统。宇宙浩瀚，探索无止境。中国航天人不忘初心、牢记使命，在新时代将继续为建设航天强国作出新的贡献。

第四节　弘扬航天精神再创辉煌

2023年，我国航天事业走过67个春秋，实现了从无到有、从小到大的历史转变。如今，我们正处于从航天大国向航天强国迈进的历史新征程。2016年4月，习近平总书记在首个“中国航天日”作出指示：“经过几代航天人的接续奋斗，我国航天事业创造了以‘两弹一星’、载人航天、月球探测为代表的辉煌成就，走出了一条自力更生、自主创新的发展道路，积淀了深厚博大的航天精神。”[①] 为了更好地赓续航天精神，总结67年来的航天经验，对于推动航天事业高质量发展具有重要意义。

---

① 《习近平在首个“中国航天日”之际作出重要指示强调 坚持创新驱动发展勇攀科技高峰 谱写中国航天事业新篇章》，《人民日报》2016年4月25日。

一、始终坚持党的领导，为我国航天事业高质量发展提供根本保证，是我国航天事业的光荣传统、独特优势和力量所在

一部中国航天事业史，就是一部坚持党的领导、沿着党中央指示的方向从胜利不断走向胜利的历史。我国航天事业的发展是发挥举国体制和集中力量办大事优势的典范。中国特色社会主义进入新时代，更好地发展航天事业，积极建设航天强国，必须牢固树立制度自信，发挥制度优势，并坚持把制度优势转化为我国航天事业的发展优势。经过几代航天人的接续奋斗，我国航天事业创造了以“两弹一星”、载人航天、月球探测为代表的辉煌成就，走出了一条自力更生、自主创新的发展道路。历史表明，自力更生、自主创新是我国航天人深厚的基因与文化精神。只有通过自力更生、自主创新，才能把核心技术牢牢掌握在自己手中。这是一条正确的道路，必须始终坚持道路自信。航天工程是一项高度复杂的系统工程，离不开在实践中探索出的自己的成熟管理经验。在67年的航天事业发展中，航天人在实践中探索出一套富有特色和成效的管理经验。这些管理经验包括两条指挥线的管理体系、“三位一体”的研制生产管理体制、按型号建院的组织体制、“四个一代”的技术发展路线和“零缺陷”航天质量文化。航天强国离不开人才。调查数据显示，在载人航天工程研制队伍中，35岁以下年轻人占80%以上。“北斗”团队平均年龄为35岁，“嫦娥”团队、“神舟”团队平均年龄为33岁。“东方红四号”团队平均年龄仅为29岁。以钱学森和“航天四老”为代表的老一代航天前辈不仅在攻克技术难题上作出贡献，而且在人才队伍建设上薪火相传，培养了一批敢胜能胜必胜的后辈航天人。建设航天强国，必须实施人才强国战略。航天人做到了。

二、传承弘扬航天精神

我国航天事业发展经验，还要加上一条：传承弘扬航天精神。没有航天精神，就没有我国航天事业的壮丽史诗。我国航天精神是由爱国主义精神发展而来的，经过不断升华，逐渐演化为“热爱祖国、奉

献敬业、求真务实、自主创新”的航天核心价值观。航天精神和航天核心价值观激励着一代又一代航天人在艰苦奋斗中谱写了无数壮丽诗篇。从谱系上看，航天精神包括“两弹一星”精神、载人航天精神、新时代北斗精神、探月精神……这一系列精神不仅丰富了航天精神，也丰富了中华民族的精神世界。航天精神是中华民族在艰苦奋斗中形成的，充分展示了中华民族的文化自信。发展航天事业，建设航天强国，必须坚定文化自信，大力弘扬并与时俱进地丰富、发展航天精神。通过弘扬航天精神，铸牢航天感情纽带，激发精神动力，汇聚磅礴伟力，为建设社会主义现代化国家而奋斗。

第五章　交通强国

习近平总书记深刻指出："交通是经济的脉络和文明的纽带。"①现代交通网络的四通八达推动经济融通、人文交流，使世界成了紧密相连的地球村。我国坚持"交通"天下，加快建设交通强国，已经成为全球海运连接度最高、货物贸易额最大的经济体。坚持开放联动，加强互联互通，全面推进交通物流、基础设施建设等合作，正是中国为促进全球经济复苏、推动构建人类命运共同体作出的重要贡献。

第一节　交通是文明的纽带

一、我国交通建设的现状

"要想富，先修路"，这一民间说法朴素地表达了交通建设在我国社会主义现代化建设事业中的作用。党的十八大以来，我国交通事业取得长足进步，很多指标走在世界前列。综合而言，我国已成为名副其实的交通大国，主要成就包括如下几个方面。

第一，在交通基础设施建设上，四通八达的综合交通网络基本形成。我国拥有世界上最为庞大的交通网络系统。到2022年，全国高速公路里程达到16.91万公里；公路总里程已达528万公里，形成了以高速公路为骨架、普通干线为脉络、农村公路为基础的全国公路网，居全球首位。全国高铁汇总里程约4.3万公里，全国铁路营业里程达15.5万公里，居全球首位。内河航运里程规模以上港口泊位、货物吞吐量、定期航班通航机场数和航班航线、快递业务量等方面均居全球首位。完善的交通基础设施网络有力地支持了我国经济社会发展。

---

① 习近平：《与世界相交 与时代相通 在可持续发展道路上阔步前行——在第二届联合国全球可持续交通大会开幕式上的主旨讲话》，《人民日报》2021年10月15日。

第二，在交通科技创新方面，我国交通领域科技创新已改变了全面落后状态，实现了跟跑、并跑、领跑“三跑并存”新阶段。交通领域的核心、关键技术有所突破，如高速公路、高速铁路、大型机场工程等建造技术居世界前列。随着C919大飞机的横空出世，我国在大型客机等交通装备技术领域达到世界先进水平，甚至处于领跑地位。智能交通随着云计算、大数据、互联网、北斗导航系统的启用，也取得长足进展，有进入世界前列的趋势。

第三，在交通行业治理能力上，我国行业标准不断完善，国际标准参与度呈上升趋势。简政放权取得较好进展，行政审批逐步精简，渐趋形成行业社会共治格局。在顶层设计上，交通运输法律法规更加完善，《中华人民共和国国防交通法》《中华人民共和国航道法》《铁路安全管理条例》等相继出台，交通事业改革稳步推进，交通治理体系逐渐形成，交通治理能力得到提升。

第四，在交通转型升级方面迈出坚实步伐。大数据、人工智能、物联网等技术创新与交通产业产生共振与融合，车路协同、自动驾驶、共享出行等新的业态模式不断出现，绿色交通迅速发展。瞄准现代化综合运输一体化，以关键技术为突破点，带动智能交通发展，实现我国交通运输事业从传统走向现代。

第五，在国际话语权方面，我国交通事业的国际影响力不断增强。以“一带一路”倡议为契机，我国交通运输行业积极实施“走出去”战略，展示了我国基础设施建设能力、企业国际竞争力、国际交通运输保障力、履行国际义务能力等。“六廊六路多国多港”对外交通运输网络基本形成，至2022年，国际道路运输合作范围多达19个国家和地区，中欧班列扩展至欧洲24个国家，民航航班通达64个国家和地区。我国积极参加国际海事组织、国际民航组织、国际铁路组织等30多个具有影响力的国际组织，进一步凸显了我国交通大国的地位。

二、建设交通强国的战略意义

我国交通运输业的稳步发展，奠定了我国交通大国的地位。中国特色社会主义进入新时代，我国处于从“交通大国”向“交通强国”的转变时期。今天，我们正站在新起点上。认真学习贯彻新时代中国特色社会主义理论，充分把握建设交通强国的战略意义，对于实现全面建设社会主义现代化国家具有重要价值。我们可以从四个方面来进行分析。

首先，建设交通强国是实现中华民族伟大复兴中国梦的应有之义。交通运输作为基础设施中的基础设施，对国家经济活动和发展具有无可代替的基础性作用。当今，交通运输不断转型，出现新业态、新模式，与我们的生活更加密切，高度融合在生产、分配、流通、消费等各个环节。没有交通强国，就没有现代化强国；没有发达的交通事业支撑，就难以实现中国梦。其次，建设交通强国是实现人民美好生活的必然要求。党的十九大作出了我国社会主要矛盾转化为“人民日益增长的美好生活需要和不平衡不充分的发展之间的矛盾”的论断。美好生活离不开高品质的交通运输服务。以前，我们的提问方式是“有没有”，现在变成了“好不好”。只有建设交通强国，不断提升交通服务品质，才能不断满足人民多样化、个性化、高品质的出行需要。再次，建设交通强国为建设现代化经济体系提供重要支撑。现代化经济体系对生产、消费各个环节提出了更高的要求。交通运输与这些环节高度相关，一头连着生产，一头连着消费。建设交通强国，实现交通运输高质量发展，对于构建现代化产业链供应链、推动构建现代化经济体系意义重大。最后，建设交通强国有利于缩小城乡差距，改变发展格局。当前，我国经济迅速发展，是世界第二大经济体。但是，我国城乡差距依然存在。在全面建成小康社会以后，今后首要的工作就是乡村振兴。乡村振兴，交通先行；没有布局完善的综合交通运输网络，就没有真正意义上的乡村振兴。

三、建设交通强国面临的挑战

我国已是名副其实的交通大国，这一点不容否认，但在某些方面我国的交通事业仍然有很大的提升和发展空间。我国交通运输业的主要问题包括如下几个方面。

首先，我国虽然总体上建成了比较完整的综合交通运输体系，但交通运输设施有待进一步现代化，体系上仍需完善。目前交通基础设施超前规划与局部运能不足共存，表现在铁路系统上，区段性瓶颈制约现象依然存在；在公路系统上，区段交通堵塞仍较严重；多种交通一体化的综合客运枢纽有待进一步加强建设；西部综合交通基础设施相对不足，城市和乡村的基础设施差距较大。其次，尽管我国的交通运输服务能力和水平有了质的提升，但相对于建设交通强国的要求差距仍然较大，主要表现为各种交通方式之间存在“管理孤岛”“信息孤岛”，相互之间的信息共享、有机协作存在短板，这导致客运系统体验感不强、货运服务专业化水平较低。再次，近些年来我国新能源交通异军突起，总体来说，与国际一流交通强国对比，我国交通运输在绿色化、智能化、安全性方面依然差距较大。尤其是安全问题，一直是我国交通领域的一大短板。另外，交通运输的经济效率仍然偏低。最后，我国交通行业参与全球交通治理的主导作用发挥得不够，国际话语权有限，影响力较弱。比如，我国在主要国际交通组织中担任主要领导职务的人数较少，与我国在国际上的交通地位和发展水平不相称。在国际规则制定和行业标准设定上，我国仍需努力积极参与。这些不足向我们表明了建设交通强国的紧迫性。

第二节　建成人民满意、保障有力、世界前列的交通强国

建设交通强国不仅要在核心技术、管理能力、服务效能上用力，还要培养人才队伍体制机制，始终让交通使人民满意、安全可靠、节能绿色。

一、人民满意是目的

党的二十大报告指出：“坚持以人民为中心的发展思想。维护人民根本利益，增进民生福祉，不断实现发展为了人民、发展依靠人民、发展成果由人民共享，让现代化建设成果更多更公平惠及全体

人民。”[①]我国的交通事业已经渡过了“没有”的难关，现在追求的是“好”、人民满意。随着人民对美好生活的需求越来越高，越来越多样化，越来越个性化，越来越追求体验感、幸福感，我国的交通事业也应与时俱进。

在满足人民日益丰富的交通需求方面，建设交通强国需要推出更加快速化、更加便捷化的交通服务。提升主要交通模式的旅客运输能力，优化大容量、高效率区际快速客运服务。目前我国航空运输能力存在布局不平衡的问题，因此需要布局航空服务网络，完善航空服务能力。随着城市化的发展，城市人口越来越多，交通堵塞形势越来越严峻，严重影响了人民群众的满意度。要以公交枢纽站点为中心，不断优化公交网线和站点布局，强化各种出行方式的便捷衔接，构建干支线结合、社区微循环线补充的多样化公共交通服务体系。由于城乡交通基础设施发展不平衡，推进城乡客运服务一体化，保障城乡居民行有所乘，也是提升人民满意度的重要努力方向。现代生活，物流的作用越来越明显，使用网购、快递服务的群体越来越多，这对打造绿色、高效、安全的现代物流体系提出了新要求。随着人民生活水平的提高，我们迎来了大众旅游、全域旅游的新时代。因此，我们要加速推出交通的新业态新模式，满足人民的旅游出行要求。

二、安全可靠是生命线

安全是交通的生命线，也是交通满足人民美好生活的底线。现代人出行更加便捷，加上我国是人口大国，各种出行的频率越来越高，规模越来越大，导致我国是受交通安全影响最大的国家之一。为此，必须把交通运输安全放在国家战略层面予以解决，加快“完善可靠、反应快捷”的交通安全保障体系建设。

加快“完善可靠、反应快捷”的交通安全保障体系建设，首先要

① 习近平：《高举中国特色社会主义伟大旗帜　为全面建设社会主义现代化国家而团结奋斗——在中国共产党第二十次全国代表大会上的报告》，人民出版社2022年版，第27页。

提升交通本质安全水平。所谓交通本质安全，是指交通从业人员、交通设备等要素可以防患于未然，体现了交通安全的最高境界。根据本质安全，我们需要完善交通安全技术标准体系，加强交通基础设施安全性；构建现代化工程建设质量管理体系；加强基础设施养护管理；加强基础设施运行的监测管理；强化载运工具质量管理，保障运输安全。其次要完善交通安全生产体系。主要包括完善安全责任体系，强化企业主体责任，明确部门监管责任；完善预防控制体系，有效防范系统性风险，建立交通装备、工程第三方认证制度；强化安全生产事故调查评估等。最后应增强交通应急救援能力。近些年，我国应对突发公共安全事件的能力有了长足的进步，有力地保障了人民群众的安全。但与交通强国相比，我们依然有差距，需要继续努力。建设交通强国、保障交通安全，需要我们完善交通运输应急保障体系，建立综合交通应急管理体制机制、法规制度和应急预案体系，加强应急专业装备、设施、队伍建设，积极参与国际应急救援合作，加强应急救援社会协同能力，提升应急救援水平。

三、节能绿色是未来方向

2021年，国家主席习近平出席第二届联合国全球可持续交通大会开幕式时指出："坚持生态优先，实现绿色低碳。建立绿色低碳发展的经济体系，促进经济社会发展全面绿色转型，才是实现可持续发展的长久之策。要加快形成绿色低碳交通运输方式，加强绿色基础设施建设，推广新能源、智能化、数字化、轻量化交通装备，鼓励引导绿色出行，让交通更加环保、出行更加低碳。"[①] 习近平主席的讲话指明了建设交通强国的绿色未来发展方向。

交通运输是资源密集型产业，对生态的影响较大，与高耗能和温室效应密切相关。结合我国的实际情况，参照国际先进经验，把握绿

---

① 习近平：《与世界相交 与时代相通 在可持续发展道路上阔步前行——在第二届联合国全球可持续交通大会开幕式上的主旨讲话》，《人民日报》2021年10月15日。

色低碳交通发展方向，我们应该在以下几个方面协同努力。首先，建设绿色低碳交通强国，要促进资源节约集约利用，比如，尽量科学规划节约土地、海岸、空域资源，提升使用效率。另外，加强老旧设施的更新利用，推广施工材料、废旧材料的综合利用，推进邮件快件包装绿色化、减量化。其次，建设绿色低碳交通强国，要加强节能减排和污染防治。近些年来，我国的新能源汽车发展势头迅猛，为节能减排作出重大贡献。我国还可以进一步优化交通能源结构，降低柴油、汽油等高污染能源的使用比例，大力发展和推广太阳能、风能等清洁能源。严格执行车辆排放准入制度，促进公路货运节能减排。逐步加大城市公共交通工具和物流配送车辆新能源化、清洁化。交通运输噪声也是交通运输的一个重要污染源，对人体健康产生不利影响。采用技术手段，不断降低高铁、飞机沿线的噪声和振动，可以促进绿色交通的发展。加强公众的绿色低碳出行理念，也是有效的方式之一。最后，建设绿色低碳交通强国，还要高度关注生态保护，加强交通生态环境保护和修复，严格执行生态保护和水土保护措施。

四、人才队伍是坚强保障

在建设交通强国的新征程上，我国比以往任何时候都更加迫切地需要人才。党的二十大报告强调：“深入实施人才强国战略。培养造就大批德才兼备的高素质人才，是国家和民族长远发展大计。功以才成，业由才广。坚持党管人才原则，坚持尊重劳动、尊重知识、尊重人才、尊重创造，实施更加积极、更加开放、更加有效的人才政策，引导广大人才爱党报国、敬业奉献、服务人民。完善人才战略布局，坚持各方面人才一起抓，建设规模宏大、结构合理、素质优良的人才队伍。加快建设世界重要人才中心和创新高地，促进人才区域合理布局和协调发展，着力形成人才国际竞争的比较优势。加快建设国家战略人才力量，努力培养造就更多大师、战略科学家、一流科技领军人才和创新团队、青年科技人才、卓越工程师、大国工匠、高技能人才。加强人才国际交流，用好用活各类人才。深化人才发展体制机制改革，真心爱才、悉心育才、倾心引才、精心用才，求贤若渴，不拘一格，把各方面优秀人才集聚到党和人民事业中来。”[①]

坚持人才建设交通强国战略，要求我们在以下方面作出努力。首先，建设交通强国需要培育高水平交通科技人才。经过多年的深耕，交通事业培养了一大批德才兼备的交通科技人才，但仍然满足不了我们的需求，人才方面还存在短板，比如“有高原无高峰”的现象比较突出。交通科技人才队伍的建设是交通强国的基础，通过培养和引进交通科技人才、推动高端智库建设、完善专家工作体系，提高科技人才对交通运输业发展的贡献率。其次，建设交通强国需要打造素质优良的交通劳动者大军。在长期的实践中，我们培育形成了爱岗敬业、争创一流、艰苦奋斗、勇于创新、淡泊名利、甘于奉献的劳模精神，崇尚劳动、热爱劳动、辛勤劳动、诚实劳动的劳动精神，执着专注、精益求精、一丝不苟、追求卓越的工匠精神。当今建设交通强国，需要实现交通劳动大军的知识化、技能化和创新化。因此，我们要加大培养素质优良劳动者的力度，健全培养体系。最后，建设交通强国，还需要培养高素质专业化的交通干部队伍。新时代的交通干部队伍不仅要业务精良，还要忠诚干净担当。

第三节　当好中国现代化开路先锋

站在中华民族伟大复兴的新起点上，加快建设交通强国，需要做好顶层设计，实现全国一盘棋、系统发力的局面。

一、做好顶层设计

经过多年的准备，由交通运输部牵头，多部门协同参与，历时22个月编制了《交通强国建设纲要》。2019年9月，中共中央、国务院批准印发。《交通强国建设纲要》为我国建设交通强国绘制了蓝图，

① 习近平：《高举中国特色社会主义伟大旗帜 为全面建设社会主义现代化国家而团结奋斗——在中国共产党第二十次全国代表大会上的报告》，人民出版社2022年版，第36页。

做好了顶层设计，是我们建设交通强国的纲领性文献。根据《交通强国建设纲要》，建设交通强国要在以下几个方面作出努力。

第一，建设交通强国要瞄准“一个总目标”，即“人民满意、保障有力、世界前列”。“人民满意”，是建设交通强国的根本宗旨，要求建设人民满意的交通，真正做到人民交通为人民。“保障有力”，是建设交通强国的基本定位，要求紧紧围绕国家战略需求进行布局，以高质量的交通体系服务国家战略规划实施，为全面建设社会主义现代化国家提供有力保障。“世界前列”，是建设交通强国的必然要求，这需要我们加大力度和进度，攻克技术难关、掌握核心技术，建设更绿色、更智能、更安全、高效率的交通运输体系。第二，建设交通强国要科学规划“两个阶段”。第一阶段，从2021年到2035年，基本建成交通强国，现代化综合交通运输体系基本完成，人民满意度明显提升，支撑国家现代化建设能力显著增强，交通国际竞争力和影响力显著提升。第二阶段，从2036年到2050年，全面建成人民满意、保障有力、世界前列的交通强国。第三，建设交通强国要推进“三个转变”。所谓“三个转变”，是指建设交通强国要由追求速度规模向注重质量效益转变，由各种交通形式单打独斗向一体化融合方向转变，由依靠传统要素堆积向创新驱动转变。第四，建设交通强国要打造“四个一流”。这“四个一流”是指“一流设施、一流技术、一流管理、一流服务”。打造一流设施，重点要打造交通基础设施网、运输服务网、能源网和信息网融合发展，构建泛在先进的交通信息基础设施。打造一流技术，就是要紧跟世界前沿，不断提升科技含量，提高交通行业全要素生产率。打造一流管理，就是要不断完善提升交通运输业的治理体系、提高治理水平。打造一流服务，就是交通运输业要不断满足人民美好生活的需求，提升人民群众的获得感、体验感、幸福感和安全感。第五，建设交通强国要实现“五个价值”，即“安全、便捷、高效、绿色、经济”。安全是交通运输业的永恒主题，以“零死亡”为努力的方向。便捷将提升居民出行品质及体验感，是交通服务能力的直接体现。高效绿色要求交通事业发展与自然环境和谐共生。经济是交通运输业的竞争力所在。

二、发扬集体精神

党的二十大报告指出："坚持发扬斗争精神。增强全党全国各族人民的志气、骨气、底气，不信邪、不怕鬼、不怕压，知难而进、迎难而上，统筹发展和安全，全力战胜前进道路上各种困难和挑战，依靠顽强斗争打开事业发展新天地。"[①]在一代又一代的交通人接力奋斗的过程中，逐渐形成了"一不怕苦、二不怕死，顽强拼搏、甘当路石，军民一家、民族团结"的"两路"精神，也形成了"挑战极限、勇创一流"的青藏铁路精神，还有"逢山开路、遇水搭桥"的港珠澳大桥建设奋斗精神、"把非凡英雄精神体现在平凡工作岗位上"的民航英雄精神、"把生的希望送给别人，把死的危险留给自己"的中国救捞精神等。这是交通人无比宝贵的精神财富。新时代建设交通强国，我们一定要继承和弘扬这些宝贵精神，为建设交通强国而努力奋斗。

---

① 习近平：《高举中国特色社会主义伟大旗帜 为全面建设社会主义现代化国家而团结奋斗——在中国共产党第二十次全国代表大会上的报告》，人民出版社2022年版，第27页。

第六章　网络强国

随着信息技术和互联网的发展，现代生活和网络的关系越来越密切。中国网络空间研究院在2022年世界互联网大会乌镇峰会上发布了《中国互联网发展报告2022》和《世界互联网发展报告2022》蓝皮书。截至2023年6月，我国网民规模达10.79亿人，已是名副其实的网络大国。2018年，习近平总书记在全国网络安全和信息化工作会议上发表重要讲话，他指出："信息化为中华民族带来了千载难逢的机遇。我们必须敏锐抓住信息化发展的历史机遇，加强网上正面宣传，维护网络安全，推动信息领域核心技术突破，发挥信息化对经济社会发展的引领作用，加强网信领域军民融合，主动参与网络空间国际治理进程，自主创新推进网络强国建设。"[①]

第一节　过不了互联网这一关，就过不了长期执政这一关

党的二十大对加快建设网络强国、数字中国作出了重要部署。从战略角度来看，要站在统筹中华民族伟大复兴战略全局和世界百年未有之大变局的高度，统筹国内国际两个大局、发展安全两件大事，以网络强国建设助力中国式现代化。

一、习近平总书记关于建设网络强国战略思想的演进

人类社会经历了几次工业革命，第一次工业革命以蒸汽机的发明为标志，人类社会进入蒸汽时代。第二次工业革命以电气发明为标志，人类社会进入电气时代。第三次工业革命随着科技的突飞猛进，而被称为"科技革命"。目前，我们已进入第四次工业革命的进程中，这次工业革命是以信息化技术的扩展为标志的。以互联网、大数据、

---

① 《习近平在全国网络安全和信息化工作会议上强调 敏锐抓住信息化发展历史机遇 自主创新推进网络强国建设》，《人民日报》2018年4月22日。

人工智能为代表的信息化革命越来越深入地影响到全球的经济、政治、社会、生活等，在各个方面如商业模式、生活方式、精神状态等都出现了接近颠覆性的变化。信息化技术成为当今世界大国的竞技场，是一个国家核心科学技术竞争力的体现。

早在福建工作期间，习近平同志就提出建设“数字福建”的重要理念。“数字中国”就是以“数字福建”的实践为基础，在研判第四次工业革命的全球趋势中而进行战略谋划的。更进一步，为适应我国发展现状及未来发展，在信息化建设、“数字中国”的基础上，建设网络强国的战略布局呼之欲出。我们将重点介绍习近平总书记关于建设网络强国战略思想的发展和演进。

党的十八大以来，以习近平同志为核心的党中央统筹两个大局，立足历史方位，敏锐地把握到互联网时代主题和发展趋势，提出一系列关于建设网络强国的重要论述。2012年12月，习近平总书记考察腾讯公司时，就明确指出互联网在当今世界的历史地位和战略意义，认为人类已经进入互联网时代。2014年2月，在中央网络安全和信息化领导小组第一次会议上，习近平总书记发表重要讲话，指出：“网络安全和信息化是事关国家安全和国家发展、事关广大人民群众工作生活的重大战略问题，要从国际国内大势出发，总体布局，统筹各方，创新发展，努力把我国建设成为网络强国。”①同时，习近平总书记强调，建设网络强国要注重“网络基础设施基本普及、自主创新能力显著增强、信息经济全面发展、网络安全保障有力”。需要指出的是，此次会议上的讲话奠定了习近平总书记关于建设网络强国战略思想的基础，首次较为系统地论述了建设网络强国的内涵、建设路径。2015年10月召开的党的十八届五中全会明确提出实施网络强国战略。从此，建设网络强国正式成为国家发展的重要战略方向之一。同年底，在乌镇召开的

---

① 中共中央党史和文献研究院编：《习近平关于网络强国论述摘编》，中央文献出版社2021年版，第33页。

第二届世界互联网大会上，习近平主席指出，“中国将大力实施网络强国战略、国家大数据战略、‘互联网+’行动计划”，“拓展网络经济空间，促进互联网和经济社会融合发展”。[①]在这次讲话中，习近平主席还提出全球互联网治理体系建设的“四项基本原则”和构建网络空间命运共同体的“五点主张”。

党的十九大明确提出建设网络强国、数字中国、智慧社会的发展目标。党的二十大重申了这一点。尤其是2018年，习近平总书记在全国网络安全和信息化工作会议上发表重要讲话，对建设网络强国的目标、布局等作出了全面论述。

习近平总书记指出：“当今世界，一场新的全方位综合国力竞争正在全球展开。能不能适应和引领互联网发展，成为决定大国兴衰的一个关键。世界各大国均把信息化作为国家战略重点和优先发展方向，围绕网络空间发展主导权、制网权的争夺日趋激烈，世界权力图谱因信息化而被重新绘制，互联网成为影响世界的重要力量。当今世界，谁掌握了互联网，谁就把握住了时代主动权；谁轻视互联网，谁就会被时代所抛弃。一定程度上可以说，得网络者得天下。”“过不了互联网这一关，就过不了长期执政这一关。”[②]习近平总书记的重要论断，把建设网络强国的重要战略意义表述得准确、到位、清晰、明确。

二、我国建设网络强国战略谋划

习近平总书记指出：“要有自己的技术，有过硬的技术；要有丰富全面的信息服务，繁荣发展的网络文化；要有良好的信息基础设施，形成实力雄厚的信息经济；要有高素质的网络安全和信息化人才

---

① 中共中央党史和文献研究院编：《习近平关于网络强国论述摘编》，中央文献出版社2021年版，第36页。

② 中共中央党史和文献研究院编：《习近平关于网络强国论述摘编》，中央文献出版社2021年版，第41、3页。

队伍；要积极开展双边、多边的互联网国际交流合作。”[①]习近平总书记关于建设网络强国重要论述，为我国建设网络强国描绘出战略蓝图。从习近平总书记关于建设网络强国的重要论述中，我们可以看出，未来我国建设网络强国要在以下几个方面作出努力：通过网络技术创新掌握核心技术、通过建设信息基础设施为网络强国奠定基础、推进网络产业发展形成良好业态、维护网络主权避免受制于人、加强国际合作共建网络空间命运共同体、为培养网络人才提供智力支持等。我们将围绕这些要点，逐一分析建设网络强国的各方面重要维度。

党的二十大报告强调：“全面建成社会主义现代化强国，总的战略安排是分两步走：从二〇二〇年到二〇三五年基本实现社会主义现代化；从二〇三五年到本世纪中叶把我国建成富强民主文明和谐美丽的社会主义现代化强国。”建设网络强国是现代化建设系统工程中的重要维度，没有网络强国，就没有现代化强国。当前，世界百年未有之大变局加速演进，新一轮科技革命和产业变革深入发展，国际力量对比深刻调整，我国发展面临新的战略机遇。我们应认真学习习近平总书记关于建设网络强国重要论述，充分认识建设网络强国的重要意义，积极拥抱信息化革命，推动我国高质量发展，为实现中华民族伟大复兴中国梦而努力奋斗。

三、建设网络强国的根本遵循

（一）坚持马克思主义意识形态的指导地位

中国特色社会主义进入新时代，党领导人民创造了中国式现代化道路。不同于走殖民主义道路的西方现代化，中国式现代化是有着中国精神、中国气派、中国风格的现代化。建设网络强国，是中国式现代化的重要体现和组成部分。我国建设网络强国决不走西方国强必霸

---

① 中共中央党史和文献研究院编：《习近平关于网络强国论述摘编》，中央文献出版社2021年版，第34页。

的老路。

互联网日益成为意识形态斗争的主阵地、主战场、最前沿，要坚决打赢网络意识形态斗争，切实维护以政权安全、制度安全为核心的国家政治安全，就要始终坚持马克思主义意识形态在网络空间的指导地位。科学运用马克思主义立场观点方法分析解决我国互联网发展治理问题，成为习近平新时代中国特色社会主义思想的重要组成部分。当前，以互联网为代表的网络信息技术日益成为创新驱动发展的先导力量，推动社会生产力发生了新的质的飞跃，正在全球开启一次具有全局性、战略性、革命性意义的数字化转型。信息革命时代潮流与中华民族伟大复兴历史进程发生了历史性交汇，为我们全面建设社会主义现代化国家带来新的机遇和挑战。我们坚持马克思主义立场观点方法，立足人类进入信息社会这一崭新时代背景，站在我们党“过不了互联网这一关，就过不了长期执政这一关”的政治高度，准确把握信息化变革带来的机遇和挑战，从国际和国内、历史和现实、理论和实践的结合上，深入回答为什么要建设网络强国、怎样建设网络强国的一系列重大理论和实践问题，深化我们党对信息时代共产党执政规律、社会主义建设规律、人类社会发展规律的认识，丰富习近平新时代中国特色社会主义思想的科学内涵。

（二）坚持人民至上

建设网络强国，就要深入学习宣传贯彻习近平总书记关于网络强国重要思想，就要坚持以人民为中心的发展思想，坚持人民至上，让互联网发展成果更好造福人民。

建设网络强国与10亿多网民直接相连，与14亿多人民群众的获得感、幸福感、安全感息息相关。我们要始终把人民对美好生活的向往作为我们的奋斗目标，实现党性与人民性的高度统一、对党负责与对人民负责的高度统一、尊重建设网络强国发展规律与尊重人民历史主体地位的高度统一，不断以推动建设网络强国服务人民、造福人民。网络空间是亿万人民群众共同的精神家园，建设网络强国必须坚持为了人民、依靠人民，贯彻以人民为中心的发展思想。加快信息化服务普及，降低应用成本；推进“互联网+政务服务”，让“百姓少跑腿，数据多跑路”；探索“区块链+”在民生领域中的运用，提升群众生活质量；严密防范网络犯罪特别是新型网络犯罪等。

第二节 建设网络强国的着力点

建设网络强国，是一个系统工程，涉及方方面面，牵一发而动全身。不但离不开国家坚强意志、经济实力的支撑，也离不开与国际社会的合作；离不开我国科研人员的勠力奋斗，也离不开对总体方向的准确把握。我们着重从建设网络强国的几个重要维度，来分析如何建设网络强国。

一、网络技术创新是动力

建设网络强国，网络科学技术创新是加速器，直接决定我们建设网络强国的进程与成败。习近平总书记曾鲜明地说：“一个互联网企业即便规模再大、市值再高，如果核心元器件严重依赖外国，供应链的‘命门’掌握在别人手里，那就好比在别人的墙基上砌房子，再大再漂亮也可能经不起风雨，甚至会不堪一击。”①习近平总书记的论述鲜明地阐释了网络技术创新的重要性，表明建设网络强国必须在核心技术上实现突破。这是因为，不断实现网络技术创新是我国战略发展的需要，科学技术不进则退，高质量发展离不开创新。从国际的先进经验来看，实现和推动网络技术创新发展，有几个方面需要我们体会、学习和借鉴。首先，实现网络技术创新离不开知识产权保护。需要加强立法，在顶层设计上高度重视知识产权，给创新以良好的法治和保护空间。其次，实现网络技术创新离不开在核心技术上攻关。没有强健的“中国芯”，建设网络强国就成为无源之水。西方网络强国不在于规模巨大，而在于掌握了网络核心技术。最后，建设高度融合贯通的网络动脉。数字经济、网络空间最大的特点在于物理边界的消

① 习近平：《在网络安全和信息化工作座谈会上的讲话》，《人民日报》2016年4月26日。

失，并且与各种产业、社会、生活形成了内在的有机联系。建设网络强国，必须建设信息高速公路，使数据传输通畅。

二、信息基础设施是根基

2014年初，习近平总书记主持召开中央网络安全和信息化领导小组第一次会议，首次提出“信息基础设施”的概念。2015年，国家主席习近平出席第二届世界互联网大会开幕式并发表重要讲话：“网络的本质在于互联，信息的价值在于互通。只有加强信息基础设施建设，铺就信息畅通之路，不断缩小不同国家、地区、人群间的信息鸿沟，才能让信息资源充分涌流。”[①]党的十八大以来，我国加快信息基础设施建设，网络覆盖范围不断惠及更多民众，信息传输能力不断增强、网络安全性能不断提高。海量信息的存储和处理、交换和共享，都依赖于信息基础设施，依赖于遍布各地的数据中心和信息网络。

根据工信部的统计数据，“双千兆”网络覆盖广度、深度持续提高。截至2022年底，我国光缆线路总长度达到5958万公里，比2021年末净增477万公里，网络运力不断增强。固定网络逐步实现从百兆向千兆跃升，截至2022年底，建成具备千兆服务能力的10GPON端口数达1523万个，较2021年末接近翻一番水平，全国有110个城市达到千兆城市建设标准；移动网络保持5G建设全球领先，截至2022年底，我国累计建成并开通5G基站231.2万个，基站总量占全球60%以上，持续深化地级市城区覆盖的同时，逐步按需向乡镇和农村地区延伸，每万人拥有5G基站数达到16.4个，比2021年末提高6.3个。

三、网络产业发展是支撑

互联网深刻地影响着我们的经济生活，日益深度嵌入经济和商业活动中，既推动了市场经济的业态变革，冲击着传统产业，其本身又

---

① 习近平:《在第二届世界互联网大会开幕式上的讲话》,《人民日报》2015年12月17日。

是市场经济的产物。习近平主席在2020年中国国际服务贸易交易会全球服务贸易峰会上指出："近年来，新一轮科技革命和产业变革孕育兴起，带动了数字技术强势崛起，促进了产业深度融合，引领了服务经济蓬勃发展。"[①]根据《中国互联网发展报告2022》，我国数字经济发展成效显著，统计数据显示，2021年中国数字经济规模达到45.5万亿元，占GDP比重达到39.8%。信息技术和互联网发展为我国经济结构升级带来了前所未有的历史机遇。随着我国"互联网+"行动计划的稳步推进，几乎所有的产业和要素均产生了良好的优化组合的态势，比如互联网＋医疗、互联网＋教育、互联网＋金融、互联网＋餐饮、互联网＋旅游、互联网＋物流、互联网＋工业、互联网＋农业、互联网＋商业等。网络产业的发展对于提升我国产品国际竞争力意义重大。以"互联网+"为代表的新型产业，拓宽了网络功能与服务领域，使得经济发展更加智能化、精准化、信息化，提高了资源利用效率，推动网络强国建设不断前行。当下，网络产业已经成为壮大我国经济发展新动能的强韧动力和推动我国经济高质量发展的利器。

四、网络空间主权是阵地

网络空间从形式上来看，是虚拟的、概念的，不同于以物理形态存在的海洋、陆地、太空、宇宙等空间。随着互联网技术的发展，网络空间逐渐成为"第五大空间"，对国家的安全体系产生重大影响。习近平总书记指出："我们应该尊重各国自主选择网络发展道路、网络管理模式、互联网公共政策和平等参与国际网络空间治理的权利，不搞网络霸权，不干涉他国内政，不从事、纵容或支持危害他国国家安全的网络活动。"[②]由于网络空间具有社会属性，不可避免地使其带

① 习近平：《在2020年中国国际服务贸易交易会全球服务贸易峰会上的致辞》，《人民日报》2020年9月5日。

② 习近平：《在第二届世界互联网大会开幕式上的讲话》，《人民日报》2015年12月17日。

有自己的特征，并且对人类社会、国际社会、国家和个人产生不可估量的影响。网络空间具有虚拟性，所以没有实在的边界。这个特征一方面使地球变为“地球村”，方便了全球范围内的交流和沟通；另一方面，也为网络大国侵入他国的意识形态提供了便利。因此网络主权和国家主权紧密地联系在一起。

表面上看，网络是虚拟的，不存在边界性主权，但实际上网络主权体现着国家主权。网络主权是国家主权在网络空间的自然延伸，主要体现在两个方面。首先，网络主权不受他国干涉。任何一国不应该利用网络空间的便捷性，通过互联网侵犯他国主权、干涉他国事务。其次，本国有权对该国的网络空间依法进行管理、治理、监督、管辖等。但实际上，网络霸权一直存在。以美国为代表的西方国家经常以“网络自由”“自由民主”“言论自由”等为借口，将自己的价值观和利益凌驾于他国之上。通过网络空间，西方霸权国家把政治霸权主义、经济霸权主义、文化霸权主义转移到虚拟空间，从而达到实现自身政治、物质利益的目的。

五、网络安全是重要保障

随着互联网技术应用的日益广泛，网络安全问题逐渐严重。习近平总书记指出：“网络和信息安全牵涉到国家安定和社会稳定，是我们面临的新的综合性挑战。”[①]网络安全并没有随着信息技术的发展而消失，从世界范围看，网络安全威胁和风险日益突出，并日益向政治、经济、文化、社会、生态、国防等领域传导渗透。因此，网络安全是建设网络强国的重要维度，没有网络安全，就没有网络主权，就没有国家主权的保障。

加强网络安全建设，主要体现在三个方面。首先，加强信息基础设施安全性建设，要为我国的网络空间设防。这是网络空间安全的第一道防线。为此，我们应加大研发投入，攻克核心元器件的难题，筑

① 中共中央文献研究室编：《十八大以来重要文献选编》(上)，中央文献出版社2014年版，第506页。

牢网络钢铁长城。其次，加强网络意识形态安全建设，提高公众网络安全意识。我国拥有世界上最庞大的网民群体，利益诉求多元化，这给“颜色革命”带来一定程度上的可能性。加强意识形态教育，提升网络安全意识，刻不容缓。最后，加强网络空间法治建设，实现依法治理网络空间。解决网络经济与网络社会的问题和风险，需要我们加强网络空间立法，为治理网络空间夯实法治基础。

六、网络国际合作是助力

网络空间的虚拟性，决定了网络空间治理不可能独善其身。网络安全不仅是某个国家特有的难题，也是全球面临的共同挑战，比如垃圾邮件、信息泄露、网络暴力、网络经济犯罪等。网络犯罪行为容易产生跨国、跨境的情况，为加强网络空间国际合作提供了基础。规范、加强网络空间治理，离不开推动建设国际网络治理新秩序。从这个角度来说，国际社会应该携手加强合作，提升国际网络空间互信，做好国际合作顶层设计，构建全球安全、合理、有序的网络空间秩序。我国一直致力于国际合作，不断开展双边、多边对话，在尊重网络空间主权的原则下，加强国与国之间的合作。

在2012年举办的第四届金砖国家领导人峰会上，金砖国家提出共建“金砖国家光缆”的设想。该计划于2014年开始实施，2015年完成并投入使用。除了在信息基础设施方面，金砖国家2017年在网络空间信息技术领域也开始了富有成效的合作。“一带一路”信息基础设施建设将大大缩小沿线国家的“数字鸿沟”。尽管存在分歧，我国与美国就网络空间上的合作也作出了一定探索。双方在共同打击国际网络犯罪、网络恐怖主义等方面开展高层对话。除此以外，中美两国政府还联合创办了“中美互联网论坛”，2015年是第八届。2015年9月，参观美国微软公司总部时，国家主席习近平指出：“中美都是网络大国，双方理应在相互尊重、相互信任的基础上，就网络问题开展建设性对话，打造中美合作的亮点，让网络空间更好造福两国人民和世界人民。”[①]从战略目标看，以美国为代表的西方霸权国家凭借领先的网络核心技术以维持其政治、经济、文化霸权，具有扩张性与侵犯性。从政治意识形态看，西方对社会主义国家存有敌视心态，运用网络发动“颜色革命”的企图依然存在。

在大力推动网络空间治理国际合作的同时，我们也不能忽视合作中的现实困境。

七、网络人才培养是关键

习近平总书记指出：“网络空间的竞争，归根结底是人才竞争。建设网络强国，没有一支优秀的人才队伍，没有人才创造力迸发、活力涌流，是难以成功的。念好了人才经，才能事半功倍。”[②]这鲜明地表明了网络人才对建设网络强国的重要性。

目前，我国网络人才培养的模式主要有三种。第一，高校学院派培养模式。这是我国网络人才培养的主阵地。近些年来，随着网络人才需求的急剧攀升，我国开设网络空间安全、网络工程专业的高校逐渐增多。目前高校每年可培养3万左右的专业人才。第二，校企、校校联合培养模式。前者主要指高校和企业根据社会需求，共同培养网络人才。这种合作的优势在于加强理论和实践的有机结合，使培养的人才对市场变化和领域最新进展比较熟悉和敏感。例如西安电子科技大学与360公司共建的网络安全创新研究院。后者主要是指我国高校与国外高校签署协议，联合培养网络人才。通过与国外知名高校的合作，有利于实现三赢，即有利于我国高校熟悉国际学术动态、有利于国外高校了解中国需求、有利于培养高素质国际视野人才。第三，网络学习模式。随着网络的普及，网络的开放性、普惠性优势逐渐凸显。这为网络教学培养网络人才提供了新机遇和新模式。

工信部发布的《网络安全产业高质量发展三年行动计划（2021—

---

① 《习近平参观美国微软公司总部》，《人民日报》2015年9月25日。

② 习近平：《在网络安全和信息化工作座谈会上的讲话》，《人民日报》2016年4月26日。

2023年）（征求意见稿）》明确要求：到2023年我国网络安全产业规模超过2500亿元，同时未来10年网络安全行业将保持25%以上的增速，10年后我国网络安全市场规模将超过1.4万亿元。值得关注的是，虽然我国网络安全市场规模持续扩大，但网络安全人才供给却并未保持同步增长。据报道，我国网络安全专业人才缺口超过140万人，缺口率高达95%。而每年高校网络安全专业培养人才仅有3万余人，预计2027年缺口将进一步扩大到300万人，网络安全工程师更是整个网络安全行业中的极度稀缺人才。高素质的网络人才供需失衡，在一定时期将是制约我国建设网络强国的关键性因素。

经过艰苦努力，我国在上述方面已经取得一些重要成果，云计算、人工智能、大数据等技术领域在国际上具备一定程度的竞争优势。但是，我们必须清醒地认识到，在核心元器件的研发、信息资源共享等方面，我们与美国等发达国家仍有一定的差距。

尽管我国信息基础建设成绩显著，但对比国际先进水平，仍有一定的进步空间，距离网络强国的要求仍有不足，主要体现在以下几个方面。首先，城市和乡村的信息基础设施建设呈现出不平衡状态。目前我国农村的信息基础设施建设仍需加强。其次，在网络运行速度方面，宽带下载速率仍需尽快提高。最后，涉及网络安全方面的关键信息基础设施仍有待进一步完善。

我们也应看到，网络产业的风起云涌，也带来一定的问题，需要我们高度重视。首先，网络产业对传统商业的冲击，比如门面店形式的商业。其次，互联网行业的垄断与不正当竞争问题，“一家独大、赢家通吃”的现象，涉及垄断与不正当竞争的纠纷与诉讼不断增多。再次，平台经济与共享经济的政府监管与治理问题、互联网企业网上交易数据确权问题，也亟待加强治理。最后，互联网个人信息保护问题日益突出，个人信息泄露日益严重。为促进网络经济的健康发展，以上问题我们都不能无视或者忽视。

作为全球化的坚定推动者，我国始终坚持并积极倡导尊重网络主权，反对各种形式的霸权主义，与世界各国一道，努力构建网络空间命运共同体。

尽管我国高度重视网络安全，在维护网络安全上取得卓越成就，但与世界网络强国相比，提升的空间依然存在，依然任重道远。随着大国博弈的不断升级，网络安全和网络主权成为各国较量的竞技场，我国的网络安全也必然面临更大的挑战。因此，必须未雨绸缪，深入学习习近平总书记关于建设网络强国重要论述，努力提高国家网络安全水平，维护国家主权和广大人民的根本利益。

第七章　教育强国

教育是国之大计、党之大计。党的二十大报告首次将“实施科教兴国战略，强化现代化建设人才支撑”作为一个单独部分专门部署，高度肯定了教育的基础性、战略性地位和作用，为到2035年建成教育强国指明了新的前进方向。

第一节　教育是国之大计、党之大计

教育兴则国家兴，教育强则国家强。“世界强国无一不是教育强国，教育始终是强国兴起的关键因素。”[①]党的十八大以来，以习近平同志为核心的党中央始终把教育摆在优先发展的战略位置，不断推进我国教育事业跨越式发展。党的十九大站在中华民族伟大复兴战略全局的高度，作出“建设教育强国是中华民族伟大复兴的基础工程”的重要论断和决策，进一步凸显了教育强国战略的重要地位和作用。党的二十大再次强调教育强国建设并提出新的更高要求。

一、全面建设社会主义现代化国家的主要表征

“百年大计，教育为本。”党的十八大以来，以习近平同志为核心的党中央坚持把优先发展教育事业作为推动党和国家各项事业发展的重要先手棋，逐步健全职业教育体系，推动高等教育内涵式发展，不断提升科研能力，为中国式现代化道路提供了大量高精尖科技人才和高素质人才，作出了卓越贡献。党的二十大报告进一步明确指出：“教育、科技、人才是全面建设社会主义现代化国家的基础性、战略性支撑”，并从整体上对“坚持教育优先发展、科技自立自强、人才引领驱动，加快建设教育强国、科技强国、人才强国”进行科学谋划。这充分彰显了教育的基础性、先导性、全局性地位和作用，突出

① 习近平：《扎实推动教育强国建设》，《求是》2023年第18期。

强调了建设教育强国不仅是科技创新、人才培养的客观需要，有利于提高国民素质，输送拔尖创新人才，也是加快教育现代化，以教育优势增强国家综合实力和国际竞争力，进而建成社会主义现代化强国的必然要求。

二、实现中华民族伟大复兴的内在要求

实现中华民族伟大复兴是中华民族近代以来最伟大的梦想，也是全国各族人民的共同目标。习近平总书记多次阐述教育与中华民族伟大复兴的紧密关系，强调教育是民族振兴、社会进步的重要基石，对实现中华民族伟大复兴具有决定性意义。“建设教育强国是中华民族伟大复兴的基础工程，必须把教育事业放在优先位置”[①]，“建设教育强国，是全面建成社会主义现代化强国的战略先导，是实现高水平科技自立自强的重要支撑，是促进全体人民共同富裕的有效途径，是以中国式现代化全面推进中华民族伟大复兴的基础工程”[②]。凸显出教育强国建设在实现中华民族伟大复兴中国梦中的基础性地位。

纵观人类社会发展历史长河，教育在国与国之间的较量中具有举足轻重的作用。没有教育的不断升级，就没有一代又一代优秀人才的强力支撑，一个国家、一个民族也就很难在世界博弈中立于不败之地。尤其是近年来的国际竞争归根到底是人才的竞争。因此，为了培养出适应现代化发展需要的高素质人才、创新型人才，使中国长久屹立于世界民族之林，实现中华民族伟大复兴，建设教育强国势在必行。

三、顺应人民的必然之举

教育强国是最贴近人民美好生活需要的领域，满足人民群众对更高质量更加公平的教育的期盼是党和国家教育强国建设各项政策举措的根本出发点。2018年，习近平总书记在全国教育大会上明

---

① 习近平：《决胜全面建成小康社会 夺取新时代中国特色社会主义伟大胜利——在中国共产党第十九次全国代表大会上的报告》，人民出版社2017年版，第45页。

② 习近平：《扎实推动教育强国建设》，《求是》2023年第18期。

确指出：“以凝聚人心、完善人格、开发人力、培育人才、造福人民为工作目标，培养德智体美劳全面发展的社会主义建设者和接班人，加快推进教育现代化、建设教育强国、办好人民满意的教育。”[①]2023年，习近平总书记又强调：“我们要全面贯彻党的教育方针，坚持以人民为中心发展教育，主动超前布局、有力应对变局、奋力开拓新局，加快推进教育现代化，以教育之力厚植人民幸福之本，以教育之强夯实国家富强之基，为全面推进中华民族伟大复兴提供有力支撑。”[②]习近平总书记的重要论述，集中体现了党和国家坚持人民至上的重要理念，为新时代教育工作指明了方向和任务。坚持人民至上是党的十九届六中全会总结出的历史经验之一，亦是我国建设教育强国的价值追求。

党的十八大以来，我们党坚持以人民为中心的发展思想，坚持把教育公平作为国家基本教育政策，努力办好人民满意的教育，中国特色社会主义教育制度体系的主体框架基本确立，人民群众教育获得感持续增强。站在实现第二个百年奋斗目标的历史高度上，党的二十大报告突出强调加快建设教育强国，进一步彰显了中国特色社会主义教育制度的优越性，必将有力解决教育发展不平衡不充分的问题，使教育同人民群众对高质量教育的向往更加契合，在更高水平上满足人民群众对“上好学”的期待。

四、中华民族重教基因的历史传承

建设教育强国是中华民族几千年历史传承的积淀。早在夏、商、周时期人们就认识到教育的重要性，从此“倡教兴学”的优良传统深深融入世代传承的文化血脉之中。近代“教育救国”的理想和思潮虽未救国家于危难之中，但其背后折射出的重教育、尊知识的良好品质，却被很好地传承了下来。之后，“科教兴国”战略进一步强化了教育、

① 《习近平在全国教育大会上强调 坚持中国特色社会主义教育发展道路 培养德智体美劳全面发展的社会主义建设者和接班人》，《人民日报》2018年9月11日。

② 习近平：《扎实推动教育强国建设》，《求是》2023年第18期。

科技、人才的重要性，从国家战略高度确立了教育在国家发展中举足轻重的地位。可以说，不管是在外力迫使下形成的“教育救国”思潮，还是面对新挑战内发式提出的“科教兴国”战略，都将教育视作促进社会发展的重要力量。

党的十八大以来，以习近平同志为核心的党中央继承“重教兴学”的历史传统和近代教育思想，沿袭新中国成立以来党的历届领导人“科教兴国”的政策方针，胸怀“两个大局”，提出实施教育强国战略，是回应人民群众对教育新呼吁的重大战略部署，是新时代中国教育事业对教育工作的现实要求，是马克思主义中国化时代化探索的具体体现，对我国教育改革与发展具有重大而深远的意义。

五、参与国际竞争的重要力量

中华民族伟大复兴战略全局和世界百年未有之大变局交织之时，一方面我们要坚定文化自信，加强教育国际交流，参与全球教育治理，为构建人类命运共同体提供有效路径。《国家教育事业发展“十三五”规划》要求积极参与全球治理，只有与世界各国同心同向，积极与世界各国交流互动，才能在推广中国先进教育经验、传播中国智慧的同时，广泛吸收各国优秀教育经验，促进中国教育持续发展，携手为构建人类命运共同体贡献力量。这既是中国担当，更是中国走向教育强国的必然选择。另一方面我们要为建设教育强国而努力，增强教育国际竞争力和国际影响力。虽然我国教育竞争力指数在绝对数量上居世界第一，但长江教育研究院推出的《中国教育国际竞争力指数（2021年版）》对全球GDP达2000亿美元以上，且全球竞争力排名前50位的38个国家的研究结果显示，中国排名为第18位。[①]显而易见的差距，要求我们要继续深化教育改革，补齐教育短板，争取到2035年，总体实现教育现代化，迈入教育强国行列，推动我国成为学习大国、人力资源强国和人才强国，为到本世纪中叶建成富强民主

---

① 周洪宇、李宇阳：《论建设高质量教育体系》，《现代教育管理》2022年第1期。

文明和谐美丽的社会主义现代化强国奠定坚实基础。

第二节　教育强国的内涵和特征

一、教育强国的基本内涵

办好人民满意的教育是中国式现代化的重要表征，也是强国之路的重要内容。只有把握好教育强国的内涵性，才能更好地把握教育强国的总体要求。

对“教育强国”的核心内涵界定有两种分析逻辑，一种基于国家能力（State Capacity）理论，①一种基于教育现代化理论。国家能力指国家实现自身的意志、目标的能力，主要包含国家的“汲取能力、调控能力、合法化能力、强制能力”②。国家推进教育现代化发展、建设教育强国是国家能力在教育及其相关领域的集中体现，即国家教育能力。

国家教育能力的强弱与教育强国建设的目标及其最终实现息息相关。有学者提出，“数量充足、质量一流、结构合理、公平有效、保障有力是我们用来衡量教育强国的主要维度”③。“教育综合实力”不只是“教育的硬实力”，还有“教育的软实力”——而“教育的软实力”很大程度上取决于教育的自由、平等、担当、激活、区分的程度。④结合其教育综合实力的强度和地域特征，教育强国可以分为区域性教育强国和世界性教育强国。⑤可将“教育强国”的内涵划分为两层：一是直接来看，建设一个具有强大人才培养、教育综合实力和

---

① 20世纪60—70年代，西方回归国家学派以“国家自主性”为出发点，主张应注重国家对社会发展的主导作用，正式提出了“国家能力”的概念。

② 王绍光、胡鞍钢：《中国国家能力报告》，辽宁人民出版社1993年版，第2页。

③ 袁振国：《我们离教育强国有多远》，高等教育出版社2014年版，前言第6页。

④ 参见吴康宁：《教育的品质：教育强国的“软实力”》，《教育发展研究》2015年第11期。

⑤ 参见高书国：《教育强国：中国教育发展战略选择》，广东高等教育出版社2018年版，第320、431—434页。

国际竞争能力的强国，即内在的“教育强”，本质则是国家教育能力强；二是间接来看，通过优先发展教育，实现全体人民共同富裕、共同发展和国家繁荣富强，即内在的“教育强”推动外在的“国强”，乃至“世界强”。[①]

另一种对教育强国内涵界定的逻辑演绎于教育现代化概念的基础之上。[②]有学者从不同教育形态的变迁视角研究教育现代化（强国）的内涵特征：教育强国是指在基本实现教育现代化的基础上，旨在提高国民素质，增强国家创新能力，推动经济增长转型，提升国际竞争力，加强国家软实力，外部表征集中表现为在教育与社会时代发展关系上达成协同甚至领先；内在本质上表现为教育在促进和保障人的现代性增长方面达到了非常显著、成熟的程度。结合已有研究和新时代要求，“教育强国”概念的内涵应明确界定为，教育综合实力、教育创新能力、人才培养和教育服务贡献能力、教育治理能力、教育国际竞争力和教育影响力强大且显著的国家。

本质上，教育强国是指一个国家具有强大的国家教育能力，能够全面地确保教育中人的现代性增长，并表现为强大的教育综合实力。从内部看，建立起高质量、可持续的教育体系，其教育创新能力突出，教育治理体系和治理能力现代化水平高，人才培养与教育服务能力卓越，不仅能满足人民群众日益增长的更高质量、更加公平的教育需求，而且能够支撑这个国家综合国力的强国发展需求；从外部讲，这个国家教育的国际竞争力和世界影响力都具有相当水平。

二、教育强国的典型特征

有学者认为，教育强国具有六大典型特征：一是完备的现代教育体系；二是现代化的教育基本制度；三是高质量的教育发展水平，特

---

① 高书国：《教育指标体系——大数据时代的战略工具》，北京师范大学出版社2015年版，第216—218页。

② 在当下教育科学研究语境下，“教育现代化强国”等同于“教育强国”，只不过前者更加强调“现代化”和“现代性”。

别是具有强大的培养能力；四是强有力的教育保障条件，包括教师资源保障、教育经费投入、教育硬件支持和教育信息化保障；[①]五是基于“平均受教育年限”的高等教育文化程度者规模世界领先；六是成为世界重要的教育中心。[②]结合教育强国的概念内涵界定，教育强国的典型特征至少包含：强大的教育创新为教育发展提供不竭动力，引领世界潮流的教育文化、模式和机制，对国际学生的吸引力强；教育法治化程度高，教育治理体系和治理能力现代化程度高；教育信息化建设水平高，现代信息技术与教育深度融合，便利的优质教育资源获取缩小了教育差距，提升了整体的教育质量；终身教育体系健全，各级各类教育协调发展，人们有接受多元化教育的选择权；不让任何一个孩子掉队，国民充分享有教育普惠、教育人权保障，并拥有较强的教育获得感；教育先行，教育成为社会发展以及经济、军事、科技强盛和国家综合国力强大的强有力保障。

第三节　中国教育正在提质换挡

教育是国家富强、民族振兴和人民幸福的重要基石和强大动力。中国共产党始终坚持党对教育的全面领导，在中国革命、建设、改革的历史进程中，扎根于中国大地，把马克思主义基本原理同中国具体实际相结合，探索中国特色教育道路。党的十八大以来，以习近平同志为核心的党中央高度重视教育，大力实施科教兴国战略和教育优先发展战略，取得了新的显著成就，为进一步建设教育强国奠定了坚实基础。

---

① 高书国：《教育指标体系——大数据时代的战略工具》，北京师范大学出版社2015年版，第219页。

② 高书国：《教育强国：中国教育发展战略选择》，广东教育出版社2018年版，第320、431—434页。

一、从教育普及看，教育综合实力跃升发展，教育面貌发生格局性变化

党的二十大报告指出，过去的10年，“建成世界上规模最大的教育体系”“教育普及水平实现历史性跨越”，这是对我们党不断推进教育事业发展取得新成绩的高度总结。目前，全国共有各级各类学校52.9万所，在校生2.9亿人，教育普及程度整体稳居世界中上收入国家之列。其中，学前教育毛入园率达88.1%，义务教育巩固率达95.4%，二者普及水平达到了高收入国家的平均水平；高等教育毛入学率达到57.8%，进入国际社会普遍认可的“普及化”阶段。劳动年龄人口受教育年限也显著提高，新增劳动力平均受教育年限达13.8年，对提升国民素质、如期全面建成小康社会、推动社会主义现代化建设提供了有力支撑，拓展了加快建设教育强国之路。

二、从根本任务看，教育事业中国特色更加鲜明

在中国共产党领导人民成功走出中国式现代化道路、创造人类文明新形态的进程中，我国教育现代化越来越焕发出蓬勃生机，教育强国建设更加呈现鲜明的中国特色。党的十八大以来，以习近平同志为核心的党中央提出“德智体美劳”的总体要求，创造性地发展了党的教育方针，坚定社会主义办学方向，健全立德树人落实机制，扎根中国大地办教育，学生思想主流积极健康向上，热爱党、热爱祖国、热爱人民，中国特色社会主义教育发展道路越走越宽广。党全面加强对教育工作的领导，深化教育领域综合改革、提高教育治理能力迈上新台阶，在发展素质教育、弘扬社会主义核心价值观、改革考试招生制度、提高基础教育质量、增强职业技术教育适应性、建设一流大学和一流学科、提升教师能力素质等方面取得新进展，推动国民思想道德素质、科学文化素质和身心健康素质进一步提高，为建设中国特色、世界水平的教育强国做好了充分准备，为全球教育贡献了中国智慧和中国方案，助力构建人类命运共同体。

三、从教育公平看，人民群众获得感明显增强

党的十八大以来，党中央高度重视教育公平问题。针对入园难、入园贵问题，开展2万多所城镇小区配套园治理，增加普惠性学位416万个，2021年普惠园覆盖率达87.8%，公办园在园幼儿占51.9%。针对群众反映的义务教育校内作业和校外培训负担过重问题，坚定不移推进“双减”，线下学科类培训机构压减95.6%，线上压减87.1%，学校课后服务全覆盖，大部分家长反映教育焦虑有所缓解。压实地方政府举办义务教育责任，2022年秋季学期新增公办学位628.4万个、购买民办学位756.2万个，保持民办义务教育合理结构。这些教育民生工程，进一步优化了教育生态，支撑了教育高质量发展。

四、从服务贡献看，教育服务能力显著提升

进入新时代以来，我国大中专院校向经济社会主战场输送上亿名毕业生，继续教育每年为各行各业培训上亿人次。支持高校建设科技创新中心和平台，高校承担了全国60%以上的基础研究、80%以上的国家自然科学基金项目。加大基础研究支持力度，实施“强基计划”，77所高校建设288个基础学科拔尖学生培养基地，着力培养拔尖人才。连续举办7届中国国际“互联网+”大学生创新创业大赛，直接或间接创造就业岗位591万个。3年来，高等职业教育累计扩招413万人，现代制造业、战略性新兴产业和现代服务业新增从业人员70%以上来自职业院校。统筹教育资源，主动服务东北振兴和雄安新区、粤港澳大湾区、海南自贸区建设，为区域和国家发展作出重要贡献。抗击新冠疫情期间，所有大中小学停课不停学、不停教到复课复学，成功实施了世界上最大规模在线教学。

五、从机制保障看，教育优先发展得到有力保障

国家财政性教育经费投入占国内生产总值比例连续10年不低于4%，是财政一般公共预算的第一大支出，巩固了教育优先发展的战

略地位。“全面改薄”改善了832个脱贫县办学条件，99.8%的义务教育学校办学条件达到基本要求。学生资助政策体系覆盖各个学段，营养改善计划惠及3700万名农村学生。“特岗计划”为中西部乡村学校补充103万名教师；“优师计划”每年为中西部欠发达地区定向培养1万名左右本科层次师范生。义务教育教师平均工资收入不低于当地公务员，教师的周转住房、职称评聘、职业发展等持续改善，全社会尊师重教的氛围更加浓厚。

六、从国际竞争和全球影响看，教育国际竞争力和影响力不断扩大

基础教育方面，2009年、2012年上海中小学生在国际学生能力测试（PISA）中两次获得全球第一，2018年再获第一；京沪苏粤四省市学生整体参加2015年测试，成绩超过经合组织国家平均水平，我国基础教育质量引起全世界关注。高等教育方面，我国高校在全球位次整体大幅前移，进入世界排名前列数量显著增加，近100个学科进入世界前千分之一。我国教育总体水平已跃居世界中上领先行列。这也从一个侧面反映了中国高等教育水平的整体提升。中国开始从国际高等教育发展趋势的跟随者向并跑者、领跑者转变。党和国家高度重视教育国际交流合作，立足于全方位、多层次、宽领域的对外开放格局，以孔子学院、高级别人文交流机制、友好城市等为平台，中外教育交流务实推进。多国教育部门领导来华探访，“中国模式”“中国教材”“中国教师”等成为世界教育热词。目前，我国与世界上188个国家和地区、40多个重要国际组织建立了教育合作与交流关系，与58个国家和地区签署学历学位互认协议，我国已成为亚洲最大、全球第三的留学目的地国；我国已在162个国家和地区设立550所孔子学院和1172个中小学孔子课堂；我国与国际组织、区域组织在文化、教育方面的互动日益频繁，在国际秩序、规则制定中的影响力与日俱增。中国教育不断迈向世界中心，国际影响力持续提升。

第四节　教育强国的总体目标和重点任务

综观新时代我国教育事业取得的历史性成就、发生的历史性变革，归根结底在于以习近平同志为核心的党中央的统筹谋划，在于习近平新时代中国特色社会主义思想的科学指引，在于社会各界的大力支持和共同努力，在于广大教育工作者一心向党、奋进拼搏。

2019年2月，中共中央、国务院印发《中国教育现代化2035》，提出推进教育现代化的总体目标是：到2020年，全面实现“十三五”发展目标，教育总体实力和国际影响力显著增强，劳动年龄人口平均受教育年限明显增加，教育现代化取得重要进展，为全面建成小康社会作出重要贡献。在此基础上，再经过15年努力，到2035年，总体实现教育现代化，迈入教育强国行列，推动我国成为学习大国、人力资源强国和人才强国，为到本世纪中叶建成富强民主文明和谐美丽的社会主义现代化强国奠定坚实基础。2035年主要发展目标是：建成服务全民终身学习的现代教育体系、普及有质量的学前教育、实现优质均衡的义务教育、全面普及高中阶段教育、职业教育服务能力显著提升、高等教育竞争力明显提升、残疾儿童少年享有适合的教育、形成全社会共同参与的教育治理新格局。2022年，党的二十大报告向全党全社会发出新的动员令，对“分两步走”全面建成社会主义现代化强国的远景目标作出新的擘画，对全面建设社会主义现代化国家开局起步关键时期的未来5年目标任务和重要举措进行新的部署。

一、全面贯彻党的教育方针，把坚持为党育人、为国育才落到实处

习近平总书记强调：“培养什么人、怎样培养人、为谁培养人是教育的根本问题。育人的根本在于立德。全面贯彻党的教育方针，落实立德树人根本任务，培养德智体美劳全面发展的社会主义建设者和

接班人。”[①] “我们要建设的教育强国，是中国特色社会主义教育强国，必须以坚持党对教育事业的全面领导为根本保证，以立德树人为根本任务，以为党育人、为国育才为根本目标，以服务中华民族伟大复兴为重要使命，以教育理念、体系、制度、内容、方法、治理现代化为基本路径，以支撑引领中国式现代化为核心功能，最终是办好人民满意的教育。”[②]这些重要论述，立足基本国情，遵循教育规律，是马克思主义中国化时代化在教育领域的最新发展，具有统领性、引领性的重要意义。教育系统在贯彻落实过程中，必须深刻领悟“两个确立”的决定性意义，增强“四个意识”、坚定“四个自信”、做到“两个维护”，持续完善党对教育工作的全面领导、德智体美劳全面发展、全员育人全过程育人全方位育人体制机制。坚持用习近平新时代中国特色社会主义思想铸魂育人，推进大中小学思想政治教育一体化建设，将社会主义核心价值观融入教育全过程，着力培养担当民族复兴大任的时代新人。

二、坚持以人民为中心发展教育，加快建设高质量教育体系，发展素质教育，促进教育公平

锚定2035年基本公共服务实现均等化的宏伟目标，必须坚持教育公益性原则，把教育公平作为国家基本教育政策，形成政府主导、覆盖城乡、可持续的基本公共教育服务体系，依法保障财政性教育经费拨付使用到位，优化区域教育资源配置，不断缩小城乡、区域、校际、群体间教育差距。重点是加快义务教育优质均衡发展和城乡一体化，强化学前教育、特殊教育普惠发展，坚持高中阶段学校多样化发展，完善覆盖全学段学生资助体系，开创基础教育高质量发展新局面，为逐步实现全体人民共同富裕打下更好基础。

---

① 习近平：《高举中国特色社会主义伟大旗帜　为全面建设社会主义现代化国家而团结奋斗——在中国共产党第二十次全国代表大会上的报告》，人民出版社2022年版，第34页。
② 习近平：《扎实推动教育强国建设》，《求是》2023年第18期。

三、教育强国、科技强国、人才强国建设相互支持配合，共同聚焦贯彻新发展理念、构建新发展格局

全面提高人才自主培养质量，着力造就拔尖创新人才，聚天下英才而用之，是教育、科技、人才强国建设协调推进的共同任务。围绕人力资源深度开发和创新驱动发展，加快建设世界重要人才中心和创新高地，重点是统筹职业教育、高等教育、继续教育协同创新，推进职普融通、产教融合、科教融汇，优化职业教育类型定位。坚持高等教育内涵式发展，加强基础学科、新兴学科、交叉学科建设，加快建设中国特色、世界一流的大学和优势学科。优化国家科研机构、高水平研究型大学、科技领军企业定位和布局，加强企业主导的产学研深度融合，尽快形成与国家发展战略、生产力布局和城镇化要求相适应的多层次、多样化教育发展新高地，更好服务和融入新发展格局。

四、深化教育领域综合改革，增强教育改革的系统性、整体性、协同性，为教育强国建设激活力、增动力

建设教育强国，必须继续破除深层次体制机制障碍，不断把制度优势更好转化为治理效能。重点是加强教材建设和管理，全面落实教材建设国家事权，完善学校管理和教育评价体系，健全学校家庭社会育人机制，更加重视儿童青少年的体育、美育、劳动教育、心理健康教育。加强师德师风建设，培养高素质教师队伍，不断提高广大教师的思想政治素质和业务水平，把乡村教师队伍建设摆在重要位置，弘扬尊师重教社会风尚。全面推进依法治教、依法治校、依法办学，引导规范民办教育发展。加大国家通用语言文字推广力度，深入开展铸牢中华民族共同体意识教育。

五、推进教育数字化，建设全民终身学习的学习型社会、学习型大国

根据党的二十大报告关于加快建设数字中国的系列部署，教育系统应积极深入实施教育数字化战略行动，将国家智慧教育平台打造成

教育领域重要的公共服务产品，不断推动教育变革和创新，构建网络化、数字化、个性化、终身化的教育体系，加强部门、地区政策协调，促进学校社会资源共享，形成方式更加灵活、资源更加丰富、学习更加便捷的全民终身学习推进机制，扎根中国大地，建设人人皆学、处处能学、时时可学的学习型社会、学习型大国，奋力谱写新时代教育强国建设的新篇章。

第八章　科技强国

党的十八大以来，我国科技创新取得举世瞩目的非凡成就，科技自立自强取得重大进展，我国成功进入创新型国家行列，为我国科技创新发展奠定了坚实基础。党的二十大报告首次将教育、科技、人才三大战略进行统筹部署。

党的二十大报告指出：“教育、科技、人才是全面建设社会主义现代化国家的基础性、战略性支撑。必须坚持科技是第一生产力、人才是第一资源、创新是第一动力，深入实施科教兴国战略、人才强国战略、创新驱动发展战略，开辟发展新领域新赛道，不断塑造发展新动能新优势。”[①]唯有加快建设科技强国，才能充分释放科技这个“第一生产力”、激活创新这个“第一动力”。

第一节　他山之石——世界科技强国的历史演进

他山之石，可以攻玉。近代以来，国内国际形势严峻复杂，导致我国屡次与科技革命失之交臂，迟迟无法迈开工业化、知识化的步伐，使我国从农业文明时代的先进国家沦落为屡受外国列强欺辱的落后国家。历史的教训告诫我们，要实现中华民族伟大复兴的中国梦，必须适应时代变革的要求，掌握全球科技竞争的先机。如果我们不识变、不应变、不求变，就可能陷入战略被动，错失发展机遇，甚至错过整整一个时代。因此，我们必须把建设世界科技强国作为新时代国家发展战略的核心，深入研究世界科技强国崛起的特点和规律，进而探索中国成为世界科技强国的可行之路。

---

① 习近平：《高举中国特色社会主义伟大旗帜 为全面建设社会主义现代化国家而团结奋斗——在中国共产党第二十次全国代表大会上的报告》，人民出版社2022年版，第33页。

一、何谓科技强国

科技强国是指能够引领世界科技发展前沿的国家，能够汇聚全球科技资源要素并将其转化为重大科技成果，进而推动全球经济社会快速发展的国家。①那么，我们如何判断一个国家是否为科技强国？科技部部长王志刚提出了三个重要标志：一是具有引领世界的科技创新能力。产生影响世界科技发展和文明进步的重大原创性成果和国际顶尖水平的科研工作者，拥有世界一流高校、科研机构、创新型企业和高水平创新基地，成为全球高端创新人才的聚集地。二是建成高水平的创新型经济新体制。劳动生产率、社会生产力提高主要依靠科技进步和全面创新，经济发展质量高、产业核心竞争力强。三是建成富有活力的创新型社会。科技和人才成为国力强盛最重要的战略资源，创新成为政策制定和制度安排的核心因素，尊重知识、崇尚创新、保护产权、包容多元成为全社会的共同理念和价值导向。②

二、世界科技强国的发展共性

英国作为第一次工业革命的先驱者，一直以来都有着悠久的科学传统和雄厚的科学基础。16世纪以来，牛顿、法拉第、达尔文等英国伟大的科学家为世界科技发展作出了杰出贡献，奠定了英国乃至世界现代科技的基础。直到今天，英国的科学技术实力特别是基础研究仍处于世界领先地位。通过第一次工业革命，英国完成了农业国向工业国的蜕变，成就了以英国贸易圈为中心的“日不落帝国”。然而在第二次工业革命时期，囿于工业体系惯性和巨大变革成本，这座“日不落帝国”的科技优势被德、美两国超越。21世纪以来，英国“立足于深厚的科学基础和优良的科学传统，针对科技与产业发展脱节、

① 柳卸林、马瑞俊迪、刘建华：《中国离科技强国有多远》，《科学学研究》2020年第38卷第10期。

② 王志刚：《新时代建设科技强国的战略路径》，《中国科学院院刊》2019年第34卷第10期。

科技创新乏力等问题，不断加强对科技创新的引导和支持，布局关键科技领域，建立科技与产业之间的协同机制，将基础研究优势转化为创新动力，推动经济社会发展。至今，英国仍保持世界科技强国的地位”①。

作为老牌世界科技强国，法国的科技发展并不是一帆风顺，历史上经历了“两起两落”。18世纪50年代到19世纪50年代，法国在数学、物理学、化学、生理学等基础研究领域取得的成果令世界瞩目。20世纪60年代至80年代，法国又大力建设科研机构，打造独立自主的科技创新体系，再度成为世界工业发达国家，史称“光辉三十年”。然而，20世纪80年代至90年代末，国家战略与策略的阶段性失误使得法国的科技创新逐步下滑。进入21世纪，特别是2008年国际金融危机之后，法国政府通过不断深化科技和经济体制改革，出台国家科研战略，加快推进科技成果转移转化平台搭建，着力提升法国科学技术的原创力和竞争力。经过十几年的不懈努力，重新跻身世界重要科技强国行列。②

受益于1871年国家统一和教育改革，德国紧紧抓住第二次工业革命的机会，建立了分工明确的科研创新体制，使得科技发展显著，新型工业崛起，世界科学中心在19世纪末至20世纪初由英国转移到了德国。此外，具有忧患意识的德国科学家和科学政策制定者扮演了极为重要的角色。当处于落后地位时，虚心向比自己发达的国家学习；而当处于领先地位时，又未雨绸缪，克服内外压力，精益求精，从不满足，才使得德国的科研体制永葆活力，长盛不衰。③

美国是当今世界第一科技强国，几乎在所有重要科技领域都保持全球领先地位。美国自1776年独立以后，开启了工业化进程，基本

---

① 刘云、陶斯宇：《基础科学优势为创新发展注入新动力——英国成为世界科技强国之路》，《中国科学院院刊》2018年第33卷第5期。

② 中国科学院编：《科技强国建设之路：中国与世界》，科学出版社2018年版，第45页。

③ 方在庆：《持续不间断地推进科研体制创新——德国成为世界科技强国之路》，《中国科学院院刊》2018年第33卷第5期。

上长期和平地发展资本主义。南北战争后，美国确立了工业资本主义在国内的统治地位，并开启了经济高速发展时期。到1883年，美国经济总量已居世界第一。20世纪上半叶，美国又抓住两次世界大战的机遇，引进大批欧洲流亡科学家从事科研和教育工作，科技飞速发展。到20世纪四五十年代，美国已跻身世界科技强国行列。第二次世界大战后，美国大力发展大科学，逐步形成国家创新体系。伴随冷战结束和苏联解体，美国成为世界头号超级大国，并于20世纪90年代引爆了以信息和通信技术为代表的第三次工业革命，成为世界第一科技强国。[①]从美国科技强国发展历程来看，美国之所以能够成为并数十年来稳如磐石地占据着世界第一强国的位置，有历史发展、政府政策和制度创新三个方面的原因。首先，美国成为科技强国有着独一无二的历史机遇和发展基础；其次，第二次世界大战后，美国政府的政策支持和财政投入大力促进了美国科技成为世界领先者，使美国成为科技强国；最后，在应对变化和挑战时，美国通过局部的制度创新带动整个创新系统共同作用，保持科学技术的领先发展。与英、法、德等欧洲国家有所不同，美国的科技创新有其自身的鲜明特点，即以实用性创新为主导、注重全面创新、草根创新蔚然成风、军民融合互动创新成效特别卓越四个方面。[②]

作为一个后发科技强国，日本的崛起始于19世纪末，究其原因，关键因素在于科技。具体地说，日本通过大胆引进和吸收西方先进技术，并结合本国实际加以本土化改造，加大力度培育科技人才，从而在亚洲率先建立起近代产业体系，实现了经济和军事实力的“双提高”。[③]第二次世界大战之后，日本根据自身竞争力演进需要，先后确

---

① 秦铮、孙福全、袁立科:《德美日建设世界科技强国的经验及启示》,《科技管理研究》2022年第12期。

② 王昌林、姜江、盛朝讯、韩祺:《大国崛起与科技创新——英国、德国、美国和日本的经验与启示》,《全球化》2015年第9期。

③ 王昌林、姜江、盛朝讯、韩祺:《大国崛起与科技创新——英国、德国、美国和日本的经验与启示》,《全球化》2015年第9期。

立了贸易立国、技术立国、科技创新立国和知识产权立国等国家战略，走出了一条后发国家建设科技强国的道路。[①]之后经过60多年的积累，以日本科学家在21世纪初接连获得诺贝尔奖为标志，日本的基础研究已经开始结出丰硕的成果，引起世界的瞩目。第二次世界大战后的日本，在科技强国建设中大力提高创新意识、营造有利于创新的学术氛围、创建有利于创新的机制、提供相对稳定的经费与环境，以及加强国际交流等经验为我们提供了有益思考。习近平总书记指出："要研究后发国家赶超发达国家的经验教训，保持战略清醒，避免盲目性，不能人云亦云，也不能亦步亦趋。我们在科技方面应该有非对称性'杀手锏'，不能完全是发达国家搞什么我们就搞什么。"[②]

通过前面对世界科技强国发展历程的梳理，可以发现：虽然这些国家建设世界科技强国的历史条件和发展路径并不完全相同，但其发展的内在逻辑是大致相同的，即在很大程度上得益于一些要素的共同作用。例如，前瞻务实的发展战略决策和路径选择、科学高效的国家创新体系、匹配战略目标的科技投入体制、先进的教育制度、富有吸引力的人才聚集系统、处于国际领先水平的科研基础设施、引领创新发展的高技术产业化能力、整合全球创新资源的开放创新模式、有效保障和促进科技创新的制度体系等。[③]

第二节　稽古振今——我国科技强国探索历程和基本经验

习近平总书记在为第二十二届国际历史科学大会召开所致贺信中指出，重视历史、研究历史、借鉴历史，可以给人类带来很多了解昨天、把握今天、开创明天的智慧。回顾新中国成立以后我国发展科技事业的实践，我们深切感受到"我国科技事业实现了历史性、整体

---

① 穆荣平、陈凯华：《建设世界科技强国总体思路与政策取向》，《军工文化》2021年第3期。

② 中共中央文献研究室编：《习近平关于科技创新论述摘编》，中央文献出版社2016年版，第49页。

③ 中国科学院编：《科技强国建设之路：中国与世界》，科学出版社2018年版，第169页。

性、格局性重大变化”[①]，现在比历史上任何时期都更接近建成世界科技强国的目标。

一、我国科技强国历程

新中国成立以后，我国科技强国大致经历了“奠基型”建设（1949—1976年）、“追赶型”建设（1978—2011年）和“赶超型”建设（2012年至今）三个历史阶段。[②]

新中国成立初期，科技建设一穷二白，百废待兴。1956年，党中央制定《1956—1967年科学技术发展远景规划纲要》，发出“向科学进军”的号召，集中各方面力量加快发展科技事业，迅速建立完整的科研队伍、学科体系和科研布局，实施“两弹一星”工程等一大批科技攻关项目，自研、自设、自制的第一颗原子弹成功爆炸，成为发展中国家独立自主创新的典范，奠定了新中国科技事业发展的基础。但此时的中国，仍是世界科技革命的“落后者”。

1978年，我国进入改革开放时期，迎来了“科学的春天”。邓小平提出引进西方先进技术、设备，开始了我国对世界科技强国的快速追赶。1978年3月，邓小平在全国科学大会上作出“科学技术是生产力”的重要论断。1985年3月，《中共中央关于科学技术体制改革的决定》确立“经济建设必须依靠科学技术，科学技术工作必须面向经济建设”的方针，开创了科技事业发展的新局面。1988年9月，邓小平进一步强调“科学技术是第一生产力”，明确“中国必须发展自己的科技，在世界高科技领域占有一席之地”，将科学技术的地位提升到了一个空前的高度。随着国家建设与改革的不断推进，党中央对发展科技有了新的认识，充分意识到“创新”才是建设科技强国的关键。

1995年，党中央组织实施科教兴国战略。1998年中共中央和国

① 白春礼：《为建设科技强国打下坚实基础》，《人民日报》2019年7月10日。

② 田进华、张卫东：《中国共产党百年科技强国的历史实践与基本经验》，《江汉论坛》2022年第7期。

务院决定建设国家创新体系，并批准中国科学院启动知识创新工程试点。1999年，江泽民提出我国是一个发展中的社会主义大国，在一些战略性、基础性的重大科技项目上，必须依靠自己，必须有自主创新能力和自主知识产权。“关键是要在学习、消化、吸收外国先进技术的同时，加强自主创新，加强人才培育，加强创新基地建设，提高企业创新能力，掌握科技发展的主动权，在更高水平上实现技术发展的跨越”，而不是跟在西方发达国家后面跟踪模仿。

2006年，中共中央和国务院召开全国科学技术大会，胡锦涛号召走中国特色自主创新道路和建设创新型国家。同时，《国家中长期科学和技术发展规划纲要（2006—2020年）》发布，确立了“自主创新，重点跨越，支撑发展，引领未来”指导方针，推动我国科技事业进入加速发展的快车道。

从1978年到2011年，我国科技高速发展，引领了我国交通、民生、航天、天文等各个方面的突破性进展。比如，高铁成为“中国制造”和“走出去”的闪亮名片，杂交水稻技术和小麦远缘杂交技术解决了世界人民和中国人民的温饱问题，“神舟五号”飞船发射成功，我国成为世界上可以独立发展载人航天工程的第三个国家，“郭守敬望远镜”和“中国天眼”将我国天文观测和研究推向国际最前沿。

党的十八大指出，要把科技创新摆在国家发展全局的核心位置，坚持走中国特色自主创新道路、实施创新驱动发展战略。2016年5月，全国科技创新大会召开，习近平总书记发出“建设世界科技强国”的号召。同月，《国家创新驱动发展战略纲要》发布，提出了到2020年进入创新型国家行列、到2030年跻身创新型国家前列、到2050年建成世界科技强国的“三步走”战略目标，形成了创新驱动发展战略的顶层设计。[①]2017年，党的十九大报告再次强调“加快建设创新型国家”。

---

① 中国科学院编：《科技强国建设之路：中国与世界》，科学出版社2018年版，第196—197页。

党的二十大把教育、科技、人才放在一起统筹部署。党的二十大报告指出："完善科技创新体系。坚持创新在我国现代化建设全局中的核心地位""加快实施创新驱动发展战略"，[①]为我国成为世界主要科学中心和创新高地、建成科技强国提供了根本遵循和行动指南。

正是有了这些科技战略的深入实施，我国科技实力正从量的积累迈向质的提升，一些前沿领域开始进入并跑甚至是领跑阶段，正在接近科技强国。比如，基础研究方面强调"从0到1"的原创导向，在量子信息、铁基超导、干细胞、合成生物学等方面取得重要突破。积极抢占尖端技术竞争制高点，若干战略必争领域实现"后发先至"。北斗导航卫星全球组网，"嫦娥五号"实现地外天体采样，"天问一号"登陆火星，空间站"天宫"加快建造，"奋斗者"号完成万米载人深潜，川藏铁路稳步建设，500米口径球面射电望远镜等大科学装置建成使用。移动通信、油气开发、核电等科技重大专项成果支撑新兴产业快速发展，5G、人工智能等新技术推动数字经济、平台经济、共享经济蓬勃兴起。新型显示产业技术和规模全球领先，时速600公里高速磁悬浮试验样车下线，新能源汽车产销量世界第一。癌症、耐药菌防治等领域打破国外专利药垄断，一批高端医疗装备加速国产化。成体系开展新冠疫情防控科研攻关，7天内分离出新冠病毒毒株，14天完成核酸检测试剂研发和审批上市。85万名科技特派员奔赴脱贫攻坚主战场，为决胜脱贫攻坚、全面建成小康社会贡献科技力量。[②]

二、我国科技强国基本经验和发展短板

回顾新中国成立70多年来的科技强国历程，其间虽有曲折和艰难，但也积累了大量独具中国特色且行之有效的宝贵经验。

习近平总书记指出："长期以来，我国科技事业快速发展，取得

---

① 习近平：《高举中国特色社会主义伟大旗帜　为全面建设社会主义现代化国家而团结奋斗——在中国共产党第二十次全国代表大会上的报告》，人民出版社2022年版，第35页。

② 王志刚：《从百年奋斗征程汲取智慧和力量　自觉担当科技自立自强时代使命》，《光明日报》2021年6月10日。

举世瞩目的成就。为什么能够成功？我看，最重要的经验有三条。一是发挥社会主义制度优越性，集中力量办大事，抓重大、抓尖端、抓基本。二是坚持以提升创新能力为主线，把其作为科技事业发展的根本和关键。三是坚持人才为本，充分调动人才的积极性、主动性、创造性，出成果和出人才并举、科学研究和人才培养相结合。”①这些重要经验是我国已有科技实践的智慧结晶，也是我国未来建成科技强国的宝贵财富和优势所在。

第一，发挥集中力量办大事的社会主义制度优越性。习近平总书记明确指出：“我们最大的优势是我国社会主义制度能够集中力量办大事。这是我们成就事业的重要法宝。过去我们取得重大科技突破依靠这一法宝，今天我们推进科技创新跨越也要依靠这一法宝，形成社会主义市场经济条件下集中力量办大事的新机制。”②很多大家耳熟能详的重大科技成就，都是通过立项重大科技工程的方式取得的。在这些重大科技工程中，有的我们已经取得了丰硕成果，比如“两弹一星”、核潜艇、载人航天、高铁、北斗卫星导航系统等；有的我们正在持续发力，比如大飞机、芯片、航空母舰等。这些重大科技工程关系国家安全、关系国计民生、关系未来发展，是国家科技硬实力的重要标志，是中国崛起并参与国际竞争的必要条件。应当说，集中人力、物力、财力实施重点突破，是中国科技事业70多年来取得历史性成就的基本经验之一，也是社会主义制度集中力量办大事的优势体现。在新时代条件下，整合制度优势，释放体制活力，将是中国科技再创辉煌的根本保障。③

第二，坚持自主创新。科技创新是国家富强、民族振兴、人民幸福的动力，是建设世界科技强国的核心。在党的二十大报告中，“创

① 中共中央文献研究室编：《习近平关于科技创新论述摘编》，中央文献出版社2016年版，第38页。

② 《习近平谈治国理政》第二卷，外文出版社2017年版，第273页。

③ 杨玉良主编：《中国科技之路·总览卷·科技强国》，科学出版社2021年版，第24、25页。

新”出现多达几十次，是最热的高频词之一。习近平总书记强调，贯彻新发展理念是新时代我国发展壮大的必由之路。必须坚持创新是第一动力，坚持创新在我国现代化建设全局中的核心地位。我国科技事业从过去的一穷二白到现在的花团锦簇，靠的就是坚持走中国特色自主创新道路。过去，“我国主要依靠引进上次工业革命的技术成果来发展社会经济。这种模式虽然凭借巨额的资源投入促进了经济的高速发展，但在创新绩效上并未获得相应比例的增长，本土创新能力严重落后于国家和社会的需要”[①]。一味依靠他人的科技发展模式也很容易被他人掌控。比如，1959年苏联单方面撕毁中苏合作协议，1390名技术专家被撤走，600余个技术合作项目被取消，一度让我国科技发展停摆。如今，如果我国依然沿袭过去这种模式，那么我国和世界科技强国的差距将越来越大，我们的科技发展道路也会陷入被动。

习近平总书记反复强调：“关键核心技术是要不来、买不来、讨不来的，只有把关键核心技术掌握在自己手里，才能从根本上保障国家经济安全、国防安全和其他安全。”[②]当前，在世界知识产权组织发布的全球创新指数排名中，我国从2012年的第34位上升到2022年的第11位。在全球研发投入2500强企业榜单中，我国有438家企业入围，华为、腾讯和小米三家企业入选科睿唯安《德温特2020年度全球百强创新机构》，显示出高质量的企业创新水平。[③]然而，在一些关键核心技术领域，西方发达国家仍会采取一系列“卡脖子”战略，如美国对中兴和华为的打压和制裁。因此，在新一轮科技革命和产业变革大势中，必须把科技创新摆在国家发展全局的核心位置，大胆探索我国的自主创新之路，在关键核心技术方面实现突破与赶超。

第三，坚持以人为本。习近平总书记指出：“世上一切事物中人是最可宝贵的，一切创新成果都是人做出来的。硬实力、软实力，归

① 《OECD中国创新政策研究报告》，薛澜、柳御林、穆荣平等译，科学出版社2011年版，第17页。

② 习近平：《努力成为世界主要科学中心和创新高地》，《求是》2021年第6期。

③ 刘垠：《中国创新质量何以8年稳居中等收入国家首位》，《科技日报》2020年9月16日。

根到底要靠人才实力。”“没有人才优势，就不可能有创新优势、科技优势、产业优势。”①我国是全球公认的人力资源大国，科技人力资源超过8000万人，全时研发人员总量380万人/年，居世界首位，工程师数量占全球的1/4，每年培养的工程师数量相当于美国、欧洲、日本以及印度的总和。这是我国独特的战略资源优势。②我国科技事业从无到有、从弱到强，靠的就是一代又一代科技工作者为了攻克关键核心技术、破解创新发展难题而前赴后继、拼搏奋斗。2020年，中国科技工作者总数达到9100万人，公立高等院校和科研院所的数量超过3450家。我国国际专利申请量连续两年稳居世界第1位，国际科技论文数量、高被引论文数量均居世界第2位，科技进步贡献率预计超过60%。③只要在全社会范围内形成崇尚科技、尊重科技人才的良好氛围，中国就拥有抢占世界主要科学中心和科技创新高地的信心和底气。

目前，我国正处于从科技大国向科技强国转变的关键时期，科技发展形势喜忧参半。令人欣喜的是，“我国科技整体水平大幅提升，我们完全有基础、有底气、有信心、有能力抓住新一轮科技革命和产业变革的机遇，乘势而上，大展宏图”④；令人担忧的是，“目前在世界科技大国的方阵中，美国依然全面领先，德国、英国等处于第二方阵，我国仍排在10位之后”⑤。居安思危，我国在进入创新型国家行列、建设世界科技强国过程中还存在诸多亟待解决的问题，主要表现在：“其一，基础研究和原始创新能力存在明显差距，制约着科技创

① 中共中央文献研究室编：《习近平关于科技创新论述摘编》，中央文献出版社2016年版，第116页。

② 刘延东：《实施创新驱动发展战略为建设世界科技强国而努力奋斗》，《求是》2017年第2期。

③ 杨舒、袁宇飞：《科技创新：吹响实现高水平科技自立自强的号角》，《光明日报》2021年6月10日。

④ 《习近平谈治国理政》第四卷，外文出版社2022年版，第197页。

⑤ 中共中央宣传部理论局编：《新征程面对面——理论热点面对面·2021》，学习出版社、人民出版社2021年版，第96页。

新的整体水平和长远发展；其二，科技创新的整体效率不高，其有效供给能力特别是中高端供给能力不足，关键领域核心技术仍受制于人；其三，创新人才队伍大而不够强，人才发展机制仍需健全和完善；其四，符合科技创新规律的创新治理体系仍需完善；其五，学术生态仍需净化，创新文化尚需厚植；其六，科技创新发展的国际化水平有待提高。”①在实现第二个百年奋斗目标和实现中华民族伟大复兴中国梦的征程中，中国科技工作者应“把握大势、抢占先机，直面问题、迎难而上，瞄准世界科技前沿、引领科技发展方向”，担起更大的历史重任。

第三节　而今迈步从头越——全面落实高水平科技自立自强战略部署②

党的二十大报告提出，坚持创新在我国现代化建设全局中的核心地位，加快实现高水平科技自立自强，加快建设科技强国，并对完善科技创新体系、加快实施创新驱动发展战略等作出专门部署。立足新发展阶段、贯彻新发展理念、构建新发展格局，建设科技强国，必须进一步强化科技创新在统筹发展和安全中的战略支撑作用，以高水平的自立自强塑造发展新优势。

一、加强党对科技工作的全面领导

把党的领导落实到科技事业各领域各方面各环节，坚决拥护“两个确立”，增强“四个意识”、坚定“四个自信”、做到“两个维护”，在政治立场、政治方向、政治原则、政治道路上始终同以习近平同志为核心的党中央保持高度一致，为我国科技事业发展提供坚强政治保证。加强党中央集中统一领导，完善党中央对科技工作统一领导的体

① 张柏春、史晓雷：《改革开放以来我国建设科技强国的探索》，《光明日报》2018年12月5日。

② 王志刚：《加快实现高水平科技自立自强》，《人民日报》2022年12月23日。

制，建立权威的决策指挥体系。强化战略谋划和总体布局，调动各方面积极性，加速聚集创新要素，优化配置创新资源，实现创新驱动系统能力整合，增强科技创新活动的组织力、战斗力。

二、构建体系化全局性科技发展新格局

坚持“四个面向”[①]，坚持系统观念，加快形成与科技自立自强匹配的“顶层设计牵引、重大任务带动、基础能力支撑”科技创新体系化能力。加强顶层设计，补短板、建长板、强能力、成体系。围绕国家急迫需要和长远需求，加快实施一批具有战略性全局性前瞻性的国家重大科技项目，增强自主创新能力。加强科技基础能力建设，在力量构建、资源配置、基础设施、科研平台、政策法规、技术标准、创新生态、科技人才等方面夯实基础。

三、强化国家战略科技力量

以国家目标和战略需求为导向，加快组建一批国家实验室，重组现有国家重点实验室，形成国家实验室体系。优化国家科研机构、高水平研究型大学、科技领军企业定位和布局。统筹推进国际科技创新中心、区域科技创新中心建设，打造世界科学前沿领域和新兴产业技术创新、全球科技创新要素的汇聚地。强化企业科技创新主体地位，发挥科技型骨干企业引领支撑作用，加强企业主导的产学研深度融合，提高科技成果转化和产业化水平。强化科技战略咨询，发挥国家科技咨询委员会、国家科技高端智库和战略科学家决策支撑作用。

四、坚决打赢关键核心技术攻坚战

把突破关键核心技术作为当务之急，尽快改变关键领域受制于人的局面。健全新型举国体制，加强战略谋划和系统布局，形成关键核心技术攻关强大合力。以国家战略需求为导向，以具有先发优

---

① “四个面向”即面向世界科技前沿、面向经济主战场、面向国家重大需求、面向人民生命健康。

势的关键技术和引领未来发展的基础前沿技术为突破口，集聚力量进行原创性引领性科技攻关，着力解决影响制约国家发展全局和长远利益的重大科技问题，从根本上保障我国产业安全、经济安全、国家安全。

五、加强基础研究

把原始创新能力提升摆在更加突出的位置，坚持目标导向和自由探索并举布局基础研究，勇于挑战最前沿的科学问题，提出更多原创理论，实现前瞻性基础研究、引领性原创成果重大突破。强化目标导向，从经济社会发展和国家安全面临的实际问题中凝练科学问题，从源头和底层解决关键核心技术问题。鼓励自由探索，拓展认识自然的边界，开辟新的认知疆域，孕育科学突破。

六、深化科技体制改革

着力破除深层次体制机制障碍，着力营造良好政策环境，深化科技评价改革，加大多元化科技投入，加强知识产权法治保障，形成支持全面创新的基础制度。提升科技投入效能，深化财政科技经费分配使用机制改革。营造有利于科技型中小微企业成长的良好环境。培育创新文化，弘扬科学家精神，涵养优良学风，营造创新氛围。坚持创新驱动实质是人才驱动，着力造就拔尖创新人才，加快建设国家战略人才力量，激发各类人才创新活力和潜力，聚天下英才而用之。

七、扩大国际科技交流合作

积极主动融入全球创新体系，用好全球创新资源。实施更加开放包容、互惠共享的国际科技合作战略，以持续提升科技自主创新能力夯实国际合作基础，以更加开放的思维和举措推进国际科技交流合作。加强国际化科研环境建设，形成具有全球竞争力的开放创新生态。

第九章　人才强国

人才，强国之根本，兴邦之大计。新中国成立以来，历数钱学森、钱三强、邓稼先、袁隆平、屠呦呦和中国航天“天团”……人才辈出，为我国在多个科技领域实现“从0到1”的突破贡献了聪明智慧，引领我国社会全面进步。当前，我国正处于全面建设社会主义现代化国家、向第二个百年奋斗目标进军的关键时期，党的二十大紧紧围绕这一伟大目标，深刻把握我国经济社会高质量发展需要和人才发展新挑战新问题，第一次把“深入实施人才强国战略”写入党代会报告进行集中阐述、专题部署。习近平总书记在党的二十大报告中深刻指出，“培养造就大批德才兼备的高素质人才，是国家和民族长远发展大计”，要“坚持为党育人、为国育才，全面提高人才自主培养质量，着力造就拔尖创新人才，聚天下英才而用之”。[①]世界各国究竟如何育才、引才、用才？我国人才强国战略究竟在何处发力？新时代国家和个人应如何在人才强国战略实施过程中肩负新使命、担当新作为、谱写新篇章？民族复兴新征程上，这是一份必须答好的时代问卷，也是本章试图说明的问题。

第一节　人才是第一资源

济济多士，乃成大业；人才蔚起，国运方兴。人才是推动国家兴盛和民族振兴的重要力量，人才资源是经济社会发展的第一资源。那么，何谓人才？2010年6月，国家出台《国家中长期人才发展规划纲要（2010—2020年）》，把人才界定为“具有一定的专业知识或专门技能，进行创造性劳动并对社会作出贡献的人，是人力资源中能力和

① 习近平：《高举中国特色社会主义伟大旗帜 为全面建设社会主义现代化国家而团结奋斗——在中国共产党第二十次全国代表大会上的报告》，人民出版社2022年版，第36、33—34页。

素质较高的劳动者”。为国家今后人才强国战略的实施指明了方向。对人才强国内涵的理解主要体现在两个方面，一方面理解为“以人才强国”，意即通过加大人力资本投资和人才管理机制的变革与创新，深化人才资源开发利用，使国家繁荣昌盛。另一方面理解为“人才的强国”，意即会聚世界优秀人才，使我国的人才在总量、结构和素质上能够有效地支撑整个社会经济的发展。①当前，我国进入了全面建设社会主义现代化国家、向第二个百年奋斗目标进军的新征程，我们比历史上任何时期都更接近实现中华民族伟大复兴的宏伟目标，也比历史上任何时期都更加渴求人才。人才强国建设迫在眉睫，人才强国的内涵也在不断丰富。习近平总书记在2021年9月召开的中央人才工作会议上，发出“要深入实施新时代人才强国战略，加快建设世界重要人才中心和创新高地”的号召。响应伟大号召，是新时代人才强国的关键所在。

国家发展靠人才，民族振兴靠人才。在世界新一轮科技革命蓬勃兴起的今天，建设社会主义现代化强国这一宏伟目标的实现，很大程度上依赖于现代科技和一流人才，尤其是科技人才队伍。那么，新时代建设人才强国需要什么样的人才呢？党的二十大报告明确提出：“加快建设国家战略人才力量，努力培养造就更多大师、战略科学家、一流科技领军人才和创新团队、青年科技人才、卓越工程师、大国工匠、高技能人才。”为新时代人才培养提供了根本遵循和科学方向。

战略科学家位于人才“金字塔”的塔尖，习近平总书记指出，战略科学家是坚持实践标准，在国家重大科技任务担纲领衔者中发现具有深厚科学素养、长期奋战在科研第一线，视野开阔，前瞻性判断力、跨学科理解能力、大兵团作战组织领导能力强的科学家。“要坚持长远眼光，有意识地发现和培养更多具有战略科学家潜质的高层次

---

① 彭剑锋、朱兴东：《论“人才强国”的科学内涵及其系统推进》，《中国人才》2004年第1期。

复合型人才，形成战略科学家成长梯队”[①]。由此看出，战略科学家具有双重身份，既是科学家更是战略家。

科技领军人才则突出表现在某一领域掌握前沿科学技术，是具有独到见解且有代表性的科学家，更侧重于战术层面。一流代表的是科技人才队伍的最高水平，一流的科技领军人才通常能够组织一流的创新团队，引领团队精准把握科技发展方向、解决“卡脖子”科技问题，这个组合也是战略科学家能够脱颖而出的丰厚土壤。[②]

青年科技人才作为人才“金字塔”的塔基，浇筑科技人才队伍的坚实基座，是科技领军人才的丰厚储备和不竭源泉。“有研究表明，自然科学家发明创造的最佳年龄段是25岁到45岁。要把培育国家战略人才力量的政策重心放在青年科技人才上，给予青年人才更多的信任、更好的帮助、更有力的支持，支持青年人才挑大梁、当主角。”[③]

卓越工程师队伍则是我国制造业的立业之本。2010年，我国启动卓越工程师教育培养计划，旨在培养造就一大批创新能力强、适应经济社会发展需要的各类型高质量工程技术人才，为国家走新型工业化发展道路、建设创新型国家和人才强国战略服务。发展至今，“我国是世界上唯一拥有全部工业门类的国家，同时我国制造业总体上仍处于全球价值链的中低端，许多产业面临工程师数量不足、质量不高问题”[④]。要进一步推动中国制造业向创新、创造转变。习近平总书记强调，必须“努力建设一支爱党报国、敬业奉献、具有突出技术创新能力、善于解决复杂工程问题的工程师队伍”。依靠卓越工程师为“中国制造”向“中国智造”转变而赋能。

---

① 习近平：《深入实施新时代人才强国战略 加快建设世界重要人才中心和创新高地》，《求是》2021年第24期。

② 徐明：《新时代人才强国战略的总体框架、时代内涵与实现路径》，《河海大学学报（哲学社会科学版）》2022年第6期。

③ 习近平：《深入实施新时代人才强国战略 加快建设世界重要人才中心和创新高地》，《求是》2021年第24期。

④ 习近平：《深入实施新时代人才强国战略 加快建设世界重要人才中心和创新高地》，《求是》2021年第24期。

大国工匠和高技能人才也是我国制造业的重要力量，他们身上蕴藏的工匠精神始终是建设人才强国的精神源泉。习近平总书记强调："我国经济要靠实体经济作支撑，这就需要大量专业技术人才，需要大批大国工匠。"大国工匠作为职工队伍中的高技能人才，具备精湛的操作技能，能够不断解决工作中的关键技术和工艺的操作性难题，最终在技工队伍中脱颖而出，成为"国宝级"技能人才。

最难能可贵的是，这群不平凡的劳动者能够长时间在平凡的工作岗位上默默奉献，执着坚守，一以贯之在职业技能上尽善尽美，精益求精，充分体现了"执着专注、精益求精、一丝不苟、追求卓越"的工匠精神。实现我们的发展目标，不仅要在物质上强大起来，而且要在精神上强大起来。工匠精神是我们宝贵的精神财富，是新时代的精神指引。建设制造强国、科技强国、人才强国，需要大力弘扬工匠精神，壮大技术工人队伍，培养更多高素质技术技能人才、能工巧匠、大国工匠。[①]

总之，国家战略人才力量的建设与加强，应符合根本的客观规律。我国在实施创新驱动发展战略中需要重点突破一批关键领域核心技术和战略性新兴产业核心科技资源，这就要求我们必须对科技人才进行分层分类，不同层次类别将表现出人才发展的不同规律。越是高层次的人才群体，它的分层越多越细。适用于领军人才的普遍规律或许不适用于世界顶尖科学家。所以，在全球竞争日趋激烈背景下，我国要从人才大国向人才强国转变，必须深入总结、遵循科技人才发展的一般规律、特殊规律、一般模式、特殊模式，并将其转化为有实效的政策供给，[②]从而培养出一批具有国际竞争力的创新团队来引领科技进步与创新，以高质量发展为导向，实现高水平科技的自立自强。

---

① 张博令:《培养更多大国工匠》,《人民日报》2022年5月26日。

② 孙锐:《新时代人才强国战略布局高质量发展人才根基》,《瞭望》2022年第11期。

第二节　发达国家人才强国之策

综合国力竞争说到底是人才竞争。人才是衡量一个国家综合国力的重要指标。历史上，美国经济总量超过英国，日本人均GDP超过美国，都是在思想上充分认识到优先发展人才战略的重要性，从而在政策的制定和实施上重视人才资源的培养和开发，助推国家逐步形成强大科技创新和产业优势。与此同时，各国又都根据世情、国情和现实条件形成各具特色的人才之策。我们比较和研究这些国家在开发与培养人才上的战略措施，无疑可以从中得到有益的启发。本节着重解读美国（世界第一人才强国）和日本（后起的亚洲人才强国）的人才兴起之策。

作为世界超级大国的美国，“是工业化国家中唯一一个在研发体系和科学政策方面被二战永久地改变了的国家”[①]。自第二次世界大战以来，美国坚持把人才的开发、利用作为国家崛起的首要战略，把人才政策的制定与国家整体发展战略同考虑、同推进。

一是坚持“国家利益至上”的原则，将人才与国家发展战略目标相结合。如2007年美国教育部公布数据，75%发展最快的职业都需要大量的科技和数学技能。而美国的本土劳动力无论是在计算机还是数学方面的素养明显比不上优质海外技术人员。至此，美国开始密切关注STEM（科学、技术、工程和数学）教育的发展，并果断发布《美国竞争力计划》，提出将STEM纳入美国发展战略。再如，为了满足制造业升级需要，解决制造业当中存在的问题，美国于2018年10月出台了《美国先进制造业领导战略》，提出“教育、培训和匹配制造业劳动力”战略。

二是立足国内，加强本土人才培养，实现教育普及，截至2021

① 樊春良：《建立全球领先的科学技术创新体系——美国成为世界科技强国之路》，《中国科学院院刊》2018年第33卷第5期。

年已投入150亿美元建立200多个英才中心。[①]美国尤其重视高等教育，推动高校人才培育模式持续创新。如普林斯顿大学的跨学科综合型人才的培养模式、哈佛大学的“全人”教育理念与教育公式等。

三是放眼全球，大力引进高端人才。众所周知，美国是靠人才引进发家的，在第二次世界大战中，美国对科技和人才的需求激增。第二次世界大战后，对于国家发展需要的高端人才，美国开始不择手段地在全球争抢。可以说，对高端人才的控制与网罗，贯穿美国人才政策、建设人才强国的始终。灵活多样的移民政策、优渥的物质条件和资助力度、完备的管理体制以及在别国设立研发机构、聘用外国专家学者、国际科技合作等，均是美国在世界范围内大量争夺与网罗人才的重要手段。国际移民组织发布的《2020年世界移民报告》显示，截至2019年，美国接收移民数量达5070万，成为2019年最受世界移民者青睐的国家。可持续能源技术研究中心发布的《移民政策和人工智能的全球竞争》数据显示，2020年美国大学约有3000名人工智能专业的国际博士，其中约90%的学生毕业后留美工作。反之，对于美国不需要的人或者主观认为对其自身有威胁的人，向来会毫不留情地拒之门外。

目前，美国大肆宣扬“中国威胁论”，对中国留学生进行限制，禁止中国留学生学习关键核心技术。面对这些不利局面，我国如何突出重围？制定切合当下实际的培养人才战略，让核心人才服务于国家战略发展成为当务之急。

日本国土面积小，资源贫乏而人口众多，在第二次世界大战中失败后，经济濒临崩溃。然而，令人称奇的是，在短短10年后日本经济又回到了战前的水平，到20世纪80年代，其经济规模已超过联邦德国和英国，排在美国之后，居世界第二。日本如何做到短时间内有如此显著成就、关键是其加强教育立国、人才立国，对外大力引进人

① 周波、冷伏海等：《世界主要国家未来产业发展部署与启示》，《中国科学院院刊》2021年第36卷第11期。

才的全球人才开发战略，最大限度发挥人才效能。

一是在基础研究、产学合作方面形成特色，促进了国家科技实力的提升。日本实施“240万科技人才开发综合推进计划”，以利于促进人才、科技与企业对接，造就适应企业快速发展的科技人才队伍。①截至2021年底，共有28位日本人获得了诺贝尔奖。2019年，日本企业投入的研发经费为14.2万亿日元（制造业企业为12.37万亿日元），占日本全部科技投入的72.6%，是世界上企业研发投入比例最高的国家之一。获诺贝尔奖的日本人中有10.7%来自企业，彰显了日本企业对技术创新和基础研究的重视程度。②

二是通过“人才计划”优化人才发展环境。大力推进“21世纪卓越研究基地计划”、建立一流的人才培养基地，执行“科学技术人才培养综合计划”、建设有利于科技人才发挥才能的社会。推出“最先端研究开发支援计划”，旨在构筑研究人员能够潜心从事研究活动的机制，促进一些领域的研究人员成长为日本具有代表性的科学家，提升日本在产业经济、安全保障等领域的国家竞争力。

三是吸引海外优秀人才。制度保障方面，从2007年开始，日本政府大幅度开放接收海外留学生，在2008年公布了“30万留学生”计划。为此，日本修改入境管理条例，对最长居留期从现行的原则上3年延长到5年，为“具有专门知识和技术”的外国科技人才在日本提供就业、就医等各方面的优惠和保障。资金投入方面，为了能够吸引世界一流的科研人才，日本政府近年来将科研开发经费增加了1倍，开放了国家实验室主任的职位，设立了25万美元的年薪，供海外学者竞争上岗。国际交流方面，日本经常举办国际性学术会议，以邀请外国科学家到日本参观讲学，并通过设立国际合作奖励基金进行补助和奖励，从而最大限度地获取这些科学家的知识、经验和富有创

① 胡雪梅：《坚持“科学立国”的日本人才战略》，《中国人才》2012年第11期。

② 甄子健：《日本科技人才自主培养及其创新激励研究》，《中国科技人才》2022年第3期。

造性的成果。[①]

四是针对少子、老龄化的困境，日本还致力于老年人力资源开发。1999年1月，有21%的企业当中老年人的退休年龄由60岁延长至65岁，有条件的脑力劳动者可以继续工作到70岁，使老年人的技术、知识和经验得到充分发挥。

纵观世界发达国家人才强国之路，可以发现，各国所采取的人才策略和措施虽有不同，却也存在一定的共通性，具体表现为：人才战略与国家发展战略一体化，人才培养与人才引进齐头并进，人才政策引导与法治保障良性运行。这些共同之处在欧洲发达国家的人才建设之路中也有所体现。如：欧洲发达国家同样把人才建设作为提升国家核心竞争力的重要途径，构建教育培训体系，积极倡导产学研合作，实施青年人才计划，强调终身教育，制定有利于吸纳引进优秀人才的政策，健全适应市场化、全球化要求的人才流动机制等。[②]谁抢占了人才的制高点，谁就掌握了竞争的主动权。

“从总体上看，我国科技人才发展仍然存在不足之处，科技人才队伍结构有待优化，R&D人员投入强度仍然较低，高端科技人才缺乏的问题仍然突出。”《中国STEM教育白皮书》显示，我国在2017年每万人劳动力中科学家和工程师的平均人数仅为11人。《中国科技人才发展报告（2020）》显示，丹麦、韩国等发达国家的万名就业人员中R&D人员数量是中国的3倍以上，我国的R&D人员投入强度仅高于土耳其等发展中国家。习近平总书记在2014年召开的中国科学院第十七次院士大会、中国工程院第十二次院士大会上明确指出，“实现中华民族伟大复兴，人才越多越好，本事越大越好”。我国要认真总结和汲取世界各国在养、育、引、留、用人才方面的先进经验，在人才强国建设中少走弯路。

---

① 胡雪梅：《坚持“科学立国”的日本人才战略》，《中国人才》2012年第11期。

② 干武东：《欧洲发达国家创新型人才队伍建设的经验》，《今日浙江》2007年第5期。

第三节　中国人才强国战略实现了从形成到发展再到飞跃

从世界各国的发展历史来看，中国率先明确提出了系统性的国家人才发展战略，以及确定有关的战略议程、战略任务与战略实施路线图。从“人才兴国”到“人才资源开发”，再到“人力资源能力建设”，这是一个不断推进的过程。本节旨在通过回首改革开放以来党和国家促进人才成长的过程，总结我国40多年以来的人才发展成就，发现人才开发和利用中存在的现实短板，为新时代人才强国战略的有力实施提供参考。

改革开放40多年以来，人才强国战略实现了从形成到发展再到飞跃的全过程。2002年中央首次提出实施人才强国战略。我国人才强国战略的演进和发展总体上可划分为四个阶段。[①]

第一，提出阶段（1978—2002年）。这一阶段也可以称为“追赶期”。在此期间，作为后发国家，我国经历了“人才战略”到“人才强国战略”的重要变革。1978年，邓小平在党的十一届三中全会上提出了“尊重知识、尊重人才”的重要方针。随后，“人才市场”等现象广泛出现并引发热议，引起一些人反对。2000年中央经济工作会议提出“制定和实施人才战略”；2002年下发的《2002—2005年全国人才队伍建设规划纲要》加入“强国”二字，首次提出“实施人才强国战略”，确立了人才工作在党和国家全部工作中的战略位置。

第二，形成阶段（2003—2009年）。2003年成立中央人才工作协调小组，集中解决人才基本问题；同年12月，召开第一次全国人才工作会议，党中央、国务院作出《关于进一步加强人才工作的决定》，强调要“把实施人才强国战略作为党和国家一项重大而紧迫的任务抓紧抓好”；2007年10月，党的十七大报告强调“更好实施人才强国战略”，并将其写入党章，人才强国战略被确定为我国三大基本战略之

① 孙锐：《实施新时代人才强国战略：演化脉络、理论意涵与工作重点》，《人民论坛·学术前沿》2022年第18期。

一。2008年，海外高层次人才引进计划启动实施。

第三，增强阶段（2010—2021年）。2010年，党中央、国务院召开第二次全国人才工作会议，颁布实施《国家中长期人才发展规划纲要（2010—2020年）》；2012年党的十八大报告提出加快确立人才优先发展战略布局，并实施国家高层次人才特殊支持计划；2016年中央出台《关于深化人才发展体制机制改革的意见》；2017年党的十九大作出“人才是实现民族振兴、赢得国际竞争主动战略资源”的重大判断。这一系列重大举措，对我国的人才发展产生了历史性推动作用。人才发展理念、人才队伍建设、人才政策体系、人才发挥作用效益、人才工作格局都有了更为深刻的丰富和发展，人才强国战略有了更为丰富的时代内涵。①

第四，提升阶段（2021年以来）。2021年9月中央人才工作会议召开，提出实施新时代人才强国战略总体战略布局；2021年11月党的十九届六中全会强调，深入实施新时代人才强国战略，加快建设世界重要人才中心和创新高地，聚天下英才而用之。2022年11月，党的二十大报告再次强调要“深入实施人才强国战略”，并进一步作出“坚持党管人才原则、完善人才战略布局、深化人才发展体制机制改革”的具体部署和要求。在更高起点、更高层次、更高目标上对人才强国战略作出顶层设计，开辟了我国人才强国战略实施和人才工作发展的新境界。

纵观改革开放40多年的人才强国战略发展历程，特别是新时代十年，中国共产党对人才的定位和人才强国战略的内涵在不断深化和发展，可以说，我国形成了一条区别于世界其他国家的、具有中国特色的人才强国发展之路，在人才培养上取得了突破性成就。

一是人才队伍迅速扩大。我国人才资源总量、全国研发人员总量均稳居全球首位。截至2021年底，全国研发人员总量是2012年的1.7倍；全国技能人才总量超过2亿人，其中高技能人才总量超过6000万

---

① 张圣华：《40年，人才强国迈向新时代》，《中国人才》2018年第11期。

人。各类人才日益与党和国家事业同频共振，源源不断的人才优势正加速转化为葳蕤蓬勃的发展优势。①

二是人才资源投入明显增加，国际比较优势稳步增强。我国研发经费投入从2012年的1.03万亿元增长到2021年的2.79万亿元，居世界第二；基础研究经费是10年前的3.4倍，达到历史最高水平。根据美国国家科学基金会发布的《2020年科学与工程指标报告》，2000—2017年，中国在科研方面的投入增长占全球投入总增长的30%以上。②世界知识产权组织等发布的全球创新指数显示，我国排名从2012年的第34位快速上升到2022年的第11位。许多研究机构、高等院校和企业在实验室条件和技术装备方面已达到乃至超过世界先进水平。2021年，我国在全球人才竞争力指数（GTCI）排名中位列第37名。③国家在人才、教育和科技创新方面的持续投入，写下了提升和巩固我国人才比较优势、深入实施新时代人才强国战略的生动注脚。

三是人才效能不断提高。我国人才贡献率由2010年的26.6%上升至2020年的35%。人才是服务创新驱动发展，决战脱贫攻坚，决胜全面建成小康社会，促进区域协调发展，抗击新冠疫情的重要战略资源，在推动这些国家重大战略和重要任务的完成中富有成效。科技实力正经历着从数量积累到质量跨越、从点到面突破再到系统能力增强的巨大转变。上述事实表明，我国人才工作已经站在一个新的历史起点上。

改革开放40多年特别是党的十八大以来，通过推动我国人才强国战略实施，我们不仅取得了一些历史性成就，也形成了一些基本经验和阶段性认识，即：坚持党管人才原则和完善有效的工作运行体系，是搞好人才工作的主要保证；加强引才工作品牌建设和创新人才服务模式，是解决当地人才集聚效率低下问题的有效途径；盯着市场化方向不放，正确处理政府与市场的关系，是提升人才发展活力之必

---

① 罗旭：《人才事业发展这10年：聚天下英才筑强国之基》，《光明日报》2022年6月15日。

② 孙锐：《新时代人才事业的历史性成就与变革》，《人民论坛》2022年第17期。

③ 吴江：《新时代人才强国战略新在何处》，《光明日报》2022年1月16日。

需；立足问题导向、目标导向实现点面结合精准突破，是人才体制机制改革当务之急；强调产业聚焦，同频共振促进人才和产业发展深度融合，是切实发挥人才作用的重要方式；累积人才资本、促进院校教育和人才社会化培训相辅相成，是搞好人才培养的长远规划；树立“生态”竞争意识，建设人才创新创业生态系统，是留住人才、用好人才、发挥好人才作用的关键所在。①

同时，党中央时刻保持清醒头脑，面对取得的成就，“不敢有丝毫的自满”。在2021年9月召开的中央人才工作会议上，习近平总书记直击要害，切中肯綮，明确提醒：“我国人才工作同新形势新任务相比还有很多不适应的地方。人才队伍结构性矛盾突出，人才政策精准化程度不高，人才发展体制机制改革还存在‘最后一公里’不畅通的问题，人才评价唯论文、唯职称、唯学历、唯奖项‘四唯’等问题仍然比较突出，等等。这些问题，不少是长期存在的难点，需要继续下大气力加以解决。”②

第四节　强化现代化建设人才支撑③

深入实施新时代人才强国战略，是我国社会主义现代化建设的必然选择。党的二十大报告紧紧围绕全面建设社会主义现代化国家，深刻把握我国经济社会高质量发展需要和国际人才竞争新态势，第一次在党代会报告中将人才强国战略与科教兴国战略、创新驱动发展战略进行集中论述，并作出专题部署。这是在更高起点、更高层次、更高目标上对人才强国作出的顶层设计，为加快建设人才强国锚定了新坐标、树立了新标杆、描绘了新愿景。我们必须站在新的历史起点上，以更高的标准、更大的力度、更实的举措，把新时代人才强国战略的

---

① 孙锐：《新时代人才强国战略的内在逻辑、核心构架与战略举措》，《人民论坛·学术前沿》2021年第24期。

② 习近平：《深入实施新时代人才强国战略　加快建设世界重要人才中心和创新高地》，《求是》2021年第24期。

③ 吴瀚飞：《强化现代化建设人才支撑》，《经济日报》2022年11月14日。

各项任务落到实处。

一、坚持党管人才原则，引导广大人才爱党报国、敬业奉献、服务人民

聚天下英才而用之，关键是要坚持党管人才原则。只有在党的领导下，培养造就大批德才兼备的高素质人才，才能确保人才强国建设沿着正确的方向前进。要加强党对人才工作的全面领导，管宏观、管政策、管协调、管服务，为人才“保驾护航”，搭建干事创业的平台。要坚持尊重劳动、尊重知识、尊重人才、尊重创造，实施更加积极、更加开放、更加有效的人才政策，做到人尽其才、才尽其用、用有所成。要教育引导广大人才弘扬科学家精神，服务国家、造福人民、开拓创新，把论文写在祖国大地上，把科技成果应用在建设社会主义现代化的伟大事业中。

二、完善人才战略布局，建设规模宏大、结构合理、素质优良的人才队伍

建设一支宏大的高素质人才队伍，是全面建设社会主义现代化国家的基础。要紧扣科教兴国、创新驱动发展等国家重大战略需求，把人才集聚和重大战略实施同步谋划、同步推进，做到重大战略部署到哪里、人才集聚就跟进到哪里，党和国家事业急需紧缺什么人才、就优先集聚什么人才。要坚持各方面人才一起抓，统筹推进各类人才队伍建设，为全面建成社会主义现代化强国提供有力人才支撑。

三、加快建设世界重要人才中心和创新高地，着力形成人才国际竞争的比较优势

人类历史上，科技和人才总是向发展势头好、文明程度高、创新最活跃的地方集聚。现在，我国正处于政治最稳定、经济最繁荣、创新最活跃的时期，必须抓住机遇、乘势而上。要坚持重点布局、梯次推进，坚持试点先行、改革牵引，促进人才区域合理布局和协调发

展，加快形成战略支点和雁阵格局。要着力建设高水平人才高地和吸引集聚人才的平台，为我国人才事业发展提供强大牵引力和驱动力，加快形成我国在诸多领域人才竞争比较优势。

四、加快建设国家战略人才力量，着力造就拔尖创新人才

战略人才站在国际科技前沿、引领科技自主创新、承担国家战略科技任务，是支撑我国高水平科技自立自强的重要力量。要坚持实践标准，树立长远眼光，把“解燃眉之急”和满足长远所需统筹起来，不断壮大国家战略人才力量。要坚持为党育人、为国育才，全面提高人才自主培养质量，努力培养造就更多大师、战略科学家、一流科技领军人才和创新团队、青年科技人才、卓越工程师、大国工匠、高技能人才。要坚持全球视野，加强人才国际交流，千方百计引进顶尖人才，使更多全球智慧资源为我所用，用好用活各类人才。

五、深化人才发展体制机制改革，激发人才创新创造活力

释放人才创新创造活力，必须通过改革建立起既有中国特色又有国际竞争比较优势的人才发展体制机制。要坚持问题导向，以激发活力为核心，坚决破除人才培养、引进、使用、评价、激励、流动、保障等方面的体制机制障碍，破除唯论文、唯职称、唯学历、唯奖项现象。要根据需要和实际，向用人主体授权，为人才松绑，把人才从科研管理的各种形式主义、官僚主义的束缚中解放出来。要充分发挥人才发展体制机制保障作用，真心爱才、悉心育才、倾心引才、精心用才，求贤若渴，不拘一格，把各方面优秀人才集聚到党和人民事业中来。

第十章　农业强国

农为邦本，本固邦宁。务农重本，国之大纲。农业、农村、农民问题自古以来就被看作关系国计民生和社会稳定的重要问题，贯穿革命、建设、改革各个时期。强国必先强农，农强方能国强。没有农业强国就没有整个现代化强国；没有农业农村现代化，社会主义现代化就是不全面的。党的十八大以来，我国农业现代化建设取得了长足发展，具备了由农业大国向农业强国迈进的基本条件，加快建设农业强国正当其时，意义重大。本章将以建设什么样的农业强国、怎么建设农业强国为总脉络，分三个板块系统解读农业强国的内涵和外延，以及普遍经验，通过对现实方位的研究，提出加快建设农业强国的重点任务。

第一节　农业强则国强

强国必先强农，农强方能国强。2013年，中央农村工作会议发出“中国要强，农业必须强”的动员令。2017年，习近平总书记在致中国农业科学院建院60周年的贺信中提出“要立足我国国情，为我国由农业大国走向农业强国提供坚实科技支撑”。同年12月，习近平总书记在中央农村工作会议上的讲话中指出：“农业强不强、农村美不美、农民富不富，决定着亿万农民的获得感和幸福感，决定着我国全面小康社会的成色和社会主义现代化的质量。”2018年，中共中央、国务院《关于实施乡村振兴战略的意见》（中央一号文件）明文要求“加快实现由农业大国向农业强国转变”。同年9月，习近平总书记在十九届中央政治局第八次集体学习时再一次强调：“要坚持农业现代化和农村现代化一体设计、一并推进，实现农业大国向农业强国跨越。”[①]这意味着我国进入向农业强国迈进的关键期。

---

① 《习近平谈治国理政》第三卷，外文出版社2020年版，第258页。

2022年，习近平总书记在党的二十大报告中明确提出："加快建设农业强国，扎实推动乡村产业、人才、文化、生态、组织振兴。"①这是"农业强国"这一概念和目标在党代会上的首次亮相，自此，我国社会主义现代化强国建设战略目标由党的十九大报告提到的十二个增加到十三个。同年12月，中央农村工作会议召开，作出"全面推进乡村振兴是新时代建设农业强国的重要任务"的重大政治判断。围绕会议精神，2023年，中央一号文件发布，进一步就如何全面推进乡村振兴，加快农业农村现代化作出意见性指导。解读农业强国，首先必须弄清其内涵特征以及和农业现代化、乡村振兴之间的关系。

一、农业强国的内涵特征

综合现有研究，"农业强国"的核心概念在"农业强"，既体现国际比较优势，又呈现本国国情。从比较概念来理解，如果一个国家农业整体或农业优势部门的现代化水平位居世界前列并引领世界农业发展，就可称之为农业强国。②从这个角度出发，当前全球农业强国大约有包含美国、澳大利亚、法国、德国、日本等在内的11个国家。③这些国家具有五大基本特征，概括为"四强一高"。"四强"指农业供给保障能力强、农业可持续发展能力强、农业竞争力强、农业科技创新能力强；"一高"则是农业发展水平高。"四强"和"一高"相辅相成，要系统对待。④在此基础上，有学者对农业强国的共同特征进行了扩充，归纳为"六高六强"⑤。

---

① 习近平：《高举中国特色社会主义伟大旗帜 为全面建设社会主义现代化国家而团结奋斗——在中国共产党第二十次全国代表大会上的报告》，人民出版社2022年版，第31页。

② 魏后凯、崔凯：《建设农业强国的中国道路：基本逻辑、进程研判与战略支撑》，《中国农村经济》2022年第1期。

③ 王亚华：《推进乡村振兴与建设农业强国》，《求索》2023年第1期。

④ 魏后凯、崔凯：《农业强国的内涵特征、建设基础与推进策略》，《改革》2022年第12期。

⑤ 姜长云、李俊茹、巩慧臻：《全球农业强国的共同特征和经验启示》，《学术界》2022年第8期。

在2022年召开的中央农村工作会议上，习近平总书记强调，“我们要建设的农业强国、实现的农业现代化，既有国外一般现代化农业强国的共同特征，更有基于自己国情的中国特色”，表明我国要建设的农业强国是具有中国特色的农业强国。立足于我国的国情、农情，最早有学者提出中国的“农业强”要体现在供给保障能力、产业体系、农业可持续发展、农业科技实力、主体活力五个方面。①2023年，中共中央、国务院发布的《关于做好2023年全面推进乡村振兴重点工作的意见》中明确提出，要“建设供给保障强、科技装备强、经营体系强、产业韧性强、竞争能力强的农业强国”。关于中国特色，习近平总书记在2022年的中央农村工作会议上也作出了明确要求，即依靠自己力量端牢饭碗；依托双层经营体制发展农业；发展生态低碳农业；赓续农耕文明；扎实推进共同富裕。②这意味着我国不仅要将农业安全观③纳入其中，实现“更高质量、更可持续、更具竞争力的”优势农业，还要建设“乡风文明、活力有序、宜居宜业”的和美乡村，实现从数量追赶转向质量为先、从规模扩张转向结构升级、从要素驱动转向创新驱动的全面跨越。④

二、农业强国的主要类型

根据已有研究成果，农业强国可分别按照比较优势和资源禀赋进行分类。从比较优势看，有学者将全球农业强国分为综合型农业强国和特色型农业强国。前者如美国，农产品品质好、种类多，是世界农产品贸易中的主导力量；后者如加拿大、澳大利亚、德国等，有某类

---

① 叶贞琴：《现代农业强国有五大重要标志》，《农村工作通讯》2016年第23期。

② 习近平：《加快建设农业强国 推进农业农村现代化》，《求是》2023年第6期。

③ 胡新艳、陈卓、罗必良：《建设农业强国：战略导向、目标定位与路径选择》，《广东社会科学》2023年第2期。

④ 薛洲、高强：《从农业大国迈向农业强国：挑战、动力与策略》，《南京农业大学学报(社会科学版)》2023年第1期。

特色农业产业或部门在世界市场有强劲的竞争优势。[①]学界普遍认同对综合型农业强国和特色型农业强国特征的归纳总结，但在哪些国家属于哪个类型分支的说法上却有分歧。有学者根据农业资源多元化，农业产品净出口等指标，提出综合农业强国除美国外，还应包括加拿大、法国、澳大利亚、意大利等国家。[②]在此基础上，有学者分别对综合型农业强国和特色型农业强国作了进一步的细分。其中，综合型农业强国被分为主导世界格局的农业强国（如美国）和顺应世界潮流的农业强国（如加拿大、法国、澳大利亚、意大利）；特色型农业强国则被细分为多项农业强国（如德国、日本）与单项农业强国（如荷兰、丹麦、新西兰、以色列）。[③]

从资源禀赋入手，农业强国可分为规模化农业强国和精细化农业强国两大类。前者耕地资源丰富，农业装备机械化，侧重劳动生产率的不断提升，如美国、加拿大、澳大利亚；后者耕地资源相对稀缺，以技术、资本替代土地，侧重土地和资源配置率持续提高，以荷兰、以色列、日本为典型。但与上述两类模式不同，基于我国的国情特征和农情表现，多元化成为更适合我国农业发展的模式选择。[④]也就是说，我国要建设农业强国，必须根据中国农业资源禀赋、农业产业、产品类型多元的优势，走适合自己的农业强国路。

三、农业强国与农业现代化

以往我国对农业发展目标的描述，多用农业现代化一词。党的二十大之后，“加快建设农业强国”成为我国农业发展的新期待新部署。农业强国与农业现代化的关系如何？成为当前要解答的新课题。

---

① 魏后凯、崔凯：《建设农业强国的中国道路：基本逻辑、进程研判与战略支撑》，《中国农村经济》2022年第1期。

② 姜长云、李俊茹、巩慧臻：《全球农业强国的共同特征和经验启示》，《学术界》2022年第8期。

③ 周立：《从农业大国迈向农业强国——兼论大农业、大安全、大食政》，《求索》2023年第1期。

④ 张红宇：《加快建设农业强国的道路选择》，《前线》2022年第12期。

农业强国与农业现代化是相互联系、互为依存的。习近平总书记在党的二十大报告中指出：“全面建设社会主义现代化国家，最艰巨最繁重的任务仍然在农村。”[①]一方面，农业现代化既是农业强国的基本要求和“助燃剂”，也是实现社会主义现代化的基础支撑，没有农业现代化，就无法实现农业强国。另一方面，农业强国是农业现代化的主攻方向，需要有较高的农业现代化，并在此基础上提高国内农业产业质量，缩小同国外农业强国之间的差距，建立农业强国竞争优势。此过程中，农业现代化水平将得以提高。但要注意的是，农业现代化的实现和农业强国的建成并不等同。目前多数国家已具备农业现代化水平，但其中只有少数国家属于农业强国。[②]

任何事物都是对立统一的。同样地，农业强国和农业现代化也是相互区别、彼此对立的，具体表现在范围、内涵和出发点上。范围上的差别在上文中已经强调过，在此不提。在内涵上，农业现代化是从传统农业到现代农业的过程，突出自身发展的过程性。而农业强国在内涵上表现更为全面，既强调本国人民需求，又着重全球农业引领。[③]在出发点上，农业现代化是从现代化角度提出来的，而农业强国则是从强国建设角度提出来的。农业现代化是国家现代化的基石，而建设农业强国则是全面建设社会主义现代化国家不可或缺的重要组成部分，不能以农业现代化取代农业强国建设。[④]

四、农业强国与乡村振兴

党的二十大报告和2023年中央一号文件把“全面推进乡村振兴”与“加快建设农业强国”紧密融合，释放出“三农”工作上新的信

① 习近平：《高举中国特色社会主义伟大旗帜 为全面建设社会主义现代化国家而团结奋斗——在中国共产党第二十次全国代表大会上的报告》，人民出版社2022年版，第30—31页。

② 这也说明了农业强国和农业现代化在范围上的不同，即农业现代化覆盖全球各国，而农业强国是有选择的。

③ 乔金亮：《向农业强国跨越的关键期》，《经济日报》2022年10月25日。

④ 魏后凯：《以农业现代化助力农业强国建设》，《光明日报》2022年12月1日。

号。建设农业强国，必须正确处理好农业强国和乡村振兴的关系。一方面，习近平总书记指出：“农村现代化是建设农业强国的内在要求和必要条件，建设宜居宜业和美乡村是农业强国的应有之义”“全面推进乡村振兴是新时代建设农业强国的重要任务”“人力投入、物力配置、财力保障都要转移到乡村振兴上来”① “加快建设农业强国，扎实推动乡村产业、人才、文化、生态、组织振兴”②。从表述上看，实施乡村振兴的总目标由党的十九大提出的“加快推进农业农村现代化”升华为“加快建设农业强国”，为新征程实施乡村振兴战略提出了新的目标指向。另一方面，建设农业强国和实施乡村振兴战略的出发点和落脚点都是广大农民共同富裕。要把巩固脱贫攻坚成果作为全面推进乡村振兴的底线任务，同时还要充分发挥农村基层党组织作用，抓好脱贫攻坚和乡村振兴之间的无缝衔接，围绕“五个振兴”重点任务，对内缩小城乡发展差距，对外缩小与世界农业强国之间的发展差距，千方百计促进农民增收致富，早日将宜居宜业和美乡村的美好蓝图化为现实。

第二节　农业强国的普遍经验

下面以美国（全球农业最强的国家）、法国（欧盟农业最发达国家）、日本（地缘和社会特征与中国最为接近）等国家为例，对其农业强国建设经验进行梳理，以期找到其中的共性和差异。

美国地大物博、资源丰富，是当今最发达的现代农业国。美国农业发展之所以能够如此成功，有其得天独厚的农业资源禀赋因素，但更主要的原因是政府有效的政策导向。纵观美国发展农业现代化、建设农业强国的百年历程，可以发现：美国政府会随着经济社会发展情况，不断制定和调整本国的农业政策及措施。如1862年的“宅地

---

① 习近平：《加快建设农业强国 推进农业农村现代化》，《求是》2023年第6期。

② 习近平：《高举中国特色社会主义伟大旗帜 为全面建设社会主义现代化国家而团结奋斗——在中国共产党第二十次全国代表大会上的报告》，人民出版社2022年版，第31页。

法”、1916年的“联邦农业贷款法”、1933年的“农业调整法”，分别使农民获得了土地，解决了农业发展资金困难问题，使农场主的利益得到了保障。在加强政府引导的过程中，美国政府还注重激发市场活力，通过市场的作用对农业进行调节和指导，充分发挥了政府和企业双方的积极性。此外，美国高度重视科技的应用和创新，以科技兴农为根本，逐年加大农业科研、教育的资金投入，确保科研成果源源不断，并及时得到推广运用。在美国，农业生产各项作业几乎全部采用农业机械。农业机械不仅总量大、专业化强，而且机械生产能力大、机械性能完善、自动化水平高。近年来在农机大型化、高速化发展的同时，节本增效降险机械和高效小型机械也发展很快。[①]这一系列措施使得美国农业生产高度发达，并且还在世界范围内极具竞争力，处于世界领先地位。

法国是欧洲地区最大的农业生产国，也是世界主要的农副产品出口国，农产品长期保持净出口状态。第二次世界大战结束后，法国政府采取优先发展农业政策，仅用20多年时间就实现了农业现代化。法国的农业成就，得益于创新、农业合作模式和政府支持。一是创新是法国最基本的原则。在着手土地整治的同时，法国农业机械化也紧随着迅速铺开。在法国政府前三个国民经济计划中，“农业装备现代化”被摆上突出位置。除了技术上的创新，法国还积极推进组织和机制上的创新，在家庭农场的基础上改变农业运作方式，同农业联合会、协会进行合作，实现了农民和协会之间的共同管理；还在同时期成立农业研究中心，形成了完善的创新机制。二是注重技术推广和知识共享。法国成立大量职业训练和培训网站，并在农业各个领域设置专业机构以便于科学家、科技人员为农民提供专业技术应用咨询。以葡萄酒行业为例，法国农科院有专门从事葡萄基因组研究的科研人员以及葡萄加工方面的知识储备。法国的技术转化和推广的链条也非常完善，通过机构之间的合作，可以实现基础知识从企业到技术部门再

---

① 张广胜：《美国农业》，中国农业出版社2021年版，第30—32、159—162页。

到农民的转化。三是推行生态农业（或生态系统）。“生态农业”这个词在20世纪80年代就出现在法国法律中。与传统农业相比，生态农业模式综合了最新的科学技术和管理手段，在生态和经济上均可实现良性循环，可以在环境可持续发展的同时实现经济利益最大化，是发展和振兴法国农业的一个有效途径。四是有特色的农业产品标志。在法国，为了向消费者保证农产品的质量或原产地，农民可以申请多种标志认证，生态农业标志是其中之一。这种标签式的标志可以证明产品符合法国有关法律的规定，保证产品是有机产品。这一做法使得法国生态农产品不仅在消费者中拥有良好口碑，也占据了行业发展的高地。

日本从来都不是个农业大国，却是十足的农业强国。在讲到农业强国类型的时候，日本被划分为资源禀赋相对稀缺的国家。日本可耕地面积只占国土总面积的12%，农业产值也只占日本国内生产总值的1%，除了大米产能过剩外，大部分农产品都自给不足，需要依赖进口，但日本农产品的品牌知名度却很高，究其原因，一是农业政策的重点在粮食储备。日本人多地少，人均耕地面积不足世界平均水平的1/10，因此日本政府非常重视粮食安全问题，政策也更多的是强调粮食安全的目标，并建立了一套粮食流通体制，保持国家粮食的高储备率。但这种粮食储备体制也并非完美，有时候过高的粮食储备可能会导致政府财政负担加重。二是“无微不至”的补贴政策。为了充分保证农民的利益，在日本，实行新农业经营收入稳定制度，自然灾害、土壤和水资源保护、病虫害防治、生态平衡机械设施、文化传承等补贴高达400多种。这些补贴里有对农业生产的直接补贴，也有对农业会议、农业调查、农业项目的间接补贴。提供补贴者既有国家又有地方政府。三是构建“六次产业化”产业链。将农业、工业及服务业打通，形成第二、三产业服务于第一产业的创造性模式，促进一、二、三产业的融合。例如，农田里的葡萄生产是第一产业，酿酒厂里的葡萄酒生产就是第二产业，用葡萄酒来经营餐厅就是第三产业，这些产业的融合是立足产业链的一个很好的模式和例子。此外，对农业教育事业的重视、农业科研技术的推广以及发达的农业合作社所提供的高质量的社会化服务，也是日本能够成为农业强国的重要经验。

综合来看，国际农业强国建设的历史经验和普遍规律可归纳为“八个坚持”，即坚持“以农立国”战略，与时俱进地调整优化农业支持保护政策及其结构；坚持“战略引领、需求导向、实用为重”原则，促进农业产业链、科技创新链深度融合、良性互动；坚持培育有效市场、有为政府有机结合的制度环境，营造国内国际双循环相互促进的发展格局；坚持推进“质量兴农、绿色兴农”联动发展，将培育农业可持续发展能力同增强农业竞争力结合起来；坚持以支持农业合作社、涉农行业组织发展为重点促进涉农组织多元化、网络化发展，培育现代农业同现代服务业、先进制造业融合发展能力；坚持标准引领、品牌强农方向，重点推进涉农优势特色产业“集群成链、聚链兴带”发展和特色化差异化发展；坚持以人为本的理念，加强农业劳动力教育培训；坚持统筹发展和安全，着力化解农业农村发展的瓶颈制约和短板、弱项。①

第三节　农业强国是社会主义现代化强国的根基

2022年12月23—24日，习近平总书记在中央农村工作会议上发表重要讲话指出，农业强国是社会主义现代化强国的根基，满足人民美好生活需要、实现高质量发展、夯实国家安全基础，都离不开农业发展。建设农业强国要体现中国特色，立足我国国情，立足人多地少的资源禀赋、农耕文明的历史底蕴、人与自然和谐共生的时代要求，走自己的路，不简单照搬国外现代化农业强国模式。②按照习近平总书记重要讲话精神，在全面建设社会主义现代化国家新征程上，建设农业强国，既要借鉴世界农业强国的发展经验和普遍规律，更要认

---

① 姜长云：《全球农业强国建设的历史经验和普遍规律研究》，《社会科学战线》2022年第11期。

② 参见习近平：《加快建设农业强国 推进农业农村现代化》，《求是》2023年第6期。

清我国农业强国建设的现实条件，立足基本国情，走具有中国特色的农业强国之路，以中国式现代化推进农业强国建设。

一、我国农业强国建设的基础条件

首先，党对“三农”工作的重视和领导为加快建设农业强国提供坚强保证。中国特色社会主义最本质的特征是中国共产党领导，中国特色社会主义制度的最大优势也是中国共产党领导。历史充分证明：我国70多年取得的重大农业成就，都是在中国共产党的领导下进行的。我们党一以贯之重视“三农”工作，根据不同时期的国情、农情制定农业政策，从“农业现代化”到“农业农村现代化”，再到“加快建设农业强国”，为全面建设社会主义现代化国家新征程上的“三农”工作提出更高层次、更广范围的目标指向和任务路径。

其次，70多年中国农业发展成就为加快建设农业强国筑牢了坚实基础。截至2021年，全国累计建成高标准农田9亿亩，农作物耕种收综合机械化率突破72%，农业科技进步贡献率达到61%，粮食产量连续7年稳定在1.3万亿斤以上，做到了谷物基本自给、口粮绝对安全。我国人均GDP达1.25万美元，工业化进入中后期，城镇化率达64.7%，有条件推动农业农村优先发展，实现“以工补农、以城带乡”。此外，我国有超大规模的市场优势和最大规模的中等收入群体，农业的舞台广阔。这些都构成了建设农业强国的基础。①

再次，从省到县推进建设农业强国、强省、强市，为加快建设农业强国提供了基层力量。吉林、黑龙江、河北、山东、湖北、河南、江西、广东等省份明确提出建设农业强省要求，为农业强国提供强有力的支撑力量。②

最后，农耕文明的文化传承为建设农业强国提供了精神力量。我国自古以来就是以农立国，农耕文明历史悠久，源远流长，逐渐融入

① 乔金亮：《向农业强国跨越的关键期》，《经济日报》2022年10月25日。

② 魏后凯、崔凯：《建设农业强国的中国道路：基本逻辑、进程研判与战略支撑》，《中国农村经济》2022年第1期。

人民骨血。其中所蕴藏的邻里和谐的伦理价值、和谐共生的哲学思想，以及艰苦奋斗的优良传统，将是推动农业强国建设的不竭动力。

二、我国农业大而不强的现状

我们要看到，我国农业大而不强的问题还比较突出，表现在：农业基础还不稳固，抵抗自然风险和市场风险能力较弱；农业经营规模小，农业劳动生产率低，质量效益和竞争力亟待提高；农业资源环境约束趋紧，粮食供求紧平衡格局尚未根本改变。具体表现在以下几个方面。

（一）农业劳动生产率低，农业经营规模小

我国农业劳动生产率仅为非农产业的25.3%，与世界农业强国差距明显。农业生产也以小规模分散经营为主体形态，也就是以家庭承包经营为主的小农户模式。第三次农业普查数据显示，在中国，小农户占比高达98%；而户均耕地面积仅为7.8亩，仅相当于美国户均规模的1/400、欧盟户均规模的1/40，也不足日本户均规模的1/4。[①]同时，中国农户兼业化特征突出，农村人口老龄化形势严峻。[②]必须清醒认识到，大国小农的问题将长期存在，因此，如何更好服务这些“小农户”，使“小农户”与我国社会主义现代化强国建设全面接轨，是当前和今后一段时间需要重点解决的难题。

（二）农业基础还不稳固，抵抗自然风险和市场风险能力较弱，质量效益和竞争力亟待提高

农业生产投入成本高、比较效益低。中国小麦、水稻、玉米、大豆等种植成本普遍比国际市场高40%—70%。蔬菜、园艺产品、畜产品、水产品等原本具有比较优势的传统出口产品竞争力减弱，尤其近几年因为疫情、灾害、俄乌冲突等因素交织，我国粮食安全受到威

---

① 胡新艳、陈卓、罗必良：《建设农业强国：战略导向、目标定位与路径选择》，《广东社会科学》2023年第2期。

② 魏后凯、崔凯：《农业强国的内涵特征、建设基础与推进策略》，《改革》2022年第12期。

胁，“走出去”的农业企业大多处于产业链的低端，在国际农产品市场上缺少影响力和话语权。

（三）农业资源环境约束趋紧，粮食供求紧平衡格局尚未根本改变

从第三次国土调查公报来看，耕地总面积由原来的20.31亿亩降至19.18亿亩，人均耕地面积也出现下滑，远低于现代农业的门槛值。并且，受化肥、农药等超标使用的影响，耕地质量退化严重，东北黑土地退化、南方耕地酸化、北方耕地盐碱化等问题尤为突出，极大制约粮食产量增加。农田灌溉水有效利用系数与国际先进水平相比尚有较大差距。

破解这些矛盾，需要推动我国由农业大国向农业强国的跨越。当前，建设农业强国，任重而道远。党的二十大报告再次强调“分两步走”全面建成社会主义现代化强国，即从2020年到2035年基本实现社会主义现代化；从2035年到本世纪中叶把我国建成富强民主文明和谐美丽的社会主义现代化强国。根据安排，到2035年，将基本实现农业现代化；21世纪中叶建成农业强国。在此之前，要厚植我国农业强国建设优势，破解农业发展短板，增强农业发展的可持续性，为到21世纪中叶全面建成农业强国提供强劲支撑。

三、加快建设农业强国的重点任务①

《党的二十大报告辅导读本》中发表的署名文章《加快建设农业强国》指出，建设农业强国是一项长期而艰巨的历史任务，将伴随全面建设社会主义现代化国家全过程。关于如何建设农业强国，根据中共中央、国务院《关于做好 2023 年全面推进乡村振兴重点工作的意见》，作者作出全面解读。

① 唐仁健：《加快建设农业强国》，《人民日报》2022年12月15日。

（一）抓好稳产保供头等大事

保障粮食和重要农产品稳定安全供给，是建设农业强国的头等大事。一要全力抓好粮食生产。紧紧围绕确保全国粮食产量保持在 1.3 万亿斤以上的目标，千方百计稳住面积、主攻单产、力争多增产。开展吨粮田创建，实施大豆玉米单产提升工程，努力提高粮食单产。加力扩种大豆油料，扎实推进大豆玉米带状复合种植，支持东北、黄淮海地区开展粮豆轮作，稳步开发利用盐碱地种植大豆，推行稻油轮作。统筹做好粮食和重要农产品调控，稳定生猪等“菜篮子”产品供应。二是提升农业综合生产能力。抓紧启动实施新一轮千亿斤粮食产能提升行动，努力推动粮食产能早日迈上新台阶。树立大食物观，分领域制定实施方案，加快构建粮经饲统筹、农林牧渔结合、植物动物微生物并举的多元化食物供给体系。实施设施农业现代化提升行动。三是全方位夯实粮食安全根基。强化藏粮于地、藏粮于技的物质基础，以耕地为重点加强农业基础设施建设，制订逐步把永久基本农田全部建成高标准农田的实施方案，强化科技装备支撑，深入实施种业振兴行动，推动重点领域农业关键核心技术攻关取得新突破。健全农民种粮挣钱得利、地方抓粮担责尽义的机制保障。继续提高小麦最低收购价，合理确定稻谷最低收购价，稳定稻谷补贴，完善玉米大豆生产者补贴，完善农资保供稳价应对机制，逐步扩大稻谷小麦玉米完全成本保险和种植收入保险实施范围，实施好大豆完全成本保险和种植收入保险试点。健全主产区利益补偿机制，增加产粮大县奖励资金规模，严格省级党委和政府耕地保护和粮食安全责任制考核。

（二）守牢防止规模性返贫底线

必须持续压紧压实巩固拓展脱贫攻坚成果责任，坚决防止出现整村整乡返贫现象，加快脱贫地区和脱贫群众发展步伐，不断缩小收入差距、发展差距，让脱贫群众生活越过越红火。重点从守底线、促发展两个方面加强部署和落实。一方面，坚决守住不发生规模性返贫底线。强化防止返贫动态监测，发挥好预警响应作用，切实做到早发现、早干预、早帮扶。对有劳动能力、有意愿的监测户，落实开发式帮扶措施。健全分层分类的社会救助体系，做好兜底保障。落实巩固拓展脱贫攻坚成果同乡村振兴有效衔接政策，继续聚焦国家乡村振兴重点帮扶县和易地扶贫搬迁集中安置点，集中力量给予倾斜支持。统筹开展乡村振兴战略实绩考核、巩固拓展脱贫攻坚成果同乡村振兴有效衔接考核评估。另一方面，增强脱贫地区和脱贫群众内生发展动力。因地制宜培育特色优势主导产业，中央财政衔接推进乡村振兴补助资金用于产业发展的比重力争提高到 60% 以上，补上技术、设施、营销等短板，健全利益联结机制。强化就业帮扶，实施防止返贫就业攻坚行动，确保脱贫劳动力就业规模稳定在 3000 万人以上。深化东西部协作和中央单位定点帮扶，引导社会力量广泛参与帮扶。

（三）建设宜居宜业和美乡村

要稳扎稳打推进乡村建设。加强村庄规划建设，严禁违背农民意愿撤并村庄、搞大社区，防止大拆大建、盲目建牌楼亭廊“堆盆景”。组织实施好乡村建设行动，扎实推进农村人居环境整治提升，持续加强农村道路、供水、能源、住房安全等基础设施建设。提升基本公共服务能力，重点加快防疫、养老、教育、医疗等方面的公共服务设施建设。推动乡村产业高质量发展。按照“土特产”三个字要求，依托农业农村特色资源，开发农业多种功能，挖掘乡村多元价值，因地制宜选准产业发展突破口，着力强龙头、补链条、兴业态、树品牌。完善联农带农利益联结机制，把增值收益更多留给农民。健全党组织领导的乡村治理体系，用好传统治理资源和现代治理手段，提升乡村治理效能。创新农村精神文明建设的抓手、平台和载体，大力弘扬和践行社会主义核心价值观，深入推进农村移风易俗，塑造乡村文明新风尚。

第十一章　体育强国

体育强国是社会主义现代化强国的重要体系。体育事业与社会主义现代化强国的目标相适应是今后发展的一个重要目标，也是中国式现代化实现的重要指标。

第一节　体育提振国民精气神

我国历来重视体育事业的发展，重视人民群众身体素养的提升。我国体育事业的发展是随着经济社会的发展而不断变化的，也是我国经济社会发展的一种客观表达。

一、体育强国的发展历程

我国体育事业的发展在不同的历史时期的表现是不同的，主要经历了体育救国、体育兴国、体育大国、体育强国四个阶段。

体育救国是新民主主义革命时期体育实践的核心主题。体育救国思想最早源于孙中山“强种保国，富民自卫”的体育主张：“今以提倡体魄之修养，此与强种保国有莫大关系。”国人只有体强才能自卫和保家卫国。在新文化运动和五四运动兴起的历史背景下，早期中国共产党人亦从体育救国的角度，陈述了体育的重要性。如毛泽东在《体育之研究》中指出，由“体育之效”而言，“动以营生也，此浅言之也；动以卫国也，此大言之也”[①]。把体育和民族体质强弱与国力盛衰联系起来，道出了体育增强人民体质、为国防服务的根本目的。

土地革命时期我们党就结合对敌战争需要，从革命根据地和人民军队建设的角度重视体育活动的开展。如毛泽东在1933年为中华苏维埃共和国境内第一次赤色运动大会撰写“锻炼工人阶级铁的筋骨，战胜一切敌人”的题词，实际上是从“体育救国”思想出发为中国革

---

① 《毛泽东早期文稿》，湖南人民出版社2013年版，第59页。

命胜利提出的苏区体育工作指导方针。1942年，在中国首届体育节上，毛泽东又写了“锻炼体魄，好打日本”的题词，将通过体育活动锻炼身体上升到痛击日本侵略、保家卫国的高度。1937年，在陕甘宁“八一”抗战动员运动大会上，毛泽东指出：“我们这个运动大会，不仅是运动竞赛，而且要为抗战而动员起来，为了保卫国家，保卫领土，我们要把全国民众动员起来。”[①]可以说，新民主主义革命时期，中国共产党人体育救国的思想，将体育事业上升为保卫人民政权的“救国”事业，为未来体育强国思想的演进与形成奠定了历史基础。

体育兴国是社会主义革命和建设时期体育发展的中心任务。新中国成立后，人民的健康状况不能迅速改善，也不能适应当前生产的需要。“有的工厂由于职工疾病较多，缺勤率相当高，劳动生产率相应减低；青年学生中因身体不好，不能坚持学习，以至中途休学者，大有人在；机关干部中，头痛头晕、神经衰弱等现象也非少见；广大农民群众的健康也较差。”[②]在这种情况下，提高全民族健康水平成为中国共产党发展体育事业的主要任务。1952年，毛泽东所写“发展体育运动，增强人民体质”的题词，对体育运动的目的作了进一步的明确。1959年，周恩来指出：“在体育工作中，应当贯彻执行普及和提高相结合的方针，广泛开展群众性的体育运动，逐步提高我国的体育水平。”[③]这些都强调了体育强国部分的作用。

从体育大国迈向体育强国是改革开放和社会主义现代化建设新时期体育奋进的重要使命。党的十一届三中全会的召开，逐步将我国体育工作引入正轨，1979年举行的全国体育工作会议，提出了“在普及和提高相结合的前提下，侧重抓提高”的发展方针，确立了改革开放新时期竞技体育普及与提高相结合、侧重抓提高，群众体育以社会为依托、以体育运动委员会为指导、主管部门主要负责的社会分工模

---

① 魏建克：《文本话语与历史记忆：1921—1951年中国共产党的“七一”纪念》，人民出版社2012年版，第35页。

② 傅砚农、曹守和：《新中国体育指导思想研究》，人民出版社2012年版，第21页。

③ 《周恩来文化文选》，中央文献出版社1998年版，第74页。

式。1983年，国家体委在《关于进一步开创体育新局面的请示》中明确提出建设“世界体育强国”的目标。2008年胡锦涛在北京奥运会、残奥会总结表彰大会上指出：“进一步推动我国由体育大国向体育强国迈进。”我国在国际运动会上获奖牌数的增多，进一步提升了我国体育大国的形象。

建设体育强国是新时代体育发展的战略目标。党的十八大以来，习近平总书记对体育的许多重要论述，成为我们进行体育强国建设的行动指南和根本遵循。2014年国务院印发的《关于加快发展体育产业促进体育消费的若干意见》、2016年国家体育总局印发的《体育发展“十三五”规划》、2017年国家体育总局与教育部联合发布的《关于加强竞技体育后备人才培养工作的指导意见》、2018年国务院办公厅发布的《关于加快发展体育竞赛表演产业的指导意见》均对体育强国建设提出了明确要求。2019年8月，国务院办公厅印发的《体育强国建设纲要》以2020年、2035年和2050年为三个历史阶段，就每个阶段加强体育文化建设、注重体育人才培养、大力发展冰雪事业、落实全民健身政策、创新体育外交发展，以及推进竞技体育、群众体育与体育产业协调发展等7个重要途径及9个体育重大工程作了分析，并明确了体育强国建设对国家健康稳步发展的重要作用。从提高人民群众获得感、幸福感、安全感的角度出发，以促进人全面发展为基础，全民健身开展、健康中国建设的推进与体育强国建设已经达到了有机的统一。要充分发挥体育在全面建设社会主义现代化国家新征程中的重要作用，将体育建设成为中华民族伟大复兴的标志性事业。2020年9月22日，习近平总书记在北京主持召开了教育文化卫生体育领域专家代表座谈会，在肯定我国体育事业取得辉煌成绩的同时，进一步强调了加快体育强国建设的必要性，强调体育是提高人民健康水平的重要途径，是满足人民群众对美好生活向往、促进人全面发展的重要手段，是促进经济社会发展的重要动力，是展示国家文化软实力的重要平台。

二、体育强国的内涵

2035年建成体育强国对于我国体育事业发展是一个顶层目标，一套科学、合理的评估体系是系统推进体育强国建设的重要内容，具体化为：全民健身、办赛参赛能力、提升“三大球”水平。

其一，全民健身。从奥运会和国际体育赛事的比赛成绩来看，我国已进入竞技体育强国之林。但从群众体育开展和国民身体素质等指标来看，我国与世界体育强国还存在一定的距离。全民健身是新时代体育强国建设的核心要义。

其二，办赛参赛能力。以重大体育赛事举办为契机来提升我国参赛办赛的能力，是新时代体育强国建设的关键事项。举办大型体育赛事可以凝聚国家力量，提升我国举办重大体育赛事的水平，也是展现综合国力和树立国家形象的重要途径。中国健儿在奥运会等国际体育赛场上斩获的一枚枚奖牌蕴含着国家力量，也是国家办赛、参赛能力的重要展现。

其三，提升“三大球”水平。习近平总书记指出，把我国建成体育强国必须把“三大球”想办法搞上去。要加快体育强国建设，需要从小处着手，大处着眼，要统筹体育资源，合理布局体育项目，加快“三大球”整体水平提升。在足球项目上，中国足球有待发展。在篮球项目上，整体实力要好于足球水平，中国男篮还未获得奥运会或男篮世界杯奖杯。在排球项目上，中国女排虽在不同历史时期取得不错成绩，但中国男排实力与世界强队还存在不小差距。

三、体育强国的意义

第一，有助于满足人民群众对美好生活的向往。体育锻炼在体能上可以提升人体耐力、肌力、柔韧性、平衡性、敏捷性、协调性，在生理上可以增强人体的免疫能力，在心理上可以促进积极乐观、奋发向上的精神。当国家的体育设施完善、整体体育水平提升之后，群众更容易根据兴趣参与各种体育运动，感受体育之美，而且还能经常欣赏到高水平的体育赛事，从而愉悦身心，丰富精神文化生活，展示积极向上的精神面貌。体育事业在改善人民身体素质的同时，还可显著提升人们的幸福指数，提升国民整体精神面貌，使人民在享受运动之余体会到中华体育精神，进一步提升民族自信心和自豪感。因此，体育有助于满足人民群众对美好生活的向往。

第二，体育是促进经济社会发展的重要动力。体育产业资源消耗低、附加值高，可与国民经济的诸多产业产生渗透和融合的效应。一方面，随着我国发展方式和发展思路的进一步转变，体育逐渐成为适应和把握经济发展新常态的一个新经济增长点，体育人口拓展带来了体育消费能力的提升。“互联网+体育”“旅游+体育”概念正在逐步走进人民的视野，体育的财富价值逐渐彰显。另一方面，体育产业从精神动力层面进一步推动经济社会发展的作用逐步发挥出来，中华体育精神逐步深入每个中国人的心中，形成正能量的精神感召，进而改善整个社会的整体精神面貌，激发国民参与社会主义建设的积极性和主动性。

第三，体育是展示国家文化软实力的重要平台。正如习近平总书记所说：“体育是社会发展和人类进步的重要标志，是综合国力和国家软实力的重要体现。”①要想使我国完成由体育大国向体育强国的飞跃，必须持续从中华体育精神中汲取营养，进而让体育道德风尚内化于心，为社会提供正能量。当前，我国要实现体育强国梦，就必须不断挖掘和继承团体主义、集体主义、公平正义的体育精神，以自强不息的风貌让中华民族的体育精神展现在世界的东方。

第二节　体育事业发展面临的挑战

总的来看，《体育强国建设纲要》将体育强国划分为群众体育、竞技体育、体育产业、体育文化、体育外交五个领域。从实际情况来看，这五个体育领域的发展是非常不平衡的，且都面临不同困境。

---

① 《习近平在会见第31届奥运会中国体育代表团时表示：中国队加油！中国加油！》，《人民日报》2016年8月26日。

一、群众体育基础不扎实

新中国成立初期群众体育是发展的重心，但随着竞技优先战略实施，群众体育开始处于被动地位。伴随着我国经济体制改革，群众体育虽得到长足发展，但还存在一些问题。一是公共体育基础设施薄弱。我国公共体育基础设施数量与质量虽在不断提升，但远不能满足人民日益增长的体育健身需求。不但存在公共体育设施建设存在滞后的现象，而且公共体育服务建设也明显不足。二是青少年体质健康堪忧。我国青少年体质下降问题没有得到根本性扭转，如青少年肥胖率持续上升、视力检测不良率长期居高不下、身体素质逐年下滑的趋势没有得到有效遏制、导致青少年“老年病低龄化”的现象层出不穷、体育锻炼兴趣依旧呈现下降趋势等。

二、竞技体育发展失衡

我国已经进入世界竞技体育第一序列，在各类世界大赛中获奖无数，但在“三大球”的发展上还不尽如人意。一是项目与人才结构不平衡。主要体现在：我国奥运项目和非奥项目、夏奥项目与冬奥项目、个人单项与集体项目发展不平衡；传统优势竞技项目与国际主流竞技项目发展不平衡；竞技体育人才结构与总量发展不平衡。二是区域与主体发展失调。我国竞技体育逐渐走向规范化、专业化和国际化的道路，但竞技体育在地区和主体之间因地理环境、社会资源及经济因素等表现出一定差异和冲突。在竞技体育地区发展上，竞技体育实力较好的地区主要分布在东部及沿海经济强势地区，而中西部地区竞技体育实力相对落后。在竞技体育主体发展上，中央与地方体育主体间职能不清、关系不明，体育行政部门与事业单位和社会市场之间，短期内缺乏有效的行业自治、自我管理及市场化竞争手段。

三、体育产业整体实力还较弱

新时代，体育事业已发展成为我国新的经济增长点，但仍存在一些有待克服的问题。一是经济价值偏低。我国体育产业正处于高质量发展时期，但是我国体育产业经济基础相对薄弱，龙头企业的国际竞争实力欠缺，高质量赛事与体育科技产品供给严重不足，体育产业产值和体育消费规模、结构等与体育强国还有一定差距，体育产业经济水平与体育消费潜力仍存在巨大的提升空间。二是发展规模不大。目前我国体育产业增加值虽在高速增长，但规模和企业单位营收的基数仍比较低。据统计，2018年我国体育从业人员仅为443万人，体育产业企业单位营收2.3万亿元，能吸纳体育就业岗位非常有限。此外，因过于注重传统固定资产投资，而忽略了产业创新融合发展，导致我国“体育+旅游”“体育+医疗”“体育+互联网”等新兴体育产业开发相对欠缺。三是我国体育用品制造企业缺少核心技术和品牌效应，仍以体育用品及相关代理制造品为主，体育服务业发展水平有所提升，但整体发展不平衡的局面尚未得到根本转变。

四、体育文化建设滞后

体育文化是体育强国建设的软实力的表现。长期以来我国重视竞技体育发展，在体育文化建设方面存在不足。一是体育文化建设滞后。我国体育文化传播深度和厚度不够，传播渠道单一，一些基础项目以及影响广泛的“三大球”运动文化传播中，缺少对项目文化内涵的深度挖掘、整理、优化和重构。在打造本土体育文化品牌和体育“超级IP”、推动体育文化场馆建设及构建宣传平台等方面略显不足。特别是在跨文化传播与交流中，我国体育文化传播缺少独特的兼容性与亲和性。二是创新力欠缺。我国体育文化的发展基本依靠政府来推动，体育文化创新大多来自各个运动项目协会组织、体育传媒企业及学校体育教师等，在体育文化创造上仍以模仿、复刻体育强国为主，对优势体育文化的汲取仍有缺欠，在推动体育文化博览会等品牌活动的改革创新方面仍显不足。

五、体育外交缺乏整体规划

体育外交是指为了促进国家关系、维护国家利益而进行的对外体育交往活动，“乒乓外交”曾使中美关系实现历史性突破。我国虽通过举办奥运会、青奥会等世界大赛，发挥了体育外交的作用，但体育在外交中的作用和效果还有很大提升空间。一是外交主体较为单一。近年来我国体育外交活动多由政府组织主导参与，我国社会组织参与体育外交事业不足，参与国际体育治理深度不足，社会民众体育外交意识淡薄，民间体育资源利用率不高，体育外交人才梯队建设困难，在国际体育上话语权不足。二是体育外交体现不足。我国体育部门需要从战略理念、顶层设计及部门协调层面谋划新时代大国外交的价值地位，充分发挥我国驻外使馆在推动体育外交中的重要作用。同时，我国体育外交人员在国际体育单项组织领导机构（35个）中的参与率仅为51.43%（尚无人在国际单项体育协会中担任主席），国际体育组织中的高层次、决策层任职的组织成员主要来自西方国家。

六、全民体能提升没有形成整体共识

“发展体育运动，增强人民体质”的目的就是提升全民体能，但是目前来看，我国在全民体能提升上还没有形成整体共识。一是体能训练理论和实践呈现着碎片化状态。我国自20世纪90年代开始的体能训练其目的是备战国内外主要比赛和奥运会，以此提高运动员的专项能力。但在训练过程中，不论是训练结果评估还是训练规划的制定都不够清晰，哪些训练方式应该应用在训练前期，哪些应该应用在训练中期，哪些又应该应用在训练后期，并没有做出梳理。二是体能训练人才培养机制不完善。一方面，我国各个体育院校在硬件设施、教师水准以及课程设置上和国外相比落差较大，专业水准不高，缺少体能教练等方面的人才。另一方面，体能训练人才培育规划制度不完善。体育高等院校、国家体育总局虽然构筑了体能训练人才的培育目标，但在方案落实、各项配套制度的实施上稍显弱势，一定程度上影响了体能训练人才培育的质量。三是体能训练在全民健身和竞技体育上结构不均衡。近些年全民健身需求随经济的不断发展越来越旺盛，对健身体能教练的需求也逐年递增。但国内已取得相关资格证书的健身教练数量较少，健身体能方面的人才更是匮乏。总的来说，在体能训练领域，也让全民健身发展和竞技体育结构不平衡。

第三节　激发体育事业蓬勃生机和旺盛活力

建设体育强国，必须坚持习近平新时代中国特色社会主义思想关于我国体育强国建设的论述，针对我国体育强国建设中的短板对症下药。

一、坚持党对体育事业的领导

进一步加强党的全面领导，为体育强国建设提供政治保证。坚持党的全面领导，坚定不移走中国特色社会主义体育发展道路，是建成体育强国的根本保证。一要坚持习近平新时代中国特色社会主义思想的引导。深刻把握习近平新时代中国特色社会主义思想，为体育强国建设提供理论指引。习近平新时代中国特色社会主义思想是实现中华民族伟大复兴的根本遵循，习近平总书记关于体育的重要论述和重要指示批示创新和发展了中国特色社会主义体育理论，对体育强国建设有重要指导意义。二要科学制定“十四五”体育发展规划，为体育强国建设提供良好开局。党的十八大以来，我国相继出台《体育发展“十三五”规划》《体育强国建设纲要》《“十四五”体育发展规划》等一系列建设体育强国的纲领性文件，特别是《中华人民共和国国民经济和社会发展第十四个五年规划和2035年远景目标纲要》明确提出，提前15年即到2035年建成体育强国，分“三步走”建成体育强国：第一步，到2025年，推动体育取得重要成果，夯实体育发展基础，基本形成体育强国“四梁八柱”；第二步，到2030年，提升体育整体发展质量和效益，形成与基本实现社会主义现代化相适应的体育发展新格局；第三步，到2035年，建成社会主义现代化体育强国。这一重要战略规划，为建成体育强国指明了奋斗方向。

二、大力发展群众体育

体育强国的基础在于群众体育。建设体育强国，要坚持体育为了人民、体育依靠人民、体育成果惠及全体人民的原则，充分动员和发挥社会、学校、家庭的深厚力量，积极践行“全民行动”“全民健身”“健康中国”的理念要求，充分发挥人民作为体育强国建设主体的伟大力量。

鼓励全民健身。广泛开展全民健身运动，推动全民健身大发展大繁荣，通过全民健身与全民健康相融合，夯实体育强国的群众基础。一要加强竞技体育的健身化。更加关注竞技体育在提升体质、促进健康方面的作用，通过有效的舆论宣传和引导，提倡和传播“竞技体育健身化”的理念，提高大众对竞技体育健身功能、价值的认识，促进竞技体育服务全民健身作用的发挥。二要推动民族传统体育健身化。民族传统体育具有厚重的文化底蕴，群众基础牢固，需要通过对民族传统体育的重塑与改造，使其具备更广泛的适应性。

加强公共体育设施建设。要扩大公共体育资源供给，优化公共体育资源配置，加大体育设施的社会开放度。以政府与社会资本合作共建共享开发模式，培养专业化与职业化的公共体育社会组织，扩充社会体育指导员的类别与数量，强化我国公共体育服务体系功能，以应对我国各类型公共体育活动的服务。

三、切实办好竞技体育

竞技体育水平，是衡量体育强国的重要指标，是国家综合实力的重要体现。新时代，要把竞技体育价值取向的转型作为推动竞技体育发展的首要工作来抓，淡化竞技体育的政治服务工具性、金牌意识、锦标意识，引领竞技体育回归“育人”本源。

首先，在保持与完善奥运战略的基础上“跳出”奥运来发展竞技体育，通过加大发展本土体育、非奥运会项目，来纠正竞技体育发展中西方体育与本土体育、奥运项目与非奥运项目发展失衡的问题，促进竞技体育全面发展，实现西方体育与本土体育、奥运项目与非奥运项目的相容互补、各取所长，形成中国风格、中国气派。要紧扣时代主题，抓住时代机遇，积极筹办国际性体育赛事，打造具有国际影响力的自主体育赛事品牌，提高我国体育的软实力和影响力，促进体育事业的繁荣发展，为中国梦创造机遇。

优化项目与人才结构。竞技体育需要建立政管社办、政事分离、多主体参与的金字塔式体育竞赛体系，强化各竞技体育运动项目布局的综合效益，实现竞技体育项目及结构协调、平衡发展。积极推动青少年竞技体育与学校教育进一步融合，为我国竞技体育人才的选拔、培养及人才输送开辟一条规范化道路。同时，创新我国职业体育发展方式，优化不同竞技项目的人才结构与总量，打造多元参与竞赛体系，助力我国职业体育积极地与国际职业联赛接轨。

推进区域与主体协调发展。要整合各地区竞技体育资源优势，努力打造区域竞技体育一体化发展，鼓励经济实力强势地区带动经济不发达地区竞技体育协同发展。构建政府引导、行业（协会）监督、个体自律的协调管理机制，通过将主体的利益与信用挂钩，实现互相促进，共同发展，从而推进竞技体育主体之间的平衡发展。同时，要把足球、篮球、排球“三大球”搞上去，提高冰雪运动竞技水平。

四、加快体育产业发展步伐

体育产业不仅可以促进经济社会的快速发展，还能满足人民大众对于体育用品、体育服务、体育旅游和健身等的需求。新时代，要以满足人民群众日益增长的品质化、多元化体育消费新需求为目标，通过观念创新、制度创新和科技创新，助推体育产业发展提质增效，壮大体育强国经济根基。第一，通过观念创新为体育产业发展提供导向。一方面，坚持市场主导、政府引导的发展理念，遵循体育产业的发展规律，重视市场在资源配置中的决定性作用的基础上，发挥好政府的引导、扶持、推动和服务作用，通过政策扶持和引导、完善公共服务体系等措施，激发体育产业发展的内在动力；另一方面，坚持创新驱动的发展理念，按照市场化原则，激发社会力量办体育的内在活力，鼓励社会资本、企业、组织、个人等社会力量积极参与体育产业各方面的创新活动，培育和催生体育产业发展新动力。第二，通过制度创新为体育产业发展提供保障。新时代，推动体育产业的高质量发展，要牢牢把握制度创新的规律性，通过创新形成更合理、更完善的制度体系。一方面，创新多方参与的资源配置机制，按照共创、共建、共赢、共享的原则，跨地区、跨行业、跨领域整合产业内外的各类创新要素，尤其是要完善行业、企业与高校、体育科研院所等的产学研合作机制，构建一批高水平的产学研创新战略联盟，提升体育产业技术创新能力，加速科技成果转化；另一方面，创新体育产业的人力资源开发机制，引导高校加强对相关人才的培养，满足产业转型升级所需的各类人才。第三，通过科技创新为体育产业发展提供新的动力。要充分把握"互联网+"带来的新机遇，利用好互联网、移动互联网、智能制造、大数据、人工智能等技术手段，加大体育产业各方面的智能化、信息化建设，打造数字体育、智慧赛事、智慧场馆、体育大健康、体育信息化平台等，使现代科学技术与体育产业深度融合，构筑现代体育产业体系，完善体育产业链条。

五、塑造中国特色体育文化

新时代，我国必须全力加强体育文化的建设。繁荣体育文化，应该结合中华优秀传统文化，打造中国特色体育文化体系，提高体育文化软实力。要通过传承和弘扬民族传统体育文化，不断凝聚体育文化的"精气神"。

第一，深挖体育文化内涵。中华体育精神作为体育文化的核心内涵，是营造崇尚和参加体育运动社会风气的有效手段，要加大挖掘中华体育精神蕴藏的文化基因，发挥中华体育精神蕴含的丰富的育人功能和价值，让其成为深入人心的力量。坚持奥运冠军榜样力量的价值引领作用，让阳光乐观、自律性强、积极向上的奥运冠军成为新时代青年人的榜样，利用奥运冠军的冠军效应、明星效应、偶像效应等弘扬民族传统体育文化。以优秀运动员为核心讲好"中国故事"，打造和培育具有优秀个人品质的体育明星形象，挖掘他们身上最深层的育人价值内核，为实现体育强国目标和中华民族伟大复兴的中国梦固本培元、凝心铸魂。要加强竞技体育精神文明建设，旗帜鲜明地反对竞技体育存在的“黑哨”、服用兴奋剂等歪风邪气，加强竞技体育道德建设，弘扬良好体育道德风尚。

第二，提高文化传播力。体育文化传播主要有对内传播和对外传播。培养品德高尚和运动成绩出色的体育明星，以优秀运动明星推动运动项目文化建设，丰富我国体育文化交流内容，引领我国优势体育文化“走出去”。同时，加快我国体育文化制度改革，明确我国体育发展定位的改变，将“强国家—强社会”发展模式作为新时代体育文化建设发展新模式，使我国体育文化发展不再仅依赖政府力量，而是强调引进社会团体力量保障体育文化建设，进而不断提高新时代我国体育文化传播力。

第三，推动文化创新。加强公众的宣传引导和推动体育文化创新教育，以传统体育文化为根基，打造精品体育文化项目。在以人为本的理念下，设定体育文化日，举办体育文化节、体育文化嘉年华等主题节庆活动。深挖我国体育文化内涵，充分利用本土文化的先导性作用，提高文化的延续性，加快推进体育文化向可持续性发展转变，扩大我国体育文化号召力和内驱力。在中西方体育文化发展过程中，应加强我国体育文化的主导性建设，拓宽体育文化对外交流渠道，积极参加国际各类体育文化交流活动，对优秀的体育文化进行传承与创新，以解决我国体育文化创新能力不足的问题。

六、推进大国体育外交

体育外交能提升国家形象，成为打通国际关系的良好工具。新时代，我国应该更加善于利用体育外交，继续推进以运动项目为代表的新型体育外交，积极地举办国际体育赛事，继续将举办体育赛事作为展示我国经济社会发展和文化精髓的窗口，通过体育外交促进国际合作、提升国际影响力，发挥体育外交在维护国家利益中的作用。一方面，要不断地创新外交模式，拓展国际体育组织管理参与范围。激发社会组织参与体育外交有利于我国体育外交多样化发展，可通过制定新目标、新制度，加强国际体育交流；也可通过组织定期或不定期讲座、培训等方式，提高社会体育组织对外交流的规范性与专业性，提升我国体育外交的整体实力，扩大我国在国际体育事务中的优势。在外交人才培养方面，应设立专门的体育外交人才培养机构，注重高层次体育外交人才选拔，并有针对性地培养一些有潜力的优秀运动员、教练员、体育教师等，让他们积极参与到国际体育组织管理之中，进而形成覆盖面广、协调性好的多元外交体系。

通过举办大型体育赛事、举行体育外交论坛、开展体育贸易活动、组织媒体跨境采访等形式来丰富体育外交内容，强化体育外交的价值功能；构建新型国际合作平台，加强与国际体育单项组织领导机构交流，加快国内体育事业成长，推动体育传媒、体育智能、体育用品制造、体育服务等行业的国际交流合作，扩大我国体育外交建设体育强国的优势，塑造大国特色体育外交形象，积极为国内外体育和平稳定发展及保障国际体育外交公平贡献中国力量、中国智慧。

七、整体提升全民体能

全民体能的提升不但是一个健康问题，更是一个社会问题。因而，要整体提升全民体能，必须从多方面努力。一要推进体能训练体系理论和实践由碎片化向系统化过渡。有必要将不同类型的理论和实践加以整合，结合训练目标类型的不同，在测量运动能力、评估运动能力、制定训练规划、体能发展目标、实施体能训练等五大环节来完成。我国要整合体能训练阶段中的方法、模式、理论和技术，构筑以能量代谢和动作为主要基础，以训练内容和实施方法以及训练质量控制为核心的理论和实践体系，从而为我国体能训练领域实现理论研究和实战操作奠定坚实的基础。二要构筑现代体能教练培养系统，巩固体能教练员的地位。一方面，在竞技体育上，要关注体能教练在备战国内外重大比赛阶段中的地位，并配备专职体能教练，要让体能教练成为运动训练结构的主要构成部分。另一方面，在全民健身方面，要对健身教练的任职资格作出规范，提高招收门槛，做出分类考核和管理，构筑完善的体能教练培育系统。三要构筑体能训练培训和认证体系。政府及有关部门要做好体能训练中长期发展规划，完善管理政策，并在行业协会和相关大学发布开展各项工作。行业协会和市场系统要在政府做出引导并授权的前提下，整合竞技体育、医疗系统、全民健身等技术，开发和建设培训认证系统平台，为体能训练理论实践培训和认证体系的各项工作提供扶持。体育专业院校要做好研发与修订培训课程体系、培养和开发培训系统师资、制定体能训练培训认证的行业标准、发展建设体能教练专业等支撑工作。

第十二章　海洋强国

中国是海陆兼备的大国，具有十分广泛的海洋战略利益，但还不是海洋强国。中国要真正走向强盛，建成社会主义现代化强国，走海洋强国之路是题中应有之义。

第一节　中国走向强盛的必由之路

中国的发展与中国海洋发展的历史是分割不开的。习近平同志指出："纵观世界经济发展的历史，一个明显的轨迹，就是由内陆走向海洋，由海洋走向世界，走向强盛。"[①]这是海洋国家走向强盛的一个重要途径，也是中国发展的必然路径。

一、中国历史上就是海洋强国

中国历史上就是一个海洋国家，古代就有"环九州为四海""物产富饶为陆海"的记载。春秋战国以前我国已经进行海上捕捞、海上交通和海上贸易并远航到朝鲜、日本等邻国。《易经》上记载"刳木为舟，剡木为楫，舟楫之利，以济不通，致远以利天下，盖取诸涣"。《竹书纪年》记载帝芒曾"命九夷东狩于海获大鱼"。秦始皇先后五次出巡，目的在于"示强威服海内"，日本古籍称"秦汉百济内附之民各以万计"。汉武帝时就开辟了我国历史上的"海上丝绸之路"。三国时期孙吴重视造船、航运业和海外贸易。孙权被称为"大规模航海的倡导者"，开辟了从广州直航东南亚的远海航线。唐代时倡导海运、航海贸易，国际交往十分频繁，出现了"九夷重译、相望于道"的盛况，海上贸易到达波斯湾和东非，历经国家和地区达100多个。明朝航海家郑和的远洋船队历时28年遍访亚非37个国家和地区，纵横印

---

① 习近平:《干在实处 走在前列——推进浙江新发展的思考与实践》，中共中央党校出版社2006年版，第216页。

度洋直抵好望角，这说明我国曾有辉煌的航海历史。

19世纪中叶，西方列强大肆向海外扩张、野蛮掠夺。而此时的清朝统治者却实行与世界潮流相背离的“禁海”“迁海”政策，不仅没有给国家造福反而带来无穷的灾难和巨大的耻辱。毛泽东多次指出：“过去帝国主义侵略中国大都是从海上来的。”鸦片战争后的100多年间，西方帝国主义列强从海上入侵达84次之多，入侵舰船1850多艘，入侵兵力47万多人，强迫签订不平等条约1100多个。当时的统治者以割地、赔款、开放港口城市、划分势力范围和租借地为代价才换来万里海疆一刻安宁，使中华民族结束了海上辉煌的历史，以致出现有海无防，中国成为列强凌辱、瓜分的对象。

新中国成立后，毛泽东等党和国家领导人不仅从海上防御的角度考虑海军的建设问题，而且把海军建设提到“保障海道运输安全”的高度着眼于建立“海上铁路”。改革开放后，邓小平认为中国要富强必须走向海洋，提出了“搁置争议、共同开发”原则来处理国际海上争端的以近海防御为核心的海防战略思想。20世纪90年代，江泽民提出“要从战略的高度认识海洋”。党的十四大报告指出军队要“保卫国家领土主权和海洋权益”[①]。党的十五大报告提出要“严格执行土地、水、森林、矿产、海洋等资源管理和保护的法律”[②]。党的十六大报告提出要“实施海洋开发，搞好国土资源综合整治”[③]。胡锦涛进一步高度重视海洋建设并提出海洋强国的战略。党的十七大报告提出“提升高新技术产业，发展信息、生物、新材料、航天航空、海洋等产业”[④]，并指出开发海洋是推动我国经济社会发展的一项战略任务。党的十八大报告首次完整阐述了我国海洋强国战略，指出要“提高海

① 中共中央文献研究室编：《改革开放三十年重要文献选编》(上)，人民出版社2008年版，第698页。

② 中共中央文献研究室编：《改革开放三十年重要文献选编》(下)，人民出版社2008年版，第905页。

③ 中共中央文献研究室编：《改革开放三十年重要文献选编》(下)，人民出版社2008年版，第1251页。

④《胡锦涛文选》第二卷，人民出版社2016年版，第630页。

洋资源开发能力，发展海洋经济，保护海洋生态环境，坚决维护国家海洋权益，建设海洋强国”①。

习近平同志在地方工作时，就很重视我国海洋事业的发展。1985年，习近平同志刚到福建工作时，对海洋的理论发展进行了探索。习近平同志针对厦门的地理位置和实际情况首先制定了《1985年—2000年厦门经济社会发展战略》，对厦门市的发展提出了建立自由港的目标。1988年底，习近平同志在宁德工作时就提出要“念山海经”，提高滩涂养殖的单产增加收益，发展高端海产品，打造海洋经济的半壁江山。1994年，习近平同志调研分析了福州的地缘情况，福州市委、市政府出台了《关于建设“海上福州”的意见》，通过依托海洋，实现福州经济的进一步发展。2003年，习近平同志在浙江工作时，将海洋理论与实践进行深度结合，根据浙江省的具体实际，提出了“山海协作”的发展策略，打造“浙江省碧海生态建设”，实现浙江的山海资源优势互补。2007年，时任上海市委书记的习近平指出，海洋是上海拓展城市空间的重要依托，要从上海自身实际出发，采取行之有效的举措，努力争创海洋经济发展的新优势。

21世纪，人类进入了大规模开发利用海洋的时期。推进海洋强国建设，必须提高海洋资源开发能力，保护海洋生态环境，发展海洋科学技术，维护国家海洋权益。党的十九大报告提出“坚持陆海统筹，加快建设海洋强国”战略。2018年全国两会期间，在参加山东代表团审议时，习近平总书记指出：“海洋是高质量发展战略要地。要加快建设世界一流的海洋港口、完善的现代海洋产业体系、绿色可持续的海洋生态环境，为海洋强国建设作出贡献。”②2018年4月，习近平总书记在海南考察时再次强调，青山绿水、碧海蓝天是海南最强的优势和最大的本钱，是一笔既买不来也借不到的宝贵财富，要像对待生命一样对待这一片海上绿洲和这一汪湛蓝海水。近年来，我国

① 《胡锦涛文选》第三卷，人民出版社2016年版，第645页。

② 《习近平谈治国理政》第三卷，外文出版社2020年版，第243页。

海洋强国建设步伐不断加快，取得了一系列可喜的成绩。

2019年，习近平总书记提出我们居住在一个星球上，海洋将我们彼此联系起来，我们要树立海洋命运共同体的意识，携手面对全球问题。习近平总书记对于海洋的论述符合世界的发展趋势，实现中华民族的伟大复兴需要依托海洋。党的二十大报告进一步把海洋强国建设列入今后我国强国发展的系列之中。可以说，只有着力提升海洋权益意识和海洋国土意识，才能为增强全民海洋意识注入新动能、探索新路径、开辟新局面，进一步为海洋强国建设提供强有力的社会共识、舆论环境、思想基础和精神动力。

二、“海洋强国”提出的意义

在全球陆地资源环境趋紧、世界经济融合不断深化的大背景下，进一步合理开发和利用海洋，将对人类发展起到更加积极的促进作用。

提升对陆海关系的认识。历史一再证明，世界强国都是选择和实行了海洋战略的海洋强国，证明了向海而兴、背海而衰的铁律。中国有300多万平方公里的主张管辖海域，1.8万公里大陆海岸线，拥有丰富的海洋资源。2018年，海洋经济总量达83415亿元，同比增速为6.7%。海洋生产总值占国内生产总值的9.3%，在国民经济中的比重基本稳定，保持着国民经济新的增长点。海权竞争和海洋资源的争夺，表明了21世纪的主要博弈将在海上展开，海洋强国战略成为我国和平发展无法回避的战略考虑。我国近代百年屈辱，直接源自海上力量的减弱。海权的丧失，多次打乱了中国工业化和现代化进程，使之延后了至少上百年。我国要实现现代化和民族复兴，必须建设海洋强国，促成中国与世界的良性互动，将为世界和平发展作出更大贡献。

超越西方海权观念。海洋强国思想不仅超越了西方战略文化中以马汉为代表的“海洋权力”思想，也超越了1982年《联合国海洋法公约》中的“海洋权利”理念。我国的海洋强国思想通过和平发展、合作共赢实现海权权益的维护，表明我国在海洋强国建设的过程中不追求霸权、不以控制海洋为实现“强国梦”的手段，而是坚持底线原则和灵活性原则，用和平方式解决争端，尽可能扩大共同利益的汇合点，同时加强海上力量建设维护正当应有的海洋权益。

创新海洋国际秩序。海洋强国思想的海洋命运共同体理念为全球海洋治理秩序的重塑提供了中国方案，也为我国以及其他发展中国家参与国际海洋秩序的话语体系建构提供了新方向。一方面，海洋命运共同体超越了民族国家和意识形态，具有全球性、超民族性，包含了相互依存的“国际权力观、共同利益观、可持续发展观和全球治理观”，可为世界各国合作治理海洋，实现人海和谐、合作共赢提供根本遵循，尤其是为发展中国家参与全球海洋规则制定创造了良好机遇。另一方面，海洋命运共同体以协作、谈判、对话机制处理海洋争端和利益冲突的方式，表达了我国追求向海发展、和平发展的愿望，是中国特色新型海洋文明的集中体现，也是构建人类命运共同体在海洋领域的生动实践。

第二节　海洋强国的主要内容与面临的挑战

海洋强国思想的形成是一个理论不断完善的过程。当前，我国海洋强国理论已形成了初步框架，成为指导我国海洋事业发展的基本思路。当然，我国海洋强国战略的推进也面临着一系列的挑战与困难。

一、海洋强国的主要内容

总体来看，海洋强国战略的核心内容和系统架构主要体现在“一个核心、两条路径、五大基石”上。

第一，一个核心。维护国家海洋权益是海洋强国的核心。海洋权益是国家从海洋获取的战略利益总和，包括海洋资源权益、海洋科技权益、海洋政治权益、海洋生态权益、海洋安全权益、海洋文化权益等。习近平总书记指出：“要做好应对各种复杂局面的准备，提高海洋维权能力，坚决维护我国海洋权益。”①海洋权益的维护不仅关系国家的主权和民族尊严，更关系立国之本、执政之基的经济和战略利益，社会主义事业和中国式现代化的实现。

第二，两条路径。陆海统筹、人海和谐与和平相处、合作共赢是实现海洋强国的两条路径。从陆海统筹、人海和谐的发展路径看，就是要把海洋和陆地的发展与安全问题统筹起来，进行顶层设计和长远规划，促进海洋经济与陆域经济良性互动，促进海洋开发利用与人类活动和谐统一，促进海洋安全与陆地安全互为依托。依托“一带一路”形成东西双向开放，实现陆海内外联动，把内陆从开放的末梢转变为开放前沿的战略构想，正是陆海统筹原则的体现。从和平相处、合作共赢的发展路径看，就是要扩大共识、求同存异，通过双边合作来扩大共同利益。在海洋开发利用上，要加强国际海洋合作，以互惠互利、合作共赢为原则，共同搭建全球海洋资源开发合作的大平台。在海洋交流合作上，要重点推进“21世纪海上丝绸之路”建设，以海洋为载体和纽带，共同建设市场、技术、信息、文化的海上通道。在海洋安全对话上，要建立海洋安全合作机制，营造海洋共享秩序，促进海洋航运安全，共同增进海洋福祉。在海洋治理上，要在国际海洋治理、国际海洋事务处理中发挥陆海大国的作用，争取一定话语权，推动国际海洋秩序的公平合理化。

第三，五大基石。具有中国特色的海洋生态观、海洋经济观、海洋科技观、海洋安全观、海洋外交观是海洋强国战略的五大基石，也是海洋强国战略在各领域、各维度的战略支点。

一是海洋生态观。习近平总书记指出，“要下决心采取措施，全力遏制海洋生态环境不断恶化趋势，让我国海洋生态环境有一个明显改观”②。海洋生态观是尊重海洋、顺应海洋、保护海洋的新的生态发

---

① 中共中央党史和文献研究院编：《习近平关于总体国家安全观论述摘编》，中央文献出版社2018年版，第42页。

② 中共中央文献研究室编：《习近平关于社会主义生态文明建设论述摘编》，中央文献出版社2017年版，第46页。

展观。海洋生态保护的目标在于“让人民群众吃上绿色、安全、放心的海产品，享受到碧海蓝天、洁净沙滩”[①]。处理好海洋资源开发与保护的关系，要“坚持开发和保护并重、污染防治和生态修复并举”[②]，深化以生态保护优先、资源节约利用和促进经济高质量发展为导向的海洋资源利用。推动海洋开发方式向循环利用型转变，要“科学合理开发利用海洋资源，维护海洋自然再生产能力”[③]，保持海洋生态系统的完整和健康。

二是海洋经济观。拥有发达的海洋经济是建设海洋强国的重要支撑。海洋经济观主要体现为：海洋经济是陆海一体化经济。“加强陆域和海域经济的联动发展，实现陆海之间资源互补、产业互动、布局互联，是海洋经济发展的必然规律。”[④]海洋经济是开放型经济。海洋经济是高技术经济、开放型经济、综合性经济。海洋是开放包容的象征，从陆地走向海洋，就是从封闭走向开放的过程。海洋经济要向质量效益型经济转变。要加强海洋产业规划和指导，优化海洋产业结构，提高海洋经济增长质量，培育壮大海洋战略性新兴产业，提高海洋产业对经济增长的贡献率，努力使海洋产业成为国民经济的支柱产业。总的来说，转变经济增长方式与优化海洋产业结构是发展海洋经济的两个重要任务。

三是海洋科技观。海洋资源的开发和保护离不开海洋科技的应用与创新。海洋科技创新不仅能促进海洋产业转型升级，还有利于推进海洋环境保护、资源利用与海洋权益维护。海洋科技观主要包含两个方面内容：一方面推动海洋科技向创新引领型转变。必须加

---

① 中共中央文献研究室编：《习近平关于社会主义生态文明建设论述摘编》，中央文献出版社2017年版，第46页。

② 中共中央文献研究室编：《习近平关于社会主义生态文明建设论述摘编》，中央文献出版社2017年版，第46页。

③ 中共中央文献研究室编：《习近平关于社会主义生态文明建设论述摘编》，中央文献出版社2017年版，第46页。

④ 习近平：《干在实处 走在前列——推进浙江新发展的思考与实践》，中共中央党校出版社2006年版，第216页。

快海洋科技创新步伐，以海洋科技创新来带动海洋经济的发展。也就是说，建设海洋强国必须大力发展海洋高新技术，要“依靠科技进步和创新，努力突破制约海洋经济发展和海洋生态保护的科技瓶颈”①。另一方面，重视海洋科技创新人才队伍建设。海洋开发的深度取决于科技研究水平的高度，要加快培养海洋专门人才，充分发挥科研院所的科技人才优势。

四是海洋安全观。海洋安全是海洋强国建设的基本需求和保障，保障海洋安全就是保障海洋国土安全和我国对外贸易、文化交流、人员往来等通道的安全。海洋安全观主要体现在两个方面：一方面，海洋军事力量是海洋强国的战略支撑。建设强大的现代化海军是建设海洋强国的战略支撑。要站在历史和时代的高度，担起建设强大的现代化海军的历史重任。另一方面，坚持互信、互利、平等、协作的新安全理念。要坚持“与邻为善、以邻为伴，坚持睦邻、安邻、富邻，践行亲、诚、惠、容”理念，走一条“共建、共享、共赢的亚洲安全之路”，实现共同安全和共享安全。

五是海洋外交观。海洋起着联通世界的重要作用。海洋外交观旨在维护国家的领土完整和安全、维护世界和平、坚持合作共赢。在海洋外交的过程中，必须“要坚持把国家主权和安全放在第一位，贯彻总体国家安全观，周密组织边境管控和海上维权行动，坚决维护领土主权和海洋权益，筑牢边海防铜墙铁壁”②。发挥海洋外交观的作用的核心在于注重统筹考虑处理大国关系和周边关系。

二、海洋强国面临的困境

党的十八大以来，我国在海洋强国建设上取得的成就是巨大的，但是在发展的过程中仍面临着一些困境，这些困境制约着我国海洋强

① 中共中央文献研究室编：《习近平关于科技创新论述摘编》，中央文献出版社2016年版，第91页。

② 中共中央文献研究室编：《习近平关于社会主义社会建设论述摘编》，中央文献出版社2017年版，第175页。

国战略的发展。

其一，公民海洋意识薄弱。从我国历朝历代的经济发展来看，我国小农经济发展成熟且呈现精细化特征，这促成了农耕文明成为整个国家的意识形态基础，这也导致了海权的观念没有进入统治者的思维范畴，到了清朝后期甚至演变成了闭关锁国的局面。官方调查结果显示，仅一成民众知道中国约有300万平方公里的海洋国土，近六成民众赞成维护岛屿权益。由此可见，虽然相比过去我国民众的海权意识已经大幅增强，但海洋意识的进一步发展还是有很大空间的。

其二，海洋法律体系仍需完善。我国已形成了一套具有中国特色的法律体系，但是在海关方面的立法还较薄弱，宪法中亦没有专门针对海洋的条款。自《联合国海洋法公约》实施以来，国家就从海上交通、海洋环境、水污染防治和地方层面进行了不同程度的立法，以此提高海洋综合执法水平，在我国法律体系的大框架下一直保证着海洋规划的有效实施。

第三节 海洋强国的实践路径

未来的竞争必是以海洋为中心的竞争，海洋强国战略的实现必须有可以实现的路径，才能更加有效地实现海洋强国目标。发达的海洋经济是建设海洋强国的重要支撑。要提高海洋开发能力，扩大海洋开发领域，让海洋经济成为新的增长点。要保护海洋生态环境，着力推动海洋开发方式向循环利用型转变。

一、提高海洋开发能力，推进海洋经济高效发展

新时代，我国海洋经济转型升级步伐加快。海洋领域供给侧结构性改革全面推进，海洋经济发展在优化结构、增强动力、化解矛盾、补齐短板上取得突破。特别是《全国海洋经济发展“十三五”规划》出台后，沿海地方政府据此也纷纷编制了地方海洋经济发展“十三五”规划，指导海洋经济发展。同时，《全国海水利用“十三五”规划》等

一系列涉海政策法规和产业发展专项规划，明确了有关政策和方向，引导了市场预期。同时，还要打造开放合作大平台，实施国际产能大合作。打造多层次、立体化海洋开放合作大平台，推动与各国和国际组织建立蓝色伙伴关系，构建海洋产业联盟，共建海洋产业园区。

二、大力发展海洋科技

习近平总书记强调："必须进一步关心海洋、认识海洋、经略海洋，加快海洋科技创新步伐。"①第一，加快推进海洋领域科技创新，抢占海洋科技创新制高点，推动海洋科技成果转移转化，打造海洋科技人才集群，推进海洋科技成果研发。第二，着力攻克关键核心技术和"杀手锏"技术。国家科技兴海产业示范基地建设不断加快，创新驱动、动能转换能力不断增强。推动海洋科技由"跟跑"向"并跑""领跑"跨越，加快形成国家战略科技力量，解决"卡脖子"问题。第三，强化专业化海洋科技成果转化平台建设，消除科技创新"孤岛现象"。建立与新时代海洋强国要求相适应的投融资体制机制，激励引导民间投资发挥促进海洋产业发展的主导作用，创新多元投融资机制，创新支持海洋战略新兴产业发展的财政制度、办法，构建稳定有序的滚动投入新机制，切实增强海洋科技成果发展的现实支撑力。

三、加强海洋生态环境保护

党的十八大以来，我国海洋生态文明建设取得显著成效，但是海洋生态保护任务仍任重而道远。一方面，要完善相关法律法规制度，确保海洋事业有法可依。全面推进海洋方面的立法工作，为发展海洋事业提供可靠的制度保障；同时，沿海地区的政府根据实际情况制定相应的政策，做好立法配套工作，将地方性法规与国家管理相衔接，增强涉海法律的协调性、完整性。另一方面，多措并举加强公民的海

① 《习近平谈治国理政》第三卷，外文出版社2020年版，第243页。

洋意识。我国有960多万平方公里的陆地国土，300多万平方公里的海洋国土，要培育民众对海洋的热爱之情，激发公民投入海洋事业的热情。引导公民充分认识海洋的重要性，把增强全民海洋意识作为一项长期坚持的重点工作。利用新媒体技术做好舆论工作，大力宣传我国“和平、合作、共赢”的海洋发展理念，凝聚全国力量共同建设海洋强国。

四、提升维护国家海洋权益能力

“得海权者昌，失海权者亡。”提高海洋维权能力，最终还是要用实力说话，主要有以下几点。一要下大力建设强大的海军。海军部队要站在国家战略的高度和长远发展的角度，为建设海洋强国提供坚强力量支撑，不仅要有能力守护好四大海，还要逐步地能在几大洋上显神威。要深入贯彻习近平强军思想，坚持政治建军、改革强军、科技兴军、依法治军，坚定不移加快海军现代化进程，善于创新，勇于超越，努力把人民海军全面建成世界一流海军。二要有一支强大的海上维权执法队伍，不断提高海洋维权能力。目前，国家已将中国海监、中国渔政、边防海警、海关海上缉私几支海上执法队伍进行整合，重组中国海警局。一定要加强这支队伍的建设，使之真正成为在海上维权斗争中，敢于当先锋、打头阵，“召之即来，来之能战，战之能胜”的海上维权执法队。

五、推动形成海洋命运共同体

坚持正确的海洋观和安全观，构建海洋命运共同体，要坚持和执行以下重要的认识或规则。

其一，合则有利，斗则必伤。坚持和睦相处的方式，求发展、谋合作，共同探讨解决海洋问题的方法。保护海洋不是某一个国家的事情，而是世界各国共同的利益所在。建设海洋强国，构建和不断完善区域性海洋发展的协同联盟，依托国家多边和双边合作机制，联合其他国家建立友好合作机制，构建海洋命运共同体。要加强国与国之间、中国与国际组织之间的交流，缓解我国稀缺资源的困境，为海洋经济高质量发展提供丰富的资源。

其二，反对霸权主义和强权政治。我国依法尊重别国的海洋利益要求，照顾关切别国的发展诉求，巩固合作基础；同时，坚持独立自主的原则，反对一切以建设海洋事业的名义侵犯我国领土、主权的行为。

其三，互谅互让，共商共建。坚持平等协商、合作共赢、开放包容的原则，与各国协商解决海洋资源问题、环境问题等，形成良好的沟通机制，推动海洋事业朝着互利共赢的方向发展。

第十三章　健康中国

人民健康是民族昌盛和国家强盛的重要标志。在推进中国特色社会主义制度以及治理体系和治理能力现代化进程中，发挥中国政治制度的优势，实施健康中国战略，用中国式的办法，破解健康治理的世界性难题，实现公民健康状况的持续改善，具有重要的战略意义。

第一节　人民健康是国家富强的重要标志

人民群众对美好生活的向往就是我们的奋斗目标，建设健康中国不但是人的发展的内在需要，更是社会主义国家发展的本质要求，特别是新时代背景下实现中国式现代化的根本目标。

一、健康中国建设是人的发展的内在需要

健康是人的生命存在、延续的必要基础，也是实现人的全面发展的前提条件。实施健康中国战略能够提升中国人的生命质量和长度。《世界人权公约》明确强调，健康是公民的一项基本权利，没有健康就无法保证正常的生活、工作与学习，健康是人生最宝贵的财富。我国宪法在各项人身权利之中将生命健康权放在首位，明确指出公民享有生命健康权。推进健康中国建设，可以改善劳动者健康状况，持续提高劳动者健康素质，提高劳动生产率和经济增长率，有利于新时代中国特色社会主义经济发展，实现从劳动力要素驱动向人力资本要素驱动的转变，有利于促进经济转向高质量发展，有利于社会的可持续发展，进而实现中华民族伟大复兴。

当前，我国在人民群众健康保障方面还存在一些不平衡、不充分的地方，迫切需要改善在事关人民群众切身利益的健康领域所存在的诸多短板与人民大众的不满意之处，这是时代发展的迫切要求。健康中国建设既要立足于已有基础，又要适应新的时代特点，从中国国情

和时代要求出发，促使健康政策进一步优化，向健康管理、健康促进发展，提高国民健康；促使人们更加注重健康，促进“人口红利”转化为“健康红利”，降低人口老龄化的影响，延长重要战略机遇期；促使人们凝聚共识，激发国家、社会、个人的共建共享，成为全社会自觉的责任与行动，促进人民群众健康状况的持续改善，为新时代发展提供力量。

二、健康中国建设是社会主义国家发展的本质要求

我国是人民当家作主的社会主义国家，人民群众需要生活在一个健康的环境之中。新中国成立后，党和国家致力于提升人民群众的健康医疗水平，作出了很大的贡献，人民的平均寿命、健康状况、受教育程度、医疗水平等得到大幅提升。党的十八大以来，以习近平同志为核心的党中央，立足于人民群众对美好生活的需要，更加注重健康中国建设。

党的十八届五中全会首次提出“推进健康中国建设”，标志着“健康中国”上升为国家战略。2016年8月，在全国卫生与健康大会上，习近平总书记强调“要把人民健康放在优先发展的战略地位”，“把以治病为中心转变为以人民健康为中心”，并对“健康中国”建设的具体实施作出全面部署。2016年10月，中共中央、国务院印发《“健康中国2030”规划纲要》，对健康中国建设的目标、任务、方针和政策进行顶层设计，明确提出“普及健康生活、优化健康服务、完善健康保障、建设健康环境、发展健康产业”等方面的战略任务。这是我国首次公布健康领域中长期规划，科学绘制了健康中国建设的发展蓝图。2017年，党的十九大报告提出“完善国民健康政策，为人民群众提供全方位全周期健康服务”的任务，彰显了我们党全心全意为人民服务的根本宗旨，为健康中国建设提供强大的思想支撑。2019年7月，国务院发布《关于实施健康中国行动的意见》和《健康中国行动组织实施和考核方案》，从干预健康影响因素、维护生命周期健康和防控重大疾病等方面，提出实施健康中国战略的15项行动，并

成立健康中国行动推进委员会。

首先，“健康中国”战略的提出是由我国的基本国情、发展阶段所决定的。它突出以人为本、以健康为中心，实现国民健康与经济社会协调发展为目标和要求，倡导生态绿色、健康促进、环境友好的经济增长方式和社会发展模式，既符合国际发展趋势，又体现我国各族人民根本的内在要求和长远的健康权益，是具有长期性、全局性、战略性意义的问题的系统对策，对政治稳定、经济可持续发展和国家长治久安具有重要意义。其次，健康中国是实现全民健康的重大战略选择。它是中国式现代化的经济、社会发展目标和要求，它针对影响健康的经济社会决定因素，如人类赖以生存的环境和生活方式等，以公共政策为落脚点，以重大行动计划为切入点，从国家战略层面对未来和当前一个时期国民健康面临的重大问题提供统筹的解决方案，既规范和引导医药卫生改革发展具体政策的制定和实施，又为相关领域的政策协调提供依据，具有高层次、广范围、长时效的特点。

三、健康中国建设是中国式现代化的根本目标

党的二十大报告提出的到2035年我国发展的总体目标就包括建成健康中国。报告指出：“人民健康是民族昌盛和国家强盛的重要标志。”[①]推进健康中国建设不但是增进民生福祉、提高人民生活品质的重要内容，更是中国式现代化的重要内容。党的二十大报告进一步提出推进健康中国的具体路径：“把保障人民健康放在优先发展的战略位置，完善人民健康促进政策。优化人口发展战略，建立生育支持政策体系，降低生育、养育、教育成本。实施积极应对人口老龄化国家战略，发展养老事业和养老产业，优化孤寡老人服务，推动实现全体老年人享有基本养老服务。深化医药卫生体制改革，促进医保、医疗、医药协同发展和治理。促进优质医疗资源扩容和区域均衡布局，

① 习近平：《高举中国特色社会主义伟大旗帜　为全面建设社会主义现代化国家而团结奋斗——在中国共产党第二十次全国代表大会上的报告》，人民出版社2022年版，第48页。

坚持预防为主，加强重大慢性病健康管理，提高基层防病治病和健康管理能力。深化以公益性为导向的公立医院改革，规范民营医院发展。发展壮大医疗卫生队伍，把工作重点放在农村和社区。重视心理健康和精神卫生。促进中医药传承创新发展。创新医防协同、医防整合机制，健全公共卫生体系，提高重大疫情早发现能力，加强重大疫情防控救治体系和应急能力建设，有效遏制重大传染性疾病传播。深入开展健康中国行动和爱国卫生运动，倡导文明健康生活方式。”①

第二节　健康的内涵不断丰富发展

健康的内涵是不断丰富发展的，健康中国的内涵也是不断丰富发展的。1948年世界卫生组织（WHO）提出了健康的三维定义，即健康不仅是没有疾病或虚弱，而是身体的、心理的与社会适应的完美状态。1989年世界卫生组织又将“健康”的概念调整为一个人在身体、心理、社会适应和道德四个方面皆健全。“健康”概念的内涵随着时代发展而不断变化，我国现在推行的“大健康观”追求的是个体生理、心理、环境、精神、社会、道德等方面的全面健康。健康中国就是要使每一个中国人都生活在生理、心理、环境、精神、社会、道德等全面健康的国家。

一、健康中国战略的基本内涵

健康关乎人类命运，是实现人类社会进步与发展的前提和归宿。党的十八大以来，习近平总书记多次就促进全民健康、发展健康事业提出要求。2016年10月，《“健康中国2030”规划纲要》全面系统地规定了健康中国建设的目标、原则和具体措施，为健康中国建设指明了方向和道路。2017年，党的十九大报告再次强调“实施健康中国

---

① 习近平：《高举中国特色社会主义伟大旗帜　为全面建设社会主义现代化国家而团结奋斗——在中国共产党第二十次全国代表大会上的报告》，人民出版社2022年版，第48—49页。

战略”，提出“完善国民健康政策，为人民群众提供全方位全周期健康服务”。2022年，党的二十大进一步提出推进健康中国建设的具体要求，制定和实施切实可行的政策路径。

第一，健康中国的目标步骤。《“健康中国2030”规划纲要》明确指出，建成健康中国的目标必须按照“三步走”的战略才能实现。即：到2020年，建立覆盖城乡居民的中国特色基本医疗卫生制度，健康素养水平持续提高，健康服务体系完善高效，人人享有基本医疗卫生服务和基本体育健身服务，基本形成内涵丰富、结构合理的健康产业体系，主要健康指标居于中高收入国家前列。到2030年，促进全民健康的制度体系更加完善，健康领域发展更加协调，健康生活方式得到普及，健康服务质量和健康保障水平不断提高，健康产业繁荣发展，基本实现健康公平，主要健康指标进入高收入国家行列。到2050年，建成与社会主义现代化国家相适应的健康国家。《健康中国行动（2019—2030年）》进一步将规划纲要的指标明确、细化为124项指标，并且明确规定了实现各项指标所要求的个人、社会、政府责任。

第二，健康中国的核心理念。理念是行动的先导，健康中国建设必须遵循一定的理念，才能朝着正确的方向迈进。一是大健康理念。“大健康”是覆盖生理、心理、环境、精神、社会、道德等各方面的健康。以“大健康”理念为指引，就是把健康融入所有的政策之中，促进社会的健康协调发展，全方位保障人民健康。在社会生活领域，形成全员参与对健康环境的打造，普及健康生活方式，形成共建共享健康中国成果；在生态经济领域，要秉承生态文明理念，大力发展社会、经济、健康“三位一体”的健康产业；在医疗卫生领域，要构建预防、保健、康复于一体的综合性医疗服务模式，对个人精神健康、心理健康以及职业健康给予更多关注。二是预防为主理念。改善人的健康状况不能仅仅局限于健康领域来思考和谋划，需要基于社会、经济、环境、文化、教育、医疗等多维度、多视角来促进健康事业的发展。当前我国迈入新时代发展新阶段，人民生活水平进一步提高，然而，糖尿病、高血压、慢性病等文明病也逐步影响人民生活质量。传统以“治疗为主”的医疗健康理念不符合新时代社会发展需求，“预防为主、防治结合”对预防慢性疾病、减少文明病发生、提高人民幸福感方面有积极作用。

二、健康中国建设面临的挑战

改革开放以来，我国人民的健康水平不断提升，人民的健康得到显著改善，特别是10多年来，健康中国战略实施后的效果更加明显，人民健康水平大幅提升、医疗卫生服务资源不断丰富、基层卫生服务能力进一步提高、医疗保障水平大幅提高、中医药服务能力不断提升、健康产业快速发展、卫生健康法律体系进一步健全、卫生健康科技资源总量快速增加、全民健康信息化建设成效突出、健康环境显著改善等都显示出健康中国建设是符合人民群众期待的。随着经济发展与社会进步，我国居民健康状况虽然不断得到改善，但人民群众仍然面临着多重复杂的健康问题，重大传染病防治等公共卫生状况仍有待于改善，健康中国建设仍然任重而道远。

第一，人民健康需求增加。随着经济社会发展水平的提高，经济社会进步不断刺激居民的健康需求，我国在医疗卫生领域的资源投入，连续多年保持较高的增长速度，但仍然无法跟上居民健康需求的增长速度。自从新医改以来，中国医疗卫生机构数量、床位数、卫生人员数均不断增长，各类医疗卫生机构的诊疗人次也在不断增长。此外，人口老龄化带来的一系列问题也更加明显。20世纪90年代以来，我国的人口老龄化进展不断加快。全国65周岁及以上老年人口从1990年的6299万人增长到2020年的19064万人。我国人口老龄化主要呈现人口规模大、进程明显加快、城乡差异明显、老龄人口素质不断提高等特点。随着老龄化的不断加深，医疗卫生资源和服务的数量和规模需求大幅增加，我国医疗卫生资源和服务供给能力所面临的挑战逐年加大。

第二，危害国民身体健康的因素增多。改革开放以来，人民群众在逐步过上了便捷舒适、安全高效的现代生活的同时，也面临着众多危害身体健康乃至生命安全的危险。在自然生态环境方面，大量排放废气、废水、废渣和有毒有害气体，大量抛丢、埋填自然界本身无法降解的固体废物，大量释放工业性、生活性、交通性噪声，使生态环境中原有的成分、结构和形态发生变异。原有的生态平衡系统遭受破坏，大气、水土资源遭受严重污染，自然灾害、食品安全事件频发，各类基因突变、身体畸形、精神躁狂或抑郁、癌症患者发病率增高，极大地威胁着国民身体健康和生命安全。在社会经济建设方面，城镇化建设导致的人口大量流动和向大中城市过于集中问题，国民就业难、教育难、住房难、医疗难问题等社会疾症长期存在，使越来越多的人产生过大的生活压力感、紧张感、焦虑感，从而严重影响到人体神经系统和心脑血管系统，造成人体内分泌失调、人体免疫力和抵抗力降低，进而诱发高血压、冠心病、糖尿病、偏头痛等慢性病，危害到人体健康，降低国民健康生活质量。在对外合作交流方面，经济全球化不断深入，国与国之间经济、科技、文化、医疗卫生领域交流日益频繁，各国人员在全球范围流动趋势和潮流日益加快，这些新变化为区域性、全球性流行性、传染性疾病在世界各国快速传播提供了机会，给我国公共安全卫生事业及人民生命财产安全带来了严峻挑战。

第三，医疗保障制度不健全。新中国成立70多年以来，我国基本实现了医疗保障全民覆盖、全民普惠，成绩举世瞩目。但不可否认，当前我国现有的医疗保障制度仍不够健全、不够完善，尚存在一些漏洞和滞后性问题。

第四，医疗卫生资源供给不均衡。医疗卫生资源是指供给医疗卫生服务的各种要素的总称，通常包括医疗机构、医疗人员、医疗器械、医疗设备、医疗药品、医疗床位、医疗技术和信息等。长期以来，“看病难、看病贵”之所以成为我国医疗卫生领域最突出的问题和难题，其根源就在于我国医疗卫生资源供给总量不充足。而且有限的医疗卫生资源在医疗机构、城乡区域配置不均衡、不合理。“全国优质的卫生资源80%集中于购买力强的大城市，医疗卫生资源的配置长期以来呈‘倒三角’的不均衡状态，城乡不均衡、地域不均衡、职域不均衡同时并存”，导致基层群众生病后很难就近在乡村医院、卫生室得到有效治疗，不得不舍近求远涌向大城市、大医院求诊，既使基层医疗卫生服务机构使用率低，也使大医院一号难求、人满为患，进一步导致我国医疗卫生资源供需矛盾加剧。

第三节　逐步实现全民健康

推进健康中国建设，是全面开启社会主义现代化建设新征程的重要内容，是全面提升中华民族健康素质、实现人民健康与经济社会协调发展的国家战略，必须坚持以健康中国战略为指导，找准精准发力点，有序推进健康中国建设。

一、“政府主导、全民参与”

实现健康中国这一巨大而复杂的系统工程的关键是“政府主导、全民参与”。一方面，各级党委、政府要树立大卫生、大健康理念，把人民健康放在优先发展的战略地位，切实承担起主体责任，把卫生健康工作与当地经济社会同步规划、同步实施、同步发展。要建立健全健康评价体系，把健康中国建设纳入党委政府考核指标。要健全健康信息服务体系，加快健康信息化共建共享，推进健康治理的现代化。要建立健全全民健身服务体系，推进全民健身与健康中国战略的深度结合。要建立健全健康教育体系，充分调动社会、集体和个人的积极性，形成“人人了解健康、人人关注健康、人人传播健康”的良好社会氛围。另一方面，必须发挥人民的主体地位。人民群众要主动加强健身锻炼，全民健身是全体人民增强体魄、健康生活的基础和保障。要积极参与健康锻炼，不断提高健康素质。要主动养成良好的生活方式，全民要自觉形成良好的行为习惯和生活方式，做到生活有规律，讲究个人、环境和饮食卫生，积极参加有益的健康文体活动等。要主动参与健康组织的创建，为健康城市、健康社区、健康乡村、健康家庭的建设献策献力，做到“人人参与、人人尽力、人人享有”，不断夯实健康中国建设的基础。

二、"预防为主、防治结合"

建设健康中国要把预防前移，让健康教育走进家庭、学校、社区、单位，促进人民群众形成良好的健康习惯。一要重视慢性疾病预防和健康管理。现在慢性非传染性疾病死亡率占总死亡率的比例还在上升，恶性肿瘤、心脑血管疾病和其他慢性疾病成为我国城乡居民最主要的死亡原因。坚持预防为主，倡导健康的生活方式是减少慢性疾病发生的最有效因素。二要重视人群的心理健康教育，大力加强民众的心理健康知识教育和心理疾病科普工作，广泛开展心理健康进单位、进社区活动，减少心理对疾病的影响，促进人的身心健康。

在坚持预防第一的前提下，也要高度重视治疗，做到群防群治。一是发挥医务人员的主体作用，构建全社会尊医重卫的良好氛围。"各级党委、政府和全社会都要关心爱护医务人员，形成尊医重卫的良好氛围"。为此，要充分调动医务人员的积极性、主动性和创造性，充分发挥医务人员在疾病防治和健康中国建设中的重大作用。二是坚持中西医并重，传承发展中医药事业。推动中、西医协同发展，进一步加强中医药研究，提高临床疗效，力争产出一批具有原创性、标志性的重大新药，充分发挥中医在疾病防治中的重大作用。三是加强重大技术攻关，加强医疗国际合作。在技术、药物、模式等方面，深化国际合作，提升我国在全球重大疾病防控中的影响力。特别是在重大传染病和慢性病的治疗上，要善于调动各方面力量，集中攻关，各个击破，全面提升重大疾病和传染病防治水平。

三、"深化医改、优化服务"

推进健康中国建设，要进一步深化医药卫生体制改革，在"保基本、强基层、建机制"的前提下，推进医疗、医保、医药"三医"联动。要坚持按照兜底线、织密网、建机制的要求，建立更加公平和可持续的、医疗资源利用更加有效的、城乡统一的居民基本医疗保险制度。特别是要全面实施城乡居民大病保险制度，加强与基本医保、医疗救助等制度衔接，筑牢健康防线。要坚持强基层，加强医疗卫生工作重心下移，建立科学的分级诊疗制度，加强全科医生队伍建设，为群众提供方便、质优、价廉的基本医疗卫生服务。要坚持卫生与健康事业的公益性，把基本医疗卫生制度作为公共产品向全民提供，充分发挥公立医院在人民群众健康保障中的主体作用，建立现代医院管理制度。进一步建立健全药品供应保障制度，保证药品质量和供应。在深化医改的基础上还要不断优化各种医疗服务。要加强人民群众全方位健康服务，把服务模式由被动医疗向主动医疗转变，发展重点由重治疗向重预防、健康管理、健康促进转变。

要加强人民群众全生命周期健康服务。全生命周期是指人的生命从生殖细胞的结合开始一直到生命的终止，其中包括孕育期、成长期、成熟期、衰老期直至死亡的整个过程。要将卫生健康优质服务融入生命全周期，构建起从备孕、怀孕、生产、青春、育龄、养老的覆盖居民全生命周期健康服务体系，更好地满足居民多层次、多样化的健康需求。要加强重点人群的健康服务。重视少年儿童健康，提高学生主动防病意识，实施健康成长计划，促进生长发育；关注妇幼健康需求，做好健康保障工作；积极探索医养结合服务，为老年人提供连续的健康管理服务和医疗服务；加大残疾人和低收入人群健康关怀力度，提供精准健康服务。

四、智慧型健康管理体系

构建智慧型健康管理体系是实施健康中国战略的重要“助推器”。健康政策是健康中国的指引，关系着健康中国前行的方向和速度。要在建立健康优先的政策支撑系统、部门协同的政策支持系统、公平持续的政策保障系统、健全的卫生健康法律体系的基础上，构建智慧型的健康管理体系。要借助新技术的医疗形式加快医院行为方式、服务方式、管理方式的改革，通过打造智慧型健康管理体系建立“以预防为主”的健康服务理念，改变过去“以治疗为主”的健康管理传统模式。要借助人工智能的技术支撑，打造健康和医疗的医学大数据平台，实现医疗由治疗为主向慢病管理和疾病预防的转变。要出台相应的法规政策，实现数据共建共享和跨部门之间的合作。围绕医疗卫生机构、医院之间、医院内部等主体层面建立行业信息安全和技术安全标准，规范医院的服务和行为规范，提升医院的治疗质量和效率。要加快人工智能、信息技术、医疗健康资源等方面的融合，为居民提供智慧型养老服务、家庭医生服务，逐步建立以预防为中心的健康管理体系。

五、加强健康领域国际合作

健康是全人类的共同福祉，促进人类健康福祉是世界各国政府和国际社会的共同责任。习近平总书记指出，中国大力加强与联合国、世界卫生组织的合作，加大对发展中国家的支援，将中国研发成功的新冠疫苗作为全球公共产品，为实现疫苗在发展中国家的可及性和可担负性作出中国贡献。“让我们携起手来，共同佑护各国人民生命和健康，共同佑护人类共同的地球家园，共同构建人类卫生健康共同体。”[①] 只有秉持人类卫生健康共同体理念，以身作则，以行践言，以实际行动支持联合国及世界卫生组织等国际组织在完善全球公共卫生治理中发挥的核心作用，恪守国际道义，践行使命担当，才能实现人民生命安全与身体健康，才能实现人类社会发展的永续和平。

---

① 习近平：《团结合作战胜疫情 共同构建人类卫生健康共同体——在第73届世界卫生大会视频会议开幕式上的致辞》，《人民日报》2020年5月19日。

第十四章　数字中国

加快数字化发展步伐，全面推进“数字中国”建设，是以习近平同志为核心的党中央立足全面建成社会主义现代化强国这一历史方位，主动顺应引领全球范围内新一轮信息技术革命大潮而超前布局、适时提出的国家战略。

第一节　数据是新型生产要素

数字经济是指以数字化知识和信息为关键生产要素、以现代信息网络为重要载体、以信息通信技术的有效使用为效率提升和经济结构优化的重要推动力的一系列经济活动，是以新一代信息技术和产业为依托，继农业经济、工业经济之后的新经济形态。改革开放以来，我国信息化建设快速推进，为建设数字中国奠定了良好基础。

一、时代发展呼吁数字中国建设

我国提出“数字中国建设”并不是偶然的，而是在综合考虑当今世界发展的趋势与中国发展现实的基础上提出的战略性安排。

第一，数字中国是全球信息技术革命的产物。从20世纪中叶开始，数字电子技术、数字计算机等数字技术的兴起，为人类从技术上对世界实现数字化认知和实践提供了技术支持，并由此引发了信息技术革命。20世纪90年代，互联网的兴起更是带来了被称为“信息高速公路”的全新网络世界，让人类进入了“数字化生存”的全新生活方式。从21世纪开始，数字化、信息化的脚步加快，数据挖掘、移动网络、智能终端、网络社交、大数据、新一代人工智能等一系列数字化新技术迅速崛起，人类社会迅速进入大数据和人工智能时代。面对新技术革命的滚滚浪潮，各国政府纷纷提出自己的应对之策，试图占领新技术革命高地、引领世界未来发展。美国更是试图制定国家战略来抓住这次新技术革命的机遇，继续主导世界。2017年，联合国贸易和发展委员会发布的《世界投资报告：投资和数字经济》指出，全球百强数字跨国公司和百强信息通信技术跨国公司，美国分别占据了63席、21席。2019年4月，时任美国总统特朗普发表了关于美国5G部署的讲话，坚称美国必须主导并赢得世界5G技术竞赛的胜利。随后，白宫发表声明，宣布增加5G基础设施投资、制定可持续频谱战略等数项刺激美国5G网络发展的举措。英国数字、文化、媒体与体育部于2018年1月制定了《数字宪章》，同年4月发布《产业战略：人工智能领域行动计划》，旨在加快建设先进的电信网络和数字基础设施，形成人工智能等数字产业集聚区。德国、法国、日本等发达国家也相继制定了刺激数字技术研发、发展数字产业、数字经济的战略规划。基于全球数字技术发展布局的激烈竞争状况，我国想要攻占数字领域的战略制高点，走近世界舞台中央，就必须及时部署建设数字中国，制定数字领域核心技术与高端设备的发展战略，集中人财物，分梯次、分门类、分阶段、有重点、有决心、有恒心地推进数字技术汇聚创新，不断提高核心技术竞争力，掌握主导权。

第二，“数字中国建设”的提出是我国数字建设发展的必然。21世纪初，习近平同志在福建工作期间率先提出“数字福建”，为数字化和“数字中国”建设作了早期探索。“数字福建”的数字化探索为“数字中国”积累了丰富的实践经验，也为“数字中国”建设的提出奠定了实践基础。经过多年探索和实践，福建在电子政务、数字经济、智慧社会等方面取得长足发展，给人民生活带来了真真切切的改变。也是从2000年开始，中国共有10多个省、市启动了各地的地理资源信息化工作，开始论证建设“数字区域”相关工程，全力加强地理与空间信息基础设施建设，先后出台了“数字北京”（2000年1月）、“数字湖南”（2000年11月）、“数字山西”（2000年12月）、“数字陕西”（2001年2月）、“数字湖北”（2001年2月）、“数字吉林”（2001年4月）、“数字江苏”（2001年6月）、“数字浙江”（2003年9月）、“数字广东”（2009年）。在地方数字化实践探索的省市中，数字化建设呈现出多样性的内容，有的侧重于地方地理信息系统建设，有的侧重于环境资源的数字化，有的侧重于网络和电子政务工作等。

2015年12月，习近平总书记在第二届世界互联网大会上首次正式提出推进“数字中国”建设的倡议。2017年10月18日，党的十九大报告正式提出建设“数字中国”的战略构想。2017年12月8日，习近平总书记在主持中共中央政治局第二次集体学习时再次强调，要加快建设数字中国，更好服务我国经济社会发展和人民生活改善，标志着“数字中国”建设进入全面发展期。党的十九届五中全会再次强调，要坚定不移建设数字中国，加快数字化发展。数字中国建设进入新阶段，有着新要求、新挑战。数字技术是当今创新最活跃、最富活力的领域，大数据、人工智能、区块链、量子计算等技术不断迭代演进，成为数字中国创新发展的不竭动力。《中华人民共和国国民经济和社会发展第十四个五年规划和2035年远景目标纲要》指出：“迎接数字时代，激活数据要素潜能，推进网络强国建设，加快建设数字经济、数字社会、数字政府，以数字化转型整体驱动生产方式、生活方式和治理方式变革。”

二、数字中国改变生活

第一，建设数字中国是贯彻落实新发展理念的集中体现。习近平总书记指出，“互联网是二十世纪最伟大的发明之一，给人们的生产生活带来巨大变化，对很多领域的创新发展起到很强带动作用”[①]。数字中国战略决策，能够利用互联网的技术优势和产业整合能力推动我国产业链的供给侧结构性改革，充分发挥互联网在经济社会领域的创新驱动作用，使经济生活中创新的源泉充分涌流，带动我国整体创新能力的提高，加快我国创新型国家的建设进程。建设数字中国，有助于充分发挥互联网在信息互通、资源共享等方面的优势，减少信息流动的障碍和企业生产的成本，提高资源要素流动速度、供需匹配效率和资源利用率，

① 中共中央党史和文献研究院编：《习近平关于网络强国论述摘编》，中央文献出版社2021年版，第130页。

实现城乡、区域间的协调发展。建设数字中国，是绿色发展理念的生动体现，将大数据、云计算和虚拟现实等技术应用到污染防控、资源节约利用等方面，可有效提升环境基础设施水平，健全现代环境治理体系，实现低碳发展、循环发展，提升生态系统的质量和稳定性，持续改善环境质量，加快发展方式绿色转型。建设数字中国是一个开放的体系，利用互联网可以高效便捷地获取资源、开展活动，同时也为落后地区、低收入人群创造了更多的参与经济活动、共享发展成果的机会，从而不断缩小城乡和区域收入的差距，实现共享发展。

第二，建设数字中国，为推进国家治理体系和治理能力现代化提供技术支撑。党的十八届三中全会提出，“全面深化改革的总目标是完善和发展中国特色社会主义制度，推进国家治理体系和治理能力现代化”[①]。建设数字中国，对推进国家治理体系和治理能力现代化具有重要作用，是推进国家治理体系和治理能力现代化的重要保障。一方面，实现国家治理现代化，必须紧紧依靠信息技术，充分发挥信息技术在实现国家治理体系现代化中的关键作用。以信息技术推进国家治理体系现代化，客观上要求数据共享、数字技术应用等方面的管理制度、机制的不断健全。通过数字技术推动政府各部门建立起有效的科学决策机制，打通了政府各部门、各层级之间的“信息孤岛”，加强了各部门、各层级之间的联系，有效提高了政府决策的科学性，真正实现“以民为本”的社会公共服务价值。另一方面，数字中国建设推动提升政府效能。数字中国战略决策健全了大数据辅助科学决策和社会治理的机制，推进了政府管理和社会治理模式的创新；电子政务、智慧城市的推广，打通了政府决策和社会治理中存在的技术壁垒。此外，大数据为提高对风险因素的感知、预测、防范能力提供了有效平台，有利于完善网络综合治理体系，营造清朗的网络空间。数字中国有力推动了国家治理体系和治理能力现代化进程，提升了公共服务、

① 中共中央文献研究室编：《十八大以来重要文献选编》（上），中央文献出版社2014年版，第512页。

社会治理等数字化、智能化水平，在提高国家治理效率、创新政府行政管理方式和公共服务水平中发挥了关键驱动作用，有效解决了制约国家治理体系和治理能力现代化进程的问题。

第三，建设数字中国，不断满足人民日益增长的美好生活需要。习近平总书记指出，“当今世界，信息技术创新日新月异，数字化、网络化、智能化深入发展，在推动经济社会发展、促进国家治理体系和治理能力现代化、满足人民日益增长的美好生活需要方面发挥着越来越重要的作用”①。数字技术在民生领域的广泛应用，有利于合理配置和调整民生资源，推动公共服务均等化、普惠化、便捷化水平不断提升。“互联网+教育”“互联网+医疗”等项目的落地生根，使老百姓生活在方方面面都得到提高，为百姓生活带来了实实在在的便捷。“互联网+教育”通过在教育过程中融入大数据、人工智能等新兴技术，推动教育事业实现新发展。它深刻改变了传统的教育模式，通过技术赋能不断培养学生的创造力和批判思维的能力，使得学习的体验性大大增强，提高了学生学习的积极性和主动性，推动教育不断走向精准化、个性化、便捷化。“互联网+医疗”的推广，大大便利了患者自我诊疗和就医，使得患者可以从各种丰富多样的移动医疗数据端监测自身健康数据，时刻掌握自身健康状况。数字技术的社会化应用，推动了公共服务均等化、普惠化、便捷化，为保障和改善民生、不断满足人民美好生活需要提供了有效途径和有力保障。

第二节　迎接数字时代

数字经济是全球未来的发展方向。我们应该主动把握时代机遇，充分发挥使用人力资源广、技术底子好、市场潜力大的特点，打造竞争新优势，为各国人民过上更好的日子提高可能性。疫情激发了5G、人工智能、智慧城市等新技术、新业态、新平台蓬勃兴起，网上购

① 《习近平致首届数字中国建设峰会的贺信》，《人民日报》2018年4月23日。

物、在线教育、远程医疗等“非接触经济”全面提速，为经济发展提供了新路径。我们要主动应变、化危为机，深化结构性改革，以科技创新和数字化变革催生新的发展动能。数字中国建设内容广泛，包括互联网、大数据、人工智能、区块链、5G通信、量子信息与量子计算机等一系列具体的新兴信息技术。它将让中国抓住新一代信息技术革命的机会，实现换道超车。更为重要的是，它将在未来对中国的经济、政治、文化、社会、生态各个方面产生全方位的影响，助力中国实现2035年进入现代化强国之列，并最终实现中华民族伟大复兴。

一、数字经济发展走向

经济建设是中国现代化强国建设的根本，数字经济是继农业经济、工业经济之后的经济发展新形态，它以数据为关键生产要素，以网络通信技术为核心驱动力，以现代信息网络为重要载体，并重塑经济社会发展与治理模式。数字中国将从数字产业化和产业数字化两个方面来发展数字经济。数字产业化将包括互联网、大数据、人工智能、区块链等数字技术所衍生出来的各种新兴产业类型；而产业数字化由于各种数字技术与传统产业有机融合，必然带来重大的产业变革。数字技术对国民经济各部门具有十分广泛的辐射带动效应，对提高中国经济效率、促进经济结构加速转变具有强大的驱动作用，所以数字经济将是未来数字中国建设的根本。

二、数字政府发展走向

政治建设是中国现代化强国建设的保障，数字政治建设的主要内容是数字政府建设，它以数字中国建设引领政府治理创新，核心是要推进政府数字化、智慧化转型，助力建设人民满意的服务型政府。未来的数字中国建设必然会将数字化技术与政治建设有机结合，政府依托网络平台创新服务方式和内容，挖掘数据潜力助力政府智慧服务和管理，即利用数字技术实现政府功能和效率的现代化提升，进而转变为一种能够与未来现代化强国相适应的现代化政府管理模式。

三、数字文化发展走向

文化建设是中国现代化强国建设的灵魂，中国传统文化往往提倡整体、模糊的思维方式，缺乏数字、定量和精准的意识。未来的数字中国建设将从三个方面影响文化建设：一是如何转变思维方式，确立数字思维模式；二是传统文化如何搭上数字化的时代快车，实现传统文化的数字化转型；三是如何打造新兴的数字文化，并弘扬数字文化价值观，由此为未来的数字中国提供一个相适应的数字文化环境。

四、数字社会发展走向

社会建设是中国现代化强国建设的条件，数字社会主要以智慧社会为主要形式，而智慧社会是数字技术条件下社会运行和社会治理的全新形态，是推进社会智慧化和智慧社会化的有机融合。数字中国建设将会从社会数据化和数据社会化两个维度影响中国的未来社会建设的战略目标。从社会数据化来说，社会建设和社会治理都离不开数据的支持，物联网、大数据、人工智能等数字技术的发展为未来智慧社会的运行提供泛在、融合、智能的社会运行数据基础，由此建构以人为本、惠及全民的民生服务新体系，实现数字生活。从数字社会化来说，未来的智慧社会将在推动社会运行和社会治理实现数字化、智能化和精准化的基础上，运用互联网、大数据、人工智能等新技术来提高社会运行和治理效率。

五、数字生态发展走向

任何事物都相互关联，相互依赖，共同构成一个相互作用的生态系统，数字世界也是一个生态系统，需要按照生态系统的要求来建设。数字中国建设将给中国现代化强国建设带来更广阔的数字开放与共享、更先进的数字文明、更丰富的数字资源等。大数据时代要求数据的开放与共享，正因为开放与共享才迎来了大数据时代，才形成了数字生态系统。当然，要建设良好的面向未来中国数字生态，就必须将开放、共享和保护结合起来，因为数据化与数据开放共享也带来了如隐私、安全等一系列问题，同时也需要数字文明和数字资源利用之间达到辩证统一，最终营造出一个开放、共享、和谐、友好的数字生态环境。

第三节　培育数字沃土激发数字活力

党的十八大以来，习近平总书记多次赴地方考察信息化建设情况，强调要加快建设数字中国，更好地服务我国经济社会发展和人民生活改善。如何建设数字中国，用“数字”驱动生产方式、生活方式和治理方式变革，用“数字”实现高质量发展，用“数字”提升人民群众的获得感、幸福感、安全感，成为摆在我们眼前的时代课题。

一、充分发挥数字经济主体的积极性

中国共产党是建设数字中国的领导主体。建设数字中国的关键在于持之以恒地推动数字领域核心技术的突破、创新及成果的转化。然而，核心技术的研发常常是以长时间科技知识的积累为基础，不但需要大量的经费，而且还有失败的风险。这就需要政府发挥宏观调控、财政支持等公共政策的激励、催化作用。在建设数字中国的过程中，还可能出现诸如窃取交易信息、篡改调配指令、数据泄露等违法犯罪活动，这就需要政府和相关职能部门按照积极利用、科学发展、依法管理、确保安全的思路，加快立法进程，完善依法治理措施。建设数字中国，需要在党的集中统一领导下，统一谋划、部署、推进。各级政府和相关职能部门是建设数字中国的政策引导和依法管理主体。

企业是建设数字中国的核心实施主体。企业市场感觉敏锐，创新需求敏感，创新愿望强烈，又同其他各类主体存在着最直接的联系，因而是这一同心圆中最关键的连接点。回顾历史，任何一次技术革命、产业革命，都是企业结合社会需要，将科学发现转化为技术研发成果，试验成功后再进行商业化生产、资本化运作、市场化扩散，最终形成产业化链条。把数字技术全面应用于中国特色社会主义各领域的建设，必须鼓励和支持企业成为研发、创新的主体，成为建设数字

中国的中坚力量。

学界与科研机构是建设数字中国的重要支撑主体。学界、科研机构不仅是培养建设数字中国所需各种人才的摇篮，而且是数字技术研发的主力军，直接参与数字知识的创造与传播、数字技术的创新与成果的市场转化。因此，必须高度重视并发挥学界与科研机构的支撑作用。

网民是建设数字中国的需求拉动主体、共创共建主体、成果共享主体。网民泛指使用互联网与数字技术成果的广大人民群众。网民多层次多样性的需要是建设数字中国的强大动力。正是人民群众对衣食住行、工作学习、社会交往、娱乐休闲的快捷便利需求，持续刺激着互联网与数字技术的推陈出新，以及大量网络服务商、数字企业如雨后春笋般地崛起。数字化时代，每个网民都离不开网络，是网上网下同心圆的重要一环，有义务共创共建清朗的网络空间。

二、注重基础研究，增强原始创新

迄今为止，我国网信领域的创新还缺乏原始创新，我们只有将创新重点更多地转移到原始创新上来，才能真正掌握核心技术。只有作出更多的原始创新才能在开源社区里增大话语权，许多场合无开源软件可用，原始创新就显得更为重要，随着我国科技人员和企业对开源社区的参与和投入不断加大，也将拥有越来越大的话语权甚至是主导权。

美国对中国的科技制裁都是找准我们的短板下手的，由于目前美国不断地加大对我国的制裁，使得凡是中国产业链上重要环节的短板都有可能被“卡脖子”，都需要尽快补齐。同时，我们也要发挥自己的长板优势，比如我国的5G是世界领先技术，新基建中大力推进5G建设，将扩大5G领先优势，并带动许多相关产业的发展，有力地支撑构建自主可控、安全可靠的国内生产供应体系，并提升相关产业质量，拉紧国际产业链对我国的依存关系，形成对外方人为断供的强有力反制和威慑能力。在当前百年未遇的大变革中，我们要走更高水平的自力更生之路，坚持科技自立自强，并作为国家发展的战略支撑，建设网络强国、数字中国，为实现中华民族伟大复兴的中国梦而努力奋斗！

三、加强对关键数据的安全保护，切实维护人民利益和国家安全

首先，要高度重视涉及国家利益的数据保护，健全互联网安全法律法规和制度标准，建立关键信息产业的保护体系。强化数据安全评估和审查力度，健全信息安全的监测预警、应急指挥、攻击溯源的相关机制，切实提高维护国家数据安全的能力，避免发生系统性风险。其次，要加大对个人隐私的数据保护力度，加快推进数据安全、个人信息保护等领域的基础性立法，强化数据资源全生命周期安全保护，维护广大人民群众利益。最后，要注重涉及商业秘密的数据保护，加大对技术专利、数字版权、数字内容产品等的数据产权保护力度，提高侵权代价和违法成本，维护社会稳定。完善数字经济的管理和规范体制，形成适应并支持数字经济长期稳定发展的制度环境。健全共享经济、平台经济、新个体经济等数字经济的管理规范，完善分类统一的交易制度、技术标准、数据规则，清理不合理的行政干预，支持数字企业创新发展，加快推进平台交易全覆盖，加快基础设施信息化智能化改造，推进信息基础设施统一规划建设，提高信息资源利用率，培育数字中国的国际竞争新优势。让数字经济、数字社会和数字政府在法治轨道上健康运行，是修复、优化良好数字生态的关键环节，因此要加快网络立法进程，依法依规加强互联网平台经济监管。加快完善垄断认定法律规范，打击垄断和不正当竞争行为，推动公共资源阳光交易，着力提高公共资源配置效率和公平性。

四、通过技术创新为数字经济发展持续赋能

目前，数字技术进步正在向智能化方向发展，这同信息已超过物质和能源成为最重要的社会生产对象这一发展趋势相吻合。在主要依靠物质的时期，科技驱动的是手工艺术；在主要依靠能源的时期，科

技驱动的是机械、电器；在主要依靠信息的时期，科技驱动的是智能。因此要紧紧抓住数字科技产业化这个生力军，培育先进的互联网产业、电信产业、软件及信息技术服务业、电子信息制造业，将数字科技产业化的能量发挥到最大。要在锻造数字科技生力军的基础上，以数字作为新的材料，以智能作为新的技术，以网络作为新的阵地，通过网络化、数字化和智能化，武装经济领域原有的大产业，形成数字经济的主力军。数字经济的高技术特性，要求我们将已有的科技优势武装到所有产业中，特别是制造业中。一要将高可靠、低时延、广覆盖、大连接的新一代移动通信技术与实体经济深度融合，形成高融合的数字经济技术体系；二要毫不放松地攻克数字智能科技短板，在AI芯片、智能传感器等比较薄弱的领域，特别是在高端芯片领域狠下功夫，摆脱对核心技术严重进口依赖；三要实现数字经济的高智力、高竞争、高速度，就要在核心关键要素上提升原始创新能力，占据创新高地，突破发展中的技术瓶颈，为数字经济的蓬勃发展持续赋能。越是强调科技创新，越要强调知识产权保护，要尊重科技工作者的付出和创造，保护他们的创造热情，持续的科技创新就是数字经济持续的动能。

五、打造具有国际竞争力的数字产业集群

21世纪初提出的信息化带动工业化，既造就了“中国制造”，又促进了数字技术创新。但目前来看，信息化带动下的工业化还未达到高附加值的程度，我们要用数字经济带动制造业发展，还要从人口多的发展中大国这一战略特征出发，着力提升数字经济对农业的积极影响。只有让工农业产值增长率借助数字科技达到高峰，才有可能将一、二产业中更多的从业者从烦琐的劳动中解放出来，将数字经济引向高质量发展。数字经济与实体经济的融合，既是创新，又是调整。

第一，融合要为实体经济输入智能技术。在已有机械化、自动化武装的制造业基础上，赋予其智能化，放大其价值。在数字经济与家电、纺织、电子等领域已有的融合基础上，加大与采矿、化工、有色

金属及燃气等行业的融合，尤其要深化与骨干制造业的融合。要凭借我国5G技术优势，以关键制造环节智能化为核心，以端到端数据流为基础，以网络互联为支撑，将智能技术贯穿于设计、生产、管理、服务等制造活动的各个环节。要有效缩短产品研制周期，降低资源能源消耗，降低运营成本，提高生产效率，提升产品质量。

第二，融合要激活实体经济活力。融合在于激活参与组合的数据要素，改变不同组合中各要素的分量，提高要素结构配置的灵活性，使企业组织作为要素配置的母体，摆脱地理、交通、人才、能源等传统要素的限制，要依托信息网络、平台应用和数据资源，利用各地各企业闲置的设备来组织生产，促进数据流通交易和数据红利全面释放，使产业生态更加健康和可持续。甚至可以组织各种要素和资源，赋能于经济社会落后地区、偏远山区，让不同区域实现普惠协调发展。

第三，融合要形成规模效应。在纵向上形成数字经济的不同产业链，横向上形成不同产业的规模集聚，推动先进制造业集群发展，构建各具特色、优势互补、结构合理的战略性新兴产业增长引擎，培育新技术、新产品、新业态、新模式。在以数字科技为基础的设施建设和全产业链布局基础上，实现产业全要素、全流程、全生命周期数字化转型与融合创新，从而构建数字驱动、智能主导的数字经济高融合生产体系。

第十五章　平安中国

党的十八大以来，习近平总书记就要求把平安中国建设置于中国特色社会主义事业发展全局中来谋划。他提出，要紧紧围绕“两个一百年”奋斗目标，把人民群众对平安中国建设的要求作为努力方向，坚持源头治理、系统治理、综合治理、依法治理，努力解决深层次问题，着力建设平安中国，确保人民安居乐业、社会安定有序、国家长治久安。

第一节　国家安全是民族复兴的根基

“平安是福”内含着中国人的处世方式与幸福追求。我国保持了近半个世纪的和平稳定，经济实力、科技实力、综合国力大大提升。我国创造经济快速发展和社会长期稳定两大奇迹的前提，是保持了国内稳定的发展环境。平安中国的提出是新时代背景下我国社会发展的内在要求。

一、平安中国的科学内涵

“平安”是一个开放式的、发展着的概念，随着时代的变化而发展，其内涵和外延会不断拓展，而更高水平的平安包含的内容也更加多样化，而且这些内容都是相互联系的，通常来说，“平安”就是生命和财产的安全。但总体上来看，我们面临着许多未知的不安全因素，建设更高水平的平安中国是新发展阶段的重要目标。

习近平同志早在部署建设“平安浙江”时就指出：“我们提出的‘平安’，不是仅指社会治安或安全生产的狭义的‘平安’，而是涵盖了经济、政治、文化和社会各方面宽领域、大范围、多层面的广义‘平安’。”[1]在新发展阶段，更高水平的平安既包括传统的、老的

---

① 习近平：《之江新语》，浙江人民出版社2007年版，第119页。

安全问题，也包括非传统的、新出现的安全问题，共同构成一个新老交织的复杂系统。更高水平就是能从全局的角度统筹好政治、经济、科技、文化、社会、生态、生物、资源、意识形态等多方面的安全，善于用相互联系的观念认识、处理每个方面的安全问题。更高水平的平安除了要求在量上要全面之外，更强调了质上的飞跃。以习近平同志为核心的党中央高屋建瓴，精准把握了时代和形势的新变化，将平安中国的内涵和外延进一步扩展，由传统意义上的生命财产安全扩展到涵盖了国家政治安全、经济安全、文化安全、社会安全、生态安全等的“大平安”，平安中国建设成为一个涵盖方方面面的综合系统工程。

二、建设平安中国迫在眉睫

随着时代的发展，安全的内涵也更为多样化，特别是非传统安全因素不断增加，在风云变幻的世界环境中实现高质量发展必然面临诸多隐患，人民对美好生活的追求也必然包括对更高层次安全感的追求，这就迫切要求我们党把平安中国建设提上议事日程。

第一，安全始终是人类社会发展的基本问题。无论国家还是个人，无论过去还是将来，安全始终都是人的生存和发展的基本问题。在原始社会，安全问题主要体现为战胜自然环境，以保证人类的存活。那时人们要搭建能够保障安全的房屋，制造锋利的武器以保护自身，由力量强大的男性外出捕猎，打击猛兽和异类的侵害以保护部落安全。随着生产力的发展和人口的增加，特别是随着人类生产和交往的扩大以及社会矛盾的不断尖锐化，产生了由不同阶级组成的国家。这时安全不仅是某个人或某一群体的安全，还表现为保障生命和财产的安全，更体现在保障经济、政治、文化、外交等多方面的安全，由此产生了专门保障安全的公共机构，使得人类的安全问题不断升级。随着经济全球化的发展，人类越来越成为一个命运相济的共同体，遇到了很多发展中要共同面对的安全问题，例如环境安全、公共卫生安全、生态安全、金融安全、信息平台与核心技术安全等问题。这些安全问题的破坏程度并不亚于战争给人类社会带来的破坏，而且这些非军事性质的非传统安全问题还会随着时代的发展变得越来越复杂。由此可见，不论人类社会发展到什么程度，安全都是一个基本问题。进入新时代，人们对美好生活的期待更高，建设更高水平的平安中国是保障更高水平、更高质量发展的必然选择。

第二，“两个大局”下不确定因素日益增多。党的十八大以来，我国综合国力迈上新台阶，脱贫攻坚取得举世瞩目的成果，生态环境明显改善，对外开放继续扩大且成果丰硕，人民生活水平显著提高。建成了规模庞大的社会保障体系，文化事业和文化产业繁荣发展，公共卫生体系不断完善，国防和军队建设水平大幅提升，国家安全全面加强，社会保持总体和谐稳定。这一切为我国经济社会的发展提供了相对稳定的安全保障。但我们也必须清醒地看到，当前和今后一个时期，我国发展仍然处于重要战略机遇期，但机遇和挑战都有新的发展变化。同时，国内进入高质量发展阶段，解决发展不平衡不充分的问题是这一阶段的主要任务。但我国在多个领域还存在一些短板，创新能力、生态环保、民生保障、社会治理等方面还存在弱项，特别是在“两个大局”下，不确定性和不稳定性因素明显增加，防范和化解重大风险的要求越来越高，实现高质量发展可能面临各种安全因素的干扰。尤其是新冠疫情暴发以来，国际形势波谲云诡，以美国为首的一些西方国家多次挑战我国的意识形态安全，宣扬逆全球化思潮，实行单边主义、保护主义、霸权主义，对世界和平与发展构成威胁。

第三，人民群众对安全感提出了更高要求。新时代，人们的生活空间不断延伸，生活方式不断变化，现实生活与虚拟生活水乳交融，人们对安全感的要求普遍提高且日益多样化，人们的安全需求也日益多样化，建设更高水平的平安中国是创造美好生活的必然选择。在生活领域，过去影响人们安全感的是“能不能吃上饭、能不能住上房、孩子能不能上学”等。而现在，人们的担忧变成了“能不能吃得营养健康、能不能住得宽敞舒适、孩子能不能接受更好的教育”等。人们对安全的诉求体现出全方位、多层次的特点，人们渴望更加和平稳定的经济社会发展环境、更多层次的社会保障体系、更充分更高质量的就业、更健全的社会主义民主法治、更完善的卫生健康体系、更高效的城市治理水平、更强大的社会治安防控体系、更安全的网络文化环境、更放心的食品药品、更优美的生态环境、更和谐的人际关系等。特别是新冠疫情暴发以来，人民对生命健康安全的诉求空前提升。满足人民对安全感的更高要求，就要坚持以人民为中心的发展思想，推进更高水平的平安中国建设。

第二节　贯彻总体国家安全观，建设更高水平的平安中国

安全是人类的本能欲望，我国人民一向以安心、安身为基本人生观。党和国家始终把人民群众生命和财产安全放在首位，特别是党的十九大以来，国家在政治安全、国土安全、军事安全、经济安全、文化安全、社会安全、科技安全、信息安全、生态安全、资源安全和核安全等方面采取了一系列行之有效的举措，人民群众的获得感、幸福感、安全感不断得到提升。党的十八大以来，习近平总书记于2013年、2015年多次作出重要批示，要求“全力推进平安中国建设”，“努力建设平安中国，保证中国特色社会主义事业在和谐稳定的社会环境中顺利推进”。2016年，习近平总书记进一步提出要继续加强和创新社会治理，完善中国特色社会主义社会治理体系，努力建设更高水平的平安中国，进一步增强人民群众安全感。2017年，习近平总书记在党的十九大报告中再次提出“建设平安中国”并就新时代平安中国建设的目标任务进行了深入阐述，强调维护社会和谐稳定，确保国家长治久安、人民安居乐业。党的十九届四中全会和十九届五中全会更加明确、更为深刻地提出“建设更高水平的平安中国”。“更高水平的平安中国”是以安全为核心的“大平安”，“平安”是以国家安全为基石的总体平安体系，包括政治安全、政权安全、制度安全、意识形态安全、经济安全、社会安全、生态安全、人民生命安全和人权安全等。

建设更高水平的平安中国，具有丰富的内涵：一是更高起点，谱写经济快速发展、社会长期稳定两大奇迹的新篇章，要加强顶层设计，提升平安中国建设的层次和质效；二是更广领域，突出“大平安”理念，统筹发展和安全，统筹内部安全和外部安全，统筹传统安全和非传统安全；三是更富实效，既要更快更好解决突出问题，又要更有力更有效地从源头上进行预防，提升防范化解各类风险的能力水平；四是更可持续，实现从被动维稳向主动创稳、从静态平安向动态平安、从一时平安向长治久安的转变；五是更加满意，紧扣人民群众对平安建设的关切和感受，在共建共治共享中不断提升人民群众的获得感、幸福感、安全感。实现《中共中央关于制定国民经济和社会发展第十四个五年规划和二〇三五年远景目标的建议》提出的“十四五”时期建设更高水平的平安中国的目标任务和到2035年的远景目标，坚持系统思维、目标导向，突出制度机制和体系能力建设，对建设更高水平的平安中国作出了部署安排，即平安中国建设达到更高水平。

一、加强国家安全体系和能力建设

坚持以总体国家安全观为统领，统筹推进各领域国家安全工作，走中国特色国家安全道路。一是健全国家安全制度体系。完善集中统一、高效权威的国家安全领导体制，健全国家安全法治体系、战略体系、政策体系、人才体系和运行机制。健全国家安全审查和监管制度，加强国家安全执法，确保国家安全工作落到实处。二是坚定维护政治安全。政治安全是国家安全的根本，关乎政权稳固、国运昌盛，是不可动摇的底线。要坚定维护国家政权安全、制度安全、意识形态安全，全面加强网络安全保障体系和能力建设，严密防范和严厉打击敌对势力渗透、破坏、颠覆、分裂活动，构筑维护国家安全的铜墙铁壁。三是巩固国家安全人民防线。维护国家安全是全社会的责任。要加强国家安全宣传教育，增强全民国家安全意识，夯实国家安全的群众基础。

二、确保国家经济安全

经济安全是国家总体安全的基础。我们要加强经济安全风险预警、防控机制和能力建设，确保安全发展。一是维护产业链供应链安全。发挥法治固根本、稳预期、利长远功能，实施产业竞争力调查和评价工程，促进产业链与供应链、创新链、资金链、政策链深度融合，着力提升产业基础能力和产业链水平，增强产业体系抗冲击能力。二是确保重要行业和关键领域安全。确保粮食安全，把中国人的饭碗牢牢端在自己手中。维护水利、电力、供水、油气、交通、通信、网络、金融等重要基础设施安全。保障能源和战略性矿产资源安全，提高水资源集约安全利用水平，保障经济社会发展所需的资源能源持续、可靠和有效供给。维护金融安全，健全金融宏观审慎管理和金融风险防范、处置机制，守住不发生系统性风险底线。确保生态安全，加强核安全监管，维护新型领域安全。三是构建海外利益保护和风险预警防范体系。主动适应我国深入参与全球治理、海外利益不断拓展的新形势，构建彰显影响力、突出行动力、具有塑造力的海外安全保护体系，健全风险预警防范机制，保障海外中国公民、组织和机构的安全和正当权益。

三、保障人民生命安全

民心是最大的政治，民安是最大的责任。我们要把保护人民生命安全摆在首位，全面提高公共安全保障能力。一是完善和落实安全生产责任制。加快建立健全安全生产责任和管理制度体系、隐患排查治理和风险防控体系，强化企业主体责任落实，织密织牢安全生产的防护网、责任网，有效遏制危险化学品、矿山、建筑施工、交通等重特大安全事故。二是强化卫生健康保障。加快构建国家生物安全法律法规体系、制度保障体系，全面提高国家生物安全治理能力。坚持最严谨的标准、最严格的监管、最严厉的处罚、最严肃的问责，提高食品药品等关系人民健康产品和服务的安全保障水平。三是提高灾害防范应对能力。建立高效科学的自然灾害防治体系，提升洪涝干旱、森林草原火灾、地质灾害、地震等自然灾害防御工程标准，加快江河控制性工程建设，加快病险水库除险加固，全面推进堤防和蓄滞洪区建设，有效减轻灾害风险。完善国家应急管理体系，加强应急物资保障体系建设，提升应急处置效能。

四、维护社会稳定和安全

社会稳定和安全，是改革发展的重要保障。要加强和创新社会治理、保持社会和谐稳定、不断夯实长治久安的基础。一是正确处理新形势下人民内部矛盾。坚持和发展新时代“枫桥经验”，畅通和规范群众诉求表达、利益协调、权益保障通道，构建源头防控、排查梳理、纠纷化解、应急处置的社会矛盾综合治理机制。推进信访工作法治化、信息化、科学化，推行领导干部特别是市、县领导干部下基层接访制度。完善人民调解、行政调解、司法调解等各类调解联动工作体系，以多元的方式方法化解矛盾纠纷。二是健全社会心理服务体系和危机干预机制。有针对性地加强对重点人群帮扶救助、心理疏导、法律援助，最大限度消解社会戾气，培育自尊自信、理性平和、积极向上的社会心态，严防发生个人极端案事件。三是加强社会治安防控体系建设。坚持立体化、法治化、专业化、智能化方向，打造城乡统筹、网上网下融合、人防物防技防结合、打防管控一体的社会治安防控新格局。深入总结疫情防控中联防联控、群防群治的经验，坚持专群结合，创新完善依靠群众、发动群众的制度机制。打好扫黑除恶专项斗争决胜战，建立健全常态化扫黑除恶工作机制，推动严打暴恐常态化，健全对新型网络犯罪和跨国犯罪打击整治机制。[1]

第三节　扎实推进平安中国建设

建设更高水平的平安中国，最终落脚点在于更有效地应对重大风

---

① 参见《中华人民共和国国民经济和社会发展第十四个五年规划和2035年远景目标纲要》，人民出版社2021年版。

险、解决突出问题，确保人民安居乐业、社会安定有序、国家长治久安，必须注重从多角度完善平安中国建设的措施，推进平安中国建设的稳步发展。

一、必须始终坚持党总揽全局、协调各方

中国共产党领导是中国特色社会主义最本质的特征，是中国特色社会主义制度的最大优势。只有坚持党的全面领导，社会治理才有方向、有章法、有力量。习近平总书记多次强调："必须坚持党政军民学、东西南北中，党是领导一切的，坚决维护党中央权威，健全总揽全局、协调各方的党的领导制度体系，把党的领导落实到国家治理各领域各方面各环节。"[①]建设平安中国的核心是坚持党的全面领导。党委所发挥的领导核心和政治保障作用，是社会、市场等其他主体无法替代的。必须坚持党对社会治理的全面领导，坚持党总揽全局、协调各方，横向构筑共治同心圆，纵向打造善治指挥链条，切实增强社会治理的向心力和凝聚力，确保社会治理始终沿着正确方向前进。必须始终坚持把党的领导贯穿到社会治理的各方面、全过程，坚持党委领导、政府负责，压紧压实属地责任，协调动员行业部门和社会力量，实现资源整合、力量融合、功能聚合、手段综合，不断加强和创新社会治理，完善各方参与治理的制度保障，积极构筑共建共治共享的工作格局，共同建设平安中国。必须始终坚持把党的领导优势转化为社会治理效能。要充分发挥党的理论优势、政治优势、制度优势、密切联系群众优势，坚持以人民为中心，树立开放融合的现代思维，充分运用民主协商的方式，调动社会参与积极性，善于在不同意见中求同、在不同利益诉求中权衡，凝聚社会治理的最大共识，形成社会治理的最大合力。必须始终坚持党建引领与基层社会治理相融合。基层党组织是党领导基层治理的坚强战斗堡垒，要充分发挥基层党组织联系群众、动员群众、服务群众的独特优势，以基层党建为纽带，推动

---

① 《习近平著作选读》第二卷，人民出版社2023年版，第284页。

党政部门、事业单位与其他企业、行业、社会团体党建的互联互动，推动党组织拓展到每个平安建设工作单元，以党建引领各方面参与，以党建覆盖推动措施落地，形成基层党建和社会治理互促互进的良好局面。

二、形成自治法治德治智治相结合的治理格局

首先，发挥自治的基础作用。基层群众自治制度作为一项基本政治制度，是人民当家作主最直接的形式，是最广泛的民主实践，能够有效夯实基层治理根基。“要完善基层群众自治机制，调动城乡群众、企事业单位、社会组织自主自治的积极性，打造人人有责、人人尽责的社会治理共同体。”① 坚持群众自治就是让群众参与到与其切身利益密切相关的事务中来，能够直接表达自己的利益诉求，保护自己的合法权益，做到民事民议、民事民办、民事民管。必须把坚持和发展新时代“枫桥经验”作为主抓手，充分尊重群众自治、充分发动群众自治，促进群众在城乡社区治理、基层公共事务和公益事业中依法自我管理、自我服务、自我教育、自我监督，努力推动政府治理和社会调节、群众自治良性互动、平安建设各项工作良性循环。

其次，发挥法治的保障作用。在社会治理的理论和实践中，强化法治的规范和保障作用是始终贯穿其中的治理方式。法治所具有的固根本、稳预期、利长远的作用，能够有效疏通利益诉求表达渠道、公平化解社会矛盾、协调处理各种利益关系，推动实现社会治理现代化。善于运用法治思维和法治方式提升社会治理法治化水平，用法治去引导规范社会力量依法有序理性参与社会治理，最大限度凸显制度优势、发挥治理效能、实现社会善治，有效应对重大挑战、抵御重大风险、克服重大阻力、解决重大矛盾。

再次，发挥德治的教化作用。道德能够在潜移默化中教育引导人民群众，增强他们参与治理的思想自觉和行动自觉。道德具有极强的

① 《习近平著作选读》第二卷，人民出版社2023年版，第242页。

渗透性和持久性，能够在无形中影响有形的现实，在实践中转化为物质力量，从根本上教化人心，深刻影响和重塑人们的价值观念和行动逻辑，增强人们参与治理的自觉性和责任感。因此，要教育引导人们明大德、守公德、严私德，为高效能社会治理凝聚广泛的社会共识、提供强大的精神力量。在社会治理的理论和实践中，要把注重发挥德治的教化作用作为贯穿其中的价值取向。习近平总书记强调，“要在实行自治和法治的同时，注重发挥好德治的作用，推动礼仪之邦、优秀传统文化和法治社会建设相辅相成”①。要以中国共产党人的精神谱系来引领，以中华优秀传统文化来滋养，以道德模范先进典型来示范。

最后，发挥智治的支撑作用。在社会治理过程中，谁能够率先形成与数字化时代相适应的治理方式，谁就能够牢牢掌握主动权。习近平总书记多次指出：“要运用大数据提升国家治理现代化水平。要建立健全大数据辅助科学决策和社会治理的机制，推进政府管理和社会治理模式创新，实现政府决策科学化、社会治理精准化、公共服务高效化。”②因此，要主动适应全新的数字文明时代，持续深化数字化改革，打牢夯实支撑治理高效运转的网络化、信息化、智能化底座，善于运用数字化技术、数字化思维、数字化认知整合社会力量，不断让治理更加聪明、更加智慧、更加精细，最终实现整体智治、高效协同。

三、不断健全社会治理体系

党的十八大进一步提出，加快形成党委领导、政府负责、社会协同、公众参与、法治保障的社会管理体制。党的十九大将社会管理体制调整为社会治理体制。党的十九届四中全会再次深化对社会治理体制的认识，提出“完善党委领导、政府负责、民主协商、社会

① 《习近平谈治国理政》第三卷，外文出版社2020年版，第260页。

② 中共中央党史和文献研究院编：《习近平关于网络强国论述摘编》，中央文献出版社2021年版，第134页。

协同、公众参与、法治保障、科技支撑的社会治理体系”。党的二十大报告指出：“健全共建共治共享的社会治理制度，提升社会治理效能。”“建设人人有责、人人尽责、人人享有的社会治理共同体。”[①]从社会管理到社会治理，从社会管理格局到社会管理体制，从社会管理体制到社会治理体制，从社会治理体制到社会治理体系，从党委领导、政府负责、社会协同、公众参与，到增加“法治保障”，再到增加“民主协商、科技支撑”，反映了党领导人民不断探索实践、不断总结经验并将其上升为理论和政策的生动过程。民主协商，是中国特色社会主义民主政治创新在社会治理领域的运用。协商民主是一项基本政治制度，其实质是有事要商量、有事多商量、有事好商量。我国现阶段有政党协商、人大协商、政府协商、政协协商、人民团体协商、基层协商和社会组织协商七种形式，其中基层协商和社会组织协商在听取基层群众意见、预防和化解社会矛盾，妥善解决社会问题、促进基层社会和谐稳定方面的意义更加直接、更加突出。科技支撑，就是要善于运用现代科技手段，特别是现代信息技术，提高社会治理的智能化水平。民主协商和科技支撑是近年来我国社会治理理念和手段创新的重要成果。

---

① 习近平：《高举中国特色社会主义伟大旗帜 为全面建设社会主义现代化国家而团结奋斗——在中国共产党第二十次全国代表大会上的报告》，人民出版社2022年版，第54页。

第十六章　美丽中国

美丽中国是本世纪中叶建成社会主义现代化强国的目标之一，是走向社会主义生态文明的奋斗目标。美丽中国的建成将会使中国人民的生态环境与发展环境更加美丽、干净。

第一节　中国式现代化的内在要求

美丽中国是中国式现代化的内在要求，是社会主要矛盾转变后人民群众需求不断变化的必然选择。通过加快构建生态文明体系，确保到2035年，生态环境质量实现根本好转，美丽中国目标基本实现。

一、美丽中国的内涵

美丽中国，不仅是一种绿水青山的自然生态环境，更是包含着可持续、绿色发展以及人民对美好生态环境的一种追求。建设美丽中国的主要内涵，就是要打造绿水青山的生态环境，让人民群众在绿水青山中共享自然之美、生命之美、生活之美。

营造绿水青山的优美自然环境。建设美丽中国，最基本的就是要营造出绿水青山的环境，改变环境污染的状况，修复被破坏的生态。绿水青山是对美好自然环境的概括，自然之美能让人们拥有一个清新空气、清澈水质、清洁环境的生产生活空间，一个山清、水秀、天蓝、地绿的生态家园。习近平总书记指出，“要把生态环境保护放在更加突出位置，像保护眼睛一样保护生态环境，像对待生命一样对待生态环境”[①]。共享自然之美，就是人们能够呼吸清新的空气，生活在干净整洁的环境中，喝上干净放心的水，吃上天然无污染的生态食品，享受绿水青山的怡人风光，等等。

---

① 中共中央文献研究室编：《习近平关于全面建成小康社会论述摘编》，中央文献出版社2016年版，第176页。

人与自然是生命共同体。人与自然是生命共同体的理念的核心是要牢固树立尊重自然、顺应自然、保护自然的生态文明理念，树立绿水青山就是金山银山的理念，坚持人与自然和谐共生。人类的发展历史充分证明，人是在自然界的长期发展中孕育而来的，人类应当与自然和谐相处，在改造和利用自然的过程中必须尊重自然规律，否则就会走弯路、错路，遭受自然规律的惩罚。人类必须尊重自然规律，认清人与自然是一个共生共荣、息息相关的生命共同体，决不能以牺牲环境和资源为代价换取一时的经济增长。

让人民群众共享生活之美。习近平总书记强调，“绿水青山是人民幸福生活的重要内容”[①]“环境就是民生，青山就是美丽，蓝天也是幸福”[②]，美丽中国建设的出发点和落脚点就是满足人民群众的美好生活需要，为了人民群众能够生活在干净、优美的自然生态环境之中，满足人民群众对美好自然的需求，享受蓝天、绿水、草地所带来的惬意，实现一种人、生存环境、自然和谐共生的美好状态，在这种状态下，实现更加美好的生产、生活。美丽中国建设，就是让人民生活在一个美丽、清洁、安全、舒适的环境之中，不断提高人民生活质量、生态幸福指数。

二、建设美丽中国的现实性

工业文明在给人类带来社会财富积累的同时，也给人类生存及社会发展带来了环境污染问题和生态危机问题，威胁着人类生存的地球环境和可持续发展。建设美丽中国不仅是基于全球化的现实困境，更是基于中国式现代化发展的实际需要。

从国际看，在全球化的今天，与经济发展相伴的则是对资源的过度依赖，过度开发所导致的资源枯竭、环境污染问题严峻，全球温室

---

① 中共中央文献研究室编：《习近平关于社会主义生态文明建设论述摘编》，中央文献出版社2017年版，第4页。

② 中共中央文献研究室编：《习近平关于社会主义生态文明建设论述摘编》，中央文献出版社2017年版，第8页。

效应尤为突出，生物多样性锐减甚至有些物种濒临灭绝，区域性生态环境问题演变为全球性的复杂问题。这一系列的问题带来了极大的生态环境压力，产生了严重的生态危机，给世界各国敲响了环境危机的警钟。为解决这一问题，一些国家开始注重把握发展机遇，加强环境保护，积极谋划可持续发展和绿色发展，积极促进经济转型，抢占世界绿色发展高地。2009年，英国政府连续出台《低碳转换计划》《可再生能源战略》等国家战略文件，全面系统地发布了自己的绿色新政。美国、德国、日本、韩国等国家通过制定多种政策积极推动绿色发展。一些相对落后的亚非拉发展中国家也利用本国自然资源优势，实施了一系列有利于生态环境保护的政策。2012年6月召开的联合国可持续发展大会、2013年11月召开的联合国气候变化大会、2014年12月召开的联合国气候变化大会、2015年9月召开的联合国可持续发展峰会、2015年11月召开的联合国气候变化大会、2016年11月召开的联合国气候变化大会都为积极应对全球气候变化采取了相应行动。2017年11月，《联合国气候变化框架公约》第23次缔约方大会在德国波恩拉开帷幕，参与本届气候大会的国际社会代表纷纷呼吁加快落实《巴黎协定》规定的各项任务，呼吁世界各国携手应对全球气候变化。可见，绿色发展和可持续发展已经在世界范围内广泛开展，成为国际大趋势。中国作为世界最大的发展中国家，积极参与全球治理，呼吁“各国人民同心协力，构建人类命运共同体，建设持久和平、普遍安全、共同繁荣、开放包容、清洁美丽的世界”①。同时，加快生态文明体制改革、建设美丽中国，是我国面对对接国际、打造大国形象、提升国际影响力的正确抉择。2013年7月，习近平总书记在致生态文明贵阳国际论坛2013年年会的贺信中指出：“保护生态环境，应对气候变化，维护能源资源安全，是全球面临的共同挑战。中国将继续承担应尽的国际义务，同世界各国深入开展生态文明领域的交流合作，推动成果分享，携手共建生态良好的地球美好

① 《习近平谈治国理政》第三卷，外文出版社2020年版，第46页。

家园。”[①]

从国内看，我国40多年的发展给生态环境带来了巨大的压力。习近平总书记指出：“从目前情况看，资源约束趋紧、环境污染严重、生态系统退化的形势依然十分严峻。”[②]因此，环境问题已经成为我们必须下大力气解决的难题。“要清醒认识保护生态环境、治理环境污染的紧迫性和艰巨性，清醒认识加强生态文明建设的重要性和必要性。”[③]2015年，习近平总书记在美国纽约联合国总部举行的第70届联合国大会一般性辩论时的讲话中指出：“建设生态文明关乎人类未来。国际社会应该携手同行，共谋全球生态文明建设之路，牢固树立尊重自然、顺应自然、保护自然的意识，坚持走绿色、低碳、循环、可持续发展之路。”[④]习近平总书记关于共谋全球生态文明建设、努力建设美丽中国的论述，顺应了世界从传统工业文明向生态文明转型的国际大趋势，顺应了实施可持续发展和绿色发展战略的时代浪潮，树立了我国新型生态大国的良好国际形象，强化了我国在世界环境事务中的公信力、号召力和影响力，肩负起了与我国国际地位相适应的责任和担当。建设美丽中国的重要论述正是为解决我国经济发展和环境保护的现实矛盾、破解我国发展过程中出现的实际环境问题而作出的，具有很强的现实针对性。

第二节　美丽中国建设的成就及问题

党的十八大以来，我国走出了一条生产发展、生活富裕、生态良好的文明发展道路，美丽中国建设迈出重大步伐。在这个过程中，中国的发展更加注重质量，特别是在经济发展与生态环境保护上提出了

① 中共中央文献研究室编：《习近平关于社会主义生态文明建设论述摘编》，中央文献出版社2017年版，第127页。

② 中共中央文献研究室编：《习近平关于社会主义生态文明建设论述摘编》，中央文献出版社2017年版，第7页。

③ 《习近平谈治国理政》第一卷，外文出版社2018年版，第208页。

④ 《习近平谈治国理政》第二卷，外文出版社2017年版，第525页。

进一步的要求。从思想引领来看，习近平总书记站在中华民族永续发展的高度，大力推动生态文明理论创新、实践创新和制度创新，创造性提出了一系列新理念新思想新战略，形成了习近平生态文明思想，为生态文明建设提供了根本遵循和行动指南。

从战略部署来看，我们把“美丽中国”纳入社会主义现代化强国目标，把“生态文明建设”纳入“五位一体”总体布局，把“人与自然和谐共生”纳入新时代坚持和发展中国特色社会主义基本方略，把“绿色”纳入新发展理念，把“污染防治”纳入三大攻坚战。生态文明建设的谋篇布局更加完善、更加系统，也更加成熟。从改革举措来看，我国改革生态环境和自然资源的管理体制，建立和实施了中央生态环境保护督察、生态文明目标评价考核和责任追究、河湖长制、生态保护红线、排污许可、生态环境损害赔偿等一系列制度。这10年间，制定修订了30余部相关法律法规，越织越密的制度体系为生态文明建设提供了强有力的保障。

从生态环境质量来看，2021年全国地级及以上城市PM2.5平均浓度比2015年下降了34.8%，全国地表水Ⅰ—Ⅲ类断面比例达到了84.9%。土壤污染风险得到有效管控，实施禁止洋垃圾入境，实现了固体废物“零进口”的目标。另外，自然保护地面积占全国陆域国土面积的18%，300多种珍稀濒危野生动植物野外种群得到了很好恢复。人与自然和谐共生的美景生动展现。从绿色低碳来看，这10年，全国单位GDP二氧化碳排放量下降了34.4%，煤炭在一次能源消费中的占比从68.5%下降到了56%。可再生能源开发利用规模、新能源汽车产销量都稳居世界第一。我国上线了全球最大的碳排放权交易市场，绿色越来越成为高质量发展的底色。

从国际影响来看，我国为推动应对气候变化《巴黎协定》的达成、签署、生效和实施，作出历史性贡献。我国宣布二氧化碳排放力争于2030年前达到峰值，努力争取2060年前实现碳中和。在昆明召开的联合国《生物多样性公约》第15次缔约方大会第一阶段会议，发布了《昆明宣言》，积极推动绿色“一带一路”建设。中国已经成为全球生态文明建设的重要参与者、贡献者和引领者。

一、美丽中国建设面临的问题

美丽中国建设已经成为我国建设社会主义现代化强国的重要战略目标，是一个包含了自然环境、生产方式、生产关系与人的心灵的多维度思想体系。当前，面对复杂的国内外形势，美丽中国建设在取得一定成就的同时也面临着严峻的挑战。随着环境治理力度的加大，中国环境问题有所改善，但整体仍不乐观，美丽中国建设仍任重道远。

第一，生态环保意识比较淡薄。企业作为生态环境治理过程中重要的一环，一方面需要开采资源、利用资源；另一方面需要合理排放废弃物。但是我国企业在推进绿色发展方面仍处于初步探索和起步阶段，一些企业尚未对绿色发展有深入的认识，缺乏推进绿色发展的积极性和主动性。部分企业只关注经济效益，而忽视生态效益，加上工艺水平低下，环保设备不达标，造成资源严重浪费，乱排乱放导致污染。公民环保意识相对滞后，造成污染严重。随着社会的不断进步与发展，人们的生活水平不断提高，但是人们对待生态环境的态度相对滞后，许多人出现了奢侈消费、不可持续消费、肆意污染的行为。以一次性餐具为例，2017年中国人外卖消费额达2045.6亿元，按照一人使用一个餐盒计算，中国人每天使用的餐盒可以堆出330座珠穆朗玛峰的高度。所以，公民的环保意识对生态环境的治理和美丽中国的建设具有重要的作用。但由于经济发展水平的制约、生态宣传教育的不足以及公民生态环保参与机制的不健全等原因，公民对于生态问题的关注度较低；由于公民个人的年龄、受教育程度和居住环境等诸多因素的影响，其生态环保观念呈现出参差不齐的特点，总体来看，公民生态文明意识比较薄弱。这主要体现在：一是公民的生态文明知识相对匮乏。通过媒体宣传，人们对于大气污染、水污染和土地流失等生态问题都有一定的了解，但是对酸雨、雾霾等生活中常见的环境污染问题的成因与防治措施却知之甚少。二是公民的环保责任感不足。人们潜意识里认为环境的治理是环保部门的职责，与自身无太大关系，因此很少关注与个人利益无直接关系的环境问题。三是公民环保活动参与不足。2018年《公民环保行为调查报告》显示，仅有24.48%的公民近半年主动参加环保志愿活动，33.39%的公民鼓励过身边人实施环保行为，40.29%的公民近半年有过旧物重复利用的行为。可见，人们的低碳生活观念还有待增强。

第二，经济发展与环境保护之间矛盾突出。当前，一方面，经济建设取得了巨大成就，经济发展进入新常态；另一方面，伴随着经济的高速增长，我国的自然环境压力也在持续攀升，生态问题日益突出。随着工业化水平的提高和城市化进程的加快，更多的人口拥入城镇，城市的建筑密度加大，形成“热岛效应”；私家车数量和大型工厂的数量日渐增多，致使噪声污染加重，汽车尾气和工厂废气排放量大大增加，进而使得全国大多城市都受到雾霾的困扰。此外，水体污染、乱砍滥伐以及化肥农药的过度使用，造成土地肥力下降。人类过于追求经济效益而忽视环境保护，加剧了经济发展与环境保护之间的矛盾，破坏了人与自然的和谐。

第三，生态环境保护机制滞后。完备合理的生态环境保护体系能够为美丽中国建设提供强有力的制度保障。而当前，我国环境保护机制在运行过程中却在多个环节出现了问题。首先，环境立法方面存在一定的缺陷。我国的环境法多为单行法，各环境法律之间缺乏协调；在立法上偏向于防治环境污染，而对于生态保护和生态文明等内容有所忽视。其次，环境监管效率低下。由于监管主体和职能上的过度分散，使得环境管理体制缺乏较为系统性的调节作用，继而造成生态环境监管的难度增大。最后，生态文明评价指标体系的构建面临一定的困难。由于我国环境问题的区域差异明显，对于各地区环境要素的量化与比较，以及人口、资源、经济等各项评价指标的测量存在着一定的技术与方法方面的困难。

第四，资源浪费与环境污染现象严重。实质上，我国的资源分配特点是：资源总量大，人均资源占有量低。以水资源为例，据2023年的统计，中国人均水资源量只有2100立方米，仅为世界人均水平的28%。目前，全国城市中有约2/3缺水，约1/4严重缺水。人均资源占有量低会给我国的生态环境带来危害，因为基本的资源需求无法得到满足，导致了人们更加疯狂地向自然索取。过度开采资源，致使生态环境破坏更为严重。长期以来，我国传统的经济发展模式以经济效益为先，高投入、高能耗、低产出，以牺牲环境为代价获取经济增长。在我国经济重型化的道路上，传统的经济发展模式越走越远，导致我国的生态环境遭到破坏，生态环境恶化引发能源短缺问题。在过去较长时间里，一些地方过度追求增长，不惜牺牲生态环境、人民健康等长远利益，这种粗放落后的经济增长模式带来的问题，就是资源的严重浪费和环境的污染。

中国近年来环境污染日益严重，个别地方政府片面追求经济指标、政绩工程，将经济增长与经济发展等同，由此带来水资源浪费、大气污染、优质土壤面积减少、能源结构不合理等一系列问题。环境污染在对生态系统造成严重冲击的同时，侵扰人们的正常生活，延缓经济的发展。人类社会当前面临的许多疾病，都与环境有关。近年来，一些重大污染事故频发，严重危害人们的身心健康，不仅影响了经济建设，而且带来生态问题和社会问题。

二、美丽中国的主要任务

尊重自然、顺应自然、保护自然，是全面建设社会主义现代化国家的内在要求。要推进美丽中国建设，我们必须坚持山水林田湖草沙一体化保护和系统治理，统筹产业结构调整、污染治理、生态保护、应对气候变化，协同推进降碳、减污、扩绿、增长，推进生态优先、节约集约、绿色低碳发展。

第一，加快发展方式绿色转型。推动经济社会发展绿色化、低碳化是实现高质量发展的关键环节。加快推动产业结构、能源结构、交通运输结构等调整优化。实施全面节约战略，推进各类资源节约集约利用，加快构建废弃物循环利用体系。完善支持绿色发展的财税、金融、投资、价格政策和标准体系，发展绿色低碳产业，健全资源环境要素市场化配置体系，加快节能降碳先进技术研发和推广应用，倡导绿色消费，推动形成绿色低碳的生产方式和生活方式。

第二，深入推进环境污染防治。坚持精准治污、科学治污、依法治污，持续深入打好蓝天、碧水、净土保卫战。加强污染物协同控制，基本消除重污染天气。统筹水资源、水环境、水生态治理，推动重要江河湖库生态保护治理，基本消除城市黑臭水体。加强土壤污染源头防控，开展新污染物治理。提升环境基础设施建设水平，推进城乡人居环境整治。全面实行排污许可制，健全现代环境治理体系。严密防控环境风险，深入推进中央生态环境保护督察。

第三，提升生态系统多样性、稳定性、持续性。以国家重点生态功能区、生态保护红线、自然保护地等为重点，加快实施重要生态系统保护和修复重大工程。推进以国家公园为主体的自然保护地体系建设。实施生物多样性保护重大工程。科学开展大规模国土绿化行动。深化集体林权制度改革。推行草原森林河流湖泊湿地休养生息，实施好长江十年禁渔，健全耕地休耕轮作制度。建立生态产品价值实现机制，完善生态保护补偿制度。加强生物安全管理，防治外来物种侵害。

第四，积极稳妥推进碳达峰碳中和。实现碳达峰碳中和是一场广泛而深刻的经济社会系统性变革。立足我国能源资源禀赋，坚持先立后破，有计划分步骤实施碳达峰行动。完善能源消耗总量和强度调控，重点控制化石能源消费，逐步转向碳排放总量和强度“双控”制度。推动能源清洁低碳高效利用，推进工业、建筑、交通等领域清洁低碳转型。深入推进能源革命，加强煤炭清洁高效利用，加大油气资源勘探开发和增储上产力度，加快规划建设新型能源体系，统筹水电开发和生态保护，积极安全有序发展核电，加强能源产供储销体系建设，确保能源安全。完善碳排放统计核算制度，健全碳排放权市场交易制度。提升生态系统碳汇能力。积极参与应对气候变化全球治理。①

第三节　建设美丽中国的必然路径

美丽中国建设，是一项复杂的系统性工程，需要从多个角度推进。习近平总书记强调，像保护自己的眼睛一样保护生态环境，像对待生命一样对待生态环境。因为生态环境是没有替代品的，是独一无二的。

一、加强生态文明宣传教育

建设美丽中国的关键在于加强生态文明宣传教育，让生态文明宣传教育融入生活的方方面面，润物细无声地促使人们自觉保护环境。在日常生活中将绿色观念转变为绿色行动，把绿色发展理念内化于心，外化于行。在家庭层面，父母要树立榜样，以身作则，帮助孩子养成节约用水用电、不乱扔垃圾等良好习惯，使孩子在优良家风熏陶下形成科学的生态环保观念。在学校层面，应增设与生态文化相关的教学内容，要经常开展学术讲座，组织学生社团定期开展环保公益活动；通过校园宣传栏、网站、广播等途径倡导师生节约资源，绿色出行。在社会层面，要利用互联网、手机等媒介，通过微信公众号和微博平台向公众推广生态知识，进行舆论宣传，鼓励人们参与低碳生活、绿色消费。积极进行生态文明宣传教育，还可以创造关于生态文明建设的文化产品，将美丽中国建设、绿色发展建设融入影视作品当中，以达到更好的宣传效果。

二、完善生态法律法规与制度建设

在美丽中国建设过程中势必会遇到很多的阻碍和困难。因此，建设美丽中国就是要在新的历史条件下不断建章立制，用最严格的制

① 参见习近平：《高举中国特色社会主义伟大旗帜　为全面建设社会主义现代化国家而团结奋斗——在中国共产党第二十次全国代表大会上的报告》，人民出版社2022年版，第50—52页。

度、最严密的法治保驾护航。习近平总书记指出："我国生态环境保护中存在的突出问题大多同体制不健全、制度不严格、法治不严密、执行不到位、惩处不得力有关。"[①]"保护生态环境必须依靠制度、依靠法治。只有实行最严格的制度、最严密的法治，才能为生态文明建设提供可靠保障。"[②]美丽中国建设目标的实现，应建立健全各项生态保护制度，及时规范环境行为，使美丽中国建设有法可依、有法能依。一是要改革生态环境监管制度。《党政领导干部生态环境损害责任追究办法（试行）》《生态环境损害赔偿制度改革试点方案》《生态文明建设目标评价考核办法》《领导干部自然资源资产离任审计规定（试行）》《生态环境损害赔偿管理规定》等文件的出台充分体现了党和国家搞好环境治理的决心和信心。二是要建立责任追究制度。在美丽中国建设过程中，有懒政、不作为、慢作为的行为要追责，建立领导干部离任审计，并制定责任终身追究制。三是要完善考评体系。建立、健全生态考评体系，才能让执行有准确的方向和保障，才能最大限度地调动参与者的积极性，实现最优化的效果。结合美丽中国建设的发展规划，科学制定考量办法，在考核指标、内容、方法、奖惩措施等方面逐步完善，推动经济和生态效益在平衡中协调发展、综合提升。同时，狠抓一批反面典型，释放出严加惩处的强烈信号，尤其是要严格用制度管权治吏，抓住领导干部这个"关键少数"，使制度的刚性和权威牢固树立起来。

三、以美丽文化培养美丽新人

文化对人的影响是在潜移默化中引导人形成积极健康的思想，规范人的行为。爱美是人的本性，但这种本性需要提升和完善。这就要依靠正确的美丽观念和以它为基础形成的美丽人生观、美丽幸福观的指导，使人们能够识别美丑，从而热爱、追求真正的、高雅

---

① 《习近平谈治国理政》第三卷，外文出版社2020年版，第363页。

② 中共中央文献研究室编：《习近平关于社会主义生态文明建设论述摘编》，中央文献出版社2017年版，第99页。

的美，并且自觉地按照美丽生成、发展的规律去追求美、创造美。美丽文化将使个人乃至民族、国家在追求生存价值、幸福快乐的进程中，降低盲目性，提高自觉性，极大地减少人们追求、实现人生价值与幸福的失误，减小其代价。首先，培育绿色文化，营造美丽中国建设的浓厚氛围。要加强生态宣传，打破传统，充分利用起政府、学校、社区、部队、大众传媒以及网络等培育与宣传途径，将其与社会主义核心价值观建设融合，在全社会形成一种绿色文化。其次，要通过各种激励机制鼓励各类社会主体创作更多优秀的大众化的绿色文化产品，这种绿色文化产品既包含精神产品，也包含物质产品。这些产品都是美丽中国建设思想的载体，美丽中国建设理念要为人所知，并外化为人们的自觉行动，就必须借助这些人们喜闻乐见的文化产品。

四、携手国际社会共建美好世界

中国生态文明建设的突出成就离不开广泛的国际参与。习近平总书记强调，生态环境问题是人类需要共同面对的全球性问题，建设绿色家园是人类的共同梦想。新时代，中国要继续深度参与全球环境治理，学习借鉴其他国家环境管理的成功经验和先进技术，结合中国的国情，转化为中国生态文明建设的理念构思和制度设计；积极鼓励跨国企业、民间组织或团体等第三方组织参与中国生态建设，尤其注重探索创新与周边国家和“一带一路”沿线地区的生态环境保护合作机制，共同推动美丽中国建设；推动气候变化国际合作和国际协定全面落实，引导国际环境治理秩序变革方向，增强中国在全球环境治理体系中的话语权和影响力，为美丽中国建设赢得更多国际支持和更加良好的国际环境。

党的十九大报告强调指出：“构建人类命运共同体，建设持久和平、普遍安全、共同繁荣、开放包容、清洁美丽的世界。”人类命运共同体理念涉及政治、经济、安全、社会、文化、生态等多个领域，是对政治共同体、经济共同体、安全共同体、社会共同体、文化共同体、生态共同体等的进一步概括和升华。美丽中国建设是人类命运共同体中生态共同体建设的一部分，只有推进美丽中国建设，才能更好地携手国际社会共建美好世界。

第十七章　法治中国

建设法治中国是我国全局性的政治目标和原则，也是全国人民共同的权利和责任所在。建设社会主义法治国家，必须“围绕保障和促进社会公平正义，坚持依法治国、依法执政、依法行政共同推进，坚持法治国家、法治政府、法治社会一体建设，全面推进科学立法、严格执法、公正司法、全民守法，全面推进国家各方面工作法治化”[①]。

第一节　全面建成社会主义现代化强国的法治基础

法治中国是指以良法善治为基本要求，以保护人权、规范权力、尊崇法律为核心内容的现代中国治理模式。法治中国是一种现代治理模式，是广大人民群众在党的领导下，在种种社会治理方式中选择以法律制度为主导的有序化的国家治理机制、治理模式。回顾我国改革开放以来法治建设的历程，从最初依法治国、建设社会主义法治国家方略的提出，到近年来对法治国家、法治政府、法治社会一体建设的强调，再到“法治中国”愿景的提出，我们经历了一个认识不断深化、方向渐趋明确的历程。法治是治国理政的基本方式，也是人类文明进步的重要标志。

一、法治中国建设是一个渐进的过程

党的十一届三中全会提出了中国法治的“十六字”方针，即“有法可依、有法必依、执法必严、违法必究”。党的十一届三中全会以后，邓小平基于对社会主义建设历史经验和教训的总结，提出了一系列发展社会主义民主、健全社会主义法制的思想和主张。在此基础上，以江泽民同志为核心的党的第三代中央领导集体认识到实行和坚

① 习近平：《高举中国特色社会主义伟大旗帜　为全面建设社会主义现代化国家而团结奋斗——在中国共产党第二十次全国代表大会上的报告》，人民出版社2022年版，第40页。

持依法治国对于推进经济持续健康发展和社会全面进步、保障国家长治久安的重要意义，继而在党的十五大报告中提出“依法治国，建设社会主义法治国家”的宏伟目标。1999年3月，九届全国人大二次会议通过的宪法修正案明确规定：“中华人民共和国实行依法治国，建设社会主义法治国家。”这就以根本法的形式把依法治国的方略上升为一项基本的法律原则。作为依法治国的重要组成部分，“依法行政”“法治政府”等概念逐渐成为法治国家建设的中心话题。为贯彻党中央的决议，落实宪法修正案的精神，1999年11月国务院发布了《关于全面推进依法行政的决定》，要求各级政府加强制度建设，严格行政执法，强化执法监督，切实提高依法办事的能力和水平。2004年3月，国务院发布《全面推进依法行政实施纲要》，对法治政府建设提出了总体要求，在加强和改进制度建设、全面推进政务公开、强化行政监督和问责等方面又进行了具体部署。胡锦涛在党的十八大报告中强调要推进科学立法、严格执法、公正司法、全民守法，要扩大社会主义民主，全面推进依法治国，加快建设社会主义法治国家。

2012年12月，习近平总书记在首都各界纪念现行宪法公布施行30周年大会上的讲话中首次提出，要坚持依法治国、依法执政、依法行政共同推进，坚持法治国家、法治政府、法治社会一体建设。2014年10月，党的十八届四中全会通过的《中共中央关于全面推进依法治国若干重大问题的决定》指出：“在中国共产党领导下，坚持中国特色社会主义制度，贯彻中国特色社会主义法治理论，形成完备的法律规范体系、高效的法治实施体系、严密的法治监督体系、有力的法治保障体系，形成完善的党内法规体系，坚持依法治国、依法执政、依法行政共同推进，坚持法治国家、法治政府、法治社会一体建设，实现科学立法、严格执法、公正司法、全民守法，促进国家治理体系和治理能力现代化。”[①]这实际上是明确了“全面依法治国”总目

① 中共中央文献研究室编：《十八大以来重要文献选编》（中），中央文献出版社2016年版，第147页。

标是“建设中国特色社会主义法治体系，建设社会主义法治国家”，工作布局是“坚持依法治国、依法执政、依法行政共同推进，坚持法治国家、法治政府、法治社会一体建设”，实现路径是“科学立法、严格执法、公正司法、全民守法”，并提出具体工作措施。这表明我国法治建设的进程已走向深入，法治国家建设的内涵有了新的发展，法治中国建设已达到了新的阶段。2016年10月，党的十八届六中全会审议通过了《关于新形势下党内政治生活的若干准则》和《中国共产党党内监督条例》，明确提出办好中国的事情，关键在党，关键在党要管党、从严治党，突出和强化了在法治中国建设中党的灵魂与核心作用，进一步推进了法治中国建设。2017年10月，习近平总书记在党的十九大报告中指出，全面依法治国是中国特色社会主义的本质要求和重要保障，在坚持“共同推进”“一体建设”的同时，必须坚持依法治国和以德治国相结合，依法治国和依规治党有机统一。党的二十大报告进一步指出并强调要“全面推进国家各方面工作法治化”。从完善以宪法为核心的中国特色社会主义法律体系、强化宪法权威性，推进科学立法、民主立法、依法立法，扎实推进依法行政，严格公正司法，加快建设法治社会等方面重申并强调了“法治中国”建设的具体工作要求。

改革开放40多年来，我国在法治建设方面取得了令世人瞩目的巨大成就，法律、法规、地方规章、自治条例等成文法已有数千部，数量甚至远远超过了一些拥有几百年法治历史的西方国家，构建了一个比较健全的法律体系。立法数量激增的背后，立法的民主化程度有限，致使一些法律与社会生活的实际需要脱节，出台不久即被束之高阁；更有许多法律出台已久，公众却对其文本一无所知，遑论对其内蕴价值的认同。

二、法治中国建设的主要任务

如果法律长期得不到良好执行，形同虚设，人们便不信仰法律。法律信仰是长期的法律实践经验的积累和理性思维活动的结晶，是社会法文化系统中各种主观因素的有机整合和高度凝练，是社会主体关于法的主观心理状况的上乘境界。具体而言，法治中国的核心任务就是要建立法治信仰。新时代十年，社会主义法治国家建设深入推进，在党的历史上书写了三个重要的“第一次”：第一次召开中央全会专题研究部署全面依法治国；第一次组建中央全面依法治国委员会；第一次召开中央全面依法治国工作会议。当前，我国现行有效法律有293件，行政法规有598件，地方性法规有13000余件，科学立法成果丰硕。司法机关85%的人力资源集中到了办案一线，人均办案数量增长了20%，结案率上升了18%；一、二审裁判生效后服判息诉率达到了98%，司法质量、效率和公信力稳步提升。10年来，各级行政复议机关办理行政复议案件190多万件，案件的纠错率平均达到13.6%，法治政府建设和依法行政水平显著提升。2021年人民群众的安全感达到98.6%，当今中国已成为世界上公认的最安全的国家之一。

党的二十大报告指出，我们要坚持走中国特色社会主义法治道路，建设中国特色社会主义法治体系、建设社会主义法治国家，围绕保障和促进社会公平正义，坚持依法治国、依法执政、依法行政共同推进，坚持法治国家、法治政府、法治社会一体建设，全面推进科学立法、严格执法、公正司法、全民守法，全面推进国家各方面工作法治化。

（一）完善以宪法为核心的中国特色社会主义法律体系

坚持依法治国首先要坚持依宪治国，坚持依法执政首先要坚持依宪执政，坚持宪法确定的中国共产党领导地位不动摇，坚持宪法确定的人民民主专政的国体和人民代表大会制度的政体不动摇。加强宪法实施和监督，健全保证宪法全面实施的制度体系，更好发挥宪法在治国理政中的重要作用，维护宪法权威。加强重点领域、新兴领域、涉外领域立法，统筹推进国内法治和涉外法治，以良法促进发展、保障善治。推进科学立法、民主立法、依法立法，统筹立改废释纂，增强立法系统性、整体性、协同性、时效性。完善和加强备案审查制度。

坚持科学决策、民主决策、依法决策，全面落实重大决策程序制度。

（二）扎实推进依法行政

法治政府建设是全面依法治国的重点任务和主体工程。转变政府职能，优化政府职责体系和组织结构，推进机构、职能、权限、程序、责任法定化，提高行政效率和公信力。深化事业单位改革。深化行政执法体制改革，全面推进严格规范公正文明执法，加大关系群众切身利益的重点领域执法力度，完善行政执法程序，健全行政裁量基准。强化行政执法监督机制和能力建设，严格落实行政执法责任制和责任追究制度。完善基层综合执法体制机制。

（三）严格公正司法

公正司法是维护社会公平正义的最后一道防线。深化司法体制综合配套改革，全面准确落实司法责任制，加快建设公正高效权威的社会主义司法制度，努力让人民群众在每一个司法案件中感受到公平正义。规范司法权力运行，健全公安机关、检察机关、审判机关、司法行政机关各司其职、相互配合、相互制约的体制机制。强化对司法活动的制约监督，促进司法公正。加强检察机关法律监督工作。完善公益诉讼制度。

（四）加快建设法治社会

法治社会是构筑法治国家的基础。弘扬社会主义法治精神，传承中华优秀传统法律文化，引导全体人民做社会主义法治的忠实崇尚者、自觉遵守者、坚定捍卫者。建设覆盖城乡的现代公共法律服务体系，深入开展法治宣传教育，增强全民法治观念。推进多层次多领域依法治理，提升社会治理法治化水平。发挥领导干部示范带头作用，努力使尊法学法守法用法在全社会蔚然成风。①

---

① 参见习近平：《高举中国特色社会主义伟大旗帜　为全面建设社会主义现代化国家而团结奋斗——在中国共产党第二十次全国代表大会上的报告》，人民出版社2022年版，第40—42页。

第二节　建设法治中国的重点工程

从1997年党的十五大报告首次提出“依法治国”是党领导人民治理国家的基本方略，到2012年党的十八大报告确认“全面推进依法治国”、明确“法治是治国理政的基本方式”，依法治国逐渐成为党和国家事业的重大方针，并通过思想引领、纲要谋划、制度构建和实践探索，基本形成了全面依法治国总体格局。全面依法治国总体格局的形成，坚定了全党和全国人民走中国特色社会主义法治道路的信心和决心，依法治国各项工作全面铺开，全面推进依法治国各项事业跃上新台阶、展现新格局、呈现新气象。

2013年11月，党的十八届三中全会通过的《中共中央关于全面深化改革若干重大问题的决定》，明确提出“推进法治中国建设”，标志着“法治中国”作为治国理政的思想已经成熟。2015年，“法治中国”明确写入“十三五”规划，标志着“法治中国”作为具体施政方略在顶层设计上进行建构。2017年党的十九大提出“成立中央全面依法治国领导小组，加强对法治中国建设的统一领导”，表明“法治中国”已经进入具体的实施阶段。

一、宪法全面实施工程

宪法是国家的根本法，是治国理政的总章程，法治首先应当是宪法之治。要保证宪法的全面实施，必须建立起一系列可操作的具体制度。一是建立违宪审查制度。制定一部宪法监督法，明确规定违宪审查的法律程序以及违宪行为的制裁措施。为保证违宪审查的开放性、公正性和抗辩性，违宪审查程序应参照诉讼程序进行设计。二是建立宪法解释制度。现行宪法规定全国人大常委会拥有宪法解释权，但缺乏可操作的宪法解释制度。三是建立宪法宣誓制度。这一制度可以增强国家公职人员宪法意识，维护宪法权威。

二、立法质量提升工程

立法质量的高低，不仅影响法律的执行和遵守，还会影响立法的权威和法治的信用。提升立法质量有利于推动立法工作，因而，提升立法质量必须对立法事项、立法内容、立法形式进行限制。对立法权的限制可以从三个方面入手。一是对立法事项的限制。例如，立法机关不得制定剥夺公民基本人权的立法，不得侵犯其他立法机关的专属立法权。二是对立法内容的限制。即使在立法机关可以立法的领域，立法机关也不能任意行使立法权，立法的内容必须符合宪法和上位法的规定，符合现代法治的精神和原则。三是对立法形式的限制。例如，立法必须公开、明确、肯定、不溯及既往、不自相矛盾、不变化无常等。立法权的限制表面上看似乎与立法质量问题没有关联，但实际上是决定立法质量的根本因素。一部超越立法职权而根本不该出现的立法，一部违反立法内容和形式方面诸多要求的立法，都不可能是高质量的立法。立法者的法律责任问题也是我们在讨论公权力主体的责任时关注的问题。

三、依法执政推进工程

首先，要合理界定和处理国家法律与党内法规的关系。党内法规要以宪法为遵循，体现宪法和法律的精神和要求。凡是涉及党和国家政权关系的问题，都应由国家法律加以调整。其次，合理界定和处理国家法律与党的政策的关系。党的政策对国家机关的立法、执法、司法、法律监督活动具有重要的影响，在处理国家法律与党的政策的关系问题上要以维护党的领导和执政地位为原则。

四、法治政府建设工程

法治政府建设在法治中国建设中居于重要地位。行政机关能否依法行政，不仅决定绝大多数法律法规的实施状况，而且会对司法、守法等环节产生重要影响。行政机关执法不规范、不公正，不但会增加司法系统或信访系统的工作负荷，还会对公民守法状况产生直接影响。

五、司法权威塑造工程

司法机关是法律实施的最后一道防线，只有切实维护司法独立性、终局性、公正性、执行性，才能树立起司法权威。《中共中央关于全面推进依法治国若干重大问题的决定》明确提出“保证公正司法，提高司法公信力”的目标，并着力从六个方面阐述实现这一目标的方法与途径。这六个方面主要是：健全司法权独立公正行使的制度，排除司法权行使的外部不当干扰，设立干扰司法独立的责任追究机制，从外部制度上保障司法独立裁判的实现；优化司法职权配置、改革司法机关人财物管理体制，健全法院体制和管理机制，完善保障司法公正的内部体制；完善审判制度、推进严格司法，从审判权运行的角度为司法公正提供诉讼制度和证据规则的保障；完善人民陪审员制度、推行阳光司法机制，强调人民群众对司法过程的参与，依靠人民群众的力量推进公正司法；规范司法强制措施，强化诉讼过程中的人权保障；充分发挥各类监督主体的作用，加强司法监督，预防关系案、人情案和金钱案的发生。

六、法律共同体建设工程

中国不仅需要设立起各类专门的法律职业，更需要建立起一个由各类法律职业组成的内部团结、具有凝聚力的法律共同体。法律共同体的建设涉及法学教育、行业监管、职业体制等诸多方面，必须进行一系列相关体制和制度改革，创新法学教育体制和内容。

七、纠纷解决体系构建工程

社会生活中的纠纷解决机制主要分为公力性纠纷解决机制、准公力性纠纷解决机制、民间性纠纷解决机制三类。公力性纠纷解决机制是指由国家公权力机关依照法律规定处理社会纠纷的机制，包括司法审判、司法调解、行政调解、信访、行政复议、行政仲裁等。准公力性纠纷解决机制是指不具有公权力性质但与公权力关系密切的纠纷解决机制，包括人民调解、群团组织调解、行业协会调解等。民间性纠个人信息保护，确保数据安全。要提高防灾减灾救灾能力。坚持以防为主、防抗救相结合，坚持常态减灾和非常态救灾相统一，建立高效科学的自然灾害防治体系。加强国家区域应急力量建设，提高防灾减灾救灾和重大突发公共事件处置保障能力。

四、完善社会治理体系

健全共建共治共享的社会治理制度，提升社会治理效能。一是加强矛盾风险源头防范化解。坚持和发展新时代“枫桥经验”，完善正确处理新形势下人民内部矛盾机制，加强和改进人民信访工作，畅通和规范群众诉求表达、利益协调、权益保障通道，完善网格化管理、精细化服务、信息化支撑的基层治理平台，健全城乡社区治理体系，及时把矛盾纠纷化解在基层、化解在萌芽状态。二是加快推进市域社会治理现代化。充分发挥党的领导政治优势，统筹政府、社会、市场各方力量，完善市域社会治理的组织架构和组织方式，提高市域社会治理能力，努力把重大风险防范化解在市域。要强化社会治安整体防控。深入实施《反有组织犯罪法》，推进扫黑除恶常态化。依法严惩群众反映强烈的黄赌毒、食药环、盗抢骗和电信网络诈骗等各类违法犯罪活动，推动全面落实打防管控措施和行业监管责任。积极推进立体化信息化社会治安防控体系建设，大力推广社会面“1、3、5分钟”快速响应等机制，有效提升社会面掌控力。三是发展壮大群防群治力量。进一步加强见义勇为工作，扬正气、鼓士气，营造见义勇为社会氛围。完善群众参与平安建设的组织形式和制度化渠道，创新互联网时代群众工作机制，更好地广纳民智、广聚民力，建设人人有责、人人尽责、人人享有的社会治理共同体。

第四节　切实加强重点领域安全

总体国家安全体系涉及政治、经济、军事、经济、文化、社会、科技、网络、生态、资源、核以及海外利益等各个领域，这是我们国家安全的主要工作方向。

纷解决机制是指完全依靠民间社会或私人力量解决纠纷的机制。这一类纠纷解决机制种类繁多、源远流长，包括宗族组织、同乡组织、宗教团体、民间商会、村落长老、邻里关系等。

第三节　建设法治中国需要处理好几对关系

对于法治中国建设的路径有从个体、社会、国家、制度、环境等层面提出相应的举措，但是总的来看，要处理好以下几对关系，才能保证依法治国的推进。

一、党的领导与法治中国建设的关系

“党的领导是全面推进依法治国、加快建设社会主义法治国家最根本的保证。”[①]“坚持党的领导，是社会主义法治的根本要求，是党和国家的根本所在、命脉所在，是全国各族人民的利益所系、幸福所系，是全面推进依法治国的题中应有之义。”[②]我们要深刻认识党的领导在建设法治中国进程中极其重要的地位和作用，在党的领导下积极稳妥推进法治中国建设。

中国封建社会几千年的历史中，人治始终占据着国家统治的主导地位。这种治理模式虽然曾在中华文明史上发挥过积极作用，但其本质是封建专制统治，阻碍着现代治理方式的构建。新中国成立以来特别是改革开放以来，中国国家治理逐步由传统走向现代。需要特别指出的是，西方实现这样的转变，经历了几百年的时间，其间不乏剧烈的社会动荡。我国要完成发达国家在几百年内实现的法治化过程，只能依靠党的领导。特别要看到，当前，一小撮既得利益者和腐败变质分子正在干扰、破坏我们的事业，不把腐败分子铲除掉，法治中国就

① 中共中央文献研究室编：《十八大以来重要文献选编》（中），中央文献出版社2016年版，第176—177页。

② 中共中央文献研究室编：《十八大以来重要文献选编》（中），中央文献出版社2016年版，第146页。

不可能建成。惩处这些手握权力的腐败分子，严惩法治道路上的“拦路虎”，只能靠党的集中统一领导。从我国的政党制度和领导体制来看，党的领导是坚强的而不是软弱的，任何“大老虎”都无法降低我们党惩治腐败的决心。这已为当前我们党深入推进的全面从严治党的伟大实践所证明。面向未来，我国要实现法治总目标，只能靠党的坚强领导。《中共中央关于全面推进依法治国若干重大问题的决定》提出，全面推进依法治国，总目标是建设中国特色社会主义法治体系，建设社会主义法治国家。这一总目标的实现，更离不开党的领导。建设中国特色社会主义法治体系，是全面推进依法治国的总抓手。在我们党治国理政的实践中，这一法治体系的运转，需要我们党来总揽全局、牵引各方。

中国特色社会主义法治道路是中国法治模式的集中体现，中国法治模式的突出优势集中体现为党的领导。我们党的性质和地位决定了她能够真正站在最广大人民的立场上推行法治，在法治中国建设进程中始终居于领导地位。西方社会的政党只是各个利益集团的代表，不可能代表国家和人民的整体利益，政党之间为争取各自代表的利益集团的利益而尖锐对立、相互倾轧，也就不可能在国家政治生活和法治建设进程中长期居于领导地位，更不可能代表人民推行真正的法治。我们要坚决摒弃那种企图把西方国家政党、民主、法治的关系移植到国内来的错误思想和做法，坚定不移走中国特色社会主义法治道路，始终把党的领导作为人民当家作主和依法治国的根本保证，通过党的领导为人民当家作主和依法治国指明正确方向，凝聚形成更大的“中国优势”。

二、改革与法治的关系

改革是要改变、突破现有法律的限制，是要建构新的社会关系。而法治则是要捍卫法律所确定的社会关系与社会秩序。在社会主义法律体系形成以后，法治建设要求我们必须尊重法律的权威，所以违规违法改革就与“法治中国”建设发生尖锐的对立。并且，就当下来说还存在着法治的陷阱问题，即在改革过程中虽然制定了很多服务于当时改革的法律，很多的法律对改革起过积极作用，推动了改革的发展，但是也衍生出很多不愿意继续改革的既得利益者。更为严峻的现实是，社会矛盾并没有随着改革的进步而减少，反而增加很多新的矛盾。这些矛盾的化解，既需要改革也需要法治。国家管理体制需要完善，市场与政府的关系需要用法治理顺，国家与社会治理能力需要提升，反对贪腐、缩小贫富差距、进一步发展经济、环境保护等都需要改革与法治。

改革与法治哪一个方面都不能停下来。法治中国作为法治在当下中国的政治表达，正在从一个命题具体化为全面改革的行为逻辑，预示着中国法治史上的一次重大飞跃的来临，必将对中国的法治与社会发展产生重大影响。如果说法治中国建设要服务于中国式现代化的需要，就必须解决好法治与改革的关系。

三、大数据与法治中国的关系

大数据泛指巨量的数据集合，大数据通过对海量数据进行有针对性的分析，已使互联网开始有了“思考能力”。中国互联网络信息中心发布的第52次《中国互联网络发展状况统计报告》显示，截至2023年6月，中国网民规模达10.79亿，互联网普及率达76.4%。通过分析网民相关数据，可以了解大众需求、诉求和意见。网民数量猛增，数据规模日益壮大，问题处理的难度日益增大，可挖掘数据潜在价值日益加大，这些都是我国政府必须面对、无法回避大数据的原因。

大数据时代，许多科学体系都发生巨大的甚至是本质上的变化，进而影响人类的价值体系、知识体系和生活方式，这同样适用于法治中国建设。深入理解大数据的概念并在此基础上讨论如何运用大数据思维与技术，服务于我国立法、执法、司法等实践，将会大大加快法治中国建设的进程。大数据与法治中国建设的理论依据在于科技与法的关系。科技影响着法治的进程，法治建设也对科技进步及科技法制的完备提出新的要求。首先，科技影响着法治的进程。在人类社会的发展进程中，科技是法发展的一般基础，科技的成就促进法的发展，科技的进化会转变为法的内容，法本身的生存与发展，最终也要取决于科技的验证。科技不仅在人们认识法本体的过程中起着重大作用，而且在法学方法论方面有着重大影响，具体来说就是不仅法的出现、法的观念和理念、法的内容等都受到科技的影响，而且法律运动的方法论以及价值标准同样受到科技的影响。其次，法治建设也对科技的进步及科技法制的完备提出新的要求。法不仅凭借其本身与国家的关系对于科技活动的组织、管理、激励起着相当重要的作用，凭借其独特的方法调节着科技与人之间的关系，还凭借其特殊的调整手段调节着科技成果应用中产生的利益关系。

建设法治中国，处理好大数据与法治的关系，就是如何科学合理合法地在大数据背景下用好法律的问题。要建设下一代信息基础设施，发展现代信息技术产业体系，健全信息安全保障体系，推进信息网络技术广泛运用，从战略上重视大数据的开发利用，将它作为转变政府职能方式的有效抓手，但要注意科学规划，合理、合法利用。

第四篇

强国之路的
战略条件和根本保障

团结带领全国各族人民全面建成社会主义现代化强国、实现第二个百年奋斗目标，以中国式现代化全面推进中华民族伟大复兴，是新时代新征程中国共产党的中心任务。进入新时代，习近平总书记就建设什么样的社会主义现代化强国、怎样建设社会主义现代化强国提出了一系列新理念新思想新战略，是指引中国建成现代化强国的强大思想武器。党的二十大对到2035年和本世纪中叶全面建成社会主义现代化强国作出了“分两步走”的总的战略安排，擘画了第二个百年奋斗目标的美好前景。

推动国家现代化转型，建成现代化强国，推动中华民族伟大复兴，是近代以来中国人民和中华民族的伟大梦想，无数仁人志士为之前赴后继、浴血奋斗，接力探索中国走向现代化强国的道路，但大都以失败告终，直到中国共产党成立，这一局面才得以完全改观。中国共产党自成立之日起，就把实现民族独立、人民解放和国家富强、人民幸福作为自己的奋斗目标，经过28年浴血奋战，推翻了帝国主义、封建主义和官僚资本主义在中国的反动统治，建立了新中国，为建成一个现代化强国、推动中华民族伟大复兴奠定了坚实基础。从新中国成立到党的十八大胜利召开，中国成功实现了从站起来到富起来的历史性飞跃。党的十八大以来，我们坚持马克思列宁主义、毛泽东思想、邓小平理论、“三个代表”重要思想、科学发展观，全面贯彻习近平新时代中国特色社会主义思想，全面贯彻党的基本路线、基本方略，采取一系列战略性举措，推进一系列变革性实践，实现一系列突破性进展，取得一系列标志性成果，党和国家事业取得历史性成就、发生历史性变革，综合国力稳步增强，国际地位日益提高，中国日益走近世界舞台中央，中华民族日益接近实现伟大复兴的目标，中国已经迈向全面建设社会主义现代化国家的新征程。

新中国成立以来，中国的现代化强国之路之所以不断走向成功，不但在于我们探索出了一条比较成熟的发展道路，有一个规划长远的战略布局和一个科学合理的行动逻辑，还在于党为中国现代化强国之路提供了必不可少的战略条件和根本保障。为保证中国的强国之路行稳致远，我们必须进一步为之创造更加充分的国家安全、国防和军队建设、国家统一、大国外交等战略条件，而党的领导和党的建设则是建成社会主义现代化强国的根本保障。

第一章　战略条件：国家安全

国家安全是安邦定国的重要基石，是建设现代化强国的基本保障。一个国家在基本国家安全都得不到保障的条件下，是不可能推动现代化强国建设的。中国自近代以来的现代化强国实践之所以很长时间内没有成功，就在于中国长期处于险恶的国际环境中，成为帝国主义国家的半殖民地，主权、领土完整受到帝国主义国家的严重侵害，基本的国家安全得不到保障；内部军阀混战、政府失能、民不聊生，社会长期处于低组织化状态，国家现代化转型缺少强大的推动力量，从而丧失了经济发展、社会稳定和民生幸福的基本条件，现代化强国建设更是无从谈起。新中国成立后，中国恢复了国家主权，对外推行独立自主的和平外交政策，抵御了帝国主义国家的侵略扩张，捍卫了新中国国家安全，保卫了人民和平生活，以军事安全为中心的国家安全得到了切实保障。改革开放后，党始终把国家安全和社会安定作为党和国家的一项基础性工作，成功应对一系列重大风险挑战、克服无数艰难险阻，保持了社会大局稳定，为改革开放和社会主义现代化建设营造了良好外部环境。进入新时代，面临复杂多变的安全和发展环境，国家安全在党和国家工作全局中的重要性日益凸显，党中央统筹国内国际两个大局，办好安全和发展两件大事，加强对国家安全集中统一领导，把总体国家安全观纳入新时代坚持和发展中国特色社会主义基本方略，从全局和战略高度对国家安全作出一系列重大决策部署，加强国家安全工作顶层设计，完善各重要领域国家安全政策，有效应对了一系列重大安全挑战。在维护国家安全实践的基础上，中国维护国家安全的能力持续增强，维护国家安全的工作水平不断提高，社会主义现代化强国建设获得了更加切实的安全保障。

第一节　总体国家安全观是新时代国家安全工作的科学理论指南

总体国家安全观是习近平新时代中国特色社会主义思想的重要组成部分，是党和国家对维护国家安全工作实践经验的总结，继承了中华优秀传统文化，彰显了中华优秀传统文化的独特风骨，推动了中国特色国家安全理论和实践的历史性飞跃，是我们做好新时代国家安全工作的科学指南和根本遵循，具有重大的理论意义和鲜明的实践品格。

一、总体国家安全观的基本特征

总体国家安全观是新时代党中央对我国面临的各种国内国际安全问题和安全挑战的系统回应，既是对马克思主义国家安全思想及其中国化理论成果的继承和发展，也是对中国传统国家安全思想的继承和扬弃，又是对西方国家安全理论思维的汲取和超越，标志着党和国家对国家安全问题的理论认识达到了一个新的高度。总体国家安全观内涵丰富、思想深邃、系统完整、逻辑严密、相互贯通，具有整体性、动态性、开放性、相对性和共同性等重要特征。

（一）国家安全的整体性

总体国家安全观揭示了国家安全的整体性，反映了马克思主义认识论的系统思维，即国家安全的各个领域是相互联系的统一整体。总体国家安全观关键是“总体”，强调大安全理念，涵盖政治、军事、国土、经济、金融、文化、社会、科技、网络、粮食、生态、资源、核、海外利益、太空、深海、极地、生物、人工智能、大数据等诸多领域，而且将随着社会发展不断进行动态调整。总体国家安全观的核心要义集中体现为“十个坚持”，即坚持党对国家安全工作的绝对领导，坚持中国特色国家安全道路，坚持以人民安全为宗旨，坚持统筹发展和安全，坚持把政治安全放在首要位置，坚持统筹推进各领域安全，坚持把防范和化解国家安全风险摆在突出位置，坚持推进国际共同安全，坚持推进国家安全体系和能力现代化，坚持加强国家安全干部队伍建设。“一个总体”和“十个坚持”相互融合、有机统一，体现了理论和实践相结合、认识论和方法论相统一的鲜明特色。

（二）国家安全的动态性

国家安全是动态的而非静态的，意味着任何领域、任何区域都不存在一劳永逸的安全。现在安全的地方未来可能出现安全风险，现在安全矛盾集中的地方未来可能风平浪静。

（三）国家安全的开放性

国家安全是开放的。一方面，国家安全风险挑战的来源不仅存在于内部，也同样存在于外部，不存在阻绝内外的风险隔离墙。另一方面，在全球化时代，试图通过闭关锁国的方式来实现国家安全将承受不可承受的巨大风险和高昂成本，只有立足开放环境，加强内外交流，才能切实提高国家安全能力和水平。

（四）国家安全的相对性

国家安全是指国家政权、主权、统一和领土完整、人民福祉、经济社会可持续发展和国家其他重大利益相对处于没有危险和不受内外威胁的状态，以及保障持续安全状态的能力，[①]而不是国家重大利益完全没有危险和内外威胁绝对安全状态，或为此无限投入安全资源和提升安全能力。世界上不存在绝对的国家安全，我们只能立足于本国国情维护国家安全，坚决避免不计成本地追求绝对安全；否则不仅会背上沉重的负担，而且可能顾此失彼，损害国家安全。

（五）国家安全的共同性

国家安全是共同的而不是孤立的，即持久和平和普遍安全需要各个国家共同努力、携手合作才能实现，一国安全不能建立在别国不安全之上，别国面临的安全威胁也不应成为自己的安全挑战；不能一国安全而其他国家不安全，一部分国家安全而另一部分国家不安全，更不能靠牺牲别国安全来谋求自身安全，独善其身、以邻为壑式的国家安全是不可能实现的。

二、总体国家安全观的方法论意义

在总体国家安全观中，不同领域的安全是相互联系、相互影响、相互作用的，具有溢出、传导和联动效应，一个领域的安全问题可能影响其他安全领域，导致出现安全风险叠加效应，以致出现系统性安全风险，给安全治理带来系统性压力。必须形成系统思维方法，不但要维护各个领域的安全，也要维护系统和整体安全。从方法论层面看，总体国家安全观蕴含着统筹兼顾的国家安全工作方法，具体包括工作导向上对发展与安全的统筹，对防范风险与处置风险的统筹，对塑造安全和维护安全的统筹。

（一）统筹发展与安全

总体国家安全观在坚持发展是解决中国一切问题的关键的同时，指出保证国家安全是头等大事，把坚持统筹发展和安全作为治国理政的重大原则。发展和安全是一体之两翼、驱动之双轮：发展是安全的

---

① 参见《中华人民共和国国家安全法》（2015年7月1日第十二届全国人民代表大会常务委员会第十五次会议通过），中国政府网2015年7月1日。

基础，安全是发展的条件，将安全的重要性提升至与发展同样的高度，统筹发展与安全成为衡量治国理政各方面工作的辩证统一标准。

（二）统筹防范与处置风险

中华民族伟大复兴已进入关键阶段，各种可以预见和难以预见的安全风险越来越多，有的已经进入集中显露期。面对云谲波诡的国际形势、复杂敏感的周边环境、艰巨繁重的改革发展任务，必须始终保持高度警惕。如果出现重大国家安全风险又扛不住，国家安全就可能面临重大威胁，中华民族伟大复兴的进程就可能迟滞。必须把防范风险摆在突出位置，力争不出现风险。除了有防范风险的先手，还要有应对、处置和化解风险的高招。既要打好防范和抵御风险的有准备之战，又要打好化险为夷、转危为安的战略主动之战，力争出现安全风险时能扛得住、过得去。立足于防范又有效处置安全风险，是统筹应对国家安全风险的基本要求。

（三）统筹维护与塑造国家安全

维护国家安全说明中国在国家安全问题上采取防御性的总基调，而塑造国家安全更表明在国家安全问题上国家更加积极主动，更加具有前瞻性。统筹维护和塑造国家安全，就是采取积极主动的国家安全工作方针。随着全球化的深入发展，一国国家安全问题外溢、扩散的问题日益突出。中国在深度参与全球化的过程中，国家利益向海外拓展的范围和力度与日俱增，海外安全利益保护的需求日益增多，前瞻性地塑造安全的迫切性不断增强。在此背景下，经当事方同意，积极参与当事方内部事务，本着有利于当事方和国际公平正义原则的、推动事态良性发展的“建设性介入”模式应运而生。除外交工作当中的“建设性介入”外，战略上“下好先手棋，打好主动仗”的要求，金融安全、社会安全与核安全等安全领域标本兼治的安全治理发展方向，也是统筹维护与塑造国家安全的治理思路。

第二节　走中国特色国家安全道路

方向决定前途，道路决定命运，中国特色国家安全道路本质上是中国特色社会主义道路在国家安全领域的具体体现和反映，独特的文化传统、历史命运和现实国情决定了我们必须走中国特色国家安全道路。当前，我国国家安全内涵和外延比历史上任何时候都要丰富，时空领域比历史上任何时候都要宽广，内外因素比历史上任何时候都要复杂，在此时代背景下形成了总体国家安全观。坚持总体国家安全观，必须以人民安全为宗旨，以经济安全为基础，以军事、科技、文化、社会安全为保障，以促进国际安全为依托，走出一条国家安全新道路。

一、坚持党对国家安全工作的绝对领导

中国共产党的领导是人民的选择、历史的选择，是被中国的革命、建设、改革实践证明了的正确选择。在国家的政治生活中，党处于总揽全局、协调各方的核心地位，只有中国共产党才有资格、有能力担负起领导中国革命、建设、改革事业的责任，也只有中国共产党才能领导中国人民完成中华民族伟大复兴的历史任务。

中国共产党是中国特色社会主义事业的领导核心，办好中国的一切事情，关键在党。习近平总书记指出："党政军民学，东西南北中，党是领导一切的。"① 中国共产党领导是中国特色社会主义的本质特征，也是中国特色社会主义制度的最大优势，是党和国家的根本所在、命脉所在，也是全国各族人民的利益所系、幸福所系。坚持中国特色国家安全道路，必须坚持党对国家安全工作的绝对领导。

一方面，坚持党对国家安全工作的绝对领导关乎第二个百年奋斗目标的顺利实现。从外部环境看，世界百年未有之大变局加速演进，传统安全威胁和非传统安全威胁相互交织，不稳定性不确定性显著上升。从自身情况看，我国正处在由大向强发展的关键时期，同形势任

---

① 《习近平著作选读》第二卷，人民出版社2023年版，第17页。

务要求相比，我国维护国家安全能力不足，应对各种重大风险能力不强，维护国家安全的统筹协调机制不健全。

另一方面，坚持党对国家安全工作的绝对领导事关社会主义的前途命运。我们党要巩固执政地位，要团结带领人民坚持和发展中国特色社会主义，保证国家安全是头等大事。政治安全是我国国家安全的根本，核心是政权安全和制度安全，就是维护中国共产党的领导和执政地位、维护中国特色社会主义制度。坚持党对国家安全工作的绝对领导主要体现在政治领导、组织领导和思想领导三个方面。

（一）政治领导

党对国家安全工作的政治领导是指规定国家安全工作的性质和工作方向，协调各国家安全机关主体间关系，确立其在国家安全权力架构中的领导核心地位。我国是工人阶级领导的、以工农联盟为基础的人民民主专政的社会主义国家，这是党执政后对国家性质的根本界定。中国共产党对国家安全工作的政治领导，主要表现在党有足够的权威和能力制定与实行中国特色国家安全的大政方针和政策，即坚持以人民安全为宗旨，以政治安全为根本、以经济安全为基础、以军事科技文化安全为保障、以促进国家安全为依托，统筹外部安全和内部安全、国土安全和国民安全、传统安全和非传统安全、自身安全和共同安全，统筹维护和塑造国家安全，夯实国家安全和社会稳定基础，完善全球安全治理机制，建设更高水平的平安中国，以新安全格局保障新发展格局。

党在国家安全工作中处于总揽全局、协调各方的核心地位。总揽全局，就是党的各级组织要切实担负起领导责任，坚持系统思维和全局观念，加强全局性谋划、战略性布局、前瞻性思考、整体性推进，不断提高党把方向、谋大局、定政策、促改革的能力和定力。协调各方，就是要求党的各级组织从推动工作全局出发，处理好自身与同级国家安全机关的关系以及国家安全机关与其他国家机关的关系，使之各司其职、各负其责，密切配合、通力合作，勇于负责、勇于担当，形成维护国家安全和社会安定的强大合力。

（二）组织领导

坚持党对国家安全工作的组织领导就是在党的领导下建立、健全、完善集中统一、权威高效的国家安全的领导体制。为更好适应我国国家安全面临的新形势新任务，加强对国家安全工作的统一领导，党的十八届三中全会决定设立中央国家安全委员会，作为党领导国家安全工作的职能部门。中央国家安全委员会的职责主要是制定和实施国家安全战略，推进国家安全法治建设，制定国家安全方针政策，研究解决国家安全工作中的重大问题。

中央国家安全委员会自成立以来，遵循集中统一、科学谋划、统分结合、协同行动、精干高效的原则，发挥了统筹国家安全事务的作用，抓好了国家安全工作的贯彻落实，完善了国家安全工作机制，把握全局、谋划发展的能力不断提高，驾驭风险、迎接挑战的本领不断增强，坚持党的领导的组织体系、制度体系、工作机制不断健全，落实党的领导纵到底、横到边、全覆盖的工作格局逐步形成，解决了许多长期想解决而没有解决的难题，办成了许多过去想办而没有办成的大事，国家安全工作全面加强，牢牢掌握了国家安全工作主动权。

落实好国家安全工作责任制，加强落实党对国家安全领导的保障机制建设。把党的领导贯穿到国家安全工作各方面全过程，各级党委（党组）都是维护国家安全的责任主体，在中央国家安全委员会的统一部署下做好涉及本地区、本部门的国家安全工作。建立健全党委领导的国家安全工作责任制，强化责任担当，守土有责，守土尽责，狠抓落实，制订方案，明确责任，级级紧抓，层层落实，切实做到责任链条无缝对接，重点领域责任链条衔接，责任链条分界点、衔接点明确。

（三）思想领导

“马克思主义是我们立党立国的根本指导思想。背离或放弃马克思主义，我们党就会失去灵魂、迷失方向。”[①]坚持党对国家安全工作

① 中共中央党史和文献研究院编：《习近平关于总体国家安全观论述摘编》，中央文献出版社2018年版，第35页。

的思想领导是指始终坚持用习近平新时代中国特色社会主义思想武装头脑、指导思想、推动工作。做好国家安全工作，不能忘本忘祖、忘记初心，不能忘记马克思主义信仰，不能忘记中国特色社会主义和共产主义信念，不能忘记对党和人民的忠诚，而是坚定这份信仰、坚定这份信念、坚定这份忠诚。坚定理想信念，对党绝对忠诚，是党和人民对国家安全机关的一贯要求，坚定纯洁、让党放心、甘于奉献、能拼能赢是新的历史条件下对国家安全干部队伍的基本要求。

新时代，我们党确立习近平同志党中央的核心、全党的核心地位，确立习近平新时代中国特色社会主义思想的指导地位，反映了全党全军全国各族人民的共同愿望，对推动新时代国家安全工作具有重要意义。在国家安全工作中，我们必须全面深刻领悟“两个确立”的决定性意义，切实增强“四个意识”、坚定“四个自信”、做到“两个维护”，牢记“国之大者”，不断开创国家安全工作新局面。

二、坚持以人民安全为宗旨

人民安全是国家安全的核心，是总体国家安全观的精髓所在。党的十八大以来，习近平总书记站在党和国家事业发展全局的战略高度，以强烈的忧患意识和使命担当，强调“人民安全是国家安全的宗旨”“始终把人民生命安全放在首位”“国家安全工作归根结底是保障人民利益”，这些重要论述蕴含着人民至上的博大情怀和价值理念，深刻诠释了我们党为中国人民谋幸福、为中华民族谋复兴的初心使命，为我们坚持中国特色国家安全道路提供了重要指导。

（一）坚持以人民安全为宗旨是历史的选择

人民安全是新时代国家安全的根本立场。总体国家安全观以人民安全为宗旨，是辩证唯物主义和历史唯物主义在国家安全领域运用的必然结论，符合人类历史的发展规律，顺应了时代潮流，体现了新时代发展的新要求，彰显了强烈的人民情怀。

人民安全是国家安全的基石。历史唯物主义认为，人民群众是历史的创造者，是实现社会变革的决定力量。毛泽东指出：“真正的铜墙铁壁是什么？是群众，是千百万真心实意地拥护革命的群众。”[①] 人民立场是中国共产党的根本政治立场。以人民安全为宗旨，是唯物史观和党的性质宗旨在国家安全领域的必然要求和集中体现。自诞生之日起，我们党就把“人民”镌刻在自己的旗帜上。历史事实证明，国家安全的根基在人民，力量在人民，人民对国家的认同和支持是维护国家安全的不竭动力。历史经验表明，人民安全是国家安全的深层因素，任何时候、任何情况下，各行各业群众的安全得到有力保障，各行各业就有了安全发展的主体力量，国家安全就越有依靠。国家安全工作涵盖多方面内容、涉及多方面问题，但根本目的都在于保障人民安全。正是因为始终站在人民立场解决国家安全问题，始终将人民安全置于核心地位，我们党得到了人民的衷心拥护和坚定支持，在前进道路上也就拥有了无往不胜的深厚底气和强大力量。

人民安全是国家安全工作的根本出发点和落脚点。总体国家安全观强调以人民安全为宗旨，把人民安全作为国家安全最核心的部分，其他方面和领域的安全都要统一于人民安全。政治安全主要从政权性质、政治制度、法治体系等方面维护人民安全，经济安全主要从经济制度、经济发展、经济秩序等方面维护人民安全，军事、文化、社会安全主要从安全环境、文化教育环境、生活环境等方面维护人民安全。经济社会发展的每一个项目、每一个环节都要以安全为前提，任何一个领域出现安全隐患，都有可能损害群众切身利益。人民安全是维护国家安全的根本目的，国家安全工作归根到底是保障人民利益，必须把人民安全贯穿于国家安全工作各个领域，为群众安居乐业提供坚强保障。

人民安全是汇集民族复兴强大力量的必然要求。实现中华民族伟大复兴的中国梦，保证人民安居乐业，国家安全是头等大事。维护国家安全，人民是基础性力量。从国土安全、疾病防控，到网络清朗、粮食安全，维护国家安全与我们每个人息息相关，更有赖于人人尽责、人人助力。从“利莫大于治，害莫大于乱”的中国古训，到世界

① 《毛泽东选集》第一卷，人民出版社1991年版，第139页。

一些国家和地区深陷战火和苦难的悲惨景象，再到近年来恐怖主义带来的巨大危害和新冠疫情蔓延给各国人民造成的深重灾难，都深刻地启示我们：只有人民群众各方面安全利益得到充分保障，才能感召和凝聚广大人民坚定自觉地维护和捍卫国家安全。只有始终将保障人民安全放在首位，为群众安居乐业提供安全环境，不断提高人民群众的获得感、幸福感、安全感，才能增强抵御各种风险挑战的能力，从而有力助推“中国号”巨轮行稳致远。

（二）坚持群众路线是国家安全的基本要求

只有坚持群众路线，才能保证国家安全决策的科学性和国家安全工作的有效性，才能汇聚维护国家安全的磅礴力量，筑起保障国家安全的铜墙铁壁。

群众路线是做好国家安全工作的基本要求。群众路线是国家安全工作的生命线，不论过去、现在还是将来，都要始终把群众路线作为我们党的生命线和根本工作路线，这是做好国家安全工作的基本要求。要充分发挥广大人民群众积极性、主动性、创造性，拓展人民群众参与国家安全治理的有效途径。加强国家安全宣传教育和全民国防教育，动员全党全社会共同努力，巩固国家安全人民防线，汇聚起维护国家安全的强大力量。夯实国家安全的社会基础，严密防范和严厉打击敌对势力渗透、破坏、颠覆、分裂活动，打好防范化解重大风险的人民战争，筑牢国家安全屏障。

做好国家安全工作必须坚持以人为本。“民惟邦本，本固邦宁”，维护人民安全是国家安全的根本价值追求，中国特色国家安全道路体现了以人为本、以民为本的价值取向。以人民安全为宗旨，就要把人民安全贯穿于国家安全工作各领域全过程，为全体人民提供更好的安全保障。既要着眼于实现全体人民的安全，又要保障每个人的个体安全。毫不动摇坚持以经济建设为中心，进一步解放和发展生产力，保持经济社会持续健康发展，努力建设强大国家，不断夯实保障人民安全的物质基础。促进社会公平正义，增进民生福祉，提升共建共治共享水平。坚持尽力而为、量力而行，健全基本公共服务体系，加强普惠性、基础性、兜底性民生建设，完善共建共治共享的社会治理制度，制定促进共同富裕行动纲要，自觉主动缩小地区、城乡和收入差距，让发展成果更多更公平惠及全体人民，不断增强人民群众获得感、幸福感、安全感。①

“人民对美好生活的向往，就是我们的奋斗目标。”②人民群众安宁幸福的美好生活，不仅需要坚实的物质文化基础，还要有安定团结的政治局面和完善的民主法治保障。因此，保障人民安全，坚持人民至上、生命至上，健全公共安全体制机制，严格落实公共安全责任和管理制度，保障人民生命安全。正确处理新形势下人民内部矛盾，加强社会治安防控，编织全方位、立体化、智能化社会安全网。③“健全人民当家作主制度体系，扩大人民有序政治参与，保证人民依法实行民主选举、民主协商、民主决策、民主管理、民主监督，发挥人民群众积极性、主动性、创造性，巩固和发展生动活泼、安定团结的政治局面。”④坚持走中国特色社会主义法治道路，建设中国特色法治体系、建设社会主义法治国家，促进社会公平正义，坚持依法治国、依法执政、依法行政共同推进，坚持法治国家、法治政府、法治社会一体建设，坚持推进科学立法、严格执法、公正司法、全民守法，全面推进国家各方面工作法治化，为人民群众生命财产安全、社会公平正义提供良好的法治环境。

三、坚持把政治安全放在首要位置

我国是工人阶级领导的、以工农联盟为基础的人民民主专政的社会主义国家，维护中国共产党的领导和执政地位、维护中国特色社会

① 参见《中华人民共和国国民经济和社会发展第十四个五年规划和2035年远景目标纲要》，人民出版社2021年版，第141页。

② 《习近平谈治国理政》第一卷，外文出版社2018年版，第4页。

③ 参见《中华人民共和国国民经济和社会发展第十四个五年规划和2035年远景目标纲要》，人民出版社2021年版，第161页。

④ 习近平：《高举中国特色社会主义伟大旗帜 为全面建设社会主义现代化国家而团结奋斗——在中国共产党第二十次全国代表大会上的报告》，人民出版社2022年版，第37页。

主义制度构成我国政治安全的核心内容，是我国国家发展方向和国家性质的根本保证。

（一）政治安全是国家安全的根本

政治安全事关国家长治久安、民族复兴、民生福祉，如果政治安全得不到保障，国家必然陷入四分五裂、一盘散沙的局面，中华民族伟大复兴就无从谈起。只有从维护政治安全的高度谋划和推进其他领域的安全，才能更好地维护国家利益，实现党的长期执政和国家长治久安。

政治安全事关党和国家的生死存亡。20世纪80年代末90年代初，苏联、东欧社会主义国家纷纷改旗易帜，纷纷走向资本主义道路，共产党失去执政地位，社会主义制度被颠覆，几十年的社会主义建设成果毁于一旦，国际共产主义运动遭受重大挫折，陷入低潮，苏联、南斯拉夫、捷克斯洛伐克等国甚至走向分裂，陷入动荡。苏联、东欧社会主义国家改旗易帜或走向解体的原因固然很多，但最根本的是这些国家的共产党放松了政治警惕性，背弃了马克思列宁主义，放弃了党的领导地位和社会主义制度。当前，我国正处在深化改革时期、民族复兴的关键阶段，既要有涉险滩、啃硬骨头的改革勇气，又要时刻保持战略定力，坚持底线思维，守住政治安全的防线，决不能在根本问题上出现颠覆性错误。

政治安全事关中国特色社会主义的前途与国家长治久安。发展中国特色社会主义，必须以维护国家政治安全为根本保障。国家政权、政治制度、意识形态和党的执政地位都得到切实保障，中国特色社会主义事业才能健康发展。增强“四个意识”、坚定“四个自信”、做到“两个维护”，包含了政治安全的核心要素。我国政治安全的根本，就是中国共产党的领导和社会主义制度。任何人以任何借口否定党的领导和社会主义制度，都是错误的、有害的，都是违反宪法的，都是绝对不能接受的。

中国改革开放取得了举世瞩目的伟大成就，创造了经济快速发展和社会长期稳定两大奇迹，日益走近世界舞台中央，中华民族日益接近伟大复兴的目标，最根本的原因是我们始终坚持中国共产党的领导，改革开放始终坚持社会主义方向，牢牢守住了政治安全的防线。在新的时代条件下，必须牢牢守住政治安全防线不动摇，始终充分发挥党总揽全局、协调各方的核心作用，不断提高党科学执政、民主执政、依法执政的水平；始终坚持和完善中国特色社会主义制度，充分发挥中国特色社会主义制度的优越性，把中华民族伟大复兴的崇高事业不断推向新高度。

（二）维护政权安全、制度安全

习近平总书记指出："要把维护国家政治安全特别是政权安全、制度安全放在第一位。"[①]治国理政的根本，就是中国共产党的领导和坚持社会主义制度。我们必须在思想上十分明确，推进治理体系和治理能力现代化都要在党的领导下进行，在社会主义制度的框架下进行，绝不是也绝不能搞西方化、资本主义化。

坚持和巩固党的领导。我国宪法确认了共产党的执政地位，确认了党在国家政权结构中总揽全局、协调各方的核心地位。中国共产党执政，是中国、中华民族、中国人民的一大幸事。中国近代史、中国现代史、中国革命史表明，如果没有共产党的领导，我们的国家、我们的民族就不会取得今天这样的成就，也不可能有今天这样的国际地位。党的领导是历史的选择、人民的选择，必须毫不动摇坚持和巩固党的领导地位和执政地位。共产党是执政党，各民主党派参政议政，在中国，不是三权鼎立、多党轮流坐庄。党政军民学，东西南北中，党是领导一切的。党的中央委员会、中央政治局、中央政治局常务委员会是党的组织体系的大脑和中枢。党的领导是做好国家各项工作的保证，人大、政府、政协、监察机关、审判机关、检察机关、武装力量，各民主党派和无党派人士，各企事业单位，工会、共青团、妇联等群团组织，既各负其责，又相互配合，一个都不能少。在坚持党的领导这个重大原则问题上，决不能有任何含糊和动摇，要始终把握正

---

① 《习近平对政法工作作出重要指示》，《人民日报》2017年1月13日。

确政治方向，坚持政治立场和政治原则。

毫不动摇坚持和完善中国特色社会主义制度。制度优势是一个国家最大的优势，制度竞争是国家间最根本的竞争，必须毫不动摇坚持和完善中国特色社会主义制度。中国特色社会主义制度是一个严密完整的科学制度体系，基本框架包括根本制度、基本制度、重要制度，其中起统领作用的是党的领导制度。中国特色社会主义制度好不好、优越不优越，中国人民最清楚，也最有发言权。我们过去不搞全盘西化，现在、将来也不搞全盘西化或其他什么化。我们既不走封闭僵化的老路，也不走改旗易帜的邪路，保持政治定力，坚定政治自信，不断革除体制机制弊端，推动各方面制度更加成熟更加定型，推进国家治理体系和治理能力现代化，绝不是西化、资本主义化。

坚定不移走中国特色社会主义政治发展道路。设计和发展政治制度，必须注重历史和现实、理论和实践、形式和内容的统一。要坚持从国情出发、从实际出发，既要把握长期形成的历史传承，又要把握走过的发展道路、积累的政治经验、形成的政治原则，还要把握现实、着眼解决现实问题，不能割断历史，不能搞政治上的“飞来峰”，不能脱离特定的社会政治条件来抽象评判政治制度，政治制度不能千篇一律、定于一尊。不顾本国国情，照抄照搬他国的政治制度行不通，会水土不服，会画虎不成反类犬，甚至会把国家前途命运葬送掉。只有扎根本国土壤、汲取充分养分的制度，才最可靠，也最管用。

坚决防范和挫败“颜色革命”。中国是一个大国，决不能在根本性问题上出现颠覆性错误，一旦出现就无法挽回、无法弥补。国内外各种敌对势力，总是企图让我们党改旗易帜、改名换姓，其要害就是企图让我们丢掉对马克思主义的信仰，丢掉对社会主义、共产主义的信念，妄图颠覆中国共产党领导和社会主义制度，这是我国政权安全面临的现实危险。西方国家策划“颜色革命”，往往从所针对国家的政治制度特别是政党制度开始发难，大造舆论，大肆渲染，把不同于他们的政治制度和政党制度打入另类，煽动民众搞街头政治，结果很多国家陷入政治动荡、社会动乱，人民流离失所。境内外敌对势力对我国实行西化、分化的战略一刻也没有放松。我们一定要头脑清醒，意志坚定，面对大是大非敢于亮剑，面对矛盾困难敢于迎难而上。

（三）坚决打赢意识形态斗争

习近平总书记指出，“意识形态工作是党的一项极端重要的工作”[①]。意识形态关乎旗帜、关乎道路、关乎国家政治安全。历史和现实反复证明，搞乱一个社会、颠覆一个政权，往往先从意识形态领域打开缺口。新形势下，意识形态领域斗争尖锐复杂，我们必须把意识形态工作的领导权、管理权、话语权牢牢掌握在手中，任何时候都不能旁落，否则就要犯无可挽回的历史性错误。要落实意识形态工作责任制，把做好意识形态工作摆在重要位置，及时掌握意识形态形势和态势，对各种政治性、原则性、导向性问题要敢抓敢管，对各种错误思想要敢于亮剑。防止各种敌对势力借机干扰和破坏，避免一些具体问题演变成政治问题、局部问题演变成全局性事件，避免出现大的意识形态事件和舆论旋涡。

做好党的新闻舆论工作，营造良好舆论环境。坚持党管媒体的原则不变，巩固壮大主流思想舆论，弘扬主旋律，传播正能量，激发全社会团结奋进的强大力量。坚持马克思主义在意识形态领域的指导地位，全面贯彻习近平新时代中国特色社会主义思想，推进马克思主义中国化时代化，建设具有强大凝聚力的社会主义意识形态，坚持不懈用党的最新理论成果武装头脑、指导思想、推动工作。坚守互联网这一意识形态主阵地，深入研判网上舆论热点，时刻保持高度的政治警惕性和政治鉴别力。坚持新媒体领域党管媒体原则，加大舆论引导力度，加快建立网络综合治理体系，依法加强网络空间治理。坚守学校这一意识形态前沿阵地，把高校思想政治工作摆在重要位置，加强领导和引导，形成党委统一领导、各部门齐抓共管的工作格局。旗帜鲜明抵制借“学术自由”之名诋毁马克思主义、否定马克思主义指导地位的行为。开展马克思主义

---

① 《习近平著作选读》第一卷，人民出版社2023年版，第147页。

理论教育，用习近平新时代中国特色社会主义思想铸魂育人，引导师生厚植爱国主义情怀。用好课堂教学这个主渠道，推动思想政治理论课改革创新，不断增强思想性、理论性和亲和力、针对性，满足学生成长发展需求和期待。运用新媒体技术推动思想政治工作传统优势同信息技术相结合，增强时代感和吸引力。

四、坚持统筹安全和发展

坚持统筹安全和发展是新时代国家安全的必然要求。发展和安全是一体之两翼、驱动之双轮。统筹发展和安全，增强忧患意识，做到居安思危，是我们党治国理政的一项重大原则。安全是发展的保障，发展是安全的基础，二者相互作用、相互促进、相互依存，在国家发展安全全局中缺一不可。要把安全贯穿到党和国家工作各方面全过程，同经济社会发展一起谋划、一起部署，做到协调一致、齐头并进，使安全和发展两个目标有机结合，实现高质量发展和高水平安全良性互动。维护改革发展稳定大局，只有社会稳定，改革发展才能不断推进；只有改革发展不断前进，社会稳定才能具有坚实基础。

贯彻总体国家安全观，必须全面把握艰巨繁重的改革发展稳定任务，正确处理改革发展稳定的关系，坚持把改革的力度、发展的速度和社会可承受的程度统一起来。正确处理改革发展稳定关系的结合点，在保持稳定中推进改革发展，通过改革发展促进社会稳定。从问题导向和忧患意识上把握新发展理念，坚持创新、协调、绿色、开放、共享的新发展理念，在贯彻新发展理念中及时化解矛盾风险，不断提高国家安全能力，以安全保发展、以发展促安全，把国家发展建立在更加安全、更加可靠的基础上。在牢牢守住安全发展底线的基础上加快构建以国内大循环为主体、国内国际双循环相互促进的新发展格局，增强自主创新能力，以改革释放创新活力，加快建立健全国家创新体系。形成强大国内市场，加快培育完整内需体系。畅通国内国际大循环，把安全发展贯穿国家发展各领域和全过程。以开放、合作、共赢胸怀谋划发展，推动世界经济全球化朝着开放、包容、普惠、平衡、共赢的方向发展，推动建设开放性世界经济。同时，牢固树立安全发展理念，加快完善安全发展体制机制，补齐相关短板，维护产业链、供应链安全，积极做好防范化解重大风险工作。

第三节　推进国家安全体系和能力现代化

党的二十大报告明确要求，到2035年，社会保持长期稳定，国家安全体系和能力全面加强，[①]我们要自觉按照二十大报告的战略部署，聚焦推进国家安全体系和能力现代化重点任务，认真研究谋划，细化工作措施，抓好推进来落实，确保各项要求落地生根。

一、健全国家安全体系

坚持系统观念，加强前瞻性思考、全局性谋划、整体性推进，形成战斗力。一是完善领导体制。坚持党中央对国家安全工作的集中统一领导，坚定不移贯彻中央国家安全委员会主席负责制，完善高效权威的国家安全领导体制。全面落实国家安全责任制，不折不扣把党中央关于国家安全工作的部署落到实处。二是完善工作机制。强化国家安全工作协调机制，完善重要专项协调指挥体系，健全国家安全审查和监督制度、危机和管控机制等制度机制。三是完善法治、战略、政策、风险监测预警和国家应急管理体系。加强国家安全法治保障，积极推进重要领域立法，完善中国特色国家安全法律体系。加快涉外法治工作战略布局，健全反制裁、反干涉、反“长臂管辖”机制。深入实施《国家安全战略纲要》，强化各领域安全保障体系建设。完善国家安全力量布局，构建全域联动、立体高效的国家安全防护体系。

---

① 参见习近平：《高举中国特色社会主义伟大旗帜　为全面建设社会主义现代化国家而团结奋斗——在中国共产党第二十次全国代表大会上的报告》，人民出版社2022年版，第24—25页。

二、增强维护国家安全能力

更加注重协同高效、法治思维、科技赋能、基层基础，统筹推进各领域国家安全工作。一是坚决维护政治安全，严密防范打击敌对势力渗透、破坏、颠覆、分裂活动，深入开展反恐怖斗争，坚决打赢网络意识形态斗争，坚定维护国家政权安全、制度安全、意识形态安全。二是加强重点领域安全能力建设。确保粮食、能源资源、重要产业链供应链安全，加强海外安全保障能力建设，维护我国公民、法人在海外合法权益，维护海洋权益，坚定捍卫国家主权、安全、发展利益。提高防范化解重大风险能力，严密防范系统性安全风险。三是提高干部群众国家安全意识和能力。以落实国家安全领导责任和工作责任为抓手，全面加强国家安全教育，推动各级领导干部更加自觉地统筹发展和安全两件大事，做到守土有责、守土负责、守土尽责。加强国家安全战线党的建设，坚持以党的政治建设为统领，锻造忠诚纯洁可靠的国家安全干部队伍。增强全民国家安全意识和素养，筑牢国家安全人民防线。

三、提高公共安全治理水平

公共安全一头连着经济社会发展，一头连着千家万户，必须既立足当前，着力解决突出问题，又立足长远，不断完善制度机制，提高公共安全保障能力，切实维护人民群众生命财产安全。要强化事前预防。坚持安全第一、预防为主，建立大安全大应急框架，完善公共安全体系，加强信息化源头管控、精准化监测预警、动态化风险评估等制度机制建设，推动公共安全治理模式向事前预防转型。推动城乡公共安全监管执法和综合治理一体化，把好基层公共安全第一道关口。要推进专项整治。完善和落实安全生产责任制，加强重点行业、重点领域安全监管，深入开展安全隐患排查整治，有效遏制重特大安全事故。坚持最严谨的标准、最严格的监管、最严厉的处罚、最严肃的问责，强化食品药品安全监管，确保人民群众“舌尖上的安全”。健全生物安全监管预警防控体系，全面提高国家生物安全治理能力。加强

一、维护国土安全

国土是国家主权赖以存在的物质空间，国土安全是国家安全体系的重要组成部分，与政治、军事、经济等方面的安全相互影响、相互作用、不可分割。随着我国综合实力的增强和外交能力的提升，我国维护国土安全的手段和资源不断丰富，党和国家综合运用政治、经济、外交、军事等手段应对突发事件的管控能力不断增强。

但也要看到，我国国土安全面临的形势较以前更为复杂。陆地边境安全仍然存在一定的潜在风险，面临着新的挑战。中印边境问题仍未得到彻底解决，边境冲突时有发生；南海主权、领土、领海争议问题依然存在，个别域外大国利用所谓的“航行自由问题”制造争端、激化矛盾的行为引发冲突或战争的可能性不能排除，中日钓鱼岛争端仍存在，中韩专属经济区和大陆架划分问题存在隐忧。“台独”分裂势力“倚美谋独”“以武谋独”，域外干涉势力借台湾问题遏制中国的活动依然猖獗，对两岸关系发展和祖国统一构成严重挑战，反分裂斗争形势依然严峻复杂。

为维护国土安全，必须切实增强维护国土安全能力，推进国土安全体制机制建设，进一步完善国土安全法律法规体系，加强国土安全宣传教育。全面贯彻“一国两制”方针，坚持“爱国者治港”“爱国者治澳”、高度自治的方针，落实中央对香港、澳门的全面管治权，落实特别行政区维护国家安全的法律制度和执行机制，维护香港、澳门大局稳定和长期繁荣。坚持一个中国原则和“九二共识”，坚持“和平统一、一国两制”，但决不承诺放弃使用武力，保留必要时断然采取一切措施的权力，坚决粉碎“台独”势力分裂祖国的图谋，坚决反制域外势力分裂中国的企图。

二、维护经济安全

经济安全是国家安全的基础，经济持续健康发展是国家繁荣富强、人民幸福安康、社会和谐稳定的可靠保障。保证基本经济制度安全，坚持以经济建设为中心，毫不动摇巩固和发展公有制经济，坚持公有制主体地位、主导作用不动摇；毫不动摇鼓励、支持、引导非公有制经济发展，使各种所有制取长补短、相互促进、共同发展。发挥资本作为生产要素的积极作用，同时有效控制其消极作用，为资本设置“红绿灯”，依法加强资本监管，防止资本野蛮生长，支持、引导资本规范健康发展。提高经济增长质量和效益，宏观经济方面防止大起大落，在资本市场上防止大进大出，确保粮食、能源、重要资源安全供给，维护重要基础设施安全。牢牢把握粮食安全主动权，落实藏粮于地、藏粮于技战略。确保能源资源安全，优化、稳定产业链、供应链，拉长长板，巩固提升产业国际领先地位，拉紧国际产业链与我国的依存关系，形成对外方人为断供的强有力反制和威慑能力，确保在极端情况下经济正常运转。维护国际产业链、供应链安全稳定，畅通世界经济运行脉络。进行能源消费、能源技术、能源体制革命，加强能源国际合作，有效利用国际资源，建立能源多元供应体系，实现开放条件下的能源安全。

三、维护文化安全

文化是一个国家、一个民族的灵魂，文化安全是国家安全的重要保障。国内国际形势的深刻变化使我国意识形态领域面临着空前复杂的形势，各种思想文化相互激荡、不同文明相互交流交融的现实进一步凸显了维护文化安全的重要性。维护文化安全必须坚持社会主义核心价值观，坚持社会主义核心价值体系建设，努力抢占价值体系的制高点。着力增强文化软实力，努力传播当代中国价值观念，展示中华民族文化独特魅力。加强和改进国际传播工作，加快构建中国话语体系和中国叙事体系。加强对中华优秀传统文化的挖掘和阐发，推动其创造性转化、创新性发展。

四、维护社会安全

社会安全是社会安定的风向标，与人民群众的利益息息相关。维护社会安全对于人民群众安居乐业、社会安定有序、国家长治久安意义重大。要切实维护公共安全，依法严厉打击各类严重刑事犯罪，完善社会治安防控运行机制，健全社会面动态防控机制，加强重点行业和重点群体治安防控网建设，加大安全生产管理力度。深入开展反恐斗争，加大反恐宣传力度，切实增强反恐斗争意识，进一步提升反恐情报能力建设，加大反恐巡逻力度，全面建立反恐社会参与机制，进一步深化反恐国际合作，充分发挥联合国在国际反恐斗争中的主导作用，妥善解决地区热点问题，着眼长远，综合施策，标本兼治，从源头上肃清滋生恐怖主义的土壤。健全风险防范化解机制，推进我国应急管理体系和能力现代化建设，加强应急预案管理，强化应急救援队伍战斗力建设，发挥好应急管理部门综合优势和各相关部门专业优势，确保责任链条无缝对接，形成整体合力。

五、维护生态安全

生态安全是国家安全的重要组成部分，是经济持续快速发展的重要保障。经过大力治理，我国生态环境质量明显好转，但仍然面临诸多矛盾和问题，生态环境治理任重道远。推进生态文明建设必须坚持人与自然和谐共生理念、绿水青山就是金山银山理念、良好生态环境就是最普惠民生福祉理念，以最严格法治和最严密制度保护生态环境，坚持不懈推动绿色发展，处理好减排和发展的关系，深入打好防治污染攻坚战，稳步提高生态系统质量和稳定性。加快推进生态保护修复，筑牢国家生态安全屏障，提高生态环境治理体系和治理能力现代化水平。

六、维护科技安全

科技安全是支撑国家安全的重要力量和物质技术基础，也是实现其他相关领域安全的关键因素，是国家安全体系的重要组成部分。目前，世界新一轮科技革命给我国未来生存和发展带来挑战，我国重点领域核心关键技术受制于人的局面还没有改变，军民科技融合转化不畅，科技安全管理薄弱，这些都制约了我国的科技安全。要强化科技自立自强对国家安全和发展的战略支撑作用，坚定不移走自主创新道路，扎实走好人才自主培养之路，坚决打赢关键核心技术攻坚战，加快构建关键核心技术攻关举国体制，攻克重要领域“卡脖子”技术，强化基础研究，积极抢占科技竞争和未来发展制高点，加强重大创新领域战略研判和前瞻部署。

七、维护网络、人工智能、大数据安全

习近平总书记指出，没有网络安全就没有国家安全，“过不了互联网这一关，就过不了长期执政这一关”[①]。维护网络安全事关党的长期执政、国家长治久安、经济社会发展和人民福祉。面对复杂的网络安全形势和新的综合性挑战，确保网络信息传播秩序和国家安全、社会稳定，成为摆在我们面前的现实突出问题。必须旗帜鲜明、毫不动摇坚持党管互联网原则，加大依法管理互联网力度，加强网上正面宣传。保障个人信息安全，维护公民在互联网空间的合法权益。筑牢国家网络安全屏障，加强网络基础设施建设和网络安全检查，落实关键信息基础设施防护责任制，加强网络态势感知能力和网络安全信息统筹机制、手段、平台建设，加强网络安全应急指挥能力建设，增强网络安全防御能力和威慑能力。依法加强互联网空间管理，做强网上正面宣传，培养积极健康、向上向善的网络文化，坚决抵制各种错误思潮侵袭。在国际上，与各国共同维护网络空间和平安全，尊重网络主权，尊重各国自主选择的网络发展道路、网络管理模式，不搞网络霸权，不干涉他国内政，不从事、不纵容和不支持危害他国安全的网络活动。确保网络人工智能安全、可靠、可控，牢牢把握新一代人工智能发展带来的新机遇，增加基础性研究投入，增强人工智能科技创新能力，确保人工智能关键核心技术掌握在自己手里。

---

① 中共中央党史和文献研究院编：《习近平关于总体国家安全观论述摘编》，中央文献出版社2018年版，第120—121页。

八、维护核安全

核安全是国家安全体系的重要组成部分，维护核安全事关我国负责任大国形象。目前，我国已基本建立起完善的核安全政府管理体制，基本形成较为完善的核安全法规体系，民用核安全监管专业队伍达到一定规模，核安全监管水平进一步提高。但是，我国的核安全形势仍不容乐观。周边国家核扩散形势严峻，核恐怖主义威胁加大。为此，必须秉持以发展求安全、以安全促发展的理念，采取切实有效措施维护核安全，使发展和安全两个目标有机融合、相互促进。

有效应对核安全挑战，维护好材料和核设施安全，构建核能安全能力网络建设，推广减少高浓铀合作模式，实施提高放射源安全性的计划，启动应对核恐怖危机技术支持倡议，推广国家核电安全监管体系。加强核安全政府监管能力建设，加大核安全技术研发和人力资源投入力度。打造核安全生命共同体，以尊重各国权益为基础推进国际核安全进程，以互利共赢为途径寻求普遍核安全。强化政治投入，把握标本兼治方向。凝聚核安全国际共识，对核恐怖主义零容忍、无差别。推动全面落实核安全法律义务及政治承诺。强化国家责任，构筑严密持久防线。以国际原子能机构为核心，协调、整合全球核安全资源。强化核安全文化建设，营造共建共享氛围。

九、维护海外利益安全

海外利益安全是国家利益的重要组成部分。中国人员和企业“走出去”的力度不断加大，中国的国家利益加速向全球拓展。同时，国际安全环境发生复杂深刻变化，各种传统安全和非传统安全问题点多面广，我国海外安全利益面临的风险增加，维护海湾安全利益工作的重要性日益凸显。要加强海外利益保护，确保海外重大项目和人员安全，保护我国海外金融、石油、矿产、海运和其他商业利益。高度重视海外安全风险防范，全面提高海外安全保障和应对风险能力，探索建设海外项目风险全天候预警评估综合服务平台，加强海外利益保护、国际反恐、安全保障等机制的协同协作。加强沟通与合作，共同维护海上航行自由和通道安全。完善“一带一路”安全保障体系建设，处理好我国利益和“一带一路”沿线国家利益的关系、对外开放和维护国家安全的关系，加强同沿线国家在安全领域的合作关系，努力打造利益共同体、责任共同体、命运共同体。加大海外领事保护工作力度，我们的同胞走到哪里，领事保护就将延伸到哪里，切实保护海外中国公民安全。

第二章　战略条件：国防和军队建设

国防和军队建设是国家安全的坚强后盾。没有一个巩固的国防，没有一支强大的军队，和平发展就没有保障。我军现代化水平已经取得了巨大进步，但与国家安全需要相比还存在一定差距，与世界先进军事水平相比也存在一定差距。一定要正确认识我国安全和发展面临的新形势新挑战，充分认识国防和军队建设的重要地位和作用，增强忧患意识、危机意识、使命意识，按照党中央部署埋头苦干、抓紧快干，推动国防和军队现代化建设实现跨越式发展，为实现中华民族伟大复兴提供坚强力量保证。

第一节　坚持习近平强军思想的指导地位

习近平强军思想是习近平新时代中国特色社会主义思想的重要组成部分，是党的军事指导理论最新成果，是坚持走中国特色强军之路、全面推进国防和军队现代化的行动纲领。

一、习近平强军思想形成的时代背景

习近平强军思想是在中国特色社会主义进入新时代、世情国情军情发生深刻变化的历史条件下形成发展起来的，是从新时代军事事业全部实践中产生的理论结晶。

（一）当今世界正经历百年未有之大变局

世界正经历百年未有之大变局是党的十八大后习近平总书记科学分析国际形势发展变化作出的重大判断。目前，国际经济、科技、文化、安全、政治等格局都在发生深刻复杂的变化，国际力量对比深刻调整，逆全球化思潮上升，全球治理体系加速变革，发展道路和发展模式之争更加激烈，百年未有之大变局加速演进。

百年未有之大变局的突出特点是“东升西降”，中国发展理念、发展道路、发展模式的影响力显著提升，中国日益成为世界和平的建

设者、全球发展的贡献者、国际秩序的维护者。和平发展仍然是时代主题，但世界进入新的动荡变革期，外部环境更加复杂严峻，不确定性提高。习近平强军思想始终以宽广的世界眼光来观察当代中国军事问题，是在准确认识国际格局特别是军事格局变化的基础上创立并不断丰富发展的。

（二）我国正处在由大向强的关键阶段

党的十八大以来，在以习近平同志为核心的党中央坚强领导下，党和国家事业取得历史性成就、发生历史性变革，中华民族迎来了从站起来、富起来到强起来的历史性飞跃，实现中华民族伟大复兴进入了不可逆转的历史进程，我国正处在由大向强的关键阶段，前景光明，挑战也十分严峻，中华民族伟大复兴绝不是轻轻松松、敲锣打鼓就能实现的。

纵观国际关系演变史，新兴大国往往要遭到守成大国的遏制打压。历史和现实都告诉我们，大国崛起绝不可能一帆风顺，新兴大国发展壮大必然充满各种风险挑战。我国正处于一个船到中流浪更急、人到半山路更陡的时候，处于一个愈进愈难、愈进愈险而又不进则退、非进不可的时候，必然会面对各种重大挑战、重大风险、重大阻力、重大矛盾，维护国家政治安全和社会稳定的任务更加艰巨，意识形态领域斗争尖锐激烈，反分裂斗争尖锐复杂，周边领土和海洋权益争端更加凸显。总之，我国安全形势的复杂性和严峻性前所未有。

习近平强军思想始终把国防和军队建设放在实现中华民族伟大复兴的大目标下进行运筹，是在坚决维护国家主权、安全、发展利益的实践中不断丰富发展的。

（三）新一轮军事革命和军事变革加速发展

从国际上近几场局部战争和军事行动看，现代战争信息化程度不断提高，智能化特征日益显现，战争制胜观念、制胜要素、制胜方式发生重大变化。世界新军事革命速度之快、范围之广、程度之深、影响之大前所未有。各主要国家纷纷抢占军事战略制高点，争夺国际军事竞争新优势。科技革命对军事革命的驱动作用越发凸显，一些前沿科技快速发展，可能从根本上改变政治面貌和规则。习近平强军思想敏锐把握世界军事发展趋势和现代战争规律，在大力推进军事创新、引领我军赶上时代潮流中不断丰富发展。

国防和军队建设进入新时代。党的十八大开启强国强军新征程，国防和军队建设正站在新的历史起点上，我军经历了广泛而深刻的历史性变革，实现了政治生态重塑、组织形态重塑、力量体系重塑、作风形象重塑，在中国特色强军之路上迈出坚实步伐，取得了一系列重大理论成果、实践成果、制度成果。同时，体制性障碍、结构性矛盾、政策性问题依然存在，新情况新问题不断出现。习近平强军思想根植于强军实践、作用于强军实践，在引领强军事业奋力开创新局面中创立并不断丰富发展。

二、深入学习贯彻习近平强军思想

党的十九届六中全会确立了习近平总书记党中央的核心、全党的核心地位。深刻领悟“两个确立”的决定性意义，按照学懂弄通做实的要求，努力领会习近平强军思想的精神实质，把握核心要义，做到学、思、用贯通，知、信、行统一。

（一）在学深悟透、融会贯通上下功夫

习近平强军思想内涵丰富、博大精深，要坚持读原著、学原文、悟原理，全面领会、系统把握，带着问题学习、联系实际思考，努力掌握贯穿其中的马克思主义立场观点方法，领悟其中蕴含的道理、学理、哲理。要把学习习近平强军思想同学习马克思主义基本原理结合起来，同学习党史、新中国史、改革开放史、社会主义发展史和我军历史结合起来，不断深化思想认识，筑牢理论根基。

（二）在改造思想、锻铸忠诚上下功夫

学习党的创新理论，最深层次、最内在的是用心滋养初心、淬炼灵魂。要在学习习近平强军思想中汲取精神营养、坚定理想信念，联系强军事业取得的历史性成就、发生的历史性变革，体悟习近平总书记的政治智慧、战略定力、使命担当、为民情怀、领导艺术，进一步

增强对习近平强军思想的政治认同、思想认同、理论认同、情感认同，始终忠诚核心、拥戴核心、维护核心，把理论学习和锤炼党性、砥砺品格统一起来，加强政治训练，严格组织生活，经常检视思想言行，校准价值坐标，掸去思想灰尘，解决好世界观、人生观、价值观这个“总开关”问题，始终坚守共产党人、革命军人的精神高地。

（三）在指导实践、推动工作上下功夫

要在学习习近平强军思想中锤炼过硬政治能力，进一步提高政治判断力、政治领悟力、政治执行力，善于从政治上观察和处理问题，使讲政治的要求转化为内在行动，把自己摆进去、把职责摆进去、把工作摆进去，强化目标导向、问题导向、结果导向，把学习成果转化为谋划和推进国防和军队现代化建设的思路举措，转化为聚焦备战打仗、推进强军事业的扎实实践，做到干中学、学中干，学以致用、用以促学、学用相长。

第二节　毫不动摇坚持党对军队的绝对领导

党对军队实行绝对领导是中国共产党军事领导体制的鲜明特色和根本原则，是马克思主义建党建军的一条基本原则，是我们党长期以来建军治军经验的深刻总结。我军之所以能够战胜各种艰难困苦，不断从胜利走向胜利，最根本的一条就是坚持党对军队的绝对领导。坚持党对军队的绝对领导，关系我军性质和宗旨、关系社会主义前途命运、关系党和国家长治久安，是我军的立军之本和建军之魂。

一、坚持党对军队的绝对领导是立军之本、建军之魂

我军是党缔造和领导的人民军队。党的十八大以来，习主席指出，我军是执行党的政治任务的武装集团，保证党对军队的绝对领导，关系我军性质和宗旨、关系社会主义前途命运、关系党和国家长

治久安，是我军的立军之本和建军之魂。[①]在实现强军目标的伟大征程中，必须毫不动摇坚持党对军队绝对领导的根本原则和制度，确保部队绝对忠诚、绝对纯洁、绝对可靠。

（一）人民军队建设的内在要求

党对军队绝对领导的根本原则和制度，确立于人民军队初创时期，酝酿于大革命失败，发端于南昌起义，奠基于“三湾改编”，定型于古田会议。毛泽东等人民军队的缔造者和领导者，在中国革命战争和建设新型人民军队的实践中，探索确立了这一原则，从而在根本上解决了新型人民军队怎么建的问题，筑牢了人民军队的“根”和“魂”，确保了党从思想上政治上组织上牢固掌握军队，使这支以农民为主的队伍得到脱胎换骨的改造，在硝烟烈火中坚不可摧，在艰难困苦中勇往直前。

在全党全军的努力下，这一原则和制度已经完全融入了人民军队的血脉，成为永远不变的“军魂”。毛泽东鲜明提出：“我们的原则是党指挥枪，而决不容许枪指挥党。”[②]当前，我们正在进行具有许多新的历史特点的伟大斗争。习主席深刻指出，党对军队的绝对领导是我军的军魂和命根子，永远不能变，永远不能丢。坚持党对军队的绝对领导，传承政治建军的红色基因，是历史赋予的担当，是时代给出的考卷，唯此，我军建设发展才能永远沿着正确的轨道前进，才能有效履行使命，才能不负人民期望。

（二）新形势下强军目标的必然要求

“听党指挥、能打胜仗、作风优良”，体现了我们党一以贯之的建军治军指导思想和方针原则，是我军建设发展的时代主题。听党指挥是第一位的要求，为实现强军目标指明了方向、提供了动力。党是中国特色社会主义事业的领导核心，我军只有坚持党的绝对领导，才能

---

① 参见中共中央党史和文献研究院编：《习近平关于总体国家安全观论述摘编》，中央文献出版社2018年版，第51页。

② 《毛泽东选集》第二卷，人民出版社1991年版，第547页。

从根本上保证人民军队的性质、宗旨、本色永不变质，才能经受各种考验不断取得新胜利。在这个根本问题上发生动摇，就等于丢掉了灵魂，就会失去凝聚力、生命力和战斗力。实现党在新形势下的强军目标，只有抓牢党对军队的绝对领导这个命根子，始终在思想上政治上行动上同党中央保持高度一致，模范地贯彻执行党的路线方针政策，贯彻党的主张和意志，遵守党的章程和纪律，才能从根本上为强军兴军提供力量源泉和坚强保证。

（三）国家长治久安的根本保证

执政必执军，军队掌握在谁的手中，关系国家和民族的前途命运。党对军队绝对领导这一根本原则和制度的确立，彻底破除了“兵为将有”的历史顽疾，使我军真正成为捍卫国家、民族和人民利益的坚强柱石。新形势下，党带领全党全国各族人民要继续推进中国特色社会主义，实现中华民族伟大复兴，迫切需要我军有效履行职能使命，为维护和谐稳定的内部环境和安全稳定的外部环境提供坚强保障。只有坚决贯彻党对军队绝对领导的根本原则和制度，才能实现军队毫不动摇地、无条件地听从党的指挥，做好随时应对各种复杂困难局面的准备，确保一旦需要能上得去、打得赢，为党巩固执政地位履行义不容辞的神圣职责。

（四）深化国防和军队改革

国防和军队改革是实现强国梦、强军梦的时代要求，是决定我军发展壮大、制胜未来的关键一招。优化领导指挥体制、调整军队规模结构、持之以恒抓作风建设，党中央始终聚焦国防和军队建设中的深层次矛盾和问题。要啃下这些硬骨头，根本的就是要毫不动摇坚持党对军队的绝对领导，摆脱利益羁绊，冲破观念束缚。唯此，才能紧紧扭住深化国防和军队改革的大局，全面实施改革强军战略，才能有足够的自信和能力，解决影响国防和军队建设的体制性障碍、结构性矛盾、政策性问题，全军上下团结奋斗、攻坚克难，实现改革的既定目标。

二、维护和贯彻军委主席负责制

军委主席负责制是我们党建军治军宝贵经验和优良传统的制度凝结，关系我军最高领导权和指挥权，在党领导人民军队的一整套制度体系中处于最高层次、居于统领地位，是坚持党对军队绝对领导的根本制度和根本实现形式，是“两个确立”在人民军队落地生根的重要制度保证。实践充分表明，军委主席负责制贯彻得好，党对人民军队的绝对领导就有根本政治保证，党和军队事业就会兴旺发达；军委主席负责制贯彻得不好，党对人民军队的绝对领导就会从根本上受到削弱，党和军队事业就会受到严重损害。

党的十八大以来，党中央对军委主席负责制进行了新的探索。在军事领导指挥体制上，通过深化国防和军队改革，形成了军委管总、战区主战、军种主建新格局，更好地使军队最高领导权和指挥权集中于党中央和中央军委。在军事政策制度上，制定军队党的建设条例，修订军队政治工作条例，将军委主席负责制在重要法规中固定下来。在推动工作落实上，印发全面深入贯彻军委主席负责制意见，建立和落实请示报告、督促检查、信息服务三项工作机制，出台批示指示督办落实、重大事项请示报告、监督问责等方面措施规定，推动军委主席负责制贯彻到国防和军队建设各方面全过程。

深刻认识和准确把握其基本内涵和本质特征。军委主席统一领导和指挥全国武装力量，拥有国防和军队建设一切重大问题的最高决策权和最终决定权，主持中央军委全面工作，向党和国家最高权力机关负责。其本质特征体现为：军委主席负责制，是授权负责，集中反映党、国家和人民的意志；是全面负责，涵盖国防和军队建设各个领域各个方面；是首长负责，由军委主席执掌法定的最终决定权。维护和贯彻军委主席负责制，必须强化思想认同、政治认同和法理认同，增强行动上的自觉性和坚定性。

正确处理好军委主席负责制与确保党对军队绝对领导的其他制度的关系。我们党在领导人民军队进行长期的革命、建设、改革实践中，探索总结出了一整套确保党对军队绝对领导的制度，包括：坚持军队最高领导权和指挥权属于党中央和中央军委，军委实行主席负责制；实行党委制、政治委员制、政治机关制；实行党委统一的集体领导下的首长分工负责制；实行支部建在连上。这些制度紧密联系、相互衔接、共同作用，构成了一个系统、完整、科学的组织领导架构体系，为党对军队绝对领导提供了坚强制度保证。其中，军委主席负责制处于最高层次，居于核心和统领地位，事关党对军队绝对领导的战略全局和根本方向，具有牵一发而动全身的决定性作用。维护和贯彻军委主席负责制，必须始终不渝地坚持党对军队绝对领导的一整套制度，使各项制度相辅相成、相得益彰。

积极应对意识形态领域的复杂尖锐斗争，旗帜鲜明反对、坚决抵制“军队非党化、非政治化”和“军队国家化”等错误政治观点的影响，做到在任何时候任何情况下都同党中央、中央军委、军委主席保持高度一致，一切行动听从党中央、中央军委、军委主席指挥。

第三节　坚持深化国防和军队改革

习主席指出：“深化国防和军队改革是实现中国梦、强军梦的时代要求，是强军兴军的必由之路，也是决定军队未来的关键一招。”[①]深化国防和军队改革是一场整体性、革命性变革，要坚持以党在新形势下的强军目标为引领，贯彻新形势下军事战略方针。党的十八届三中全会将深化国防和军队改革纳入全面深化改革的大盘子，上升为党的意志和国家行为，人民军队改革迈上新征程。

一、人民军队的历史就是一部改革创新史

人民军队的历史就是一部改革创新的历史，人民军队自建立伊始就从未停止过改革创新的步伐。革命战争年代，人民军队创立了一整

① 《习近平谈国防和军队建设：改革是决定军队未来的关键一招》，中国共产党新闻网2015年11月27日。

套建军原则和制度，由单一兵种向多兵种发展，组织形态逐步实现正规化。新中国成立后，人民军队进行了以精简整编、调整体制编制为主要内容的多次改革。

20世纪50年代的改革，奠定了军队领导体制的基础和现代化军队的基本框架，实现了由单一军种向诸军兵种合成军队的转变，完成了由革命战争时期向和平建设时期的全面转型。20世纪80年代的改革迈出了由摩托化到机械化的关键一步，实现了精兵、合成、高效方面的转变。20世纪90年代以来的改革，推动人民军队完成了向机械化半机械化军队的转型，走上了继续进行机械化改造同时全面展开信息化建设的道路。人民军队边战边改、边改边建，愈改愈强。人民军队之所以始终保持旺盛的战斗力，是同与时俱进不断推进自身改革密切联系在一起的。

新时代我军必须向改革要创造力、凝聚力、战斗力。习主席领导推开的这一轮改革，就是坚持问题倒逼，实施标本兼治，着力攻克长期积累的体制性障碍、结构性矛盾、政策性问题，进一步解放和发展战斗力，进一步解放和增强军队活力。

我国进入由大向强发展的关键阶段，国防和军队建设处在新的历史起点上，放眼世界，纵观全局，审时度势，应对当今世界百年未有之大变局，有效维护国家安全，坚持和发展中国特色社会主义，协调推进全面建设社会主义现代化国家、全面深化改革、全面依法治国、全面从严治党，贯彻落实党在新时代的强军目标和新时代军事战略方针，履行好新时代军队使命任务，要求我们必须以更大的智慧和勇气深化国防和军队改革。百舸争流，奋楫者先；中流击水，勇进者胜。面对千帆竞发的世界新军事革命，面对强国强军事业的时代呼唤，我们必须有赶上潮流、赶上时代，力争走在时代前列的雄心壮志。

2014年2月，中央军委成立深化国防和军队改革领导小组，习主席担任领导小组组长。2015年7月，中央政治局常委会会议审议通过了深化国防和军队改革总体方案。同年11月，中央军委召开改革工作会议，对深化国防和军队改革作出了全面部署。这轮军队改革是着眼长远的战略筹划，是为党和国家长治久安谋划，为今后20年、30年国防和军队发展打下基础，根本指向是实现党在新时代的强军目标，把人民军队全面建成世界一流军队。这轮改革是新中国成立以来最为广泛、最为深刻的国防和军队改革，通过重塑重构领导指挥体制、现代军事力量体系、军事政策制度，我军生机活力不断释放、面貌焕然一新，国防和军队现代化迈上一个新台阶。实践充分证明，强军兴军动力在改革，出路在改革，前途也在改革。

二、深入推进军队领导指挥体制改革

2019年10月1日，在庆祝中华人民共和国成立70周年阅兵式上，领导指挥方队首次亮相。这一方队从军委机关、五个战区、各军兵种和武警部队抽组，具有鲜明的联合特质和强烈的备战打仗指向，展现了我军改革重塑后领导指挥体制的崭新风貌。领导指挥体制，包括领导管理体制和联合作战指挥体制两个方面，在军队组织体制中处于主导地位，是军队管理和作战的中枢神经。

我军新一轮改革，把贯彻新时代政治建军方略作为根本着眼点，确立军委管总、战区主战、军种主建的总原则，首先解决“脖子以上”的问题，推进领导掌握部队和高效指挥部队有机统一。习主席强调，深化国防和军队改革，首先要深刻理解和把握这个总原则，牢牢坚持这个基石。军委管总、战区主战、军种主建的总原则，是党中央、中央军委立足党情国情军情，在把握现代军队领导指挥特点和规律的基础上确定的，有着政治上的深层次考虑。深化国防和军队改革，是中国特色社会主义军事制度自我完善和发展，是为了更好发挥我军军事制度的优势。

改革必须坚持坚定正确的政治方向，通过一系列体制设计和制度安排，把党对军队绝对领导的根本原则和制度进一步固化下来并加以完善，强化军委集中统一领导，更好使军队最高领导权和指挥权集中于党中央、中央军委。这个总原则要解决的问题，就是在新形势下确保党对军队的绝对领导，确保军委高效指挥军队，确保军委科学谋划和加强部队建设管理。这个总原则，着眼于克服长期以来我军作战指挥和建设管理职能合一、建用一体体制的缺点和不足，使作战指挥职能和建设管理职能相对分离，把联合作战指挥的重心放在战区，把部队建设管理的重心放在军兵种，着力构建中央军委—战区—部队的作战指挥体系和中央军委—军种—部队的领导管理体系，让战区和军兵种在中央军委统一领导下各司其职、各尽其责。

打破总部制，使军委机关以主要精力履行战略谋划和宏观管理职能。2016年初，中央军委机关更换了新式胸标和臂章，这不仅是换标识，更是换脑筋、转职能。翻开军委机关各部门的职责清单，已找不到“领导”的字眼，代之以“指导”“负责”“组织实施”等，这标志着新的军委机关职能定位的改变。我军原来实行的总部制是历史形成的，对推动我军建设发展、保证各项重大任务完成发挥了重要作用。随着形势和任务的发展，这种体制存在的问题也日益凸显，职能泛化、条块分割、政出多门、相互掣肘、战略功能不强的问题比较突出。这轮改革，把总部制调整为多部门制，由原来的四总部改为7个部（厅）、3个委员会、5个直属机构共15个职能部门，就是从职能定位入手，优化军委机关职能配置和机构设置，使军委机关真正成为军委的参谋机关、执行机关、服务机关。

打破大军区体制，使战区以主要精力研究打仗、指挥作战。2016年2月1日，习主席向新成立的东部战区、南部战区、西部战区、北部战区、中部战区授予军旗并发布训令，指出战区担负着应对本战略方向安全威胁、维护和平、遏制战争、打赢战争的使命，对维护国家安全战略和军事战略全局具有举足轻重的作用。这标志着大军区体制的结束、“战区时代”的到来，实现了从战建一体到战建相对分离的转变。过去的大军区体制，军区既管作战指挥，又抓部队建设管理。从指挥角度说，平时主要指挥区域内的陆军部队，一旦有事还要抽组人员、临时搭台。这种体制难以适应现代军队专业化分工的要求，难以适应信息化时代能打仗、打胜仗的要求。如果不及时彻底调整，势必影响作战效能和建设效益，不利于军委对全军实施高效的领导指挥。这轮改革，根据国家安全环境和军队担负的使命任务，把原来的七大军区调整划设为五大战区，健全军委联合作战指挥机构，组建战区联合作战指挥机构，构建起平战一体、常态运行、专司主营、精干高效的战略战役指挥体系。战区主战，把部队建设管理职能剥离出去，从繁杂的行政事务中抽出身来，以便更好地肩负起牵引建设、指导备战、指挥作战职能。

打破大陆军体制，使军兵种以主要精力抓好部队建设管理。2015年12月31日，习主席向陆军、火箭军、战略支援部队授予军旗并致训词，指出成立陆军领导机构、火箭军、战略支援部队，必将成为我军现代化建设的一个重要里程碑，载入人民军队史册。这轮改革，专门成立陆军领导机构，顺应信息化时代陆军建设特点规律，体现军种主建原则要求。随着我国安全形势发生深刻变化，军队使命任务不断拓展，海军、空军、火箭军等军种的作用越来越凸显。传统的大陆军体制，已不适应现代战争特点和现代军队发展要求，如不改变，势必影响各军种在其自身建设管理上主体作用的发挥。这轮改革，组建陆军领导机构，成立火箭军、战略支援部队、联勤保障部队，理顺省军区、武警部队、预备役部队等领导管理体制机制，补齐了我军组织体系中长期存在的一个结构性短板，打破了陆军占主导的局面，实现了军队建设模式由建用一体的大陆军主导体制向军种主导、专业建设的转变，为打造现代军事力量体系奠定了体制基础。

三、打造以精锐作战力量为主体的现代军事力量体系

2017年7月30日，在庆祝中国人民解放军建军90周年阅兵式上，新成立的陆军空中突击旅首次亮相，从一个侧面展现了我军构建现代军事力量体系的成果。习主席指出，要推进新型作战力量建设加速发展、一体发展，加大“腾笼换鸟”力度，努力打造以精锐作战力量为主体的现代军事力量体系。

衡量一支军队强不强，要看规模，更要看质量。军队装备、人员数量及质量与军队战斗力是有机联系的，可以相互补充、相互转化。

一般来说，为提升战斗力，质量上的优势可以弥补数量上的不足，而数量上的优势只能相对弥补质量上的缺陷。随着战争形态的演进，以数量补质量提升战斗力越来越难以为继。特别是信息化时代，大量现代科学技术广泛应用于军事领域，为提升军队质量水平提供了越来越多的手段，质量因素在战斗力建设中已经跃居主导地位，开始发挥决定性作用。压缩军队规模、提高军队质量，是第二次世界大战结束以来主要军事大国军队建设的基本趋势。新中国成立以来，我军先后11次裁军，总员额由最高时的600多万减至目前的200万。兵贵精不贵多，“韩信用兵多多益善”、重兵集团以量取胜的时代已经过去了。实践证明，强大军队不是单纯靠数量、靠规模堆出来的，通过适度裁减军队员额，进一步优化结构、完善功能，不仅不会降低战斗力，反而能大幅提升作战效能。就像一个人一样，去掉脂肪，增加肌肉，身体就会壮实起来。

现代战争要求我们必须首打精锐、主打精锐。现代战争的时空特性、制胜机理发生重大变化，运用精锐力量实施精确作战的特征更加突出，在防区外对全纵深目标进行中远程精确打击成为重要作战方式。新型作战力量是军队精锐作战力量的重要组成部分，代表着军事技术和作战方式的发展趋势，是战斗力新的增长点、未来战场的制高点。这些年，世界各主要国家纷纷调整军队组织形态，把发展新型作战力量作为引领部队力量体系建设的重要支撑，通过组建空天军、网络部队、无人作战力量等，调整优化军事力量体系，谋求新的军事突破。发展新型作战力量事不宜迟，不能消极等待，必须积极培育，否则就会错失良机，被拉开更大的差距。

聚力打造精锐作战力量，是构建现代军事力量体系的必然要求。现代战争打的是体系、拼的是精锐，这对成体系筹划和推进军事力量建设、打造精锐作战力量提出刚性要求。必须坚持以对作战体系的贡献率为标准，统筹加强各种力量、各个系统、各类要素建设，特别是要在提高新质战斗力上求突破，发展真正顶用管用的东西。这轮改革前，我军总的数量规模有些偏大，重大比例关系不够合理，精锐作战力量比较少，体系作战能力亟待提高。通过规模结构和力量编成改革，调整作战部队编成，重构新型作战力量，陆军原18个集团军整合重组为13个集团军，在全军主要作战部队实行“军—旅—营”体制，充实兵种作战力量，减少指挥层级，降低合成重心。增加特种作战、立体攻防、两栖作战、远海防卫、战略投送等新型作战力量，新质战斗力比重大幅度提高。现在，我军更加精干，结构更加优化，编成更加科学，迈出了由数量规模型向质量效能型、人力密集型向科技密集型转变的一大步，部队编成向充实、合成、多能、灵活方向发展。

四、建立健全中国特色社会主义军事政策制度体系

2018年11月，中央军委召开政策制度改革工作会议，对军事政策制度改革作出部署，标志着全面深化国防和军队改革的“第三大战役”全面拉开帷幕。“凡将立国，制度不可不察也。”习主席强调，军事政策制度是我们党治国理政的重要保障，军事政策制度改革是对我军的一次制度性重构，关系实现党在新时代的强军目标、把人民军队全面建成世界一流军队，关系实现“两个一百年”奋斗目标、实现中华民族伟大复兴的中国梦。

军事政策制度调节军事关系、规范军事实践、保障军事发展，对国防和军队建设具有根本性、全局性、基础性作用。军事政策制度是国家或政治集团在一定历史条件下，为满足建设和运用军事力量需要而确立的调整军事领域各种社会关系及相应军事活动的规范体系。一支强大的军队，必须有先进的军事政策制度作支撑。我们党历来高度重视军事政策制度，在革命、建设、改革各个历史时期，根据形势发展变化、党的历史使命、人民军队担负的职责任务，根据建军治军特点规律和实践要求，不断调整和完善军事政策制度，为人民军队永葆性质和宗旨、提高打赢能力、不断从胜利走向胜利提供了重要保障。当前，国际军事竞争十分激烈，其中很重要的一个方面就体现在军事政策制度上。我们要跟上和适应世界新军事革命，掌握军事竞争和战

争主动权，就必须把制度建设摆在战略位置，巩固和发展我国军事政策制度优势。

解决军事政策制度深层次矛盾和问题、全面释放深化国防和军队改革效能，迫切需要对军事政策制度进行系统深入的改革。这轮改革前，虽然我国军事政策制度不断进行调整，但理念不先进、导向不鲜明、体系不完备、军地不衔接等深层次矛盾和问题没有得到根本解决，已经不适应形势任务发展的要求。尤其是随着军队领导指挥体制改革、规模结构和力量编成改革“硬体制”的搭建，“强大脑、健中枢”“强筋骨、壮肌肉”的工作已基本完成，迫切需要对法规制度等软的东西进行重塑再造，在“通经络、活气血”中充分释放改革效能。军事政策制度改革着眼解决同新时代新使命新体制不相适应的政策性问题，打破部门领域界限，从指挥、建设、管理、监督四条链路上进行顶层设计，在军事实践活动各领域、各方面、各环节进行整体重塑，创新完善我军党的建设制度、军事力量运用政策制度、军事力量建设政策制度、军事管理政策制度。近年来，《中华人民共和国国防法》《中国共产党军队党的建设条例》《中华人民共和国人民武装警察法》《中华人民共和国军人地位和权益保障法》《中华人民共和国军事设施保护法》《中华人民共和国兵役法》修订颁布，一些主干政策制度相继推出，一大批配套政策制度和重大改革举措密集出台，军队战斗力和官兵活力进一步解放，改革效能持续释放。

构建中国特色社会主义军事政策制度体系，是以制度创造力赢得国防和军队现代化发展竞争力的必然要求。党的十九届四中全会对坚持和完善党对人民军队的绝对领导制度、构建中国特色社会主义军事政策制度体系作出战略部署，为巩固和拓展深化国防和军队改革成果、深入推进军事政策制度改革，进一步指明了方向，明确了目标、任务和要求。新时代人民军队的现代化，是为实现中华民族伟大复兴提供战略支撑的现代化，是机械化、信息化、智能化融合发展的现代化，是永葆人民军队性质、宗旨、本色的现代化。军队越是现代化，越需要制度创新作保证。这轮军事政策制度改革，坚持以确保党对军队的绝对领导为指向，以战斗力为唯一的根本的标准，以调动军事人员积极性、主动性、创造性为着力点，把新时代强军的理论和实践成果转化为政策引领、制度规范和行为准则，必将推动制度优势转化为实现国防和军队现代化的强大力量。

第四节　加快武器装备体系建设

武器装备是军队现代化的重要标志，是国家安全和民族复兴的重要支撑。建设一支掌握先进装备的人民军队，是我们党孜孜以求的目标。在战争制胜问题上，人是决定因素。同时也要看到，随着军事技术不断发展，装备因素的重要性在上升，人的因素、装备的因素结合得越来越紧密，人与装备已经高度一体化，重视装备因素也就是重视人的因素。

一、先进武器装备是军队现代化的重要标志

马克思主义认为，暴力不是单纯的意志行为，它要求具备各种实现暴力的非常现实的前提，特别是工具，其中较完善的暴力工具战胜较不完善的暴力工具。打仗总是要用武器的。随着军事技术不断发展，武器因素的重要性在上升，如果武器装备上存在代差，仗就很难打了。

“手枪战胜利剑”，这是战争的普遍法则。武器装备出现代差，对于领先一方而言，往往容易获得比较优势，占据战场主动；对于落后一方来说，往往陷入被动挨打的境地。战争实践证明，武器装备是提高整体作战能力的物质技术基础，直接影响着战备水平和战争胜负。现代战争中，武器装备对战争胜负的影响愈加凸显。当前，新一轮科技革命、产业革命、军事革命正快速演进，武器装备远程精确化、智能化、隐身化、无人化趋势更加明显，一些先进武器装备从技术上突破了时空界限，将改变传统战争的攻防格局。武器装备一旦形成代差，往往导致作战力量、作战指挥、作战方式的“非对称”，人和武器的数量优势将大大减弱，人的决策、指挥、精神等的能动性作用将

受到极大制约，以往的战术战法将被改变，战争甚至呈现一边倒的局面。我们要深刻认识和把握现代战争中武器装备越来越重要的规律，增强打造防身利器和“杀手锏”的紧迫感。

把武器装备功能搞上去，才有可能以更小的代价打赢战争。回顾历史，从抗日战争、解放战争到抗美援朝战争，我军用简陋的武器装备抗击了日本侵略者，用小米加步枪战胜了飞机加大炮的国民党军队，在朝鲜战场上打败了武装到牙齿的美国军队，创造了以劣势装备战胜优势装备之敌的辉煌战绩，但武器装备落后也让我们付出了巨大代价。正是基于此，抗美援朝战争还未结束，老一辈革命家就领导创建研制导弹、航空、舰艇、电子、核武器等的科研院所和试验基地。经过几代人艰苦探索创新，我国相继攻克了一大批高精尖技术，研制出了一大批先进武器装备。党的十八大以来，我们加快构建适应信息化战争和履行使命要求的武器装备体系。国产航母辽宁舰、山东舰入列，福建舰下水；新型驱逐舰、两栖攻击舰、歼－20飞机、运－20飞机、东风－41导弹等国之重器加速列装部队，我军武器装备建设实现跨越式发展、取得历史性成就，为提升国家战略能力特别是军事实力提供了坚实物质技术支撑，我们能打仗、打胜仗有了更足的底气。新征程上，必须把武器装备建设放在国防和军队现代化建设优先发展的战略位置来抓，加紧推进“十四五”规划任务落实，加紧构建武器装备现代化管理体系，努力把武器装备建设搞得更好一些、更快一些，全面开创武器装备建设新局面。

二、设计武器装备就是设计未来战争

2018年9月，习主席视察陆军第七十九集团军某陆航旅，登上我国自主研制的直－10武装直升机，佩戴专用头盔，操控机载武器及观瞄系统，仔细询问技战术性能怎么样、实际操作中好不好用、有没有需要改进的地方。习主席一连三问，直击武器装备设计制造的关键。随着武器装备加速推陈出新、迭代发展，武器装备设计的重要性越发突出。习主席指出，设计武器装备就是设计未来战争，未来打什么仗就发展什么武器装备，确保研发和生产的武器装备适应能打仗、打胜仗要求。

武器装备发展是战争形态演变的重要因素。战争形态经历了冷兵器时代、热兵器时代、机械化战争时代、信息化战争时代，并向智能化战争迈进。战争形态的划分，通常是以武器装备的技术特征为标志的。青铜、铁制等兵器被广泛应用于战争，标志着人类战争进入冷兵器时代。火药、枪炮被广泛运用于战争，拉开了热兵器时代的战争序幕。坦克、飞机等机械化装备陆续投入实战，把人类战争引向机械化时代。随着精确制导武器、C4ISR系统等信息化装备逐步应用于战争实践，战争形态正加速向信息化战争演变。现在，高超声速武器、人工智能武器等新兴武器装备发展很快，智能化战争初现端倪。可以预见，智能化武器的发展运用，将塑造新的战争形态、军队组织形态和战斗力生成模式。

武器装备建设必须坚持作战需求的根本牵引。在武器装备建设中，起主导作用的是作战需求。世界武器装备发展史上，为了打击防御工事后方以及近距离目标，发明了迫击炮；为了突破要塞和防线，发明了坦克；为了对付空中目标，发明了高射炮和地空导弹……当前，各主要国家纷纷瞄着未来战争，加快信息化、智能化武器装备更新换代步伐。发展什么武器装备，最根本的还是要瞄准未来战争，要看是否满足作战需求。一些武器装备研制出来后不好用、不适用，症结就在于对未来作战研究不够深入、不够具体，作战需求提得不清楚、不科学。准确提出作战需求，首要的是把未来战争研究透，创新作战理论，深化作战统筹，系统描述所需能力、体系、装备，使作战需求科学、权威、管用，增强武器装备发展的科学性、针对性和前瞻性。

三、让武器装备活起来、动起来

“金头盔”自由对抗空战，代表着中国空军对抗空战训练最高水平。对飞行员来说，要想摘得“金头盔”，拥有性能卓越的战机固然重要，更重要的是通过苦练精飞摸清战机的性能极限，精通武器全功能使用，掌握灵活机动的战术战法，达到人机合一的最佳状态。大胆操作和使用武器装备，从难从严运用，才能最大限度发挥武器装备性能。习主席强调，必须加强武器装备实战化运用，只有经常在贴近实战环境中使用，才知道到底好不好用、管不管用。这些年，我们加快武器装备更新换代步伐，一大批新装备列装部队，基本建成以第四代装备为骨干、第三代装备为主体的武器装备体系。这些武器装备在战备训练、重大演训和军事斗争中被广泛运用，经受了近似实战环境和高强度对抗条件下的摔打，有力支撑了战斗力跃升。

武器装备活起来、动起来，才能实现人与武器最佳结合，形成强大战斗力。战场上，军人不能熟练使用手中武器，无异于坐以待毙。同样一件装备，由于操作者熟练程度不同，发挥的效能相差极大。抗美援朝战争中，狙击英雄张桃芳刻苦学习射击要领，白天一趴一整天，晚上对着香火瞄，用一支普通的步骑枪练到出神入化，32天内以436发子弹打死、打伤214名敌人，创造了志愿军在朝鲜战场上冷枪杀敌的最高纪录。英阿马岛战争期间，阿根廷飞行员为避开英舰雷达探测，在仅有30米的高度超低空飞行，用价值20万美元的“飞鱼”导弹击沉造价两亿美元的“谢菲尔德”号驱逐舰。可以说，对武器装备的熟练操作和使用，使装备成为“身体的一部分”，往往能获得“超常”战斗力，更好地克敌制胜。信息化条件下，各型武器装备之间的关联度、耦合度越来越强，体系运用特点越来越突出。加强武器装备体系化、常态化运用，能实现人与武器在更高程度、更广范围的有机结合，能更好推动我军武器装备成建制成系统形成作战能力和保障能力。还要看到，我军武器装备多代并存，只有挖掘老装备潜力，通过训练实现新老装备有机结合，才能最大限度发挥现有装备整体作战效能。

加强武器装备实战化运用，对提高研制水平具有重要反向带动作用。武器装备建设是一个论证、研制、生产、使用的闭环过程，必须把研制工作同实战化运用对接起来。20世纪90年代，95式自动步枪列装我军，在使用中逐渐暴露出一些问题，研制项目组梳理官兵反馈的20多项意见，大到枪管成形制造工艺，小到子弹抛壳的方向和路线，逐项加以改进，定型为95－1式自动步枪，后来结合实际使用进一步改进。官兵一致反映，95－1式自动步枪是一支符合实战要求的好枪。在“金鹰－2015”国际特种侦察兵竞赛中，中国代表队使用该型步枪表现优异，最终取得外国参赛队第一名的出色成绩。装备好不好用，官兵最有发言权，战场最有裁定权。通过武器装备实战化运用，才能提出更精准的作战需求，发现设计制造上存在的问题，增强研制的针对性和实效性。必须坚持以用促改，提高新装备研制起点，实现研制和运用有机统一。①

第五节　建设强大的现代化后勤

后勤保障是战斗力的重要组成部分，直接影响战争进程和结局。习主席反复强调，打仗在某种意义上讲就是打保障，必须建设强大的现代化后勤。这一科学论断，既源于战火硝烟中的经验启示，也蕴含着对建设世界一流军队、打赢未来战争的前瞻思考。

一、强大后勤是打赢战争的保障

大仗小仗都要打保障，离开后勤就打不了仗。革命战争年代，毛泽东、周恩来、朱德等老一辈革命家都亲自抓后勤工作。我军打土豪、筹款子，建根据地、搞大生产，靠自力更生、发动群众，为人民军队从胜利走向胜利提供了保障。在国外战争史上，这方面的例子也比比皆是。中外战争的实践反复证明，离开了后勤，就失去了军事的物质基础，失去了战争的有力依托，后勤强胜利就更有把握，后勤弱就可能吃败仗。

战争形态越发展，作战对后勤依赖性越大。作战力量多元多样，

① 中共中央宣传部、中央军委政治工作部编：《习近平强军思想学习问答》，人民出版社、解放军出版社2022年版，第235—237页。

节奏进程加快，后勤保障对整个战场运转支撑、作战体系整体功能发挥、作战效能精准释放的作用愈加凸显。叙利亚战争中，俄军在参战前数月就开始扩建港口、整修机场，短短两周内建成数十座加油站、物资仓库、野外补给站，向叙境内提前运送预置了100余件主战装备、1700余吨弹药；战时开辟了被称为“叙利亚快车”的后勤保障线，源源不断从本土向中东输送部队、武器装备和军用物资。正是后勤保障的超前筹划、隐蔽预置、快速投送，有力支撑了俄军作战行动。随着后勤保障越来越成为影响战争胜利的重要因素，战争往往“从后方打起”，瘫痪供应保障链条、打击战争潜力目标、摧毁战争支撑体系等战法手段愈加常见。赢得现代战争胜利，后勤必须先到位、后收场、全程用，必须快速响应、全维参战、精确保障。

后勤保障力体现了国家整体实力，是赢得战略竞争主动的重要力量。20世纪60年代，面对严峻安全形势，我国在经济困难的情况下进行“三线”建设，建设了东北、华北、西北、西南、中南5个战略后方基地和一批战役后方基地，形成稳固战略后方，增强反侵略战争物质基础，有力震慑了有关国家发动战争的图谋。后勤保障力涉及领域广阔，内在的支撑是国家经济能力、战争潜力、武器装备水平和群众基础等要素，展现的是国家意志、综合国力，也是一种战略威慑力。现在，我国国家利益和军队使命任务不断拓展，后勤建设在强国强军进程中使命重大，在党、国家、军队事业发展中地位重要。无论是进行国际维和、国际救援，还是有效维护海外利益、彰显大国形象，没有强大的后勤保障力是不行的。强国强军必须强后勤。建设世界一流军队，后勤建设必须跟上，必须实现跨越式发展。新征程上，要聚焦保障打赢，加快推进“十四五”规划任务落实，加快建设现代军事物流体系和军队现代资产管理体系，加快推动现代后勤高质量发展，为实现建军一百年奋斗目标提供有力支撑。

二、建设一切为了打仗的后勤

长期革命、建设、改革实践中，我军后勤工作形成了一整套光荣传统和优良作风，第一条就是“坚持一切为了前线、一切为了胜利”。后勤因战而生、为战而建，保障打仗是根本指向，保障打赢是第一要务。习主席鲜明提出，后勤工作要把战斗力标准牢固树立起来，扭住保障打仗不放松，按照打仗要求建后勤、用后勤。

一切为了前线、一切为了胜利，是后勤工作的出发点和落脚点。建军之初，我们党就明确了打仗、筹款子、做群众工作是红军的三大任务。革命战争年代，后方工作始终坚持“一切为着前线上的胜利”，后来又提出“一切为了前线、一切为了胜利”，这揭示了后勤工作的根本价值和使命。在抗美援朝战争上甘岭战役中，仅弹药消耗平均每天就达119吨。为保障前线急需，志愿军后勤在敌人强大火力封锁下，采取多种手段，付出巨大牺牲，投入运输车辆2100余台次，火线运输人员8500余人，动用民工6万余人，供应各种物资1.6万余吨。战争年代，我军后勤工作始终是围绕打仗展开的，有力保障了前线的胜利；和平时期，后勤工作同样要立起战的导向，在谋划打仗、保障打仗、服务打仗中找准定位，不断提高后勤对战斗力的贡献率。

我军要的是打仗后勤，而不是过日子后勤。习主席曾经讲过吃鸡蛋和投手榴弹的关系。保证士兵吃鸡蛋的目的是什么？是为了保证士兵更好投手榴弹。战场上手榴弹投得好，那吃鸡蛋才发挥了作用，这就是吃鸡蛋和投手榴弹的辩证法。这反映了一个大道理，就是军事、政治、后勤、装备等各项工作，最终都要有利于提高部队打仗能力，如果不能落到这一点上，那做得再多也是虚功。过去一个时期，一些单位在后勤建设上出现重生活轻战备、重平时轻战时的和平麻痹思想，把后勤搞成了过日子后勤、生活型后勤。党的十八大以来，我军后勤坚持一切工作向保障打赢聚焦，资源配置向实战需求倾斜，保障布势向战略方向优化，信息化建设向为战管用迈进。从高原新型防寒被装、拆装式自供能保温方舱等列装使用，到野战食品实吃实训、无人机投送保障等，无不透射出战的引领、战的指向、战的标准。后勤服务战斗力，说到底要服务部队官兵。围绕打仗搞服务，既要在标准下尽量把战士生活搞得好一些，保证战士吃好穿暖，也要锤炼战士顽强战斗、吃苦耐劳精神。

保障打仗，必须把保障什么、怎么保障这个根本问题搞清楚。当今世界，能源、生物、信息科技发展日益成为影响战争形态的重要因素，对军队后勤建设产生了深刻影响，世界大国军队都在加强后勤建设变革。这就要求我们关注发展动态，前瞻作战需求，加强现代战争后勤保障机理研究，加快构建具有时代特征和我军特色的后勤建设理论体系，加快构建高技术后勤保障。军事斗争准备，后勤不能“后”，要始终站在军事斗争前沿，抓紧研究破解制约军事斗争后勤保障力量提高的重难点问题，深化军事斗争后勤准备。强大的投送能力是抢占制胜先机、赢得战争主动的先决条件，必须加快投送力量、装备手段、交通基础设施建设步伐，努力实现投送能力全面跃升。现代战争，对一线救治时效性要求越来越高，“白金10分钟”、“黄金1小时”成为战伤救治的重要法则，必须大力加强作战部队卫勤力量建设，这是对战士生命负责。后勤训练是提高后勤保障力的重要途径，必须推动后勤融入联战联训，不断提高后勤训练实战化水平，确保随时拉得出、上得去、保得好。[①]

三、建设联合、精干、高效的后勤

深化国防和军队改革，具体到后勤领域就是要重塑后勤体系，建设联合、精干、高效的后勤。联勤是大方向，是适应一体化联合作战指挥体制要求，构建符合信息化作战需求的一体化联合保障体系，是世界军事强国的普遍选择。我军在新中国成立之初就开始探索统供联勤之路，实行三军联勤体制，并进行了多次试点。这轮改革，总结我军多年来联勤保障实践探索经验，借鉴外军有益做法，厘清领导和指挥、平时和战时、通用和专用的职能界面，构建起与联合作战指挥体制相适应，以联勤保障部队为主干、军种为补充，统分结合、通专两

① 中共中央宣传部、中央军委政治工作部编：《习近平强军思想学习问答》，人民出版社、解放军出版社2022年版，第214—218页。

线的保障体制，有利于实现联战联训联保一体、平战一体，有利于全面实施体系保障、联合保障、精准保障。

后勤必须在“精”字上下功夫、在“优”字上做文章、在“强”字上见成效。现代战争强调的是快速反应、精确打击，后勤力量必须与作战要求、保障需求有效对接，实现战斗化、综合化、模块化和高机动化是必然趋势。从我军历史情况看，后勤坛坛罐罐比较多，生活服务摊子大，作战保障短板弱项还不少，与打赢现代战争要求不够适应。重塑我军后勤力量体系，必须优化力量结构布局，既强筋壮骨，又消肿瘦身，推动后勤建设向精、优、强迈出坚实步伐。这次改革，构建起以战略战役力量为主干、队属后勤力量为补充、社会保障为依托的保障体系。联勤保障旅就是后勤保障力量在“减”中加强、在“精”中升级的一个缩影，通过模块化抽组、灵活性组合、集成化保障，实现保障力量高效聚合，成为战场保障的“铁拳头”。

提高后勤管理科学化、法治化、精细化水平。后勤三分供、七分管，管得好，投入和产出就成正比；管不好，非但没有效益，还会产生负效应。管理效能决定后勤保障水平，我军后勤建设要搞上去，必须来一场深刻的管理革命。后勤管理很重要的是集中统管资源、科学配置资源、盘活用好资源，提高国防资源配置使用的精准度。党的十八大以来，我们加大财力物力集中统管力度，加强重要资源统筹调配，国防资源向战斗力建设聚焦、向军事斗争准备急需用力、向保障官兵物质生活倾斜，有效解决了资源管理不够科学，各管一摊、各抓一块，综合效益不高的问题。管理要管得好，必须强化标准。标准就是法规，没有标准化就没有后勤现代化。要完善科学标准体系，发挥标准在后勤保障中的主导、调节、约束、控制功能，做到按标准搞供应、依制度抓管理，着力提高军事经济效益，把有限资源转化为军队现代化建设的实际成果。[①]

---

① 中共中央宣传部、中央军委政治工作部编：《习近平强军思想学习问答》，人民出版社、解放军出版社2022年版，第220、221页。

第三章　战略条件：祖国统一

中华民族大一统是中华文化和中华文明的根本，是中华民族的生存与发展方式，而这种生存与发展方式对国家和政治要求的产物就是大一统政治。[①]实现和维护国家统一历来是中华民族矢志不渝的不懈追求，也是中国共产党人追求人民幸福、国家富强、民族复兴的必然要求。中国日益走近世界舞台中央，中华民族日益接近伟大复兴的宏伟目标，祖国统一是民族复兴、国家崛起的必然要求。

第一节　台湾是中国领土不可分割的一部分

台湾属于中国有着铁一般的历史事实和明确的法理依据，已得到了国际社会的公认，不容否认，不容篡改。

一、台湾自古以来就属于中国

台湾自古即属于中国。早在1700年前中国人民就开始对台湾进行开发，三国时期孙吴政权和隋朝政府都曾派人到达台湾。17世纪之后，中国大陆到台湾开发的人口越来越多，台湾人口也迅速增长，大大加快了台湾开发的进程。

中国历代政府先后对台湾行使了有效的管辖权。早在公元12世纪中叶，宋朝政府即已派兵驻守澎湖，将澎湖地区划归福建泉州晋江县管辖。元朝政府设立澎湖巡检司，负责管辖台湾。16世纪中后期，明朝政府恢复了一度废止的巡检司，并增兵澎湖以防御外敌入侵。17世纪，荷兰和西班牙先后入侵中国台湾，1661—1662年，民族英雄郑成功率军驱逐了荷兰殖民者，收复了台湾。1662年，郑成功在台湾设承天府。台湾回归中国后，清朝政府逐步在台湾扩增行政机构，加强了对台湾的治理。1684年，清政府设“分巡台厦兵备道”及“台湾

① 林尚立：《当代中国政治：基础与发展》，中国大百科全书出版社2017年版，第36页。

府”，隶属福建省管辖。1714年，清政府派员测绘台湾地图，勘丈全境里数。1721年，增设“巡视台湾监察御史”，改“分巡台厦兵备道”为“分巡台厦道”，其后又陆续增设彰化县和淡水厅。1727年，清政府复改“分巡台厦道”为“分巡台湾道”，增设澎湖厅，定“台湾”为官方统一的名称。1875年（清光绪元年），清政府为进一步经营和治理台湾，再增设“台北府”及“淡水”“新竹”“宜兰”三县和“基隆厅”。1885年（清光绪十一年），清政府正式划台湾为单一行省，任刘铭传为首任巡抚，行政区扩为三府一州，领十一县五厅。海峡两岸中国人为反对外国侵占台湾进行了长期不懈的斗争。1894年，日本对中国发动甲午战争，清政府战败，被迫同日本签订《马关条约》，台湾被迫割让给日本，从此处于日本的殖民占领之下达50年之久。抗日战争胜利后，日本战败投降，台湾回到了祖国怀抱。

二、台湾属于中国是国际社会的公认事实

台湾属于中国的事实得到了国际社会的公认。1943年12月1日，中、美、英三国在开罗会议上签署《开罗宣言》，宣言指出：三国之宗旨，在剥夺日本自从一九一四年第一次世界大战开始后在太平洋所夺得或占领之一切岛屿，在使日本所窃取于中国之土地，例如满洲、台湾、澎湖列岛等，归还中华民国。[①]1945年7月26日，中、美、英三国签署（后苏联参加）的《波茨坦公告》重申：《开罗宣言》之条件必将实施，而日本之主权必将限于本州、北海道、九州、四国及吾人（盟国）所决定其他小岛之内。同年8月15日，日本宣布投降，《日本投降条款》规定：接受中美英三国共同签署的、后来又有苏联参加的1945年7月26日的《波茨坦公告》中的条款。10月25日，同盟国中国战区台湾省受降仪式于台北举行，受降主官代表中国政府宣告：从今天起，台湾及澎湖列岛已正式重入中国版图，所有一切土地、人民、政事皆已置于中国主权之下。

---

① 朱杰勤、黄邦和主编：《中外关系史辞典》，湖北人民出版社1992年版，第588页。

1971年10月，第26届联合国大会通过第2758号决议，决定“恢复中华人民共和国的一切权利，承认她的政府的代表为中国在联合国组织的唯一合法代表”，并要求将台湾当局“代表”从其“在联合国组织及其所属一切机构中所非法占据的席位上驱逐出去”。这一决议不仅从政治上、法律上和程序上彻底解决了包括台湾在内中国在联合国的代表权问题，而且明确了中国在联合国的席位只有一个，不存在“两个中国”“一中一台”的问题。

1982年12月，第五届全国人民代表大会第五次会议通过的《中华人民共和国宪法》规定：“台湾是中华人民共和国的神圣领土的一部分。完成统一祖国的大业是包括台湾同胞在内的全中国人民的神圣职责。”2005年3月，第十届全国人民代表大会第三次会议通过的《中华人民共和国反分裂国家法》规定：“世界上只有一个中国，大陆和台湾同属一个中国，中国的主权和领土完整不容分割。维护国家主权和领土完整是包括台湾同胞在内的全中国人民的共同义务。”“台湾是中国的一部分。国家绝不允许‘台独’分裂势力以任何名义、任何方式把台湾从中国分裂出去。”2015年7月，第十二届全国人民代表大会常务委员会第十五次会议通过的《中华人民共和国国家安全法》规定：“中国的主权和领土完整不容侵犯和分割。维护国家主权、统一和领土完整是包括港澳同胞和台湾同胞在内的全中国人民的共同义务。”

自中华人民共和国成立以来，182个国家先后同中国建立了外交关系，他们均承认只有一个中国，中华人民共和国政府是中国的唯一合法政府，台湾是中国的一部分。

第二节　台湾问题是近代中国落后的产物

中国近代史是一部被侵略、被宰割、被凌辱的历史，也是中国人民为争取民族独立，维护国家主权、领土完整和民族尊严而英勇奋斗的历史。台湾问题的产生与发展，都与这段历史有着紧密的联系。台湾在第二次世界大战之后，在法律上和事实上已回归中国，之后出现的台湾问题是国民党反动派发动反人民内战的产物，但更重要的是外国势力介入中国内战、干涉中国内政的结果。

抗日战争胜利后，国民党蒋介石集团依靠美国的支持，发动了反人民的内战。经过三年的人民解放战争，南京国民政府被推翻。1949年中华人民共和国成立，中华人民共和国政府成为中国唯一的合法政府。败退的国民党集团在美国的支持下盘踞台湾，造成了台湾海峡两岸的隔绝状态。但是，中国的国家主权和领土完整从未分割，大陆和台湾同属一个中国的事实从未改变，全体中华儿女追求祖国统一的努力从未停止。

中华人民共和国诞生以后，美国对新中国采取了孤立、封锁、遏制的政策，并且在朝鲜战争爆发后武装干涉纯属中国内政的海峡两岸关系。朝鲜战争爆发后，1950年6月27日，美国政府派第七舰队入侵中国台湾海峡，阻止中国人民解放军解放台湾，公然干涉中国内政。1954年12月，美国又与台湾当局签订了所谓“共同防御条约”，将中国台湾置于美国的“保护”之下。美国政府继续干涉中国内政的错误政策，造成了台湾海峡地区长期的紧张对峙局势，台湾问题自此成为中美两国间的重大争端。

为了缓和台湾海峡地区的紧张局势，探寻解决中美两国之间争端的途径，自20世纪50年代中期起，中国政府即开始与美国对话。自1955年8月至1970年2月，中美两国共举行了136次大使级会谈，但在缓和与消除台湾海峡地区紧张局势这个关键问题上未取得明显进展。20世纪60年代末70年代初，美国在苏联巨大的战略压力和内外交困的情况下被迫进行战略调整，中美关系逐步出现解冻的形势。1972年2月，时任美国总统尼克松访问中国，在中美双方发表的联合公报中美方声称：“美国方面声明：美国认识到，在台湾海峡两边的所有中国人都认为只有一个中国，台湾是中国的一部分。美国政府对这一立场不提出异议。”

1978年12月，美国政府接受了中国政府提出的“断交、废约、撤军”建交三原则，中美两国于1979年1月1日正式建立外交关系，中美在建交联合公报中声明：“美利坚合众国承认中华人民共和国政府是中国的唯一合法政府。在此范围内，美国人民将同台湾人民保持文化、商务和其他非官方联系”;“美利坚合众国政府承认中国的立场，即只有一个中国，台湾是中国的一部分”。自此，中美关系实现正常化。但是，美国国会旋即通过了所谓“与台湾关系法”，经美国总统签署生效，以国内立法的方式继续干涉中国内政，继续售台武器，阻挠中国统一。1982年8月17日，中美两国签署了旨在解决美国售台武器问题的《八一七公报》，美国政府在公报中承诺逐步减少向台湾地区出售武器并最后解决这一问题，但之后却不断违反承诺，继续向台湾地区出售武器，继续干涉中国内政。

在大国战略竞争日益激烈的背景下，美国已把中国视为最大的战略竞争对手，不断对中国进行遏制打压，继续以台湾问题牵制中国，继续阻挠中国统一，在台湾问题上损害中国主权领土完整的行为变本加厉。由此可见，台湾问题直到现在还未能得到彻底解决，美国政府有着不可推卸的责任。

第三节　扫清祖国统一的障碍

台湾问题至今未能解决的原因主要是域外势力干涉中国内政。同时，台湾地区“台独”分裂势力企图分裂国家、谋求“台湾独立”的言行也是阻挠因素，是祖国和平统一需要清除的障碍。

一、域外势力干涉阻挠中国统一

从19世纪末开始，美国就开始关注中国，在较长时期内以“门户开放”政策与其他国家分享在中国的特权。1943年初，美国出于自身战略利益的考量，制定了建立以蒋介石为首的亲美政权，让中国成为世界大国抗衡苏联的对华政策，并基于这一政策同意战后将日本所窃取的中国领土如台湾、澎湖列岛归还中国。战后，美国扶植和加强蒋介石政权并支持其发动内战。

1947年2月底，台湾爆发“二二八”事件，美国驻台北总领事馆向美国政府建议以当时台湾在法律上尚属于日本为由，以联合国名义进行直接干预，同时向中国保证，待“负责的中国政府”出现后再归还中国。这是“台湾地位未定论”和“联合国托管”方案的缘起，表明美国对台政策开始发生变化。1947年秋，人民解放军在全国战场上转入战略反攻，美国政府感到国民党统治不稳，开始主张美国调整对台政策。1948年11月24日，美国参谋长联席会议主席李梅上将致函美国国家安全会议，指出中国形势日益恶化，台湾、澎湖列岛关系日本与马来半岛间的航路，也控制着菲律宾与冲绳之间的交通往来，如果落在不友好国家之手，美国在远东的地位将受到威胁，因此主张美国应利用一切外交和经济手段，避免使台湾长期属于对美不友好的政权，把中国划入美国的势力范围。

1948年冬，人民解放军相继发起辽沈、淮海、平津三大战役，中国革命形势迅猛发展，美国感到国民党大势已去，开始重新审查对华政策，把政策目标从“尽一切力量阻止中共取胜”改为“尽一切力量阻止中国成为苏联的附庸”，决定逐步从中国内战中“脱身”，而集中力量“不让台湾落入中共之手”。1949年8月5日，美国政府发表《美国与中国的关系》白皮书和艾奇逊国务卿给杜鲁门总统的信，公开承认美国对华政策的失败，标志着美国开始从中国大陆“脱身”。同时，美国开始在分离中国台湾地区上做文章。1949年1月15日，美国国务院远东司司长巴特沃思在一封绝密信中说，美国应利用政治的和经济的手段阻止中国共产党政权控制台湾。8月，美国政府根据中国国内形势的发展作出加强并支持台湾非共产党政权、阻止大陆中国人进入台湾和在符合美国利益时利用“台湾自治运动”的决定。1949年底，美国政府决定继续援助台湾当局。

1950年6月25日，朝鲜战争爆发。6月27日，美国政府派第七舰队入侵中国台湾海峡，阻止中国人民解放军解放台湾。美国总统杜鲁门正式提出“台湾地位未定论”，并宣布台湾未来的地位由对日和约或由联合国决定。朝鲜停战后，1954年12月，美国与台湾当局签订了所谓“共同防御条约”，将其置于美国的“保护”之下，继续干涉中国内政、插手台湾问题。

1958年8月23日，中国人民解放军开始炮击金门、马祖的国民党军队。美国总统艾森豪威尔重申美国武力“保护”台湾的所谓“责任”，美国国务卿杜勒斯宣称要把美国在台湾海峡的侵略范围扩大到金、马等中国沿海岛屿并提出所谓的“停火”方案。9月30日，杜勒斯提出“划峡而治”、制造“两个中国”的图谋，遭到中国政府坚决拒绝。

美国政府长期操纵联合国表决机器，竭力阻挠恢复中华人民共和国在联合国的合法席位。随着大批新独立的国家加入联合国和联合国内要求驱逐台湾当局的非法代表和恢复中国合法席位的呼声越来越高，美国又操弄所谓“重要问题”提案，企图继续阻挠恢复中华人民共和国在联合国的合法席位。1971年10月25日，第26届联合国大会通过了恢复中华人民共和国在联合国合法席位的提案，美国制造“两个中国”的图谋彻底破产。

1979年1月，中美建交，但美国对台政策本质并未改变，继续支持台湾当局对抗中国大陆，阻挠中国完全统一。1979年4月，美国参众两院先后通过所谓“与台湾关系法”，并经美国总统签署生效。“与台湾关系法”公然声称“美国决定同中华人民共和国建立外交关系是基于台湾的前途将通过和平方式解决这样的期望”，“以非和平方式包括抵制或禁运来决定前途的任何努力，是对西太平洋地区的和平和安全的威胁，并为美国严重关切之事”，美国仍将“向台湾提供防御性武器”。中美建交以后，美国历届政府一方面表示遵守中美联合公报、执行一个中国政策，但同时又以“与台湾关系法”为基础，继续在政治、经济、军事等各方面支持台湾，并且以中国政府执行和平统一方针为美国执行一个中国政策的前提，继续阻挠台湾问题的解决，阻挠中国统一。

特朗普政府和拜登政府均把中国视为最大战略竞争对手进行遏制打压，不断利用台湾问题干涉中国内政、阻碍中国发展。美国政府一方面声称其一个中国政策没有改变，不支持“台独”，不希望与中国发生冲突；另一方面大肆实质性提升美台官方关系，不断派高官窜台，售台大量先进武器，搞“台湾地位未定论”，发表“军事防卫台湾”的错误言论，不断歪曲和掏空一个中国原则，把单方面炮制的“与台湾关系法”和“对台六项保证”凌驾于中美三个联合公报之上，严重违反国际关系基本准则。回顾中美关系历史、观察中美关系现实可知，美国始终是阻挠中国统一的最大外部障碍。

二、“台独”分裂势力是祖国统一的最大障碍

1988年，李登辉继任台湾地区领导人。从20世纪90年代初开始，李登辉逐步背离一个中国原则，先后鼓吹“两个政府”“两个对等政治实体”“台湾已经是个主权独立的国家”“现阶段是‘中华民国在台湾’与‘中华人民共和国在大陆’”等错误言论，而且自食其言，声称自己“始终没有讲过一个中国”。李登辉还纵容、扶持主张所谓“台湾独立”的分裂势力及其活动，使“台独”势力迅速发展、“台独”思潮蔓延。在李登辉主导下，台湾当局采取了一系列实际的分裂步骤，力图通过所谓的“宪政改革”将台湾改造成一个“独立的政治实体”，以适应制造“两个中国”的需要，同时，进行以制造“两个中国”为目的的“拓展国际生存空间”活动；自1993年起，连续七年推动所谓“参与联合国”的活动。在军事方面，大量向外国购买先进武器，谋求加入美国的战区导弹防御系统，企图变相与美、日建立某种形式的军事同盟。在思想文化方面，图谋抹杀台湾同胞特别是年轻一代的中国人意识和对祖国的认同，挑起台湾同胞对祖国的误解和疏离感，割断两岸同胞的思想和文化纽带。

民进党当局坚持“台独”分裂立场，勾连外部势力不断进行谋“独”挑衅活动，拒不接受一个中国原则，歪曲否定“九二共识”，妄称“中华民国与中华人民共和国互不隶属”，公然抛出“新两国论”；在岛内推行“去中国化”“渐进台独”，纵容“台独”势力鼓噪推动“修宪修法”，欺骗台湾民众，煽动仇视大陆，阻挠破坏两岸交流合作

和融合发展，加紧“以武谋独”“以武拒统”；勾结外部势力，在国际上竭力制造“两个中国”“一中一台”。民进党当局的谋“独”行径导致两岸关系紧张，危害台海和平稳定，破坏和平统一前景、挤压和平统一空间，是争取和平统一进程中必须清除的障碍。

第四节　坚持“和平统一、一国两制”基本国策

解决台湾问题，实现国家统一，是全体中国人民和中华民族庄严、神圣的使命，是实现中华民族伟大复兴的必然要求。中国政府解决台湾问题的基本方针是“和平统一、一国两制”。“和平统一、一国两制”不但是建设中国特色社会主义理论和实践的重要组成部分，更是中国政府一项长期不变的基本国策。这一基本方针包括如下四个基本点。

一、一个中国

世界上只有一个中国，台湾是中国不可分割的一部分，中央政府在北京，这是和平解决台湾问题的前提。中国政府坚决反对任何旨在分裂中国主权和领土完整的言行，反对“两个中国”“一中一台”或“一国两府”，反对一切可能导致“台湾独立”的企图和行径。海峡两岸的中国人民都主张只有一个中国，都拥护国家的统一，台湾作为中国不可分割的一部分的地位是确定的、不能改变的，不存在什么“自决”的问题。

二、“两制”并存

在一个中国的前提下，大陆的社会主义制度和台湾的资本主义制度，实行长期和平共存，共同发展，谁也不吃掉谁。这种考虑，主要是基于照顾台湾的现状和台湾同胞的实际利益。两岸实现统一后，台湾的现行社会经济制度不变，生活方式不变，同外国的经济文化关系不变，私人财产、房屋、土地、企业所有权、合法继承权、华侨和外国人投资等，一律受法律保护。

三、高度自治

祖国统一后，台湾将成为特别行政区，享有高度的自治权，拥有在台湾的行政管理权、立法权、独立的司法权和终审权；党、政、军、经、财等事宜均自行管理；可以同外国签订商务、文化等协定，享有一定的外事权；有自己的军队，大陆不派军队也不派行政人员驻台。特别行政区政府和台湾各界代表人士还可以出任国家政权机构的领导职务，参与全国事务的管理。

四、和平谈判

通过接触谈判，以和平方式实现国家统一，是全体中国人的共同心愿。两岸都是中国人，如果因为中国的主权和领土完整被分裂，兵戎相见，骨肉相残，对两岸的同胞都是极其不幸的。和平统一，有利于全民族的大团结，有利于台湾社会经济的稳定和发展，有利于全中国的振兴和富强。

为结束敌对状态，实现和平统一，两岸应尽早接触谈判。在一个中国的前提下，谈判的方式、参加的党派、团体和各界代表人士以及台湾方面关心的其他一切问题都可以通过谈判解决。鉴于两岸的现实状况，中国政府主张在实现统一之前，双方按照相互尊重、互补互利的原则，积极推动两岸经济合作和各项交往，进行直接通邮、通商、通航和双向交流，为国家和平统一创造条件。

和平统一是中国政府的既定方针。但是，每一个主权国家都有权采取自己认为必要的一切手段包括军事手段维护本国主权和领土完整。“我们坚持以最大诚意、尽最大努力争取和平统一的前景，但决不承诺放弃使用武力，保留采取一切必要措施的选项，这针对的是外部势力干涉和极少数‘台独’分裂分子及其分裂活动，绝非针对广大台湾同胞。”①中国政府采取何种方式处理本国内部事务纯属中国内

① 习近平：《高举中国特色社会主义伟大旗帜 为全面建设社会主义现代化国家而团结奋斗——在中国共产党第二十次全国代表大会上的报告》，人民出版社2022年版，第59页。

政，没有义务对任何外国或图谋分裂中国者作出承诺。

台湾问题纯属中国的内政，不同于第二次世界大战后经国际协议而形成的德国问题和朝鲜问题。因此，台湾问题不能和德国问题、朝鲜问题相提并论。中国政府历来反对用处理德国问题、朝鲜问题的方式来处理台湾问题。台湾问题应该也完全可以通过两岸的协商，在一个中国的架构内求得合理的解决。

第五节　祖国统一进程不可阻挡

在中华民族5000多年的发展进程中，追求统一、反对分裂始终是全民族的主流价值观，这一价值观早已深深融入整个中华民族的精神血脉。祖国统一是历史大势，“祖国必须统一，也必然统一。这是七十载两岸关系发展历程的历史定论，也是新时代中华民族伟大复兴的必然要求。”[①]在国家实力逐步增强的情况下，只要我们坚决贯彻新时代我们党解决台湾问题的基本方略，敢于斗争，善于斗争，祖国统一的进程就不可阻挡。

一、实现祖国完全统一是中华民族伟大复兴的必然要求

实现中华民族伟大复兴，是近代以来中国人民和中华民族最伟大的梦想。实现祖国完全统一，才能使两岸同胞彻底摆脱内战的阴霾，共创共享台海永久和平；避免台湾再次被外国侵占的危险，打掉外部势力遏制中国的图谋，维护国家主权、安全、发展利益；清除“台独”分裂的隐患，稳固台湾作为中国的一部分的地位，推进中华民族伟大复兴；更好地凝聚两岸同胞力量建设共同家园，增进两岸同胞利益福祉，创造中国人民和中华民族更加幸福美好的未来。

实现祖国完全统一，是由中华民族的历史和文化所决定的，也是由中华民族伟大复兴的时和势所决定的。我们比历史上任何时期都更

① 中共中央党史和文献研究院编：《十九大以来重要文献选编》(上)，中央文献出版社2019年版，第743页。

接近、更有信心和能力实现中华民族伟大复兴的目标，也更接近、更有信心和能力实现祖国完全统一的目标。“台湾问题因民族弱乱而产生，必将随着民族复兴而终结！”[①]祖国统一必将在中华民族伟大复兴的进程中得以实现。

二、国家发展进步引领两岸关系发展方向

国家的发展进步是决定两岸关系走向、实现祖国完全统一的关键因素。国家发展进步特别是40多年来改革开放和现代化建设所取得的伟大成就，深刻影响着解决台湾问题、实现祖国完全统一的历史进程。无论何党何派在台湾掌权，都无法改变两岸关系向前发展的总体趋势和祖国统一的历史大势。

经过70余年的发展，海峡两岸实力对比已经发生了翻天覆地的变化。国家发展进步特别是经济实力、科技实力、国防实力持续增强，不仅有效遏制了“台独”分裂活动和外部势力干涉，更为两岸交流合作提供了广阔空间，带来了巨大机遇。两岸社会各界的交往、交流、交融加深了两岸同胞的情感联系，增进了两岸同胞文化、民族和国家认同，为祖国统一奠定了坚实的基础。

中国正处在和平崛起、民族复兴的进程中，坚持中国特色社会主义道路，治理效能提升，经济长期向好，物质基础雄厚，人力资源丰厚，市场空间广阔，发展韧性强大，社会大局稳定，继续发展具有多方面优势和条件，并可将这些优势和条件持续转化为推进统一的强大动力。随着综合实力和国际影响力持续提升，大陆对台湾的影响力、吸引力不断扩大，我们解决台湾问题的基础更雄厚、能力更强大，我们更有信心、更有实力推动祖国统一进程。

---

① 中共中央党史和文献研究院编：《十九大以来重要文献选编》(上)，中央文献出版社2019年版，第744页。

三、“台独”分裂势力抗拒统一必将失败

台湾是祖国神圣领土的一部分，“台独”势力企图分裂国家是螳臂当车、死路一条。台湾是包括2300万台湾同胞在内的全体中国人民的台湾，中国人民是挫败一切“台独”分裂图谋的根本力量，捍卫国家主权和领土完整、维护中华民族根本利益的决心不可动摇，意志坚如磐石。100多年前中国积贫积弱，台湾被外国侵占。70多年前中国打败侵略者，收复了台湾。现在的中国已跃升为世界第二大经济体，政治、经济、文化、科技、军事等实力大幅增强，更不可能再让台湾从中国分裂出去。搞“台独”分裂抗拒统一，根本过不了中华民族的历史和文化这一关，也根本过不了14亿多中国人民的决心和意志这一关，是注定要失败的。

四、外部势力阻碍中国完全统一必将失败

外部势力干涉是推进中国统一进程的主要障碍。美国一些势力出于霸权心态和冷战思维，将中国视为最主要的战略对手和最严峻的长期挑战，竭力进行围堵打压，变本加厉“以台制华”。美国声称“奉行一个中国政策，不支持‘台独’”，但美国一些势力在实际行动上却背道而驰。他们虚化、掏空一个中国原则，加强与中国台湾地区官方往来，不断策动对台军售，加深军事勾连，助力台湾拓展所谓“国际空间”，拉拢其他国家插手台湾问题，不时炮制损害中国主权的涉台议案。他们颠倒黑白、混淆是非，一方面怂恿“台独”分裂势力制造两岸关系紧张动荡；另一方面却无端指责大陆“施压”“胁迫”“单方面改变现状”，为“台独”分裂势力撑腰打气，给中国实现和平统一制造障碍，目的是把台湾作为牵制、遏制中国的棋子，阻碍中华民族伟大复兴的实现，维持自己的霸权地位，绝不是为了台湾同胞的利益着想。

我们坚决维护国家主权和领土完整，绝不容忍国家分裂的历史悲剧重演。世界上只有一个中国，坚持一个中国原则是公认的国际关系准则，是国际社会普遍共识。中国人的事要由中国人来决定。

台湾问题是中国的内政，事关中国核心利益和中国人民民族感情，不容任何外来干涉。当年，我们在国力不强的情况下取得了抗美援朝战争的胜利，彰显了中国的大国地位，展现了中国不畏强权的铮铮铁骨，在中华民族迈向伟大复兴的进程中，我们更有坚定的意志、充分的信心、足够的能力维护国家主权、领土完整，完成祖国统一大业。

第四章　战略条件：大国外交

大国外交是习近平外交思想的重要组成部分。习近平总书记在中央外事工作会议上指出，“中国必须有自己特色的大国外交”①，“坚持以实现中华民族伟大复兴为使命推进中国特色大国外交”②。这是以习近平同志为核心的党中央在继承和发扬中国外交核心原则和优良传统的基础上，准确把握我国所处历史方位和国际大势，着眼实现“两个一百年”奋斗目标和中华民族伟大复兴战略全局作出的重要决策和战略部署，是新时代赋予中国外交的历史使命。

第一节　中国是国际舞台上举足轻重的大国

大国作为国际体系的主要行为体，是时代的塑造者和推进者。全球事务和国际关系反复证明，大国的自我定位、相互定位和共同定位是影响国际关系和世界形势走势的重要因素之一。③习近平外交思想是当代中国马克思主义在外交领域的集中体现，也是中国解决当前和未来时代问题、对大国定位的科学指南和根本遵循。在外交工作中，只有树立正确角色观，准确定位，才能弄清楚我国在世界格局演变中的地位和作用，科学制定我国对外方针政策，明确外交工作的方向和目标，认清外交工作的使命和担当，顺利实现民族复兴，维护世界和平，构建人类命运共同体。

---

① 《习近平谈治国理政》第二卷，外文出版社2017年版，第443页。

② 《习近平谈治国理政》第三卷，外文出版社2020年版，第427页。

③ 杨洁勉：《当代大国相互定位及时代特征分析》，《国际展望》2020年第3期。

一、中国仍然是最大的发展中大国

无论是从在国际体系中的地位、作用和权益看，还是从在全球事务和国际关系中的战略目标看，中国都是当今国际舞台上当之无愧的大国。中华人民共和国成立70余年来，中国共产党把马克思主义基本原理与中国具体实际相结合，建设中国特色社会主义，全面建成小康社会，截至2021年，中国经济总量达到17.7万亿美元①，人均国民收入达到11890美元②，从低收入国家迈入中等偏上收入国家行列。中国已是世界第二大经济体、第一工业大国、第二大服务贸易国、第二大对外投资国、第一大货物贸易国，综合国力持续快速增长。但是，中国仍处于并将长期处于社会主义初级阶段的基本国情没有变，中国作为世界最大发展中国家的事实没有变。

新中国成立以来，我们始终高度重视同发展中国家的友好合作，同广大发展中国家在争取民族独立、推动国家发展的事业中相互支持、相互帮助，同呼吸、共命运、齐发展。不论中国发展到什么程度，中国永远是发展中国家的一员，中国始终同发展中国家站在一起，坚定支持增加发展中国家特别是非洲国家在国家治理体系中的代表性和发言权。中国在联合国的一票永远属于发展中国家。同广大发展中国家团结合作，是中国对外关系不可动摇的根基。

习近平总书记指出："广大发展中国家是我国在国际事务中的天然同盟军，要坚持正确义利观，做好同发展中国家团结合作的大文章。"③党的十八大以来，中国本着真实亲诚的理念发展同广大发展中国家的关系，以亲诚惠容理念塑造周边外交环境，打造周边命运共同体。中国同西亚、北非国家关系取得新进展，同拉美和加勒比国家建立了平等互利、共同发展的中拉全面合作伙伴关系，携手共同打造中

① 《经济总量114.4万亿元、超世界人均GDP水平……2021年中国经济亮点！》，中国政府网2022年1月17日。

② 《世行报告：中国经济十年对世界经济增长贡献率超G7总和》，中国政府网2022年11月28日。

③ 《习近平谈治国理政》第三卷，外文出版社2020年版，第429页。

拉命运共同体。同太平洋岛国建立了相互尊重、共同发展的全面战略伙伴关系。积极推动南南合作、“南北对话”，维护发展中国家利益，同广大发展中国家一道，共同致力于探索多元化发展道路，促进各国发展战略对接，实现务实高效发展，完善全球发展架构。

二、中国始终是走和平发展道路的大国

中国始终是维护世界和平、促进共同发展的重要力量。首先，中国走和平发展道路，来源于中华文化的深厚渊源。中华民族是爱好和平的民族，中华文明历来崇尚和平、和睦、和谐的追求深深根植于中华民族的精神世界，融化在中国人民的血脉中，和衷共济、和合共生是中华民族的精髓。中华民族自古就积极开展对外交往通商，而不是对外侵略扩张；执着于保家卫国，而不是开疆拓土。其次，中国走和平发展道路，来源于对自身发展目标的认知。中国是世界上最大的发展中国家，发展始终是我们党执政兴国的第一要务，提高14亿多中国人民的生活水平还需付出艰苦努力。中国聚精会神搞建设需要和谐稳定的国内环境和和平安宁的国际环境。中国始终善抓机遇，致力于把自己的事情办好，使人民更加幸福、国家更加富强，依靠不断发展的力量更好走和平发展道路。和平发展是时代的主题，和平、发展、合作、共赢已经成为世界潮流。当今世界，殖民主义、霸权主义的老路违背历史潮流，中国从不认同国强必霸的陈旧逻辑。最后，中国走和平发展道路符合历史潮流，顺应世界大势，对自己有利，对世界有利。中国人民对战争的记忆刻骨铭心，十分珍惜今天来之不易的和平生活，中国人民怕动荡，求稳定，盼太平，历来讲求“己所不欲，勿施于人”，绝不会把自己曾经遭受的苦难强加于其他国家和民族。

新中国成立特别是改革开放以来，我们党经过艰辛探索和不断实践，逐步形成了走和平发展道路的战略思想。党的十八大以来，以习近平同志为核心的党中央对和平发展道路理念展开新探索新思考，赋予这一理念新的时代意义和思想内涵。随着中国的发展壮大，世界对中国的关注度上升：中国强大了将向何处去？中国将奉行什么样的

对外政策？我们党准确把握历史规律，顺应当今世界潮流，明确提出中国将始终不渝走和平发展道路，并将和平发展道路写进党的十七大、十八大、十九大、二十大报告，载入党章和宪法，向世界各国表明了走和平发展道路的坚定决心。

三、中国历来是负责任的大国

在习近平外交思想指导下，中国外交在国际社会不断展现负责任大国担当。中国始终致力于推动全球治理体系变革，成为国际秩序的积极参与者、建设者、贡献者、引领者。

当前，国际格局正在经历深刻复杂变化，人类面临的气候变化、传染性疾病、恐怖主义等共同挑战日益增多，完善全球治理的呼声越来越高。中国以勇于担当的精神更加积极地参与全球治理体系改革和建设，提出共商共建共享的全球治理观，倡导真正的多边主义和国际关系民主化、法治化，主张各国无论大小、强弱、贫富都是国际社会平等一员，世界事务理应由各国商量着办。中国聚焦国际社会的共同关切，在全球经济、安全、气候环境、生物多样性、互联网、公共卫生、知识产权治理等众多领域提出体现国际公平正义的治理方案和治理规则，促进各国权利共享、责任共担，推动全球治理体系更加平衡地反映大多数国家特别是发展中国家的意愿和利益，引领国际秩序朝着更加公正合理的方向演进。

中国全面推进中国特色大国外交，坚定维护国际公平正义，倡导践行真正的多边主义，旗帜鲜明反对霸权主义和强权政治，反对单边主义、保护主义、霸凌行径，有力地维护了和平发展的国际环境。推动建设相互尊重、公平正义、合作共赢的新型国际关系，高举和平、发展、合作、共赢的旗帜，推进和完善全方位、多层次、立体化的外交布局，积极发展全球伙伴关系。推进大国协调与合作，构建总体稳定、均衡发展的大国关系框架；按照亲诚惠容理念和与邻为善、以邻为伴的周边外交方针，深化同周边国家关系；秉持正确义利观和真实亲诚理念，加强同广大发展中国家团结合作。中国的伙伴关系网络遍布全球，同各国的利益交汇点不断扩大，同各国共同发展的纽带不断拉紧，中国对世界和平与发展的影响力和贡献力显著增强，负责任大国形象进一步彰显。

第二节　推进中国特色大国外交是强国之路的必然要求

党的十八大以来，在习近平总书记的擘画引领和亲力亲为下，中国特色大国外交砥砺前行，展现新担当新风范，为服务民族复兴、促进人类进步、维护世界和平作出了中国贡献，彰显了大国外交的中国特色、中国风格、中国气派。

一、践行党的初心使命

中国共产党自成立起，就把为中国人民谋幸福、为中华民族谋复兴作为自己的初心使命，并坚定地落实在自己的行动中，赋予中国外交与西方大国冲突外交截然不同的底色与特征。党的本质属性决定了中国外交必须始终坚持以中国特色社会主义为根本增强战略自信，坚定捍卫党领导人民选择的社会主义道路。党的使命宗旨决定了中国外交必须始终坚持维护世界和平、促进共同发展，推动构建人类命运共同体。党的价值追求决定了中国外交必须始终坚持独立自主，弘扬公平正义，坚守人间正道。

二、实现中华民族伟大复兴

党的十八大以来，我国综合国力和国际地位显著提升，日益走近世界舞台中央，中华民族日益接近伟大复兴的目标。越是接近实现目标，越将面临风高浪急甚至惊涛骇浪的考验。国际体系变革的不确定性、不稳定性因素日益突出，我国发展进入战略机遇和风险挑战并存、不确定难预料因素增多的时期，伟大复兴必然伴随具有许多新的历史特点的伟大斗争。我们必须统筹国内国际两个大局，推进更具全球视野、更富进取精神、更有中国特色的大国外交，为实现民族复兴营造和平稳定的国际和地区环境。

三、应对世界百年未有之大变局

当今世界，国际力量对比和全球格局正在经历深刻变革，世界多极化、经济全球化、国际关系民主化已成为世界潮流。同时，单边主义、保护主义、霸权主义依然横行，世界进入新的动荡变革期。作为有着独特文明的世界大国和联合国安理会常任理事国，我们有必要通过开展中国特色大国外交，履行承担国际责任与义务，同各国一道走出一条和平发展、合作共赢的新路，弘扬全人类共同价值，携手构建人类命运共同体。

第三节　营造有利的国际环境

中国特色大国外交的重要功能是应对世界百年未有之大变局，服务中华民族伟大复兴战略全局，为中国的改革发展稳定营造有利的国际环境。

一、和平安宁的国际环境

中国改革发展稳定既需要和谐稳定的国内环境，又需要和平安宁的国际环境。中国一贯恪守维护世界和平、促进共同发展的外交政策宗旨，坚持在和平共处五项原则的基础上同各国发展友好合作，打造全球伙伴关系网络，不断扩大同各国的利益交汇点，推动解决国际和地区热点问题，为国内经济社会发展营造良好的国际环境。

二、睦邻友好的周边环境

中国的发展需要良好稳定的周边环境，中国特色大国外交始终将周边置于外交全局首要位置，努力促进周边和平稳定发展，积极有为推动周边外交，致力于打造周边命运共同体。

三、开放包容的合作环境

21世纪是合作的世纪。中国特色大国外交致力于维护发展机遇和空间，推动共建“一带一路”高质量发展，坚持“引进来”和“走出去”并重，同各国广泛开展经贸、金融、能源、科技、军事、教育、人文、政党、地方和青年等各领域交流合作，努力打造深度交融、互利合作网络空间。

四、稳定有序的安全环境

当今世界安全问题的联动性、跨国性、多样性更加突出，安全问题解决不好，人类和平发展的崇高事业就难以顺利推进。中国积极推动大国协调合作，致力于构建总体稳定、均衡发展的大国关系框架，维护全球战略稳定。统筹外部安全和内部安全，坚决维护国家主权、安全、发展利益，积极开展防务、安全和执法国际合作，构建海外利益保护和风险预警防范体系。

五、客观友善的舆论环境

中国特色大国外交致力于加强国际传播力建设，着力提高国际传播影响力、中华文化感召力、中国形象亲和力、国际舆论引导力，努力形成同我国综合国力和国际地位相匹配的国际话语权，为我国改革发展稳定营造有利的外部舆论环境。在国际上宣传、介绍中国的发展道路和社会制度，让越来越多的国家认识、理解、接受和欢迎中国的发展振兴。加强公共外交，讲好中国故事，传播好中国声音，向世界展现真实、立体、全面的中国，塑造可信、可爱、可敬的国家形象。

第四节　大国外交的总体考虑

习近平总书记指出：“要在坚持不结盟原则的前提下广交朋友，形成遍布全球的伙伴关系网络。”[①]党的十八大以来，中国外交展现出更加进取的姿态，全球伙伴关系网络的构建进入新阶段。

---

① 《习近平谈治国理政》第二卷，外文出版社2017年版，第444页。

一、推进全球伙伴关系外交，开创国际关系新模式

中国倡导的伙伴关系主张对话而不对抗、结伴而不结盟，致力于走出一条国与国交往新路。这种伙伴关系不设假想敌，不针对第三方，致力于以共赢而非零和的理念处理国与国关系，注重寻求各国利益的汇合点，从根本上摒弃了国际关系中以大欺小、以强凌弱、以富压贫的强权行径，摒弃了结盟对抗的旧思维，超越了零和博弈的老套路，为各国平等参与国际事务、推动国际关系民主化和法治化注入了新动力。发展伙伴关系具有鲜明时代特色，体现了平等性、和平性和包容性的鲜明时代特征。

一是平等性。中国倡导的伙伴关系以各国平等为原则，尊重各国主权、独立和领土完整，尊重彼此核心利益和重大关切，尊重各国人民自己选择的社会制度和发展道路。伙伴关系没有主从之分，没有阵营之别，没有门户之见。

二是和平性。中国倡导的伙伴关系超越了政治和军事结盟的老套路，致力于以合作而非对抗的方式、以共赢而非零和的理念处理国与国的关系。中国倡导通过坦诚深入的对话沟通，增进战略互信，减少相互猜疑，避免冲突对抗，实现和平共处。

三是包容性。中国倡导不同社会制度可以相互包容，不同发展模式可以相互合作，不同价值文化可以相互交流。各国建立基于共同利益和追求的伙伴关系，构建起共同而非排他的“朋友圈”。中国主张坚持互利合作，充分发挥各自优势，变赢者通吃为各方共赢，通过合作共同做大“蛋糕”，实现共同繁荣发展。

二、推进大国协调合作，构建大国关系框架

大国拥有更多资源，具备更大能力，对世界和平与安全也负有更多义务与责任。大国相互合作、和睦相处，世界和平才有更大保障，全球发展才能顺利进行。中国致力于大国合作，倡导大国不冲突、不对抗、相互尊重、合作共赢，推动构建总体稳定、均衡发展的大国关

系框架。

其一，大力推进中俄新时代全面战略协作伙伴关系。

经过中俄双方共同努力，两国关系已成为大国、邻国睦邻友好、互利合作的典范。双方始终以战略互信为基石，彼此互为战略依托，相互给予坚定支持，携手维护世界和平与安宁。中俄作为联合国安理会常任理事国，秉持公平正义，坚持责任道义，体现担当仗义，坚定维护以联合国宪章和宗旨为核心的国际体系，推动世界多极化和国际关系民主化，共同建设更加繁荣、公平公正的世界，成为制衡霸权主义、单边主义、维护世界和平的重要力量。

新时代十年，中俄关系跨越式发展，双方秉持相互尊重、平等互利、合作共赢、不针对第三方、不受第三方影响等新型国际关系准则，均把对方视作外交优先方向，推动中俄关系达到历史最高水平。十年来，面对世界进入新的动荡变革期，美国为维护全球霸权对中俄进行“双遏制”，习近平主席同普京总统会晤40余次，电话和函电往来逾百次，交流频度、广度、深度、温度在大国领导人之间都绝无仅有，有力提升了中俄政治互信高度、务实合作维度、战略协作力度、民间友好热度。双方在涉及彼此核心利益问题上相互坚定支持，有效维护两国共同利益。中俄关系平等、成熟、稳定、坚固，既不是领导和被领导的“主从关系”，也不遵循西方“我者他者”的同盟逻辑，具有清晰历史逻辑和强大内生动力。

其二，积极运筹中美关系。

作为世界大国和联合国安理会常任理事国，中美两国对世界和平发展负有特殊责任。中美关系健康发展，符合两国和两国人民的利益，也是世界各国的普遍期待。中美是两个在社会制度、历史文化等各方面存在很大差异的国家，这是无法改变的客观事实，双方应以宽广的视野和包容的态度看待彼此关系，尊重各自社会制度和发展道路，正确看待对方战略意图，尊重彼此核心利益和重大安全关切。美国应停止干涉中国内政的行为，遵守国际关系基本准则和中美三个联合公报，管控矛盾分歧，防止对抗冲突。中美经贸合作的本质是互利共赢，打贸易战、科技战，人为“筑墙设垒”“脱钩断链”违反市场经济原则，破坏国际贸易规则，不利于世界经济发展。历史和现实均表明，中美合则两利，斗则两伤，合作是双方唯一正确选择。面对不确定性的国际形势，中美两个大国负有特殊责任和义务，双方应顺应世界潮流，共同维护亚太地区和世界和平，为促进世界和平与发展作出贡献。

其三，推动中欧合作。

中欧全面战略伙伴关系是中国处理与西方发达国家关系的典范，也是构建新型大国关系的成功经验。中欧发展成为世界上最大规模和最具活力的经贸关系，使中欧合作超越了双边关系的范畴，成为具有全球意义的大国合作的典范。中欧双方“共同努力建造和平、增长、改革、文明四座桥梁，建设更具全球影响力的中欧全面战略伙伴关系”[①]，把中欧两大力量、两大市场、两大改革进程、两大文明连接起来。中欧密切的高层政治沟通和务实高效的经贸合作为双方建立新型大国关系打下了基础。中欧彼此尊重各自选择的发展道路和社会制度，加强在改革等方面的对话交流，增进相互信任和理解，把相互尊重、平等相待、求同存异、合作共赢等理念贯穿中欧合作进程始终。[②]中欧还探讨把中欧合作和“丝绸之路经济带”建设结合起来，以构建欧亚大市场为目标，让亚欧两大洲人员、企业、资金、技术活起来、火起来，使中国和欧盟成为世界经济增长的双引擎。[③]

三、重视周边外交，打造周边命运共同体

稳定的周边环境是中国实现和平崛起和中华民族伟大复兴的必要条件，中国始终把周边外交置于外交全局的首要位置。在新型国际关系理念的指导下，在多年周边外交实践的基础上，中国逐步形成了成熟完备和立体化的周边外交政策体系，即以“亲诚惠容”为重要理

① 习近平：《在布鲁日欧洲学院的演讲》，《人民日报》2014年4月2日。
② 参见习近平：《在布鲁日欧洲学院的演讲》，《人民日报》2014年4月2日。
③ 参见习近平：《在布鲁日欧洲学院的演讲》，《人民日报》2014年4月2日。

念，以坚持与邻为善、以邻为伴为基本方针，以推进睦邻、安邻、富邻为核心政策，以倡导共同、综合、合作、可持续的安全观为有力保障，以实现亚太各国和平共处、互利共赢、共建伙伴关系乃至打造亚太命运共同体为长远目标。①

中国在“亲诚惠容”理念的指导下打造周边命运共同体，加强高层往来，为推动周边命运共同体建设打下政治基础。大力推动领土主权问题的和平解决，为推动周边命运共同体建设打下了安全基础。积极参与各种形式的安全合作，为推动周边命运共同体建设打下了制度基础。保持亚太地区经济强劲、平衡、可持续发展，为推动周边命运共同体建设打下了经济基础。中国积极通过APEC、上海合作组织、“10+1”、“10+3”、中日韩、东亚峰会等各种合作机制构建更加开放包容、互利互补的亚太区域合作网络。中国还倡议周边国家共同推进“一带一路”建设，通过亚洲基础设施投资银行、丝路基金、商业银行、私募基金、投资银行等多层次的发展融资机制，为亚太地区基础设施建设和国际产能合作提供融资支持，推动亚太各国在经贸、投资、产业、基础设施等领域互利合作、共同发展。

四、坚持正确义利观，加强同发展中国家的团结合作

保持同亚非拉发展中国家的友好合作既是中国的外交传统，也是中国追求国家利益和实现外交道义有机结合的落脚点。中国始终高度重视南南合作，做好同发展中国家团结合作的大文章。中国高度重视中非关系，把中非视为休戚与共的命运共同体、合作共赢的命运共同体。在中非合作论坛约翰内斯堡峰会上，中非双方建立了全面战略合作伙伴关系，并提出以政治上平等互信、经济上合作共赢、文明上交流互鉴、安全上守望相助、国际事务中团结协作作为这一伙伴关

① 王毅：《中国是国际和地区秩序的维护者、建设者和贡献者——在第四届世界和平论坛午餐会上的演讲》，国务院新闻办公室网站2015年6月30日。

系的“五大支柱”。[①]在正确义利观的指导下，中国始终秉持“真实亲诚”外交理念，与非洲各国共同推出了包括工业化、农业现代化、基础设施建设、金融、绿色发展、贸易和投资便利化、减贫惠民、公共卫生、人文、和平与安全等内容的“十大合作计划”，推动中非合作迈向新高度。

拉美是中国外交重要方向，中拉建立了全面合作伙伴关系，中拉友好合作稳步推进，形成政治上真诚互信、人文上互学互鉴、国际事务中密切协作、整体合作和双边关系相互促进的中拉关系“五位一体”新格局，努力打造中拉命运共同体。中拉共同推出“1+3+6”合作新框架，促进双方全方位合作发展。

中国与中东阿拉伯国家一直保持着友好合作关系，在政治、经济、科技、人文、卫生、体育、新闻等领域合作成果丰硕。2022年12月7—10日，习近平主席访问中东并出席首届中国—阿拉伯国家峰会、中国—海湾阿拉伯国家合作委员会峰会并对沙特阿拉伯进行国事访问，会见了17个中东国家的领导人。中国—海湾阿拉伯国家合作委员会峰会决定建立并加强中海战略伙伴关系。中方提出开展油气贸易人民币结算、欢迎海合会国家航天员进入中国空间站、加强5G和6G技术合作等诸多举措，为中国同中东国家关系发展开辟了广阔前景。

第五节　不断展现中国外交的独特风范

习近平总书记指出：“坚持以对外工作优良传统和时代特征相结合为方向塑造中国外交独特风范。”[②]这一论断指出了中国大国外交的鲜明特质。党的十八大以来，中国外交与时俱进、积极进取、担当有为、开放包容，向世界展现了独特的中国特色、中国风格、中国气

① 参见习近平：《在中非合作论坛约翰内斯堡峰会上的总结讲话》，《人民日报》2015年12月6日。

② 《习近平谈治国理政》第三卷，外文出版社2020年版，第427页。

派，赢得了国际社会广泛赞誉，极大提高了中国的国际威望。

一、守正创新的大国气派

外交理论创新成果丰硕。党的十八大以来，习近平总书记坚持马克思主义立场、观点和方法，坚持从中华优秀传统文化中汲取智慧，提出共建“一带一路”、正确义利观、全球安全观、全球治理观等国际关系新理念新主张，为解决当代人类面临的难题贡献中国智慧、提供中国方案。习近平总书记继承和弘扬新中国外交传统，并赋予新的时代内涵，丰富和发展和平发展道路理念，提出推动构建新型大国关系、推动构建人类命运共同体等重要理念，为推动新时代中国外交提供指引。

习近平总书记率先垂范，亲力亲为，开展丰富多彩的元首外交活动，引领大国外交实践。主场外交展现新作为。在党中央坚强领导下，我国成功举办亚洲相互协作与信任措施会议第四次峰会、亚太经合组织第二十二次领导人非正式会议、中国人民抗日战争暨世界反法西斯战争胜利七十周年纪念活动、二十国集团领导人杭州峰会、“一带一路”国际合作高峰论坛、中国国际进口博览会、中国国际服务贸易交易会、中非合作论坛北京峰会、金砖国家领导人厦门会晤、上海合作组织青岛峰会、亚洲文明对话大会等一系列重大主场外交活动。

国际合作开创新平台。中国大国外交践行合作共赢理念，积极创建国际合作机制，推动国际合作深入发展。习近平总书记创造性提出“一带一路”倡议，引领推动建立国际合作高峰论坛以及国际合作高峰论坛咨询委员会等机制，推动创设亚洲基础设施投资银行、新开发银行等多边机构，搭建国际合作新平台，开创国际合作新模式，为全球经济治理和经济全球化注入强劲动力，为世界经济繁荣提供新机遇。

全球治理彰显新担当。积极参与全球治理是中国大国外交担当的重要体现。中国推动达成应对气候变化《巴黎协定》，推动制订联合国2030年可持续发展议程。引领全球化正确方向，以实际行动引领全球治理体系变革。

外交创新呈现新亮点。中国大国外交加强外交活动策划设计，不断创造丰富多彩的外交形式。开展体育外交，架起促进国家关系和人民友谊的新桥梁。开展“点对点外交”，塑造周边环境，带动外交全局。开展“家乡外交”，以情感文化撬动外交杠杆。开展“云外交”，树立团结合作的国际抗疫旗帜，为世界经济复苏注入强劲信心，为全球治理体系改革指出清晰方向。

二、立己达人的世界情怀

立己达人是中华民族自古以来就有的优良传统和崇高品德，也是中国大国外交的精神境界。中国大国外交坚持爱国主义和国际主义相结合，彰显国际视野和国际胸怀。中国外交把自己的前途命运与世界各国的前途命运紧密相连，同国际社会一道建设和平繁荣的世界。弘扬爱国主义精神，扩大对外开放，积极倡导求同存异、聚同化异、交流互鉴，与世界各国共同推动人类文明进步。从全世界、全人类整体利益角度思考问题，积极作为，为构建人类命运共同体、建设更加美丽的世界贡献智慧和力量。认真履行相关国际责任和义务，积极贡献中国智慧和中国方案，政治上坚持主持公道、伸张正义，经济上合作共赢、共同发展，安全上守望相助、相互支持，维护世界和平，促进共同发展。

三、开放包容的宽广胸襟

中国大国外交一贯倡导不同文明相互尊重、和谐共处，主张文明多样性，不同民族、不同文明多姿多彩、各有千秋，没有优劣之分，只有特色之别。主张文明平等，秉持平等、谦虚态度推动文明交流，反对文明偏见和傲慢。主张文明包容，一切文明成果都值得尊重、一切文明成果都值得珍惜，反对生搬硬套、削足适履。推动不同文明交流对话、和平共处、和谐共生，以文明交流超越文明隔阂、以文明互鉴超越文明冲突、以文明共存超越文明优越，取长补短、兼收并蓄，共绘人类文明画卷。倡导不同社会制度和发展道路相互包容，尊重世界文明多样性和发展模式多元化。中国以开放包容心态加强同外部世界对话和沟通，积极发出中国声音，增强国际社会对中国历史文化、发展道路、治国理念的了解、理解和认同；通过开展更多文明交流了解和认识世界，虚心倾听世界声音。

四、重情尚义的崇高品格

中国特色大国外交有原则、重情义、讲道义、谋公正，坚持诚信为本，把信任作为国与国交往的前提，重友谊、负责任、讲信义是中国外交的鲜明品格。中国外交重信守诺，中国人民讲信义、重情义、扬正义、树道义，讲究“言必信，行必果”，说话算数，在国际事务中始终恪守政治承诺，忠实履行责任义务，为变乱交织的世界注入了稳定性确定性。中国领导人注重增进同世界各国领导人的友谊，结交新朋友，不忘老朋友，以高尚品格、宽广胸襟、远见卓识、深厚学养赢得各国领导人的敬重和钦佩，以真挚情感、周到礼数、创意安排、温暖话语展现出独特人格魅力。中国领导人广交民间朋友，向国际友人颁发奖章，同工人、农民共话生产，同专家学者交流思想，同青少年亲切互动，以情相待，以诚感人，体现了中华民族的人文情怀，赋予中国特色大国外交情理相交、真诚温暖的独特风格，对外交工作全局发挥了强有力引领和推动作用。

第六节　开创中国特色大国外交的新局面

2023年是全面落实党的二十大精神开局之年，是全面建设社会主义现代化国家新征程起步之年。新征程充满光荣和梦想，也面临风高浪急的考验。我们将更加紧密地团结在以习近平同志为核心的党中央周围，深刻领悟“两个确立”的决定性意义，增强“四个意识”、坚定“四个自信”、做到“两个维护”，全面贯彻党的二十大确立的方针，开创中国特色大国外交的新格局。

第一，全力服务保障元首外交和中心工作。精心做好元首外交服务保障，展现新时代新征程党和国家事业发展的新气象。对标党和国家中心任务，深入贯彻新发展理念，为实现高质量发展争取更有利外部条件。主动识变应变求变，全力防范化解重大外部风险挑战。

第二，积极拓展平等、开放、合作的全球伙伴关系。推动构建和平共处、总体稳定、均衡发展的大国关系格局，深化中俄战略互信和互利合作，夯实两国全面战略协作伙伴关系；落实中美元首达成的共识，探讨确立中美关系指导原则并校正航向；密切中欧高层往来和战略沟通，推动中欧关系行稳致远。坚持亲诚惠容理念和与邻为善、以邻为伴周边外交方针，深化同周边国家友好互信和利益融合。秉持真实亲诚理念和正确义利观，加强同发展中国家团结合作，维护和拓展发展中国家正当权益。

第三，不断推动建设开放型世界经济。坚持经济全球化正确方向，推动贸易和投资自由化便利化，助力世界经济复苏发展。高质量共建“一带一路”，让这条造福世界的“发展带”更加繁荣，惠及人类的“幸福路”更加宽广。为中外人员往来提供更多便利，维护产业链供应链稳定畅通，培育全球发展新动能。

第四，坚决捍卫国家利益和民族尊严。旗帜鲜明反对一切霸权主义和强权政治，针锋相对回击外部势力干涉中国内政的图谋，坚定维护国家主权、安全、发展利益，同一切企图迟滞甚至阻断民族复兴进程的势力坚决斗争，牢牢掌握发展和安全的战略主动。

第五，积极参与全球治理体系改革和建设。高举构建人类命运共同体旗帜，大力弘扬全人类共同价值，以推动建设新型国际关系为路径，以落实全球发展倡议、全球安全倡议为依托，坚定维护以联合国为核心的国际体系、以国际法为基础的国际秩序，为全球发展和安全事业形成更多共识、促成更多行动。

第六，着力提升国际传播力和话语权。深入做好党的二十大精神阐释宣介工作，讲好中国共产党的故事、中国人民的故事，展现可信、可爱、可敬的中国形象。深入介绍中国式现代化的主要特色和本质特征，加强治国理政经验交流，增进国际社会对中国道路的理解和认同。

第五章　根本保障：党的领导和党的建设

今天，我们比历史上任何时期都更接近、更有信心和能力实现中华民族伟大复兴的中国梦。行百里者半九十。中华民族伟大复兴，绝不是轻轻松松、敲锣打鼓就能实现的。习近平总书记指出："党要团结带领人民进行伟大斗争、推进伟大事业、实现伟大梦想，必须毫不动摇坚持和完善党的领导，毫不动摇推进党的建设新的伟大工程，把党建设得更加坚强有力。"[①]办好中国的事情，关键在党。实现中华民族伟大复兴的战略目标，必须坚持党的全面领导，加强党的建设新的伟大工程，通过加强党的执政能力建设和先进性、纯洁性建设，为战略目标的实现提供坚强政治保证。

第一节　坚持和加强党的全面领导

党的二十大把坚持和加强党的全面领导作为五条重大原则中占统领地位的首要原则，充分体现了对马克思主义建党学说和国家学说、对社会主义现代化建设规律的深刻把握和自觉运用。新的征程上，必须始终坚持和加强党的全面领导，确保全党拥有团结奋斗的强大政治凝聚力、发展自信心，凝聚起万众一心、共克时艰的磅礴伟力，形成风雨来袭时全体人民最可靠的主心骨。

一、党的领导是强国之路的坚强政治保证

党政军民学，东西南北中，党是领导一切的。中国特色社会主义的本质特征是中国共产党领导，中国特色社会主义制度的最大优势是中国共产党领导，中国共产党是最高政治领导力量。中国人民和中华民族之所以能够扭转近代以后的历史命运、取得伟大成就，最根本的是有中国共产党的坚强领导。历史和现实都证明，没有中国共产党，

---

① 《习近平谈治国理政》第二卷，外文出版社2017年版，第63页。

就没有新中国，就没有中华民族的伟大复兴。坚持和加强党的全面领导，关系党和国家的前途，我们的全部事业都建立在这个基础上。党的领导是党和国家的根本所在、命脉所在，是全国各族人民的利益所系、命运所系，党的领导是党和国家事业不断发展的“定海神针”。这是总结党的百年奋斗经验得出的科学结论，具有充分的历史依据、理论依据、现实依据，具有深刻的历史逻辑、理论逻辑、实践逻辑。

“万山磅礴，必有主峰。”中国共产党是中国工人阶级的先锋队，同时是中国人民和中华民族的先锋队。从诞生之日起，中国共产党就始终高举马克思主义伟大旗帜，坚定共产主义远大理想和中国特色社会主义信念，把为中国人民谋幸福、为中华民族谋复兴作为自己的初心和使命，经历长期浴血奋战、艰苦奋斗，取得了新民主主义革命、社会主义革命和建设、改革开放和社会主义现代化建设的伟大成就，领导中国特色社会主义进入新时代，取得历史性成就、发生历史性变革。党的百年奋斗，从根本上改变了中国人民的前途命运，开辟了实现中华民族伟大复兴的正确道路，展示了马克思主义的强大生命力，深刻影响了世界历史进程，并把自己锻造成为始终走在时代前列的马克思主义执政党。这充分证明，中国共产党是一个伟大光荣正确的马克思主义政党，是中华民族伟大复兴事业的坚强领导核心。党的领导地位和执政地位，是历史的选择、人民的选择，我们党始终不负这个选择。

党的历史充分说明，什么时候坚持党的全面领导，党和人民事业就健康发展；什么时候弱化甚至放弃党的全面领导，党和人民事业就受到挫折甚至失败。大革命时期，党处于幼年，力量有限，在第一次国共合作中没有保持党的独立性而丧失了领导权，当国民党内反动集团叛变革命、残酷屠杀共产党人和革命群众时，不能组织人民进行有效抵抗，导致大革命失败，党和革命力量遭受惨重损失。土地革命战争时期，王明“左”倾教条主义很长时间占据党中央领导地位，最终导致中央革命根据地第五次反“围剿”失败，并使中央红军在长征初期遭受一系列重大挫折。遵义会议事实上确立了毛泽东同志在党中央和红军的领导地位，开始确立以毛泽东同志为主要代表的马克思主义正确路线在党中央的领导地位，在最危急关头挽救了党、挽救了红军、挽救了中国革命。抗日战争时期，党率先高举武装抗日旗帜，推动第二次国共合作，倡导建立抗日民族统一战线，通过思想引领、战略引领等保持在抗日民族统一战线中的领导权，党领导的军队和人民始终战斗在抗日最前沿，成为全民族抗战的中流砥柱，为夺取抗日战争胜利作出巨大贡献。在全国全面执政后，党为赢得抗美援朝战争胜利、恢复国民经济、建立社会主义基本制度、开展社会主义建设并取得重大成就等，提供了根本政治保证。“文化大革命”使党、国家、人民遭到新中国成立以来最严重的挫折和损失。党的十一届三中全会以后，恢复和重新确立正确的思想路线、政治路线、组织路线，坚持和加强党的领导，领导全国人民开创了改革开放和社会主义现代化建设的崭新局面。实践证明，坚持党的全面领导是事关党和国家事业前途命运的重大问题，是中国特色社会主义事业取得成功的根本政治保证。

二、拥护“两个确立”，做到“两个维护”

“两个确立”“两个维护”是党的十八大以来全党在革命性锻造中形成的共同意志，是新时代伟大实践取得的最重要的政治成果。党的十八大以来，在以党的自我革命引领社会革命的生动实践中，党确立了习近平同志党中央的核心、全党的核心地位，确立了习近平新时代中国特色社会主义思想的指导地位。“两个确立”“两个维护”具有根本性、全局性、战略性、持久性决定意义，决定道路方向、决定党的兴衰，决定国家和民族前途命运。只有坚定拥护“两个确立”，切实做到“两个维护”，才能牢牢把握党和国家事业发展的正确方向、确保中国特色社会主义事业行稳致远，才能将中国发展进步的命运牢牢掌握在自己手中、独立自主拓展中国式现代化道路，才能把全党全国各族人民紧紧团结起来、众志成城为全面建设社会主义现代化国家而奋斗，才能战胜前进道路上的一切风险挑战、不断夺取具有许多新的历史特点的伟大斗争新胜利。

习近平总书记党中央的核心、全党的核心地位是在改革发展稳定、内政国防外交、治党治国治军的伟大实践中确立的。习近平新时代中国特色社会主义思想作为当代中国马克思主义、21世纪马克思主义，作为中华文化和中国精神的时代精华，是以习近平同志为主要代表的中国共产党人在推动马克思主义基本原理同中国具体实际相结合、同中华优秀传统文化相结合的历史进程中创立的。党的领导核心的确立和党的创新理论的形成紧密联系、不可分割，“两个确立”是内在统一的，应当整体把握、全面贯彻。维护习近平总书记党中央的核心、全党的核心地位，就要坚持习近平新时代中国特色社会主义思想的指导地位；坚持习近平新时代中国特色社会主义思想的指导地位，就要维护习近平总书记党中央的核心、全党的核心地位。

正确把握“两个确立”“两个维护”的关系。“两个确立”是“两个维护”的政治前提和思想基础，“两个维护”是“两个确立”的政治责任和实践要求。要把“两个维护”建立在对党的核心的敬仰爱戴上，建立在对习近平新时代中国特色社会主义思想持之以恒的践行上，自觉以理论的清醒保持政治的坚定，以党性的纯洁确保行动的正确，自觉信赖核心、维护核心、紧跟核心、捍卫核心，始终在思想上政治上行动上同以习近平同志为核心的党中央保持高度一致。

三、坚持和完善党中央集中统一领导的制度机制

习近平总书记指出：“党中央是大脑和中枢，党中央必须有定于一尊、一锤定音的权威。”[①]坚持党中央集中统一领导是党的最高政治原则，是一个成熟马克思主义政党必须坚持的根本要求。坚持和加强党中央集中统一领导，必须有刚性的制度要求、有力的落实机制。

完善落实“两个维护”制度机制。“两个维护”是新时代我们党管党治党、治国理政的根本政治要求。当前，全党落实“两个维护”总体是好的，但个别党员干部在理解和执行上还存在一些偏差。这些

① 习近平：《在全国组织工作会议上的讲话》，人民出版社2018年版，第12页。

偏差，都要注重从制度机制上防止和解决。要聚焦“两个维护”，进一步建章立制，完善相关党内法规制度，推动各级党组织和党员干部以正确的认识和行动做到“两个维护”，提高维护能力和效果。要把做到“两个维护”情况作为巡视巡察、督促检查的重要内容，推进政治监督具体化、精准化、常态化，使“两个维护”更好落实在行动上。

落实党中央对重大工作集中统一领导的制度机制。经过长期实践特别是党的十八大以来的改革创新，党中央已形成一整套有效领导重大工作的体制机制。每次中央全会都会对关系党和国家事业发展全局的重大问题作出决议，中央政治局常委会、中央政治局定期研究关系全局的重大问题、决定重大事项。只有全面深化改革国家安全、网络安全和信息化、军民融合发展、财经、外事工作、全面依法治国、审计、机构编制等领域的决策议事协调机构，立足自身职能，才能加强对重大工作的顶层设计、总体布局、统筹协调、整体推进。党的十九大后，党中央在深化党和国家机构改革中，进一步完善了党中央对重大工作的领导体制。实践证明，这些制度符合实际、行之有效，要长期坚持、不断完善，以适应新时代新征程形势任务要求，推动党中央对重大工作的集中统一领导制度化科学化规范化，提高党把方向、谋大局、定政策、促改革的能力。

完善党中央决策部署贯彻落实制度机制。坚持和加强党中央集中统一领导，必须不折不扣贯彻党中央大政方针和决策部署，决不能做选择、搞变通。党的十八大以来，围绕党中央决策部署的贯彻落实，在任务分工、督促检查、情况通报、监督问责等方面建立完善了一系列制度，为确保政令畅通、令行禁止提供了有力保障。要认真总结经验，有成效的继续坚持，薄弱的及时加强，该修订的抓紧修订，使各方面制度机制更加成熟定型。要完善上下贯通、执行有力的工作体系，健全“任务分工—督办落实—定期报告—跟踪问效”的全链条工作机制，使中央和国家机关发挥好“最初一公里”的作用，地方党委和政府履行好“中间段职责”，基层组织完成好“最后一公里”任务，确保党中央决策部署在各地区各部门全面贯彻。要完善定期就党中央决策部署和习近平总书记重要指示贯彻落实情况“回头看”和报告、通报制度，切实解决贯彻执行中的堵点淤点问题。

严格执行向中央请示报告制度。这是党中央集中统一领导的重要制度安排和重要政治纪律。经过这些年的实践，向党中央请示报告制度逐步完善，中央书记处和中央纪律检查委员会、全国人大常委会党组、国务院党组、全国政协党组、最高人民法院党组、最高人民检察院党组，每年向中央政治局常委会、中央政治局报告工作，中央政治局全体同志每年向党中央和习近平总书记书面述职，各地区、各部门加强向党中央请示报告工作。按照《中国共产党重大事项请示报告条例》规定，该请示的必须请示，该报告的必须报告，既报喜又报忧、既报功又报过、既报结果又报过程，决不能弄虚作假、掩盖问题、欺上瞒下。要坚持守土有责、守土尽责，对职责范围的事情主动担当，决不能推诿塞责，对重大突发事件在及时报告的同时果断应对处置，决不能“等靠要”。

第二节　深入推进新时代党的建设新的伟大工程

全面建设社会主义现代化国家、全面推进中华民族伟大复兴，关键在党。经过党的十八大以来全面从严治党，我们解决了许多突出问题，但党面临的执政考验、改革开放考验、市场经济考验、外部环境考验将长期存在，精神懈怠危险、能力不足危险、脱离群众危险、消极腐败危险将长期存在。党要始终赢得人民拥护、巩固长期执政地位，必须时刻保持解决大党独有难题的清醒和坚定，持之以恒推进全面从严治党，深入推进新时代党的建设新的伟大工程，落实新时代党的建设总体要求，使我们党始终坚守初心使命，始终成为中国特色社会主义事业的领导核心。

伟大斗争、伟大工程、伟大事业、伟大梦想紧密联系、相互贯通、相互作用，但它们之间不是平行的并列关系，其中起决定性作用的是党的建设新的伟大工程。中国特色社会主义最本质的特征是中国共产党领导，中国特色社会主义制度的最大优势是中国共产党领导。历史表明，没有党的坚强领导，伟大斗争不能进行，伟大事业不能推进，伟大梦想也不能实现。办好中国的事情，关键在中国共产党，关键在把党建设好。①深入推进新时代党的建设新的伟大工程，是巩固拓展新时代党的建设成就的必然选择，落实全面从严治党战略方针的迫切需要，完成新时代党的历史使命的根本保证。深入推进新时代党的建设新的伟大工程，必须不断提高政治判断力、政治领悟力、政治执行力，付诸行动、推动落实。

一、抓好党的政治建设这个根本

加强党的政治建设是我们党作为马克思主义政党的鲜明特征和政治优势。习近平总书记明确提出“以党的政治建设为统领”的重大命题，这是对马克思主义建党学说的独创性贡献。加强党的政治建设，目的是坚定政治信仰，强化政治领导，提高政治能力，净化政治生态，实现全党团结统一、行动一致；首要任务是保证全党服从中央，坚持党中央权威和集中统一领导；根本要求是坚决做到“两个维护”。做到“两个维护”是全面的，必须全面引导各级党组织和广大党员、干部在思想上政治上行动上同以习近平同志为核心的党中央保持高度一致，向党中央看齐，表里如一、知行合一；做到“两个维护”是具体的，体现在不折不扣贯彻落实习近平总书记重要讲话、重要指示批示精神和党中央决策部署的行动上，体现在履职尽责、做好本职工作的实效上；做到“两个维护”是坚定的，党中央提倡的坚决响应，党中央决定的坚决照办，党中央禁止的坚决不做，任何时候任何情况下都做到政治立场不移、政治方向不偏，确保全党在以习近平同志为核心的党中央坚强领导下，团结成“一块坚硬的钢铁”，步调一致向前进。

① 曲青山：《“四个伟大”的由来及其相互关系》，《中国纪检监察报》2017年11月8日。

二、加强新时代党的创新理论武装

注重思想建党、理论建党是我们党的鲜明特色和优良传统。党的十八大以来，我们党坚持集中性教育和经常性教育相结合，理论武装成效显著，要进一步抓常抓紧抓实。要把进一步贯彻习近平新时代中国特色社会主义思想作为首要政治任务，作为党委（党组）理论学习中心组学习的主要内容和党员、干部学习的中心内容，作为各级党校（行政学院）等党员干部培训机构的主课，突出县处级领导干部这个重点，示范带动全体党员、干部的理论学习全面加强、全面深化。要同学习党史、新中国史、改革开放史、社会主义发展史结合起来，引导党员、干部从党带领人民成功走出中国式现代化道路、创造了人类文明新形态的伟大成就中，从“东升西降”的中外比较、今非昔比的历史比较、成功与挫折的正反比较中，领悟真理的伟力，坚定信仰的力量。要弘扬理论联系实际的学风，引导党员、干部虔诚而执着、至信而深厚，自觉做习近平新时代中国特色社会主义思想的坚定信仰者、忠实实践者。

三、造就忠诚干净担当的高素质专业化干部队伍

党的十八大以来，习近平总书记鲜明提出新时代好干部标准、精准科学选人用人等重要要求，干部工作实现从理论到实践的重大进步。注重培养选拔政治过硬、对党忠诚的干部，坚持把政治标准放在首位，严把政治关，大力选拔坚定拥护“两个确立”、坚决做到“两个维护”、在思想上政治上行动上同以习近平同志为核心的党中央保持高度一致的干部，坚决把那些政治上的“墙头草”“骑墙派”“两面人”，那些违反党的政治纪律和政治规矩、存在“七个有之”的人挡在门外，确保选出来的干部政治上信得过、靠得住、能放心。注重选拔培养业务精通、本领高强的干部。严峻复杂的形势任务要求我们在坚持政治标准的前提下更加重视干部的素质能力，大力培养选拔有真才实学、能力过硬的干部。在干部选拔培养中突出忧患意识，树牢底线思维，善于统筹发展和安全，具有对重大风险的预见、应对、处置

能力的干部，充分发挥选人用人的风向标、指挥棒作用，激励广大干部不断学习、实践、提高，使自己的实践跟上党中央的要求、跟上时代的步伐、跟上事业发展的需要。注重培养选拔敢于担当、勇于负责的干部，突出讲担当、重担当的用人导向，大力选拔想干事、能干事、干成事的干部，坚决不用不愿做事、不敢扛事、装样子、混日子的干部，真正让有为者有位、能干者能上、优秀者优先，以正确用人导向引领干事创业导向。注重培养选拔敢于斗争、善于斗争的干部，把敢于斗争、善于斗争作为干部选拔培养的重要标准，注重使用那些具有顽强战斗精神、过硬斗争本领、经过重大斗争考验的干部，坚决不用那些在重大斗争面前明哲保身、爱惜羽毛、畏首畏尾、怯阵退缩的人。要注重培养选拔作风优良、清正廉洁的干部。培养选拔干部必须突出作风导向，切实把那些自觉弘扬党的光荣传统和优良作风，坚持“三严三实”，坚持求真务实、真抓实干，能真正解决实际问题的干部选上来。为政清廉是干部做人做事的基本底线，廉洁自律不过关，做人就没骨气，做事就不硬气。要大力选拔严于律己、清正廉洁，坚决反对腐败、反对“四风”和特权思想特权行为，口碑好、形象好的干部，对廉洁上有硬伤的人必须一票否决。①

四、增强党组织政治功能和组织功能

习近平总书记指出：“严密的组织体系是党的优势所在、力量所在。各级党组织要履行党章赋予的各项职责，把党的路线方针政策和党中央决策部署贯彻落实好，把各领域广大群众组织凝聚好。”②党的全面领导、全部工作要靠党的坚强组织体系来实现。严密的组织体系，是马克思主义政党的优势所在、力量所在，也是我们党的光荣传统和独特优势。我们要聚焦增强党组织政治功能和组织功能这个重要

---

① 《党的二十大报告辅导读本》编写组编著：《党的二十大报告辅导读本》，人民出版社2022年版，第98、99页。

② 习近平：《高举中国特色社会主义伟大旗帜　为全面建设社会主义现代化国家而团结奋斗——在中国共产党第二十次全国代表大会上的报告》，人民出版社2022年版，第67页。

任务，深入推进新时代党的建设新的伟大工程，为谱写全面建设社会主义现代化国家新篇章提供坚强保证。

党的二十大对增强党组织政治功能和组织功能作出全面部署，提出明确要求，我们必须深入理解、准确把握、坚决落实。增强政治领导力，注重抓好政治建设，把党的政治建设摆在首位。严明党的政治纪律和政治规矩，严肃党内政治生活，发展积极健康的党内政治文化。增强思想引领力，强化理论武装，坚持以习近平新时代中国特色社会主义思想凝心铸魂。增强贯彻执行力，严密组织体系。中央和国家机关作为贯彻落实党中央决策部署的“最初一公里”，着力打造让党中央放心、让人民群众满意的模范机关；地方党委是贯彻落实党中央决策部署的“中间段”，要有令即行、有禁即止，成为坚决听从党中央指挥、管理严格、监督有力、班子团结、风气纯正的坚强组织；基层党组织是贯彻落实党中央决策部署的“最后一公里”，要坚持大抓基层的鲜明导向，坚持党的一切工作到支部，全面加强各领域基层党组织建设，成为宣传党的主张、贯彻党的决定、领导基层治理、团结动员群众、推动改革发展的坚强战斗堡垒。增强社会号召力，加强团结凝聚。以提升社会号召力为抓手，更加广泛地团结一切可以团结的力量、调动一切可以调动的积极因素；推动基层党组织担负起组织群众、宣传群众、凝聚群众、服务群众的职责，广泛开展社会主义核心价值观教育，更好引领社会思潮、整合社会力量、凝聚社会共识；坚持和发展全过程人民民主，健全人民当家作主制度体系，完善民主选举、民主协商、民主决策、民主管理、民主监督制度机制，扩大人民群众有序政治参与。以增强自身免疫力，推进自我革命。增强党组织政治功能和组织功能，必须贯彻习近平总书记关于党的自我革命的战略思想，保持正视问题的自觉和刀刃向内的勇气，着力解决思想不纯、政治不纯、组织不纯、作风不纯等突出问题，不断提高自我净化、自我完善、自我革新、自我提高能力。坚持严的基调不动摇，推动各级党组织履行政治责任、严肃政治生活，认真贯彻执行党的组织纪律、组织原则、组织制度，带动廉洁纪律、群众纪律、工作纪律、生活纪律严起来，让党员干部知敬畏、存戒惧、守底线。坚持以严的基调强化正风肃纪，坚持治“四风”树新风并举，以更大力度弘扬谦虚谨慎、艰苦奋斗等光荣传统，涵养求真务实、清正廉洁的新风正气。锲而不舍落实中央八项规定精神，坚决铲除滋生腐败的温床，坚决纠治形式主义、官僚主义，坚决破除特权思想和特权行为，以好作风好形象创造新伟业。全面加强纪律建设，督促领导干部特别是高级干部严于律己、严负其责、严管所辖。坚持党性党风党纪一起抓，从思想上固本培元，提高党性觉悟，增强拒腐防变能力。①

第三节　坚持不懈推进反腐败斗争

腐败是我们党面临的最大危险，反腐败是最彻底的自我革命。治国必先治党，党兴才能国强。新时代十年，党中央把全面从严治党纳入“四个全面”战略布局，刀刃向内、刮骨疗毒，猛药祛疴、重典治乱，党在革命性锻造中变得更加坚强有力。但是，反腐败斗争形势依然严峻复杂，遏制增量、清除存量的任务依然艰巨。

一、健全党领导反腐败的责任体系

坚持党中央集中统一领导最高政治原则，加强反腐败协调机制建设，把党的领导贯穿一体化推进不敢腐、不能腐、不想腐全链条，覆盖从监督、执纪、执法到起诉、审判、执行、改造全过程。压实全面从严治党主体责任，贯通落实相关职能部门监管职责，健全各负其责、统一协调的管党治党责任格局。推动反腐败斗争同党的建设各项工作贯通协同，发挥政治监督、思想教育、组织管理、作风整治、纪律执行、制度完善的重要作用，打好总体战。

---

① 参见《党的二十大报告辅导读本》编写组编著：《党的二十大报告辅导读本》，人民出版社2022年版，第578—580、549页。

二、以零容忍态度反腐惩恶不动摇

党的二十大报告指出，只要存在腐败问题产生的土壤和条件，反腐败斗争就一刻不能停，必须永远吹冲锋号。要更加有力遏制增量，更加有效清除存量，坚决查处政治问题和经济问题交织的腐败，坚决防止领导干部成为利益集团和权势团体的代言人、代理人，坚决治理政商勾连破坏政治生态和经济发展环境问题，坚决惩治群众身边的“蝇贪”，决不让党和人民赋予的权力变成为少数人谋利的工具。聚焦权力集中、资金密集、资源富集领域深化整治，对行业性、系统性腐败深挖彻查，对新型腐败和隐性腐败精准施治，严肃查处领导干部配偶、子女及其配偶等亲属和身边工作人员利用影响力谋私贪腐问题，一体构建追逃防逃追赃机制，绝不让腐败分子逍遥法外。

三、完善防止腐败滋生蔓延的体制机制

反腐败是同各种弱化党的先进性、损害党的纯洁性的病原体作斗争，必须从源头着手、深化标本兼治。完善管权治吏的体制机制，完善干部考核评价体系，健全培养选拔、从严教育管理监督年轻干部常态化工作机制。抓住政策制定、审批监管、执法司法等关键权力，严格职责权限，规范工作程序，强化权力制约。推进反腐败国家立法，明确公职人员任职回避以及兼职、商业行为、离职从业限制等管理制度。坚持受贿行贿一起查，强化对行贿人的惩治惩戒。弘扬党的光荣传统和优良作风，培育新时代廉洁文化，从思想上固本培元，提高党性觉悟，明大德、守公德、严私德，增强不想腐的自觉。

四、健全系统集成、权威高效的监督体系

监督是权力正确运行的重要保证，监督体系是治理体系的重要基础和保障。持续深化党和国家监督体制改革，以党内监督为主导、政治监督为基础，推动审计、财会、统计等监督力量与党委（党组）巡视巡察、纪委监委监督检查和审查调查相结合，打通各类监督贯通协调的堵点。推动监督深度融入治理，全面推进党的自我净化、自我完

善、自我革新、自我提高。

五、完善“一体推进”的有效载体和实践途径

不敢腐、不能腐、不想腐各有侧重、相互融合，必须统筹联动才能取得更多制度性成果和更大治理效能。坚持系统观念，注重总结经验、把握规律，立足新的实践，探索三者贯通融合的有效载体，使严厉惩治、规范权力、教育引导紧密结合、协调联动。更加注重发挥信仰信念对不敢腐、不能腐、不想腐一体推进的引领作用，推动他律向自律转化、自律向自觉升华，激励党员干部从内心深处坚守正道、去恶扬善，不断推动全面从严治党向纵深发展，为全面建设社会主义现代化国家作出新的贡献。[①]

第四节　坚持不懈用习近平新时代中国特色社会主义思想凝心铸魂

习近平新时代中国特色社会主义思想，弘扬马克思主义与时俱进理论品格，顺应时代潮流，回答时代关切，科学回答了新时代坚持和发展什么样的中国特色社会主义、怎样坚持和发展中国特色社会主义等重大时代课题，开辟了马克思主义新境界、管党治党新境界，是当代中国马克思主义、21世纪马克思主义，是中华文化和中国精神的时代精华，实现了马克思主义中国化时代化新的飞跃。党的二十大报告对坚持不懈用习近平新时代中国特色社会主义思想凝心铸魂作出重大部署，为我们加强新时代党的思想建设提供了方向指引和根本遵循。

坚持不懈用习近平新时代中国特色社会主义思想凝心铸魂，是新时代党的思想建设的根本任务，是新的历史条件下坚持和发展中国特色社会主义、开辟马克思主义中国化时代化新境界、全面建设社会主

① 参见《党的二十大报告辅导读本》编写组编著：《党的二十大报告辅导读本》，人民出版社2022年版，第586—587页。

义现代化国家、全面推进中华民族伟大复兴、深入推进新时代党的建设新的伟大工程、建强高素质执政骨干队伍的迫切需要。党员、干部要持续在学懂弄通做实上下功夫，自觉做习近平新时代中国特色社会主义思想的坚定信仰者、积极传播者、忠实实践者。

一、持续抓好党的创新理论学习教育

党的二十大报告明确要求组织实施党的创新理论学习教育计划，建设马克思主义学习型政党。要坚持把深入学习贯彻习近平新时代中国特色社会主义思想作为理论武装的重中之重，落实党委（党组）理论学习中心组学习制度，有计划地组织开展研讨班、读书班等，引导各级领导干部读原著、学原文、悟原理，深刻领会其核心要义、精神实质、丰富内涵、实践要求，深入把握贯穿其中的立场观点方法。健全干部教育培训机制，把学习习近平新时代中国特色社会主义思想作为各级党校、行政学院、干部学院的主课，切实增强学习教育的实效性。健全面向基层、面向群众的理论普及工作体系，统筹用好广播、电视、报刊、网络、新媒体等渠道，采取群众喜闻乐见的方式，讲好党的创新理论的道理、学理、哲理，推动学习教育往深里走、往实里走、往心里走。

二、持之以恒加强理想信念教育

理想信念是中国共产党人的精神支柱和政治灵魂，也是保持党的团结统一的思想基础。要坚持把理想信念教育作为思想建设的战略任务，把习近平新时代中国特色社会主义思想作为砥砺理想信念和初心使命的最好教材，引导党员、干部深刻感悟习近平总书记的坚定信仰信念、深厚人民情怀、强烈历史担当、求真务实作风，深刻感悟党的创新理论的真理力量、实践力量、人格力量，不断夯实理想信念的思想根基。经常性组织开展专题学习、主题党日、仪式教育、“党员政治生日”主题活动等，通过学习经典、体会情怀、红色体验、氛围浸润的结合，引导党员、干部牢记党的宗旨，解决好世界观、人生观、价值观这个“总开关”问题，自觉做共产主义远大理想和中国特色社会主义共同理想的坚定信仰者和忠实实践者，做人民美好生活和民族复兴伟业的矢志创造者和不懈奋斗者。

三、常态化长效化开展党史学习教育

党的二十大报告明确提出坚持理论武装同常态化长效化开展党史学习教育相结合。要把学习党史作为党员、干部的必修课和常修课，纳入党员发展和教育管理全过程，分层分类完善学习制度、确保学习实效。巩固拓展党史学习教育成果，注重从党的光辉历程、重大成就、历史经验中深入挖掘红色教育资源，充分发挥革命博物馆、纪念馆、党史馆、烈士陵园等红色基因库的教育功能，引导党员、干部不断学史明理、学史增信、学史崇德、学史力行。把党内学习教育和全社会宣传教育相结合，把党史学习教育和“四史”宣传教育相结合，针对不同群体和受众的特点加强宣传普及。大力弘扬伟大建党精神，学习传承中国共产党人的精神谱系，激励广大党员、干部永葆政治本色、坚守精神家园。

四、以县处级以上领导干部为重点在全党深入开展主题教育

根据党的二十大部署，党中央决定，以县处级以上领导干部为重点在全党深入开展学习贯彻习近平新时代中国特色社会主义思想主题教育，用党的创新理论统一思想、统一意志、统一行动，弘扬伟大建党精神，牢记“三个务必”，推动全党为全面建设社会主义现代化国家、全面推进中华民族伟大复兴而团结奋斗。开展主题教育，总要求是“学思想、强党性、重实践、建新功”，根本任务是坚持学思用贯通、知信行统一，把习近平新时代中国特色社会主义思想转化为坚定理想、锤炼党性和指导实践、推动工作的强大力量，使全党始终保持统一的思想、坚定的意志、协调的行动、强大的战斗力，努力在以学铸魂、以学增智、以学正风、以学促干方面取得实实在在的成效。主题教育不划阶段、不分环节，把理论学习、调查研究、推动发展、检

视整改等贯通起来，有机融合、一体推进。要总结运用我们党历次党内集中教育的成功经验，聚焦深学细悟习近平新时代中国特色社会主义思想这个主题，加强统筹谋划，精心组织实施。习近平总书记指出："把全面学习和重点学习结合起来，引导广大党员、干部坚持干什么就重点学什么、缺什么就重点补什么，增强学习的针对性，努力提高学习实效。各级党委（党组）要采取理论学习中心组学习、举办读书班等多种形式开展集中学习、深入研讨交流。领导干部要上讲台、讲党课，以身作则、以讲促学。坚持以党内教育引导和带动全社会的学习，让党的创新理论'飞入寻常百姓家'。"①领导干部是"关键少数"，是党执政兴国的骨干力量。要把县处级以上领导干部作为重点，引导大家带着感情学、带着使命学，先学一步、学深一层，充分发挥示范引领作用，带动广大党员、干部深学细悟笃行。抓好集中轮训，分期分批对县处级以上领导干部进行培训，分层分类抓好基层党员干部教育培训，确保全员覆盖、有力有效。统筹推进专题学习、宣传宣讲、教育培训、实践活动、检视问题和整改落实各项工作，以思想自觉引领行动自觉，以行动自觉深化思想自觉。

① 习近平：《在学习贯彻习近平新时代中国特色社会主义思想主题教育工作会议上的讲话》，《求是》2023年第9期。

后 记

习近平总书记指出："我们实现了第一个百年奋斗目标，在中华大地上全面建成了小康社会，历史性地解决了绝对贫困问题，正在意气风发向着全面建成社会主义现代化强国的第二个百年奋斗目标迈进。"全面建成社会主义现代化强国是历史的责任、党的号召，承载了亿万人民的美好期待。党的二十大已经对全面建成社会主义现代化强国"分两步走"战略作出了宏观安排，重点部署了未来5年的战略任务，制定了完成预期目标的重大举措。实现新时代新征程强国目标任务，关键在党。党员、干部应深入认识和了解社会主义现代化强国目标的具体内涵、本质及实现途径。

实现中华民族伟大复兴进入了不可逆转的历史进程。建设什么样的社会主义现代化强国、怎样建设社会主义现代化强国，党中央作出了战略部署。历史，记录了每一个国家发展的足迹。本书深刻阐述了中国特色社会主义现代化的发展历程，结合党的二十大报告及"十四五"规划纲要对全面建设社会主义现代化国家的部署，探索强国之路，力求全面展现新时代全面建设社会主义现代化国家的路径，具有很强的可读性。本书共分为四篇，第一篇历史生成论，讲述了强国之路的历史逻辑；第二篇总体战略论，讲述了强国之路的战略设想；第三篇讲述了强国之路的具体战略；第四篇战略措施，讲述了强国之路的战略条件和根本保障。

本书是分工合作的结果，本书的总体框架由中国社会科学院哲学研究所研究员王立胜同志设定，第一篇的初稿由江西财经大学马克思主义学院副教授左乐平同志、中共中央党校（国家行政学院）图书和文化馆数字资源建设室副主任赵婧文同志共同完成，第二篇的初稿由北京石油管理干部学院科研部副研究员郭坤同志、国家保密科技测评中心刘书心同志共同完成，第三篇的初稿由华侨大学马克思主义学院副教授张进军同志、中国社会科学院哲学研究所助理研究员马彦涛同志共同完成，第四篇的初稿由山东政法学院公共管理学院讲师王政达、苏玮玮同志共同完成。王立胜同志在初稿的基础上进行了统稿、定稿，并完成了本书序言与后记的写作。

我们真诚希望这部著作的撰写和出版，能够帮助大家深入学习和领会我国强国之路的历史逻辑、总体战略、具体战略及战略措施，也希望广大领导干部能够在强国理论的指导下，沿着正确的强国方向迈进，在干事创业的过程中再立新功。当然，我们的研究还是初步的，由于时间和水平所限，难免有不足之处，欢迎广大读者批评指正。同时，我们在写作过程中，也吸收了国内许多关于书中所涉内容的专家学者的研究成果，由于篇幅所限没有一一标出，在此表示真诚感谢！

湖北教育出版社的同志对本书的编辑、设计、出版付出了大量的心血，在此也表示真诚的感谢。

王立胜

2023年10月

图书在版编目（CIP）数据

强国之路：全面建设社会主义现代化国家 / 王立胜
等著. — 武汉：湖北教育出版社，2023.10

ISBN 978-7-5564-4536-3

Ⅰ. ①强…

Ⅱ. ①王…

Ⅲ. ①现代化建设—研究—中国

Ⅳ. ①D61

中国国家版本馆CIP数据核字（2023）第184116号

强国之路：全面建设社会主义现代化国家
QIANGGUO ZHI LU：QUANMIAN JIANSHE SHEHUI ZHUYI
XIANDAIHUA GUOJIA

出品人	方　平	责任校对	李庆华
责任编辑	许　梅	责任督印	刘牧原
版式设计	张　敏		

出版发行	长江出版传媒	430070	武汉市雄楚大道268号
	湖北教育出版社	430070	武汉市雄楚大道268号

网　址　http://www.hbedup.com
经　销　新华书店
印　刷　北京文昌阁彩色印刷有限责任公司
地　址　北京市大兴区芦城工业园创业路3号
开　本　710mm × 1000mm　1/16
印　张　31
字　数　416千字
版　次　2023年10月第1版
印　次　2024年5月第2次印刷
书　号　ISBN 978-7-5564-4536-3
定　价　86.00元